UNIVERSIT
ARNING

ridd
one

ır

Colin Good, Ph.D. (Bristol), is Professor of German at the University of Durham.

NEWSPAPER GERMAN

A VOCABULARY OF
ADMINISTRATIVE AND
COMMERCIAL IDIOM

With English translations

Colin Good

UNIVERSITY OF WALES PRESS
CARDIFF
1995

© Colin Good, 1995

British Library Cataloguing-in-Publication Data
A catalogue record for this book is available from the
British Library.

ISBN 0-7083-1261-6

Cover design by Michael Reader
Typeset by Action Typesetting Limited, Gloucester
Printed in Great Britain by Dinefwr Press, Llandybïe

INTRODUCTION

Scope and purpose

As Europe moves ever closer towards 'Union' more and more people will need access to the cultures and languages of their European neighbours. It was this thought which prompted the compilation of a dictionary which will enable native speakers of English with a reasonable knowledge of German to cope with that variety of the language that might be called 'Newspaper German'; it is, after all, in the press that the economic, legal and, in the widest sense, social issues dominating political debate are aired.

Containing, as it does, well over 4,000 items of German vocabulary and their English equivalents, the book will be of great benefit also to German readers. Each word appears in a typical context, culled from German newspapers.

My aim in drawing up this glossary had been to identify those items of vocabulary of a number of specialist fields – **administration, economics, the law, politics, business** and **commerce** – which appear relatively frequently in the 'quality' German press and which, although they clearly form part of the linguistic competence of the average educated German, seemed most likely to cause problems of understanding or translation for the English native speaker. Given this 'pragmatic' approach, the choice of when to include any particular word was necessarily based on impressions concerning its relative frequency and difficulty; drawing the line proved, predictably, to be the most problematic aspect of the enterprise.

The items in this glossary are a mixed bag. The list contains both relatively recent [e.g. **Elternteil, Elefantenrunde**] or newer [e.g. **verschlanken, deckeln**] neologisms and words already in existence which take on a specialized meaning by virtue of the context in which they appear [e.g. **Gruppe, verweisen**]. I have also included many items which are usually 'semi-technical', yet unlikely to appear in the sense in question in the average dictionary, or else to be buried there among a welter of other usages [e.g. **Stammaktie, Sockelbetrag, umschichten**]. Other words [e.g. **Abschwächung, Lohnausfall**] are not apparently difficult to understand, but it is important for translation purposes to recognize both that they are the words most usually used in a given area in German and that there are specific English equivalents.

Perhaps the greatest problem for the lexicographer is posed by that most German of linguistic phenomena, the compound word: when can the meaning of a compound be deduced easily from the 'sum of its parts', when or why does it merit inclusion? Again, I have tried to adopt a sensible approach, relying on the user to check both halves of any compound word s/he encounters. It will be more obvious – though it is in fact by no means always the case – that many nouns are merely nominal versions of a semantically equivalent verb, and vice versa; again I have assumed that the user will check this.

It is well known that, even in the case of two languages as closely related as English and German, it is often very difficult to produce equivalence at the level of the word; frequently the best translation of an example sentence is a wholesale recasting of the ideas in the other language.

Bigger dictionaries [word-books!] get round this difficulty by offering lots of example contexts for a word after the 'basic' lexical translations. The size of the present glossary did not allow this solution [although all of the words included are 'contextualized']. I have been guided in my choice of translation by the desire to make the meaning of the German expression and the way it might be rendered into English as transparent as possible. In freely availing myself, for instance, of the possibilities of the gerund in English, I have applied the principles of a 'recognition grammar' to the business of translation. It was this same principle, combined with the general need for economy of space, which dictated the inclusion of only the barest of grammatical information; the plural of any word, for instance, is readily available in any standard dictionary.

I gratefully acknowledge the help of Notburga Preining and Martina Lauer in compiling the list of acronyms. I am hugely indebted to Ceinwen Jones of the University of Wales Press, who has been understanding throughout but relentless in eradication of sloppiness and imprecision.

This book is dedicated to my wife, Judith, who would undoubtedly have preferred my company in the summers of 1992 and 1993.

Colin H. Good   Durham, April 1994

Using the vocabulary

Headwords are printed in **bold** both as entries and in whatever inflected form they take in the example phrase or sentence. Translations, which are italicized, take the form either of renderings of the headword or, occasionally, of phrases or expressions which include the headword. In a few cases, only the relevant part of a compound is translated, where the other component is either irrelevant or can be taken for granted.

The vocabulary is followed by a list of the most frequent acronyms and abbreviations likely to be encountered by the 'general reader' of the quality press.

Symbols and abbreviations

Reflexive verbs are identified, noun genders are marked and the adverbial or adjectival function of a word in the sentence in which it appears is specified. Otherwise, in line with the 'recognition principle' mentioned above, grammatical information has been kept to a minimum.

Introduction

The following are the most commonly used symbols:

(*m*): masculine noun
(*f*): feminine noun
(*n*): neuter noun
(*pl*): plural
(*adj*): adjective
(*adv*): adverb
(*prep*): preposition
(*pp*): past participle
(*decl*): decline[s]
(*abbr*): abbreviate[s]

A

A-Länder (*n/pl*): im Bundesrat haben die von der SPD geführten Länder [sogenannte **A-Länder**] weiter eine Mehrheit von 37 der 68 Stimmen (*those* Länder *governed by the SPD*; SEE ALSO **B-Länder**)

Abbau (*m*): von der Europäischen Gemeinschaft haben die Vereinigten Staaten stets den **Abbau** der hohen Exportsubventionen gefordert; der **Abbau** der Strukturhilfen für die westlichen Länder soll stufenweise erfolgen (*reduction, dismantling*); **Abbau** der Zölle und Handelsschranken (*removal*)

abbauen: um den Antragsstau bei den Ämtern zur Regelung offener Vermögensfragen schneller **abbauen** zu können (*reduce*)

abberufen: die Mitglieder des Vertretungsorgans können durch die Anteilseignerversammlung bestellt und **abberufen** werden (*dismiss*); die EG und die Vereinigten Staaten haben unlängst ihre Botschafter **abberufen** (*recall*)

Abbestellung (*f*): neue Abonnements hielten sich mit **Abbestellungen** die Waage (*cancellation*)

abblocken: selbst berechtigte Ansprüche **blocken** die Behörden mit Verweis auf leere Kassen **ab** (*block*)

abbuchen: der Student kann die Zahlungen von seinem Konto durch Einziehungsauftrag **abbuchen** (*debit, have debited*)

abdanken: der Kaiser von Österreich **dankte ab** (*abdicate*)

abdecken: das Unfalltod-Risiko kann durch eine erhöhte Versicherungssumme zusätzlich **abgedeckt** werden (*cover*)

Abfall [usu sing in Engl] (*m*): die Ableitung radioaktiver **Abfälle** in die Luft (*waste*); für dieses Jahr erwartet der Konzern einen weiteren **Abfall** auf 330 Mio. t. (*drop, reduction*)

abfedern: die regionale Exportstruktur der Bundesrepublik **federt** die Abschwächung des Dollarkurses besser **ab** (*cushion*)

Abfertigungsanlage (*f*): an der Grenze entsteht eine **Abfertigungsanlage** für den Grenzübergang (*check-point, control post*)

Abfindung (*f*): der ausscheidende Kompagnon bekommt nicht den wirklichen Wert seines Anteils ausgezahlt, sondern nur eine **Abfindung** nach den Buchwerten der letzten Bilanz (*compensation, settlement*)

1

abflachen: das Wachstum dürfte bis Jahresende leicht **abflachen**; die OECD prognostiziert ein **abgeflachtes** Wachstum (*level (off)*, *slow down*)

abfragen: an den Automaten kann man auch seinen Kontostand **abfragen** (*check*)

abführen: Aufsichtsrats-Einkünfte der Regierungsmitglieder sollten völlig **abgeführt** werden (*pay over, surrender*)

Abgabe [only sometimes distinguished from **Steuer**] (*f*): das Geld wurde hauptsächlich über eine **Abgabe** von fünfzig Prozent auf alle Vermögen aufgebracht (*tax, levy*); die deutsche Wirtschaft liegt gefesselt durch zuviel Steuern, **Abgaben** am Boden (*levy*); Sie können die F.A.Z. gegen **Abgabe** dieser Gutscheine bargeldlos erwerben (*tendering, presentation*)

Abgangsentschädigung (*f*): er kann die Monatsrate nicht mehr überweisen, und die Firma hat ihn auf Zahlung einer **Abgangsentschädigung** verklagt (*penalty for departure from terms of contract*)

abgeben: bislang konnten 700 der insgesamt 2000 bearbeiteten Fällen an die Strafverfolgungsbehörde **abgegeben** werden (*hand over, refer to*); viele Grundstückeigentümer befürchten nun, daß sie ihr Land unter Wert an die Kommune **abgeben** sollen (*surrender, hand over*); **Geben** Sie Ihren Antrag bei einer der vorgenannten Stellen **ab** (*hand in*); der Sozialausschuß kann Stellungnahmen zu allen Fragen **abgeben** (*voice (opinion), pronounce*)

abgelten: Finanzierungsaufwendungen für den Umbau eines Hauses sind mit der Pauschalierung **abgegolten** (*write off, allow for*)

Abgeordnete[r] [decl like adj] (*m*): die **Abgeordneten** sind zu Sachbearbeitern und Spezialisten ihrer Fraktion geworden (*Member of the* Bundestag, (Bundestag) *deputy*)

abgestuft (*pp as adj*): für die neuen Länder regte er einen »**abgestuften** Einstieg« in die Abwasserabgabe an (*in stages, phased*)

abgewirtschaftet (*pp as adj*): er räumte radikal in Stuttgart auf, wo er die **abgewirtschaftete** Südmilch AG gesundschrumpfte (*run-down*)

abgrenzen: das Fördergebiet des GA muß auf Verlangen der EG-Kommission neu **abgegrenzt** werden (*define (territorially), redraw the boundaries of*)

Abgrenzung (*f*): die richtige **Abgrenzung** im Entscheidungsbereich gegenüber der Verwaltung (*demarcation (of responsibilities)*)

abhandeln: die Gewerkschaften werden sich die Lohnfortzahlung im Krankheitsfall nicht **abhandeln lassen** (*give up, relinquish (as a result of negotiations)*)

abheben: bis zu 2000 Mark können Sie monatlich von diesem Sparbuch ohne Kündigung **abheben** (*withdraw*)

Abhebung (*f*): Reiseschecks empfehlen sich, wo **Abhebungen** vom Postsparbuch nicht möglich sind (*withdrawal*)

Abhilfe (*f*): so ist es normal: Ein Mißstand ist erkannt, **Abhilfe** soll **geschaffen werden**; Beweiserleichterungen sollen langwierigen Prüfungsverfahren **Abhilfe schaffen** (*remedy*)

abkassieren: fünf Milliarden Mark wurden von betrügerischen Beratern **abkassiert** (*make, rake in*); das eigene Haus wird im Pflegefall von der Sozialhilfe **abkassiert** (*take into account*)

abknöpfen: zudem kann die Regierung nicht ganz von der schlechten Gewohnheit lassen, dem Unternehmen Geld **abzuknöpfen** (*relieve of, fleece*)

Abkommen (*n*): in den 60er Jahren kam eine Reihe erster zwischenstaatlicher **Abkommen** mit arabischen Staaten zustande ((*international*) *agreement*)

abkoppeln: ihre Besoldungsprinzipien wurden vom restlichen öffentlichen Dienst **abgekoppelt** (*uncouple, decouple*)

ablaufen: der Bundespersonalausweis darf nicht vor der Rückkehr **abgelaufen** sein (*expire*)

Ableben (*n*): die Versicherungssumme wird **beim Ableben** der zuerst sterbenden Person fällig (*on the death*)

ablegen: der Kaiser dankte ab, d.h. er **legte** sein Amt **ab** (*leave office*)

ablehnen: der Bundesrat **lehnte** den Ansatz des Gesetzes **ab** (*reject*); der Antrag auf eine einstweilige Anordnung ist in solchen Fällen **abzulehnen** (*refuse, reject*)

ableisten: angehende Mediziner müssen ein praktisches Jahr **ableisten** (*do, complete*)

ableiten: Versuche, ein Grundrecht auf Mitbestimmung aus der Verfassung **abzuleiten** (*derive*)

Ableitung (*f*): die **Ableitung** radioaktiver Abfälle ins Meer oder in die Luft ((*deliberate*) *discharge*)

ablösen: das geltende Abstammungsprinzip soll von einem Territorialitätsprinzip **abgelöst** werden (*replace*); bei Umschuldungen wird geprüft, ob die eingetragenen Rechte der **abzulösenden** Gläubiger für uns ausreichen (*repay*)

Ablösung (*f*): bei der **Ablösung** des Bundesverteidigungsministers (*removal from office*)

Abmahnung (*f*): der Vermieter kann mit sofortiger Wirkung kündigen, wenn der Mieter ungeachtet einer schriftlichen **Abmahnung** einen vertragswidrigen Gebrauch fortsetzt (*warning, caution*)

abmelden [sich]: **abmelden** müssen Sie **sich** bei Ihrem Einwohnermeldeamt (*deregister*)

3

Abmeldung (*f*): die Zahl der Gewerbeanmeldungen im Osten Deutschlands übersteigt die der **Abmeldungen** beträchtlich (*closure, firm deregistering from the companies' list*)

Abnahmepreis (*m*): Verhinderung der Überschüsse dank niedrigeren **Abnahmepreisen** (*purchase/selling price*)

abnehmen: die Zahl der Terroranschläge hat **abgenommen** (*decline, decrease*); **abnehmende** Forschungsmittel (*diminishing*); die Produkte werden zum Interventionspreis **abgenommen** (*buy*)

Abnehmer (*m*): die traditionellen osteuropäischen **Abnehmer** konnten keine Devisen mehr aufbringen (*purchaser*)

Abnutzung (*f*): der sich aus Alter, **Abnutzung** und Gebrauch ergebende Zeitwert einer Sache (*wear and tear*)

Abonnement (*n*): neue **Abonnements** hielten sich mit Abbestellungen die Waage (*subscription*)

Abonnent [-en,-en] (*m*): 15 000 **Abonnenten** müßten gewonnen werden (*subscriber*)

abonnieren: alle offiziellen EG-Dokumente können **abonniert** werden (*obtain by subscription*)

abordnen: die Abgeordneten waren nicht durch die jeweilige Partei **abgeordnet** (*delegate, send as a delegate*)

Abordnung (*f*): während seiner **Abordnung** an das Bundesministerium für Arbeit und Sozialordnung (*secondment*)

Abrechnung (*f*): die Bank bestimmt die Höhe von Zinsen und Entgelten. Der Kunde kann **Abrechnung** verlangen (*statement, breakdown of charges*)

Abrede (*f*): bei den Gesprächen wurde die Notwendigkeit einer Verfassungsänderung nie ernsthaft **in Abrede gestellt** (*question*)

abringen: trotz aller Versprechungen, die die Treuhand den Franzosen **abgerungen** hat (*wring out of, extract from*)

Abruf (*m*): Minister **auf Abruf** (*waiting to be appointed*); Zulässigkeitsvoraussetzungen für automatisierte **Abrufverfahren** für Sozialdaten (*retrieval*)

absacken: gegenüber dem Vorjahreszeitraum **sackte** der Gewinn auf 168 Millionen Mark **ab** (*fall (drastically)*)

Absage (*f*): wie die SPD hat die FDP dem Jäger 90 **eine Absage erteilt** (*reject, give thumbs-down to*)

absagen: die Ärzte **sagten** die Gespräche **ab** (*call off, cancel*)

Absatz (*m*): die **Absatzentwicklung** der Sparkassenfonds (*sales*); ein **Absatzplus** konnte verzeichnet werden (*increase in sales*); der Fonds dient der **Absatzwerbung** (*sales promotion*)

abschaffen: die Wahlumschläge werden **abgeschafft** (*abolish, discontinue*); die Terroristen wollen Demokratie und Demokraten **abschaffen** (*abolish, do away with*)

Abschichtung (*f*): der französische Ölkonzern hat die **Abschichtung** ihres 66-Prozent-Anteils am Leuna-Konsortium auf unter 50 Prozent realisiert (*reduction*)

abschieben: der Grundrechtsträger darf nicht vorzeitig in ein Heimatland **abgeschoben** werden (*deport*)

Abschlag (*m*): ein prozentueller **Abschlag** bei der Lohnfortzahlung (*reduction*); auch die Listenvereinigungen sollen im Rahmen der nächsten Bundestagswahl **Abschlagszahlungen** für die Wahlkampfkostenerstattung erhalten (*part payment, amount towards*)

abschlägig (*adv*): rund 1000 Förderanträge wurden **abschlägig beschieden** (*turn down*)

abschließen: die **abgeschlossenen** Verträge sind oft sehr ungünstig (*conclude*); die Geschäfte wurden in Eile **abgeschlossen** (*conclude, transact, strike*)

abschließend (*adv*): **abschließend** rief er das Parlament dazu auf (*in concluding, finally*)

Abschluß (*m*): daß Japan bereit sein könnte, mit Washington noch vor **Abschluß** der Uruguay-Runde nicht-Gatt-konforme bilaterale Absprachen zu treffen (*conclusion, end*); viele Gastarbeiter haben keinen **Schulabschluß** (*school leaving certificate*); Studenten, die zur Abschlußprüfung zugelassen werden (*final examination (s)*); der **Abschluß** von EWG-Abkommen mit östlichen Staatshandelslisten (*conclusion*)

Abschlußsumme (*f*): überhöhte **Abschlußsummen** und zu lange Laufzeiten bei Kapitallebensversicherungen sind die Regel (*commission payment (to agent/broker)*)

Abschneiden (*n*): die eigentliche Überraschung liegt im **Abschneiden** von Kommunisten und Bauernpartei, denn jeder fünfte der zu 90% katholischen Polen hat eine der beiden 'alten' Parteien gewählt (*election results, performance of a party*)

abschöpfen: nach dem Suchtstoffübereinkommen sollen Gewinne aus Drogendelikten wirkungsvoller **abgeschöpft** werden (*seize, confiscate*); unzählige Anzeigenblätter etablierten sich, um Anzeigengelder **abzuschöpfen** (*cream off*)

Abschöpfung (*f*): die an die Gemeinschaft abzuführenden **Abschöpfungen** (*levy*)

abschotten: Schäuble **schottet** Grenzen im Osten **ab** (*step up security on, seal*); in Zeiten der Rezession ist es schwer für die Ostunternehmen, in **abgeschottete** Westmärkte einzudringen (*closed*)

abschreiben: ein solches Projekt hätte **abgeschrieben** werden sollen (*write off, scrap*); kostet das Kunstwerk mehr als 6000 DM, müssen die Ausgaben auf die Jahre der voraussichtlichen Nutzungsdauer **abgeschrieben** werden (*set against tax, write off*)

Abschreibung (*f*): die Bahn will ihre Leistungen auf die anfallenden **Abschreibungen** beschränken (*payment of costs of depreciation*); die im Steuergesetz vorgesehene Veränderung der **Abschreibungsbedingungen** würde zu konjunkturpolitisch nicht akzeptablen Bedingungen führen (*rules governing writing down allowances*); bei Kunstwerken anerkannter Künstler ist keine **Abschreibung** möglich, weil kein Wertverzehr stattfindet (*capital allowance*)

abschwächen: der BGW glaubt, daß die Abwasserabgabe nicht **abgeschwächt** werden sollte (*reduce*)

Abschwächung (*f*): die **Abschwächung** des Dollarkurses (*weakening, decline*)

Abschwung (*m*): das Gesetz wird den wirtschaftlichen **Abschwung** bekämpfen (*downturn, recession*)

absegnen: ob die Aktionäre die Fusion von Krupp und Hoesch **absegnen** (*give one's blessing to, accept*)

Absender (*m*): bei Beförderungshindernissen wird der **Absender** um Anweisung gebeten (*sender*)

Absenkung (*f*): diese Tatsache spricht gegen eine **Absenkung** des Gefahrengrenzwertes auf 0,5 Promille (*reduction, lowering*)

absetzen: er kann die Kosten in voller Höhe **absetzen** (*deduct, set against (taxable income)*); 1983 wurden 226,6 Mrd. inländischer Wertpapiere **abgesetzt** (*sell*)

Absetzung (*f*): Finanzierungsaufwendungen für den Umbau eines Hauses sind mit der Pauschalierung abgegolten und können nicht als Werbungskosten und normale **Absetzungen** für Abnutzung des Gebäudes besonders berücksichtigt werden (*amount deductible for tax purposes*)

absichern: Tarifautonomie, die nach Deutung der meisten Experten durch das Grundgesetz **abgesichert** ist (*guarantee, protect, safeguard*)

Absicherung (*f*): weitere drei Milliarden stünden für die soziale **Absicherung** der Pflegenden bereit (*security*); die **Absicherung** von vielen Arbeitsplätzen durch die Treuhand (*protection*)

absinken: die Teuerungsrate in Westdeutschland wird auf 3,5 Prozent **absinken** (*decline, fall*)

absolvieren: jeder, der eine Ausbildung **absolviert** (*undertake/complete a course*))

Absonderung (*f*): schuld an der mangelnden Konkursmasse sind nicht zuletzt Aussonderungs- und **Absonderungsrechte** (*legally founded entitlement* (*of creditor*) *to priority treatment in cases of bankruptcy*)

absorbieren: der private Verbrauch **absorbiert** mehr als die Hälfte unseres Sozialproduktes (*absorb, account for*)

abspecken: die Expertengruppe beschäftigt sich damit, den veralteten Regierungsapparat **abzuspecken** (*slim down, shed staff and cut costs*)

absperren: das BKA hat den Tatort **abgesperrt** (*seal/cordon off*)

Absprache (*f*): eine entsprechende **Absprache** der Gebietskörperschaften ((*discussion leading to an*) *arrangement*); daß Japan bereit sein könnte, mit Washington noch vor Abschluß der Uruguay-Runde nicht-Gatt-konforme bilaterale **Absprachen** zu treffen (*agreement*)

absprechen: der PDS soll die Befugnis **abgesprochen** werden, über die Vergangenheit mitzureden (*deprive of, deny*); [sich] der Abgeordnete hatte **sich** mit seinem Kollegen darüber schon **abgesprochen** (*come to an arrangement*)

Abstammung (*f*): auch die nichteheliche **Abstammung** von einem deutschen Vater soll die deutsche Staatsangehörigkeit vermitteln (*descent, parentage*)

Abstammungsprinzip (*n*): das in Deutschland geltende **Abstammungsprinzip** soll von einem modifizierten Territorialitätsprinzip abgelöst werden (*parental principle*)

abstellen: die neugefaßte Bestimmung zur Abrenzung der Gebäude **stellt darauf ab**, ob mit der Errichtung vor einem gewissen Termin begonnen worden ist (*be geared to, be linked to, have particular regard to*)

Abstieg (*m*): Entwertung heißt das Wort: In der alten DDR gibt es einen kollektiven **Abstieg**, die Deklassierung (*decline, loss of social status*)

abstimmen: er hat im Plenum **abstimmen lassen** (*put to the vote*); [sich] er hat den Termin mit den Journalisten gestrichen, um **sich** zuvor mit Fücks **abzustimmen** (*agree on the line to be taken*); die Abgeordneten **stimmten** dann **ab** (*vote*); durch Verbote für Kartelle und **abgestimmte Verhaltensweisen** (*concerted practices*)

Abstimmung (*f*): da heißt es aufpassen bei der **Abstimmung** im kommunalen Parlament der thüringischen Landeshauptstadt (*vote*); die **Abstimmung** der verschiedenen Rechtssysteme aufeinander (*harmonization*); Fragen der Grundgesetzreform in ihrer sachlichen Vorbereitung und politischen **Abstimmung** (*process of establishing political agreement*); ein Abgeordneter kann zu keiner Zeit wegen seiner **Abstimmung** gerichtlich oder dienstlich verfolgt werden (*way* (*s*)*he votes*)

Abstinenz (*f*): die anhaltende **Abstinenz** ausländischer Investoren machte sich bemerkbar (*inactivity, reluctance*)

abstocken: diejenigen Betriebe, die mittel- und langfristig »**abstocken**« [d.h. sich verkleinern] wollen (*contract, slim down*)

Abstrich (*m*): niemand sollte auch nur einen kleinen **Abstrich** daran machen, daß das oberste Prinzip des Grundgesetzes in der Unantastbarkeit des Menschen liegt (*whittling away*); er hat sich gegen alle Pläne gewandt, die Pflegeversicherung durch **Abstriche** bei der Lohnfortzahlung zu bezahlen (*cut-back*); Blüms Modell wurde nach fast zweijährigem Streit **mit nur geringen Abstrichen** von der Koalition verabschiedet (*after a small amount of pruning, in slightly modified form*)

Abstufung (*f*): eine Reihenfolge beim Vorschlagsrecht der Länder nach der Einwohnerzahl würde zu einer qualitativen **Abstufung** zwischen den beteiligten Ländern führen (*ranking, hierarchy, discrimination*)

abtragen: diese Schuld wurde verzinst und mußte binnen 27 Jahren **abgetragen** werden (*pay off*)

abtreten: die Versandhäuser sollten ihre Forderungen nicht an die teuren Inkassobüros **abtreten** (*hand over*); die eingetragenen Rechte der abzulösenden Gläubiger können als Sicherheit an uns **abgetreten** werden (*assign, transfer*)

Abwägung (*f*): im Planungsverfahren müssen öffentliche und private Belange »einschließlich der Umweltverträglichkeit im Rahmen der **Abwägung**« berücksichtigt werden (*social and environmental cost-benefit analysis*); die übliche **Folgenabwägung** [größerer Schaden bei Erlaß oder Nichterlaß der Einstweiligen Anordnung] ((*social*) *cost-benefit analysis*)

Abwahl (*f*): Haider droht **Abwahl** als Landeshauptmann (*deselection*)

abwälzen: der Vermieter ist berechtigt, eine Erhöhung der Hypothekenzinsen nach dem Verhältnis der Grundmieten **abzuwälzen** (*pass on*)

Abwärtstrend (*m*): der **Abwärtstrend** der kurzfristigen Sätze setzte sich fort (*downwards trend*)

Abwasser (*n*): die Einleitung industriellen **Abwassers** (*effluent*)

abweichen: von den festgesetzten Leitkursen dürfen die Notierungen nur mit einer Bandbreite von 2,25 v.H. **abweichen** (*differ/deviate from*)

Abweichler (*m*): beim Streit um den Paragraphen 28 gibt es in der Union Druck gegen die **Abweichler** (*rebels* (*in the party*))

abweisen: Versuche, ein Grundrecht auf Mitbestimmung aus der Verfassung abzuleiten, hat das Bundesverfassungsgericht **abgewiesen** (*reject*)

abwerfen: Gleitzinsanleihen **werfen** in den ersten Jahren nur einen geringen oder überhaupt keinen Zins **ab** (*produce, generate*)

Abwertung (*f*): eine rasche **Abwertung** des US-Dollar wäre kontraproduktiv (*devaluation*)

abwickeln: der Parlamentspräsident beteuerte, man werde 11 Wochen im Jahr in Strassburg tagen und die übrige Arbeit in Brüssel **abwickeln** (*conclude, conduct, wind up*); die THA will kein Unternehmen **abwickeln**, das als sanierungsfähig einzustufen ist (*wind up, shut down*); Chancen für die jetzt **abgewickelten** DDR-Intelligenzler (*out of work as a result of vetting procedures, 'processed'*)

Abwicklung (*f*): sie war auf der Suche nach einem Anwalt zur **Abwicklung** des Nachlasses (*execution, administration*)

abzeichnen [sich]: es **zeichnet sich** in der Aktionärsstruktur ein Wandel **ab** (*emerge, develop*)

abziehen: der Staat, in dem von einem Grenzgänger eine Tätigkeit ausgeübt wird, soll künftig zum Ausgleich eine Steuer in Höhe von bis zu 4,5 Prozent der Bruttovergütung **abziehen** können (*deduct*)

Abzug (*m*): bei der Eigenheimförderung möchte das Land den **Abzug** von der Steuerschuld durchsetzen (*deduction, setting against*); unter dem Posten **Abzüge** auf dem Lohnzettel (*deductions*)

abzüglich (*prep*): die Dividende **abzüglich** 25% Kapitalertragssteuer (*minus, less*)

abzugsfähig (*adj*): Aufwendungen eines Aktionärs zum Besuch einer Hauptversammlung sind **abzugsfähig** (*deductible*)

Agenda (*f*): die Priorität dieses Beratungsgegenstandes auf der **Agenda** der gemeinsamen Verfassungskommission (*agenda*)

agieren: die Bundesbank **agiert** gegen starke Ausschläge des Dollarkurses (*act*); rund 1530 Verbände **agieren** wirkungsvoll im politischen Dunstkreis des Bonner »Wasserwerkes« (*operate*)

Agrar- (*in compounds*): die federführende Beratung über den **Agrarbericht** 1993 überwies der Bundestag an den Ausschuß für Ernährung, Landwirtschaft und Forsten (*agricultural report*); EG-Maßnahmen zur Entlastung der **Agrarmärkte** in den Mitgliedstaaten (*agricultural market*)

agrarsozial (*adj*): die Bundesregierung soll umgehend den angekündigten Gesetzentwurf zur Reform der **agrarsozialen** Sicherung vorlegen (*of social policy pertaining to agricultural/rural areas/matters*)

ahnden: Verstöße gegen die Verschreibungspflicht nicht als »Kavaliersdelikt« zu **ahnden** (*punish, prosecute*)

Ahndung (*f*): eine gesetzlich angeordnete **Ahndung** bereits verjährter Verbrechen dürfte gegen das Rückwirkungsverbot verstoßen (*prosecution*)

Akademiker (*m*): daß einem angesehenen **Akademiker** nicht mehr als verklausulierte Forderungen nach einem Sozialabbau einfallen (*academic*); er stammte nicht aus einer **Akademikerfamilie** (*family of people with a university education*)

Akademisierung (*f*): eine solche **Akademisierung** des Parlaments (*influx of people from the academic world*)

Akte (*f*): die Auslieferung der **Akten** an interessierte Dritte (*file, record*); die **Verfahrensakten** stehen dem Richter unmittelbar zur Verfügung (*records of the case*)

Aktie (*f*): eine Dividende von 13,-DM je 50,-DM **Aktie** (*share*); die Privatisierung von Staatsbeteiligung – darunter das **Aktienpaket** Bayerns an der Deutschen Aerospace (*block/parcel of shares*)

Aktienfonds (*m*): für einen **Aktienfonds** stellt die Dresdner Bank eine Mindesrendite von sechs Prozent sicher (*share-based investment fund*)

Aktiengesellschaft (*f*): der Aktionär ist Miteigentümer am Vermögen einer **Aktiengesellschaft** (*joint stock company*)

Aktienmarkt (*m*): der deutsche **Aktienmarkt** befindet sich wieder im Aufwärtstrend (*stock market*)

Aktion (*f*): die **Aktion** auf dem Bahnhof sei völlig außer Kontrolle geraten (*operation*); die von der Bundestagspräsidentin ins Leben gerufene **Telefon-Aktion** gilt als Startschuß für eine Reihe ähnlicher Aktionen im ganzen Bundesgebiet (*politics hot-line, phone-in initiative*)

Aktionär (*m*): **Aktionäre** segnen die Fusion von Krupp und Hoesch ab; der Inhaber einer Aktie [**Aktionär**] ist Teilhaber – Miteigentümer am Vermögen der Aktiengesellschaft (*shareholder*)

Aktionismus (*m*): ihm wird vorgeworfen, mit kurzfristigem »**Aktionismus**« nur auf die Kommunalwahlen im nächsten Frühjahr zu schielen (*actionism, desire to be seen to be doing something*)

Aktionsplan (*m*): die Verabschiedung eines **Aktionsplans** für ältere Menschen (*action plan*)

Aktivierung (*f*): gegen die Parteien und ihre Führungsgruppen kommt nur ein wirksames Gegengewicht in Betracht: die **Aktivierung** des Volkes (*mobilizing*)

Aktualisierung (*f*): die Enquete-Kommission bemüht sich um eine **Aktualisierung** des Wissensstandes (*up-date, up-dating*)

aktuell (*adj*): eine eingehende Diskussion über **aktuelle** Agrarfragen (*current, topical*)

Akzeptanz (*f*): die Staatsregierung will für bessere **Akzeptanz** von Technik und Wirtschaft sorgen ((*degree of*) *acceptability, reception*); ein

Gleichstellungsgesetz wird immer nur an einem **Akzeptanzlevel** bleiben (*level of acceptance*)

Alibi (*n*): Eveline Klett war in der Politiker-Kaste der DDR eine der **Alibi-Frauen** (*token female, female member as a token gesture/for the sake of appearances*)

alimentieren: Beamte werden in den staatlich **alimentierten** Vorruhestand entlassen; künftig soll ein ganzer Berufszweig, der Bauernstand, aus der Staatskasse **alimentiert** werden (*support financially, maintain*)

alkoholisiert (*pp as adj*): im vergangenen Jahr wurden 170 000 alkoholisierte Fahrer aus dem Verkehr gezogen (*over the limit*)

Alkoholunfall (*m*): der Anteil der **Alkoholunfälle** am gesamten Unfallgeschehen (*alcohol-related accident*)

alleinerziehend (*adj*): eine Beratungsstelle für **alleinerziehende** Mütter (*single*)

Alleinerziehende[r] [decl like adj] (*m/f*): die Zahl der **Alleinerziehenden** hat sich in dieser Zeit von 13 Prozent auf 10 Prozent entwickelt (*single parent*)

Alleingang (*m*): Siemens kündigte einen **Alleingang** in der Chipproduktion an (*going it alone*)

Alleingesellschafter[in] (*m/f*): in der neuen Bundesbaugesellschaft fungiert die Bundesrepublik als **Alleingesellschafterin** (*sole shareholder*)

Alleinregierung (*f*): in Baden-Württemberg wird mit Spannung erwartet, ob es nach 20 Jahren CDU-**Alleinregierung** zu einem Machtwechsel kommt (*single-party (non-coalition) government*)

Alleinstehende[r] [decl like adj] (*m/f*): der Werbungskosten-Pauschbetrag von 100 DM wird für **Alleinstehende** angesetzt (*single/unmarried person*)

Allgemeinheit (*f*): fraktionsübergreifende Absprachen erlauben es, die **Allgemeinheit** auszubeuten; Funksignale für die **Allgemeinheit** (*the public, the rest of us*)

Allheilmittel (*n*): die geplante Konferenz ist sinnvoll, aber kein **Allheilmittel** (*panacea, cure-all*)

Allianz (*f*): mächtige **Allianzen** in Europa könnten Brüssel davon überzeugen, durch handelspolitische Schranken Flankenschutz zu gewähren (*alliance*)

alsbald (*adv*): die Einführung eines neuen Art. 23 war in der Gemeinsamen Verfassungskommission unumstritten, doch zeichneten sich **alsbald** inhaltliche Kontroverslinien gegenüber der Bundesregierung ab (*immediately*)

Altbau [pl -bauten] (*m*): aus **Altbau** wird Eigentum (*old building(s), stock of old buildings*)

Alteigentümer (*m*): die restlos entmündigten **Alteigentümer** können in der ehemaligen DDR nicht mehr als Investitionshindernisse angesehen werden (*original owner*)

Altenheim (*n*): 40 Prozent der **Altenheimplätze** in Sachsen-Anhalt sind nicht mehr sanierungsfähig (*old people's home*)

Altenpflegeheim (*n*): 40 Prozent der **Altenpflegeheimplätze** in Sachsen-Anhalt sind nicht mehr sanierungsfähig ((*old people's*) *nursing home*)

Alter (*n*): Sie können unabhängig von **Alter** und Familienstand mitmachen (*age*); Ihre **Altersversorgung** ist in ausreichender Höhe gewährleistet (*security in old age*)

Altersentlastung (*f*): zur Ermittlung der Bemessungsgrundlage sind bestimmte Freibeträge – wie z.B. die **Altersentlastung** – abzusetzen ((*extra*) *tax relief for the elderly*)

Altersfreibetrag (*m*): zur Ermittlung der Bemessungsgrundlage sind bestimmte Freibeträge [z.B. Altersentlastung, **Altersfreibetrag**, Haushaltsfreibetrag] abzusetzen (*age allowance*)

Altersgrenze (*f*): zuwenig Soldaten erreichen in diesem Zeitraum die **Altersgrenze** (*age limit/threshhold*)

Altersrente (*f*): die durchschnittlichen **Altersrenten** in Westdeutschland reichen nicht aus, um die Kosten für Unterbringung und Verpflegung zu tragen (*old-age pension*)

Altersruhegeld (*n*): Männer erhalten bereits fünf und Frauen sogar zehn Jahre früher ihr volles **Altersruhegeld** (*retirement benefit* (*i.e. pension*))

Alterssicherung (*f*): Ersparnisse, besonders bei Selbständigen, sind oft als **Alterssicherung** unverzichtbar; die pflegenden Angehörigen brauchen eine eigene **Alterssicherung** (*security for old age*)

Altersübergangsgeld (*n*): der Gang zum Arbeitsamt wegen des **Altersübergangsgeldes** (*transitional benefit paid until receipt of old age pension*)

Ältestenrat (*m*): der **Ältestenrat** bat den Direktor des Bundestags zu prüfen, ob (*steering committee, all-party parliamentary advisory committee*)

altindustrialisiert (*adj*): im neuen GA-Fördergebiet sollen ländliche und **altindustrialisierte** Regionen ausgewogen vertreten sein (*older industrial*)

Altlast (*f*): die ehemals staatseigenen DDR-Betriebe sind schwer zu verkaufen, teilweise wegen der **Altlasten** (*polluted/hazardous plant and sites*); unerledigte **Altlasten**, die wie Mühlsteine die Bundesregierung belasten (*legacy of unresolved problems*);

die **Altlasten** unserer fruchtlosen Hochschuldiskussion sollen als Konsequenz dieser Untersuchung zusammengepackt und auf einen Schlag entsorgt werden (*matters that have dragged on, obstinate matters*)

Altmieter (*m*): der Unterschied zwischen **Altmietern** und Neumietern wächst weiter (*long-term sitting tenant*)

Altparlamentarier (*m*): **Altparlamentarier**, die in der jungen Bonner Republik mindestens zu zweit in kleinen Zimmern saßen und ihre Briefmarken noch selber lecken mußten (*old-guard/veteran politician, MP of the old school*)

Altpartei (*f*): wenn die **Altparteien** nicht lernen wollen, werden sie untergehen; die Fremden und die **Altparteien**, die ihrer nicht mehr Herr werden, seien Schuld an allen Übeln wie Wohnungsnot (*established political party*)

Alu-Chip [pl -s] (*m*): **Alu-Chips** sind quasi zu Andenken an den untergegangenen Staat geworden (*coin of the former GDR*)

ambulant (*adj*): **ambulante** Pflege soll gegenüber der Heimpflege Vorrang bekommen (*day-care*); vorgesehen ist die rigorose Begrenzung des Zuwachses bei den Ausgaben für die **ambulante** Behandlung (*outpatient*)

Amortisation (*f*): Vertragsformen: Als **Vollamortisation** und **Teilamortisation**. Bei **Vollamortisation** sind alle Kosten in den Zahlungen enthalten, bei **Teilamortisation** gibt es eventuell eine Nachzahlung (*paying-off* (*in full/in part*))

amortisieren [sich]: in fünf Jahren wird **sich** der Umzug **amortisiert** haben (*pay for itself*); die Firmen schlachten altes und längst **amortisiertes** Repertoire aus (*written off, wrapped up*)

Ampel (*f*): die rot-gelb-grüne **Ampel** in Bremen klappt gut ((*short for*) **Ampelregierung**: coalition government (*of SPD, FDP and Greens*)); Senat und **Ampelfraktionen** in Bremen (*party groups which are partners in the coalition*); im Bonner Ministerium stehen die Ampeln auf rot (*the lights are on red, the signals are at stop*)

Ampelkoalitionär (*m*): die **Ampel-Koalitionäre** in Bremens Senat (*party to the coalition in the Bremen Senate:* SEE ALSO **Ampel**)

Ampelregierung (*f*): der »**Ampelregierung**« wurde anfangs nur eine kurze Lebenszeit prognostiziert (*coalition government:* SEE ALSO **Ampel**)

Amt (*n*): es geht hier nur um die Verteilung von Lasten, nicht um die Zuweisung von **Ämtern** und Pfründen (*office, job*); man kann nicht einfach DDR-Richter **ihres Amtes entheben** und gleichzeitig ohne nähere Nachfrage die Beute dieses Staates einstecken (*remove from office*)

Ämterpatronage (*f*): öffentliche Einrichtungen vergeben Stellen manchmal nicht vorrangig nach Fähigkeiten sondern nach dem richtigen Parteibuch (»**Ämterpatronage**«); wissenschaftliche Erforschung parteipolitischer **Ämterpatronage** im öffentlichen Dienst (*nepotism, political patronage, 'jobs for the boys'*)

amtieren: die sozialdemokratische Gesundheitssenatorin darf eigentlich gar nicht **amtieren** (*officiate, hold a post*)

amtierend: (*adj*): der **amtierende** Ratspräsident Wim Kock zeigte sich befriedigt über die erzielte Einigung (*in office*); Parlamentarische Staatssekretäre [**amtierend**] (*acting*)

amtlich (*adj*): mit dem **amtlichen** Siegel versehen (*official*)

Amtsanmaßung (*f*): sie wollen Mielke wegen **Amtsanmaßung** auch für die von ihm angeordneten Telefonüberwachungen zur Rechenschaft ziehen (*exceeding authority, abuse of power in office*)

Amtsantritt (*m*): Thomas Klestil, der neue Bundespräsident Österreichs, erklärte kurz vor seinem **Amtsantritt** (*assumption/taking-up of office*)

Amtsbonus (*m*): der Vertrauensvorschuß, den die Regierung genießt [»**Amtsbonus**«]; der **Amtsbonus** Gerhard Schröders hat in Niedersachsen gezogen (*the advantage of being the existing government/person in office, 'incumbency status'*)

Amtseid (*n*): in einer Sondersitzung des Bundestages **leistete** der Nachfolger des zurückgetretenen Ministers seinen **Amtseid** (*take the oath of office, be sworn in*)

Amtsführung (*f*): er verteidigte die **Amtsführung** der Bundesinnenministerin (*discharge of one's office*)

Amtsgericht (*n*): das **Amtsgericht** hatte dem Beschluß stattgegeben, das Landgericht hob ihn jedoch auf (*local court*)

Amtshaftungsklage (*f*): nach Nichtigerklärung eines Gemeinschaftsaktes kann **Amtshaftungsklage** beim Europäischen Gerichtshof in Betracht kommen (*legal action for a public liability claim*)

Amtsinhaber (*m*): Arnold Vaaz wird neuer Umweltminister Sachsens, und der bisherige **Amtsinhaber** Karl Weise übernimmt das Amt des Beraters für die Europaregion Schlesien-Böhmen-Sachsen (*holder of the office, incumbent*)

Amtskollege (*m*): er zitierte eine Äußerung seines zeitweiligen **Amtskollegen** Genscher (*departmental colleague*)

Amtsmißbrauch (*m*): in der Klage von CDU, FDP und Grünen beim Verfassungsgericht heißt es, **Amtsmißbrauch** und Filz hätten ein unerträgliches Ausmaß erreicht (*abuse of power in office, abusing one's authority*)

Amtsrat (*m*): der **Amtsrat**, in der Beamtenhierarchie auf einer Stufe des gehobenen Dienstes angesiedelt, ist als Sachbearbeiter meistens an Ministervorlagen beteiligt (*higher civil servant; 'chief executive officer'*)

14

Amtsträger (*m*): die Fraktionen haben Mitarbeiterstäbe eingerichtet, die den **Amtsträgern** in den Fraktionen beratend zur Seite stehen (*holder of an office, official*)

Amtswechsel (*m*): noch nie ist ein **Amtswechsel** an der Spitze des Staates im In- und Ausland so sehr beachtet worden wie die Ablösung des Bundespräsidenten Waldheim durch Thomas Klestil (*change in tenure of an office*)

Analyst (*m*): ganze Hundertschaften von **Aktien-Analysten** sind in den Kreditinstituten beschäftigt (*analyst*)

Anbau (*m*): der zusätzliche **Anbau** von Tabak (*cultivation*)

anberaumen: in den zwei für die Aktion **anberaumten** Stunden konnten 67 Anrufe beantwortet werden (*set aside, allow*); während einer kurzfristig **anberaumten** Debatte (*arrange*)

Anbetracht, in A. (*prep phrase*): in **Anbetracht** gegenwärtiger Spekulationen über ihre Schwierigkeiten im Herbst (*in view of*)

Anbieter (*m*): da alle drei Jahre eine neue Chipgeneration die alte ablöst, kann nur der erste **Anbieter** mit der Neuschöpfung Geld verdienen (*supplier*); das eigentliche Problem des privaten Rundfunks liegt in der hohen Konzentration der **Anbieter** (*supplier, provider*)

Anbindung (*f*): durch die **Anbindung** an die gesetzliche Krankenversicherung soll der Ausbau einer kostenträchtigen Verwaltung vermieden werden (*linking*)

anderslautend (*adj*): sofern keine **anderslautende** Weisung des Kunden vorliegt (*to the contrary*)

Änderung (*f*): im Hinblick auf die **Änderung** des Art. 88 GG schlägt die Gemeinsame Verfassungskommission folgende Änderung vor (*amendment*)

Änderungsantrag (*m*): die Zahl von 800 **Änderungsanträgen** zeigte, wie tiefgreifend die von den Abgeordneten vorgenommenen Umschichtungen des Europäischen Parlaments waren (*motion for amendment*)

Änderungsgesetz (*n*): in dem **Änderungsgesetz** zum Sozialgesetzbuch sind nur die Bestimmungen aufgenommen worden, die nicht der Zustimmung des Bundesrates bedürfen (*revision*)

Aneignung (*f*): eine schleichende **Kompetenzaneignung** durch die EG (*assumption of power/authority*)

Anerkennung (*f*): die Politikerin hat sich **Anerkennung** auch bei jenen verschafft, die nicht ihrer politischen Ansicht waren (*respect*); die offizielle **Anerkennung** der Betroffenen als Verfolgte (*recognition*)

anfallen: die durch die Arbeit der Treuhandanstalt **anfallenden** Kosten wurden als zukunftssichernde Investition bezeichnet; durch die herrschende Konkurspraxis sieht man keinen Pfennig für **angefallene** Betriebskosten (*arise, be incurred*)

anfechten: der Käufer hat den Kaufvertrag **angefochten**; jeder Kontoauszug kann innerhalb von zwölf Tagen nach Erstellung **angefochten** werden (*challenge, contest*)

Anfechtung (*f*): von seiten der Länder wurde betont, daß eine **Anfechtung** des Kompromisses die Zustimmung des Bundesrates zur Ratifizierung des Vertrages von Maastricht in Frage stellen würde (*challenging, contestation*); eine aufschiebende Wirkung der **Anfechtungsklage** ist beantragt worden (*action for nullification*)

anfordern: Soldaten gehen in den Vorruhestand, während gleichzeitig an anderen Stellen neues Personal **angefordert** wird; der Haushaltsausschuß **forderte** einen weiteren Bericht **an** (*request*)

Anforderung (*f*): überzogene **Anforderungen** an beinahe jede Art von Investitionen (*expectation*); rechtsstaatliche **Anforderungen** (*demand*)

Anfrage (*f*): bezeichnend dafür war die Behandlung einer **Bundestagsanfrage** der Grünen (*question in the House, interpellation*); verunsicherte Sparer überschütten die Verbraucherzentralen mit Beschwerden und **Anfragen** (*enquiry*); eine **Kleine Anfrage** wird nur schriftlich beantwortet (*'minor question' in parliament*); eine **Große Anfrage** wird schriftlich beantwortet und im Bundestag debattiert (*'major question' in parliament*)

anführen: in seinem Handlungskonzept **führte** er eine neue Offensive in der Bildungspolitik **an** (*lead, head*)

Angaben (*f/pl*): es folgten keine konkreten **Angaben** (*details*); nach **Angaben** des Generalstaatsanwalts seien die Staatsanwälte gezwungen, schwere Fälle liegenzulassen (*according to*)

angeben: die Bundesregierung **gab** im Haushaltsausschuß **an**, viele Sirenen könnten abgebaut werden (*state, report, claim*); die Steuermindereinnahmen für Ehegattensplitting **gibt** die Regierung mit 22 Milliarden DM im Jahre 1983 **an** (*put at*); der Vermieter **gab** als Kündigungsgrund **an**, seine bisher benutzte Wohnung sei zu klein geworden (*give, cite*); das Datum **gibt** Ihnen **an**, wann der Betrag belastet worden ist (*tell, show*)

Angebot (*n*): der Vertrag legt fest, wie sich Tarife, Finanzen und **Angebot** des Unternehmens entwickeln sollen (*product range*); neu im heutigen Sozialstaat sind bessere **Angebote**, etwa der medizinischen Behandlung und Versorgung (*benefit, service (provided)*); die Börse ist der Treffpunkt von **Angebot** und Nachfrage (*supply*)

angehend (*adj*): **angehende** Mediziner können wegen der Pflicht, ein praktisches Jahr abzuleisten, die Studienabschlußförderung nicht nutzen (*trainee, prospective*)

angehören: er **gehörte** von 1952 bis 1972 dem Stadtrat **an** (*be a member of*); das Europäische Währungssystem, dem alle EG-Länder **angehören** (*belong to*)

Angehörige[r] [decl like adj] (*m/f*): es gibt keine rechtliche Vergünstigung ehemaliger Stasi-**Angehöriger** (*member*)

Angeklagte[r] [decl like adj] (*m/f*): die Versicherung bezahlt die Reisekosten, wenn persönliches Erscheinen als Kläger, Be- oder **Angeklagter** angeordnet wird (*accused*)

angelegentlich (*adj*): die Sachbearbeiter bewilligten trotz **angelegentlicher** Einsprache aus der Senatskanzlei nur die Hälfte (*in/concerning the matter*)

Angelernte[r] [decl like adj] (*m/f*): wir haben vom **Angelernten** bis zum Ingenieur Menschen organisiert, die ihren Sachverstand einbringen können (*semi-skilled worker*)

Angeschuldigte[r] [decl like adj] (*m/f*): die Ingewahrsamnahme des **Angeschuldigten** (*suspect*)

Angestellte[r] [decl like adj] (*m/f*): die Rechte von Arbeitern und **Angestellten** (*non-manual/white-collar worker, salary-earner, salaried employee*); der Betrieb hatte 50 **Angestellte** (*employee*); die **Angestellten** im öffentlichen Dienst (*public employee without tenure*)

angewiesen (*pp as adj*): die Leistungen bleiben denen vorbehalten, die **darauf angewiesen** sind (*dependent on*)

angleichen: die Rechte von Arbeitern und Angestellten sollten auf dem Niveau der Angestellten **angeglichen** werden (*bring into line (with one another), bring one up to the level of the other*); die Außenzölle sind entsprechend **angeglichen** worden (*adjust*)

Angleichung (*f*): **Angleichung** der Lebensverhältnisse in Ostdeutschland an das Niveau im Westen (*alignment*)

angreifen: für die Beurteilung eines **angegriffenen** Gesetzes (*contest*)

anhalten: das Bundesverfassungsgericht **hielt** die Neufassung des Gesetzes durch eine einstweilige Anordnung **an** (*stop*); die Prüfung der Republikaner **hält** derzeit noch **an** (*continue*); die Bundesregierung will die Zollbehörden zu stärkeren Kontrollen **anhalten** (*urge*)

Anhaltspunkt (*m*): es soll geprüft werden, ob tatsächliche **Anhaltspunkte** für eine Verfassungsverfeindlichkeit der PDS nach dem Bundesverfassungsschutzgesetz vorliegen (*grounds*)

Anhang (*m*): die Partei ist mit ihrem **Anhang** in kein Schema einzuordnen (*supporters*)

Anhänger (*m*): jeder zweite Nichtwähler ist ehemaliger CDU-**Anhänger** (*supporter*)

anhängig (*adj*): beim Generalbundesamt sei gegen J. ein Ermittlungsverfahren wegen des Verdachts der Beihilfe zum versuchten Mord **anhängig** (*pending*)

anheben: aus paritätischen Gründen soll auch die Zahl der Arbeitgeber- und Arbeitnehmervertreter im Hauptausschuß des Bundesinstituts angehoben werden (*increase*)

Anhebung (*f*): die Möglichkeit, im Einzelfall die **Anhebung** der Pfändungsfreigrenzen zu beantragen (*raising*)

Anhörung (*f*): Länderparlamenten wurde auf der 5. Sitzung der Verfassungskommission Gelegenheit gegeben, im Wege einer **Anhörung** ihre Stellungnahme zu den föderativen Beratungsgegenständen vorzutragen (*hearing*)

Anklage (*f*): um einer **Anklage** wegen Rassenhaß zu entgehen (*accusation*); die **Anklage** will aufzeigen, daß (*prosecution*)

ankreuzen: Zutreffendes bitte **ankreuzen** (*put a cross against*)

Ankurbelung (*f*): Maßnahmen der Regierung zur **Ankurbelung** der Inlandsnachfrage (*stimulation, reflation*)

Anlage (*f*): die Anmeldefrist für gentechnische **Anlagen** (*installation*); die modernen, in **Produktionsanlagen** investierenden Branchen ((*production*) *plant*); er hatte sich eine gewinnbringende **Kapitalanlage** empfehlen lassen (*investment*)

Anlageform (*f*): das eingezahlte Kapital wird von der Firma **in anderer Anlageform** investiert (*in other forms of investment*)

Anlagekauf (*m*): der Tarifabschluß in der Metallindustrie löste **Anlagekäufe** inländischer institutioneller Anleger aus (*investment acquisition*)

Anlagevermögen (*n*): seine Angaben über **Anlage**- und Umlauf**vermögen** früherer DDR-Betriebe (*investment assets*)

Anlaufstelle (*f*): statt einer zentralen Anlaufstelle werden wir nun vier zentrale **Anlaufstellen** schaffen, nämlich in jedem Regierungsbezirk eine (*emergency (advice) centre/bureau*); die Fachhochschulen sind zu **Anlaufstellen** des Mittelstandes geworden (*consultancy*)

anlegen: die im Vertragswerk von Maastricht **angelegte** Europäische Union (*envisage, plan, lay down*); aus der Fülle der Möglichkeiten, Geld gewinnbringend **anzulegen** (*invest*); die Novelle sieht vor, daß künftig strengere **Maßstäbe** an Tierhalter **angelegt** werden (*apply criteria*)

Anleger (*m*): **Anleger** können ihr Geld ins Ausland bringen, wenn ihnen die Erträge zu gering werden (*investor*)

anlehnen [sich]: der Regierungsentwurf **lehnt sich** in weiten Teilen an das Verkehrsgesetz **an** (*follow, resemble*)

Anleihe (*f*): hochverschuldete Staaten sollten ihre alten Kredite gegen neue **Anleihen** eintauschen können ((*long-term*) *loan*); die **Anleihe** garantiert ihrem Inhaber gleichbleibende Zinsen und die Rückzahlung eines bestimmten D-Mark-Betrages (*bond share*)

Anleitung (*f*): beim Fehlen berechtigter Gründe von Asylsuchenden könnten Beamte sie anhand einer einfachen **Anleitung** aus dem Verfahren herausnehmen (*training, set of instructions*)

Anliegen (*n*): die Empfehlung entsprach einem übergreifenden **Anliegen** der gesamten Kommissionsarbeit, nämlich dem Bemühen, den Substanzverlust der Länder aufzuhalten; die Formulierung wird dem **Anliegen** der Union gerecht (*objective, desire*)

anmahnen: wie es im dem Antrag heißt, soll die Bundesregierung **anmahnen**, daß die seit langem fällige EG-Verordnung über Regelungen von Tiertransporten unverzüglich vorgelegt wird (*issue a reminder/urge*); das innerhalb der Partei **angemahnte** Profil (*call for*)

Anmeldefrist (*f*): die Genehmigungs- und **Anmeldefristen** für gentechnische Anlagen (*deadline, period allowed for registration*)

anmelden: er **meldete** seine Kandidatur für die Kanzlerschaft **an** (*announce*); täglich **melden** etwa 50 Firmen bei den bundesdeutschen Gerichten **Konkurs an** (*file for bankruptcy, have onself declared bankrupt*); Vermieter **meldet** Eigenbedarf **an** (*notify, make known*); [sich] **anmelden** müssen Sie **sich** bei Ihrem Einwohnermeldeamt (*register*)

anmieten: in Westdeutschland können Mieter, die 10 000 Quadratmeter **anmieten** wollen, den Preis um zehn Prozent drücken (*rent*)

Annäherung (*f*): der Vorschlag hat zu einer **Annäherung** der Standpunkte geführt (*convergence*)

Annonce (*f*): die regionale Presse weigerte sich, die Buch-Anzeigen abzudrucken − die lokale Zeitung druckte die **Annonce** erst eine Woche später (*advertisement*)

Annuität (*f*): Sie zahlen eine gleichbleibende Jahresleistung [**Annuität**] (*annuity, annual premium*)

Annullierung (*f*): die Linke Liste/PDS beschloß, auf **Annullierung** des Wahlgesetzes zu klagen (*annulment*)

anordnen: eine **angeordnete** Versetzung stößt im Falle von Soldaten auf verfassungsrechtliche Bedenken (*require, compulsory*); die Versicherung zahlt die Reisekosten, wenn ein Erscheinen als Kläger **angeordnet** wurde (*request*)

Anordnung (*f*): Antrag auf eine **einstweilige Anordnung** gegen das neue Gesetz (*interim/temporary injunction*); bei Gesetzen im materiellen Sinne handelt es sich um hoheitliche **Anordnungen** (*injunction*)

Anpassung (*f*): über **Anpassungen** der Leistungshöhe wird im Wege der Verordnung entschieden (*adjustment*); die notwendigen **Anpassungen** des Europawahlgesetzes an das Bundeswahlgesetz (*adjustment, amendment*)

19

Anpassungshilfe (*f*): die in den alten Ländern »soziostruktureller Einkommensausgleich« und in den neuen Ländern »**Anpassungshilfen**« genannten Subventionen müssen aufgrund von EG-Vorschriften kontinuierlich abgebaut werden (*transitional aid*)

anrechnen: solche Flüchtlinge könnten auf die Aufnahmequote der jeweiligen Gemeinde **angerechnet** werden; die auf seine Dividende entfallende Körperschaftssteuer kann vom Aktionär auf seine Einkommenssteuerschuld **angerechnet** werden; die Ermittlung der für die Rente **anzurechnenden** Zeiträume (*count as part of, be included in*)

anregen: der SPD-Abgeordnete **regte an**, in den Grundrechtkatalog einen Satz einzufügen (*propose, urge*); eine Unternehmenssteuerreform ist erforderlich, um die Reinvestition von Gewinnen und die Schaffung von Arbeitsplätzen **anzuregen** (*encourage, stimulate*)

Anregung (*f*): einer »**Anregung**« der CDU/CSU-Fraktion, wenigstens die Beratung in den fünf neuen Bundesländern obligatorisch zu machen, hat das Bundesverfassungsgericht nicht entsprochen (*suggestion, request*)

Anreiz (*m*): indem man **Anreize** für gute Lehre schafft, etwa durch die Wiedereinführung von Hörergeld oder andere Vergünstigungen (*incentive*); die **Anreizwirkung** der Abgabe, in Gewässerschutz zu investieren, wird dadurch abgebaut (*incentive effect, encouragement*)

Anrufbeantworter (*m*): **Anrufbeantworter** gibt es jetzt in 7 v.H. deutschen Haushalten (*telephone answering machine*)

anrufen: der Bundesrat kann den Vermittlungsausschuß **anrufen** (*appeal to, call on*); nach einem Verkehrsunfall mit schweren Verletzungen muß das Gericht **angerufen** werden (*inform, involve*)

Ansatz (*m*): neue **Ansätze** im gerichtlichen Asylverfahren werden gefordert (*approach*); Anzeichen für die Bereitschaft zur inneren Reform bei den Regierungsparteien sind freilich nur **Ansätze**, die über die unteren und mittleren Parteihierarchien noch nicht hinauskommen (*beginning*); die Vorstellungen der Republikaner lassen weder theoretische noch praktische **Ansätze** erkennen, die geeignet wären, Probleme anders oder gar besser zu lösen (*sign*); der Bundesrat hält zwar eine Unternehmensreform für erforderlich, aber er lehnt den **Ansatz** des Gesetzes ab, da die vorgesehene Veränderung zu konjunkturpolitisch nicht akzeptablen Belastungen führe (*approach, angle*)

Ansatz (2) (*m*): der **Haushaltsansatz** für Kindergeld 1993 beträgt 21,3 Milliarden DM (*sum allocated in the budget, budgetary projection*)

Ansatzpunkt (*m*): dieses Modell liefert einen wichtigen **Ansatzpunkt** praktischer Hilfe (*indication*); in diesem Programm fänden sich genügend **Ansatzpunkte,** um die Republikaner offensiv anzugehen (*pointer*)

anschaffen: er **schaffte** Kunstgegenstände **an,** um sein Büro damit auszustatten (*buy, acquire, get oneself*)

Anschlag (*m*): die Zahl der **Anschläge** autonomer Gruppen hat abgenommen (*attack*)

anschließen: die Molkerei ist über den bayerischen Landesverband dem Zentralverband Deutscher Milchwirtschaft **angeschlossen** (*be affiliated/linked to*); [sich] Großbritannien hat **sich** 1973 der EWG **angeschlossen** (*join*)

Anschluß (*m*): der **Anschluß** an die Europäischen Gemeinschaften ist auf die wirtschaftliche Integration beschränkt (*affiliation*); die Landesärztekammer ist informiert worden. Was **im Anschluß daran** passiert ist, ist nicht bekannt (*subsequently*)

Anschubfinanzierung (*f*): die Betriebe in Ostdeutschland brauchen mehr als nur eine kurze **Anschubfinanzierung** (*pump-priming, start-up finance*)

Anschuldigung (*f*): die **Anschuldigungen** gegen Hellenbroich sind geeignet, sein öffentliches Ansehen zu schädigen (*accusation*)

ansetzen: bei der Doping-Bekämpfung muß auf der Seite der Sanktionen und nicht bei der Möglichkeit des Zugangs zu Doping-Mitteln **angesetzt** werden (*begin, start*); der Werbungskosten-Pauschbetrag kann auch **angesetzt** werden (*estimate*)

ansiedeln: ein gemeinsames Aus- und Fortbildungszentrum für die mit den indirekten Steuern befaßten Beamten soll in einem der EG-Ländern **angesiedelt** werden (*locate*); die Demoskopen **siedeln** die SPD in Hamburg bei rund 40 Prozent **an** (*put at*)

ansparen: jeder sollte für sich das Geld **ansparen,** das er im Falle der Pflegebedürftigkeit braucht (*save (up)*)

Ansparkonto (*n*): wenn das auf ein **Ansparkonto** eingezahlte Geld zu einer gewissen Summe angewachsen ist, wird das Geld für den Sparer in Wertpapieren angelegt (*investment account*)

ansprechen: dieses Thema ist mehr als deutlich **angesprochen** worden (*address*)

Ansprechpartner (*m*): der **Ansprechpartner** des Bürgers ist kein anonymes Gremium, sondern eine Person (*contact person*)

Anspruch (*m*): der neue SPD-Vorsitzende forderte größere Geschlossenheit und mehr Solidarität untereinander. Diesen **Ansprüchen** entsprachen auch seine Äußerungen zu aktuellen Themen (*demand*); durch die Pilotfunktion der Projekte werden die **Ansprüche** der Bevölkerung erhöht (*demand, expectation*); private Sicherheitsdienste werden in den Großstädten immer mehr **in Anspruch genommen** (*make use of, be in demand*); die Rentenansprüche der Menschen in den neuen Ländern (*pension right/entitlement*)

Anstalt (*f*): das Gesetz sieht einen Stabilisierungsfonds für Wein als **Anstalt des öffentlichen Rechts** vor (*statutory body/institution*)

anstehen: als die Wahl eines neuen Bundestagspräsidenten **anstand** (*be forthcoming*); der Gesetzentwurf zeigte keine Lösung der **anstehenden** Probleme (*facing one/us*); beim **anstehenden** Gesetzgebungsverfahren sollen keine weiteren Veränderungen zugelassen werden (*presently envisaged, in its present form*); alles ist leichter zu demokratisieren als die Verantwortung in Zeiten des Mangels, und genau das **steht an** (*be called for*)

Anstieg (*m*): gegenüber 1987 ist ein **Anstieg** von 4,1 Prozent zu verzeichnen; jede Verringerung der ABM-Hilfe würde zu einem drastischen **Anstieg** der Arbeitslosenzahlen führen (*rise, increase*)

Anstiftung (*f*): die **Anstiftung** oder gar Täterschaft seitens der Schreibtischtäter (*incitement, instigation*)

anstrengen: eine Aktionsgruppe hat ein Verfahren gegen ihn **angestrengt** (*press for*)

antasten: man sollte die Zuschüsse des Bundes zur Renten- und Arbeitslosenversicherung **unangetastet lassen** (*leave untouched/alone*)

Anteil (*m*): laut Vorstandsbericht haben die Mitglieder der Genossenschaft **Anteile** von über 3,8 Millionen Mark gezeichnet (*share*); die nach dem Gesetz den alten Ländern zustehenden **Anteile** der Mittel (*share, proportion*); der fünfzigprozentige **Arbeitgeberanteil** an der Pflegeversicherung (*contribution, share*)

anteilig (*adj*): die Autobahnen zwischen Polen und der Bundesrepublik sollen zusammengeschlossen werden. Die **anteiligen** Kosten für den Bundeshaushalt werden auf 17 Millionen Mark geschätzt (*proportional*)

Antrag (*m*): mit dieser Entscheidung wird dem **Antrag** des Angeklagten teilweise stattgegeben (*application, request*); der **Antrag** sah die Verabschiedung einer neuen gesamtdeutschen Verfassung durch das Volk vor (*motion*); 100 Unionsparlamentarier hatten den **Klage-Antrag** unterzeichnet (*motion to file a petition to institute proceedings in the Federal Constitutional Court*); der **Stellenantrag** wird vertraulich behandelt (*job application*)

antragen: die SPD hat unter dem 25. August darauf **angetragen** festzustellen, daß der Generalsekretär der CDU ... gegen die Grundsätze eines fairen Wahlkampfes verstoßen hat (*request (to an official body)*)

Antragsfrist (*f*): die **Antragsfrist** müßte bis Ende 1993 verlängert werden (*application deadline*)

22

Antragsschrift (*f*): die **Antragsschrift** enthält zwei Schwerpunkte, auf die die CDU/CSU-Abgeordneten ihr Begehren stützen (*motion paper*)

Antragssteller (*m*): die **Antragssteller**, zu denen auch Helmut Kohl gehört (*proposer of the motion*); die **Antragsteller** bei der sozialen Sicherheit (*claimant*)

antreten: die Schwesterpartei der Grünen/AL, das Bündnis 90 **trat** nur im Ostteil der Stadt **an** (*stand for/put forward a candidate for election*); der neue SPD-Vorsitzende ist **angetreten** (*take up office*); in Albanien haben nun die Kommunisten ebenfalls **den Rückzug** von der Macht **antreten** müssen (*beat a retreat*)

Antriebskraft (*f*): eine recht deutliche Differenzierung der konjunkturellen **Antriebskräfte** (*driving force*)

anvisieren: als Ziel des Vorschlags der EG-Kommission ist **anvisiert**, ein gemeinschaftliches System zu schaffen; die politischen Auswirkungen der **anvisierten** Senkung des Lebensstandards (*intend, envisage*)

anwachsen: wenn dieses Spargeld mit Zinsen zu einer Summe von 500 Mark **angewachsen** ist (*grow*)

anwaltlich (*adj*): er nahm seine **anwaltliche** Tätigkeit wieder auf (*legal, as a solicitor-cum-barrister*)

Anwaltskanzlei (*f*): er studierte Jura und arbeitete anschließend in einer **Anwaltskanzlei** (*legal practice*)

Anwaltsprivileg (*n*): der Vorwurf, mit dem »**Anwaltsprivileg**« werde »Klientenpolitik« betrieben (*making lawyers an exception to the general rule*)

Anwärter (*m*): die Kandidatur eines unabhängigen **Anwärters** für das höchste Staatsamt Amerikas (*contender, candidate*)

Anwartschaft (*f*): nach all den unerquicklichen Auseinandersetzungen um Amtsbezüge und **Pensionsanwartschaften** (*claims to/expectations regarding a pension*)

anweisen: der Absender kann die DB fernmündlich **anweisen**, das IC-Gut nochmals anzumelden (*instruct*)

Anweisung (*f*): keinerlei **Anweisungen** für die Rechnungsführung der alten DDR-Unternehmen waren vorhanden (*instruction, regulation*); bei Beförderungshindernissen wird der Absender verständigt und um **Anweisung** gebeten (*instructions*)

Anwendung (*f*): die Bundesregierung hat sich für eine rasche **Anwendung** der neuen vertraglichen Regelungen eingesetzt (*application*)

anwendungsorientiert (*adj*): die **anwendungsorientierten** Fachhochschulen profilieren sich zunehmend als Anlaufstellen des Mittelstandes (*oriented to the application of research, applied*)

anwerben: die Finanzfirmen **werben** vorübergehend Vertreter **an** (*recruit, take on*)

Anwesenheit (*f*): der Staat ist in unterschiedliche Dienste und Anwesenheiten zerfallen, zwischen denen es zu unterscheiden gilt: Die erste **Anwesenheit** ist der Staat als Präsident (*presence, person or group personifying/representing an abstraction*)

Anwesenheitsliste (*f*): Abgeordneten wird Geld von ihrer Kostenpauschale abgezogen, wenn sie sich während der Parlamentssitzungen nicht in die **Anwesenheitsliste** eintragen (*attendance list*)

Anzahlung (*f*): nach dieser »**Anzahlung**« in Tokio sei die EG zu weiteren Konzessionen bereit; die Begrenzung der **Reisepreisanzahlung** auf 150 DM sei zu streichen (*down payment*)

Anzeige (*f*): man hat bei der Polizei gegen ihn **Anzeige erstattet**; eine Frau **brachte** ihre Vergewaltigung **zur Anzeige** (*report* (*to the police*))

anzeigen: wegen Falschaussage vor dem Untersuchungsausschuß **zeigte** die CDU sie **an** (*bring an accusation*); Schäden in den Mieträumen hat der Mieter dem Vermieter unverzüglich **anzuzeigen** (*report*)

Anzeigepflicht (*f*): die Anwälte werden ihrer **Anzeigepflicht** gegenüber ihren Kammern nachkommen (*obligation to report*)

anziehen: nach einer Verschnaufpause dürften auch die Investitionen wieder **anziehen** (*pick up*)

apostrophieren: eine als »dynamische Vertragsauslegung« **apostrophierte** schleichende Kompetenzaneignung durch die EG (*refer to, style, dub*)

Appell (*m*): der **Appell** des Bundespräsidenten für einen wahren Lastenausgleich im vereinten Deutschland (*appeal*)

appellieren: er **appellierte** in einer Kurzintervention an seine Kollegen, sich selbst eine Medienpause zu gönnen (*appeal*)

Approbationsentzug (*m*): bei der Ahndung von Verstößen gegen das Arznei- und Betäubungsmittelrecht auf seiten der Ärzte gibt es weitreichende Möglichkeiten bis zum **Approbationsentzug** (*being struck off* (*the register*))

aquirieren: Danish Distillers will in Deutschland **aquirieren** (*acquire*)

Arbeiter (*m*): zu den abhängigen Erwerbstätigen gehören **Arbeiter** und Angestellte (*manual/blue-collar worker, wage-earner*); alle Arbeiter in der Firma haben einen Anspruch darauf (*worker, employee*)

Arbeitgeber (*m*): **Arbeitgeber** sollten Zuschüsse zu den Fahrtkosten stellen (*employer*)

Arbeitnehmer (*m*): der Staat soll die **Arbeitnehmer** durch eine an der Konjunktur orientierte Beschäftigungspolitik gegen Krisen absichern (*employee*)

Arbeitnehmer-Sparzulage (*f*): Sie erhalten im Rahmen bestimmter Einkommensgrenzen eine **Arbeitnehmer-Sparzulage** von 23% (*extra state contribution to employee savings scheme*)

Arbeitsamt (*n*): es herrscht Frust auf dem **Arbeitsamt** (*employment exchange, job centre*)

Arbeitsanfall (*m*): bescheiden ausgerüstete Arbeitseinheiten, die den **Arbeitsanfall** nur mit Mühe bewältigen können (*workload*)

Arbeitsbeschaffungsmaßnahme (*f*): durch **Arbeitsbeschaffungsmaßnahmen** [ABM] können viele Menschen in den neuen Bundesländern eine drohende Arbeitslosigkeit zunächst vermeiden (*job-creation scheme*)

Arbeitseinkommen (*n*): im übrigen könnten Ansprüche auf die **Arbeitseinkommen** gepfändet werden (*earned income*)

Arbeitsentgelt (*n*): die Budgets der Krankenhäuser richten sich nach dem Anstieg des beitragspflichtigen **Arbeitsentgeltes** (*wage, earned income*)

Arbeitsfähigkeit (*f*): die **Arbeitsfähigkeit** des Bundesamtes wird durch Schwerpunktbildung erhalten bleiben (*ability to function*)

Arbeitsgemeinschaft (*f*): die Empfehlung der **Arbeitsgemeinschaft** der leitenden Medizinalbeamten der Länder an die Regierung (*working party*)

Arbeitsgericht (*n*): die Rechtsprechung der **Arbeitsgerichte** (*labour court*)

Arbeitskampf (*m*): die ÖTV will die Müllmänner in den **Arbeitskampf** schicken (*industrial action*)

Arbeitskraft (*f*): viele Arbeitgeber in der Region können wegen der unbezahlbaren Mieten keine **Arbeitskräfte** mehr finden (*worker,* (*plural: workers or work-force*))

Arbeitsleben (*n*): Frauen, die aus Gründen der Kindererziehung aus dem **Arbeitsleben** ausscheiden (*work, career, employment*)

Arbeitslosengeld (*n*): **Arbeitslosengeld** kann bekommen, wer Beiträge gezahlt hat (*unemployment benefit*)

Arbeitslosenhilfe (*f*): Empfänger von Sozial- oder **Arbeitslosenhilfe** sollten gemeinnützige Arbeiten leisten (*income/unemployment support*)

Arbeitslosenunterstützung (*f*): der Großteil des in die neuen Bundesländer überwiesenen Geldes geht für **Arbeitslosenunterstützung** drauf (*unemployment benefit*)

Arbeitslosenversicherung (*f*): eine gesetzliche **Arbeitslosenversicherung** gibt es seit 1972 (*unemployment insurance (scheme)*)

Arbeitsmarkt (*m*): um auf dem internationalen **Arbeitsmarkt** konkurrenzfähig zu bleiben (*labour/job market*); zusätzlich sollten Beamte und Freiberufler eine **Arbeitsmarktabgabe** entrichten (*labour market levy*)

Arbeitsniederlegung (*f*): nach dem Scheitern der Verhandlungen planen die Arbeitnehmer **Arbeitsniederlegungen** (*stoppage, down-tools, walk-out*)

Arbeitsordnung (*f*): der SPD-Entwurf eines Arbeitszeitgesetzes will die **Arbeitsordnung** von 1938 ablösen (*employment legislation*)

Arbeitspensum (*n*): das große **Arbeitspensum** lehrt, daß nicht jede auszugebende Mark von der Stadtverordnetenversammlung gebilligt werden muß (*work-load*)

Arbeitsplatz (*m*): die Erhaltung und Schaffung von **Arbeitsplätzen**; eine nur noch leistungsbesessene Gesellschaft, die Frauen wegen eines **Arbeitsplatzes** zur Sterilisation treibt (*job*); eigene vier Wände halten jedoch viele davon ab, **Arbeitsplatz** und Wohnort zu wechseln (*place of work*); Gleichbehandlung von Männern und Frauen **am Arbeitsplatz** (*at work, in the work situation*)

Arbeitsschutz (*m*): die Übermittlung von Sozialdaten darf nur erfolgen, wenn sie dem **Arbeitsschutz** dient (*employment protection (legislation)*)

Arbeitsstätte (*f*): Arbeitgeber sollten Zuschüsse zu den Fahrtkosten zwischen Wohnung und **Arbeitsstätte** steuerfrei stellen (*place of work*)

Arbeitstag (*m*): an bis zu 60 **Arbeitstagen** im Jahr darf man an seinen Wohnsitz zurückkehren (*working day*)

arbeitsteilig (*adv*): ob das neue Gesetz mögliche Täter von Straftaten abhält oder dazu veranlaßt, sich **arbeitsteilig** zu organisieren, also eine kriminelle Organisation zu bilden (*according to the principle of the division of labour*)

Arbeitsteilung (*f*): Vorsicht ist geboten, wenn der Firmenchef einer **Arbeitsteilung** im Führungsbereich entgegenwirkt (*division of labour, delegation*)

Arbeitsunfähigkeit (*f*): Wegfall der Verpflichtung des Arbeitgebers zur Lohnzahlung am ersten Arbeitstag der **Arbeitsunfähigkeit** (*being unfit for work*)

Arbeitsverhältnis (*n*): zu Beginn eines **Arbeitsverhältnisses** soll mit einer Kündigungsfrist von zwei Wochen gekündigt werden können (*employer-employee relationship, employment contract*)

Arbeitsvermittlung (*f*): 17 200 Dienste, von der **Arbeitsvermittlung** bis zur Zugreservierung (*work placement*)

Arbeitsverwaltung (*f*): eine funktionierende **Arbeitsverwaltung** sei inzwischen aufgebaut und setze die eingeleitete Politik tatkräftig um (*labour/manpower administration*)

Arbeitszeitverkürzung (*f*): die Tarifpolitik in den 80er Jahren setzte auf **Arbeitszeitverkürzung** (*short time, cut in working hours*)

arrangieren [sich]: er wollte **sich** nicht mit den damals herrschenden Nationalsozialisten **arrangieren** (*come to an accommodation*)

Arznei-Zuzahlung (*f*): der Bundesrat will die erhöhte **Arznei-Zuzahlung** um drei Jahre verschieben ((*patient*) *contribution to cost of drugs*)

Arzneimittel (*n*): die Genehmigung für das Inverkehrbringen der **Arzneimittel** (*drug*)

Ärztekammer (*f*): die **Ärztekammern** in den Ländern (*medical association*)

Ärzteschaft (*f*): die **Ärzteschaft** hat mit den Kommunalpolitikern Gespräche aufgenommen (*medical profession*)

Assekuranzkonzern (*m*): die Versicherungsfirma verkaufte an einen **Assekuranzkonzern** – eine Tochterfirma (*assurance company*)

Assessor (*m*): nach erfolgreichem Bestehen des zweiten Staatsexamens darf sich der angehende Anwalt als **Assessor** betiteln (*probationer, person qualified for, but not yet finally accepted into the profession*)

Asyl-Verfahrensrecht (*n*): die Unionsparteien stehen kurz vor der Übereinstimmung mit FDP und SPD über ein neues **Asyl-Verfahrensrecht** (*procedural law governing application for asylum*)

Asylant (*m*): die **Asylanten** warten in ihrem Heim (*asylum-seeker*)

Asylbewerber (*m*): der Anstieg der Zahl von **Asylbewerbern** in den letzten Jahren (*person seeking (political) asylum*)

Asylgesetzgebung (*f*): **Asylgesetzgebung** bleibt weiterhin umstritten (*asylum legislation*)

Asylmißbrauch (*m*): wer von **Asylmißbrauch** redet, trägt auch zur Ausländerfeindlichkeit bei (*abuse of (the right to) asylum*)

Asylrecht (*n*): im Mittelpunkt der Debatte stand das **Asylrecht** (*asylum law(s)*)

Atemalkohol-Analyse (*f*): die elektronische **Atemalkohol-Analyse** soll nach Vorstellung der Sozialdemokraten als »gerichtsverwertbares Beweismittel« dienen (*breath test for alcohol*)

Atommeiler (*m*): mehr Sicherheit für Osteuropas **Atommeiler** (*nuclear reactor*)

Atommüll (*m*): für Unfälle beim Transport von **Atommüll** nach und von Sellafield (*atomic waste*)

Atomwaffenbestände (*m/pl*): die Luftaufnahmen lassen auf große **Atomwaffenbestände** schließen (*stocks of atomic weapons*)

Attestzwang (*m*): die geplante Verschärfung der Meldepflicht mit **Attestzwang** vom ersten Tag an (*compulsory sick note*)

aufarbeiten: gegenwärtig sei die von der SED verursachte Wirtschaftsmisere **aufzuarbeiten** (*analyse, research*); es muß für Kinder ein Verfassungsrecht auf Entwicklung geben. Damit wäre die Rechtsprechung des Bundesverfassungsgerichts erfolgreich **aufgearbeitet**, das eine Stärkung der Position des Kindes in der Gesellschaft gefordert hat (*complete, implement*)

Aufarbeitung (*f*): die **Aufarbeitung** der Vergangenheit − gemeint ist die Mitverantwortung an den Greueln des Krieges und der NS-Zeit − ist in Österreich nur mit großer Verzögerung in die Wege geleitet worden ((*re*)*appraisal, evaluation*)

Aufbau (*m*): der **Aufbau** einer neuen Verwaltung sollte vermieden werden (*creation, setting-up*)

Aufbaustudium (*n*): dieser Grad berechtigt nicht zum Eintritt in den höheren Staatsdienst. Bei entsprechenden Leistungen eröffnet er jedoch per **Aufbaustudium** den Weg zu einem Master-Grad (*continuation course*)

aufbringen: um das für die Operation nötige Geld **aufzubringen** (*raise*); die Beiträge werden je zur Hälfte von den Versicherten und den Arbeitgebern **aufgebracht** (*raise, pay*)

Aufbruch (*m*): er wertete die Regierungserklärung als Zeichen eines neuen **Aufbruchs** (*departure*)

aufdecken: eine Menge an wichtigen Details ist erarbeitet und **aufgedeckt** worden (*reveal, uncover*)

Aufenthalt (*m*): während des **Aufenthaltes** im Krankenhaus (*stay, period*)

Aufenthaltsgenehmigung (*f*): Kinder, von denen zumindest ein Elternteil eine unbefristete **Aufenthaltsgenehmigung** besitzt (*residence permit*)

auferlegen: den Ländern sei ohne ihre Zustimmung vom Bund ein Anteil von 1,5 Milliarden Mark **auferlegt** worden (*impose*)

auffangen: bisher wurden rund 2000 Azubis durch eine überbetriebliche Ausbildung **aufgefangen** (*absorb, cater for*)

Auffangnetz (*n*): das soziale **Auffangnetz**, durch das tagtäglich immer mehr in die Obdachlosigkeit fallen, muß enger geknüpft werden (*safety-net*)

Auffassung (*f*): nach **Auffassung** der Gruppe B 90/GR wird zwischen Benachteiligung und Verfolgung unterschieden (*in the view/ opinion*)

auffliegen: unsaubere Anlagegeschäfte **fliegen** erst **auf**, wenn das Unternehmen bankrott und das Geld verschwunden ist (*be revealed/exposed*)

auffordern: Serbien und Montenegro werden **aufgefordert**, früheren Resolutionen nachzukommen; die CDU/CSU **forderte** die Bundesregierung **auf**, im Ausschuß zu berichten, »wie es mit

Vielfachstaatsbürgerschaften in anderen Ländern aussieht« (*call (up)on, request*)

Aufgabe (*f*): Vogel versicherte, er werde seine **Aufgaben** als Bundestagsabgeordneter auch in Zukunft wahrnehmen (*responsibility*); der Mittelstand wird durch hohe Sozialkosten und wachsende Bürokratie in seiner eigentlichen produktiven **Aufgabe** eingeschränkt (*function, task, purpose*); die Verlagerung von **öffentlichen Aufgaben** nach Ostdeutschland (*publicly funded projects*)

Aufgabenbereich (*m*): die Beratung der Bundesregierung in Fragen der beruflichen Bildung sollte weiter zum **Aufgabenbereich** des Bundesinstituts zählen ((*area of*) *responsibility, remit, brief*)

aufgehen: es soll eine Deutsche Eisenbahn AG gegründet werden, in der Bundesbahn und Reichsbahn **aufgehen** (*be merged*); bisher ist diese Rechnung nicht **aufgegangen** (*work out*)

aufgreifen: wer trotz des Verbots wieder **aufgegriffen** wird, wandert für vier Stunden in Polizeigewahrsam (*pick up*); der Vorschlag der schleswig-holsteinischen Ministerpräsidentin wurde von der SPD in der Bundestagsdebatte nicht **aufgegriffen** (*take up*)

aufgrund [auf Grund] (*prep*): **aufgrund** der Kronzeugenregelung; **auf Grund** der Beratungen wird eine gemeinsame Haltung der Gemeinschaft in außenpolitischen Fragen angestrebt (*because of, on the basis of*)

aufhalten [sich]: Ausländer, die **sich** seit mindestens drei Jahren ununterbrochen im Bundesgebiet **aufhalten** (*be resident in*)

aufheben: die Haushaltssperren sollen unverzüglich **aufgehoben** werden; bis einschließlich 1994 soll die Abgabe im Osten **aufgehoben** werden (*remove, suspend*); der Bundesgerichtshof **hob** ein Urteil der ersten Instanz **auf** (*reverse*)

Aufhebung (*f*): die schrittweise **Aufhebung** aller Kontrollen an den Grenzen der Vertragsstaaten; die **Aufhebung** von mengenmäßigen Einfuhrbeschränkungen (*abolition, removal*)

Aufklärung (*f*): die Abgeordnete beklagte mangelnde Kenntnisse in der Bevölkerung und forderte mehr **Aufklärung** durch die Bundesregierung ((*provision of*) *information*); der neue Bundesinnenminister wollte eine schnelle **Aufklärung** der Polizeiaktion zusichern (*clarification, investigation*)

Aufkommen (*n*): bislang habe die Industrie die Abwasserabgabe gezahlt, sei aber bei der Vergabe der Mittel aus dem **Aufkommen** leer ausgegangen (*revenue*); bei reduziertem **Gebührenaufkommen** (*amount raised* (*through fees/charges*))

aufkommen: vor einem Jahr war eine breite öffentliche Diskussion darüber **aufgekommen** (*arise, take place*); die Landesregierung **kommt** für die anstehenden Kosten nur teilweise **auf** (*be responsible/liable for, pay*)

aufkommensneutral (*adv*): durch Umschichtung sollte die Erhöhung des Kindergeldes **aufkommensneutral** finanziert werden (*without means-testing*)

Auflage (*f*): das Boulevardblatt hatte im ersten Quartal über 550 000 Exemplare seiner **Auflage** verloren (*edition*); dem Monopol Telekom sollen durch eine Verwaltungsvorschrift **Auflagen** gemacht werden, in welchem Zeitrahmen ein Telefonanschluß nach dem Auftragseingang zu installieren ist (*condition, obligation, requirement*); Gewerbebetriebe befürchten **Umweltauflagen** (*obligations concerning environmental protection*)

auflaufen: bei den Stückzinsen geht es um diejenigen Zinsanteile, die in den Kursen von Anleihen zwischen den Zinszahlungsterminen **auflaufen** (*accumulate*)

auflegen: nach dem Antrag der SPD soll ein umfassendes nationales Programm zur Energieersparung **aufgelegt** werden (*present, set up*); der 1983 **aufgelegte** Fonds erzielte einen erfreulichen Einstand (*issue, float*)

auflisten: der Bericht **listet** 17 Versäumnisse der Behörde **auf** (*list*)

auflösen: wollen Sie das Konto **auflösen**, teilen Sie uns das bitte mit (*close*)

Auflösung (*f*): er lehnte eine **Auflösung** der Spezialeinheit ab (*disbanding*)

Aufnahmequote (*f*): die Flüchtlinge wurden der **Aufnahmequote** der jeweiligen Gemeinde angerechnet (*quota to be accepted*)

Aufnahmestelle (*f*): die Zentrale **Aufnahmestelle** für Asylbewerber in Rostock (*reception centre*)

aufnehmen: im Sozialgesetzbuch sind folgende Bestimmungen **aufgenommen** worden (*incorporate*); der BGW empfahl, die Instandsetzung des Kanalnetzes in die Verrechnungsmöglichkeit **aufzunehmen** (*include*); er **nahm** eine zweite Hypothek **auf** (*take out*); die EG und der Rat für gegenseitige Wirtschaftshilfe **nahmen** offizielle Beziehungen **auf** (*open, establish*)

aufräumen: eine konsequente Reform müßte mit Exportsubventionen vollständig **aufräumen**; mit Mißmanagement und Verschwendung in der Regierung **aufräumen** (*put an end to*)

aufrechnen: der Mieter kann unter Umständen gegenüber dem Mietzins mit einer Gegenforderung aus dem Mietverhältnis **aufrechnen** (*set off, deduct from*)

Aufrechnung (*f*): eigenmächtiges Handeln bei Reparaturen seitens des Mieters verpflichtet den Vermieter nicht zur Übernahme der Kosten und berechtigt den Mieter nicht zur **Aufrechnung** (*deduction (from rent)*)

aufrollen: es besteht die Angst, daß fernöstliche Konkurrenz über die Chips ganze Industriezweige **aufrollt** (*roll up, send to the wall*)

30

aufrufen: die Bürger und Bürgerinnen des Landes sind **aufgerufen**, im Volksentscheid über ein Gesetz zu befinden (*call upon*); er **rief** zur Fortsetzung der Aussprache über die SED-Zeit **auf** (*call for*)

Aufrundung (*f*): lediglich zur **Aufrundung** des Ausschüttungsbeitrages auf DM 2,40 wurden DM 0,04 an außerordentlichen Erträgen herangezogen (*rounding up*)

aufschieben: Straßenprojekte werden gestreckt oder **aufgeschoben** (*postpone*)

Aufschluß (*m*): der Bericht gibt **Aufschluß** darüber, wie die Länder mit dem Integrationsproblem umgehen (*information*)

Aufschwung (*m*): der **Aufschwung** geriet ins Stocken (*upturn, upswing, recovery*)

Aufsichtspflicht (*f*): ihm konnte bei dem Einsatz der Polizei kein Verstoß gegen seine **Aufsichtspflicht** als Dienstherr der Polizei nachgewiesen werden (*ultimate responsibility*)

Aufsichtsrat (*m*): das Versagen des VW-**Aufsichtsrats**; an der Spitze der Verwaltung einer Aktiengesellschaft stehen **Aufsichtsrat** und Vorstand. Der **Aufsichtsrat** ernennt den Vorstand (*supervisory board*)

Aufsichtsratsvorsitzende[r] [decl like adj] (*m/f*): die Firmenspitze machte ihrem scheidenden **Aufsichtsratsvorsitzenden** klar, daß es keine verwässerten Führungsstrukturen mehr geben werde (*chair(wo)man of the supervisory board*)

Aufsteiger (*m*): am Sonnabend trat der **Aufsteiger** Tapie nach nur 52 Tagen Amtszeit zurück (*ambitious careerist, someone determined to get to the top at all costs, go-getter*)

aufstellen: damit soll die Hürde überwunden werden, die das Bundesverfassungsgericht beim Erlaß einer einstweiligen Anordnung **aufstellt** (*erect*); sanierungsfähige Unternehmen müssen ein integriertes Konzept zur Sanierung **aufstellen** (*draw up, work out, present*); er hatte Parlamentsneulingen gedroht, sie würden nicht wieder **aufgestellt** (*put up (as a candidate)*)

Aufstieg (*m*): das alte Personal besetzt Planstellen, die jüngeren Mitarbeitern in Ämtern und Behörden den **Aufstieg** versperren (*advancement, promotion*)

aufstocken: der Haushalt für Wissenschaft und Kunst wurde in Bayern um 10,9% **aufgestockt** (*increase*)

Auftrag (*m*): der öffentliche **Auftrag** von Rundfunk- und Fernsehanstalten (*duty, task*); die angebotenen Rezepte für eine Wende enthalten Forderungen nach bevorzugter Vergabe von **öffentlichen Aufträgen** an Mittelständler ((*government/public sector*) *contract*); die Staatsanwaltschaft hat eine Untersuchung der Schußwaffe durch Spezialisten **in Auftrag gegeben** (*commission*); die Ausführung von **Aufträgen** der Kunden durch die Bank (*instruction*)

Auftraggeber (*m*): bei Aufträgen an die Bank haftet der **Auftraggeber** für Vollständigkeit der Angaben (*customer*)

Auftragseingang (*m*): Frühindikatoren für eine Konjunktur wie etwa **Auftragseingang** und Kapazitätsauslastung (*placing/receipt of order, number of orders placed*)

Auftriebskraft (*f*): die konjunkturellen **Auftriebskräfte** (*buoyant force*)

Aufwand (*m*): der **Aufwand** für Forschung, Entwicklung und Produktion explodiert (*expenditure, costs*); das Unternehmen hat Verluste gemacht. Dabei spielte der **Personalaufwand** eine erhebliche Rolle (*staffing costs, wages bill*)

aufwärtsgerichtet (*adj*): die konjunkturelle Entwicklung in der Bundesrepublik ist weiter **aufwärtsgerichtet** (*on an upwards trend*)

Aufweichung (*f*): die **Aufweichung** von Normen hat zu einer Verschlechterung der Alkoholproblematik geführt; der BBU sah in einer »**Aufweichung**« der Abwasserabgabe das Einfallstor für eine »**Aufweichung**« der Wassergesetzgebung überhaupt (*weakening, dilution*)

aufwenden: für die Lohnfortzahlung während der ersten sechs Krankheitswochen müßten im Jahr rund 50 Milliarden **aufgewendet** werden (*spend*)

Aufwendung (*f*): die Umwandlung dieser Sondervermögen bringt zunächst zusätzliche **Aufwendungen** im Bundeshaushalt mit sich ((*items of*) *expenditure*)

aufwerten: der Anfang des Jahres gegründete »Freundeskreis« wurde später offiziell zur »Deutsch-baltischen Parlamentariergruppe« **aufgewertet** (*elevate*); im Zusammenhang der gesellschaftsrechtlichen Organisationen des Unternehmens ist der Aufsichtsrat **aufgewertet** worden (*enhance, give greater responsibility to*)

Aufwertung (*f*): solange die **Aufwertung** der D-Mark den Geldwert stabil hielt und die Konjunktur dämpfte ((*upward*) *revaluation*)

Aufzeichnungspflicht (*f*): ferner sei eine systematische Verletzung der ärztlichen **Aufzeichnungspflicht** festzustellen (*obligation to record drugs dispensed*)

aufzeigen: die Anklage will **aufzeigen**, daß (*demonstrate*)

ausarbeiten: die Kommission **arbeitet** in regelmäßigen Abständen Programme **aus** (*elaborate, set out*)

ausbauen: die SED kann nun ihre Position von 1987 deutlich **ausbauen** (*strengthen, consolidate*); wenn im Inland Marktanteile wegfallen, muß im Ausland **ausgebaut** werden (*expand*)

Ausbeute (*f*): zu den Erträgen aus Anteilsrechten gehören **Ausbeuten** aus Kuxen (*profit, return, gain*)

Ausbildung (*f*): eine bevorzugte **Aus-** und Weiter**bildung** politisch Verfolgter (*training*)

Ausbildungsordnung (*f*): das Bundesinstitut für Berufsbildung berät die Bundesregierung in Fragen der beruflichen Bildung und bereitet **Ausbildungsordnungen** vor (*training scheme, course content/structure*)

ausbleiben: beim Kirchentag **blieben** diesmal Kontroversen **aus**; es überwiegen im Westen Mißmut und Enttäuschung über den deutschen Einigungsprozess nicht nur wegen der Opfer, sondern wegen der **ausbleibenden** Erfolge, die man sich greifbarer vorgestellt hatte (*fail to occur*)

Ausbootung (*f*): mit der **Ausbootung** des als gemäßigt geltenden Levy durch Schamir wird eine Verhärtung der israelischen Position eintreten (*kicking out*)

ausbürgern: 1989, als er **ausgebürgerte** Schriftsteller großzügig einlud (*deprive someone of his/her citizenship*)

ausdehnen: die Regionalförderung sollte bis Ende 1996 **ausgedehnt** werden (*extend*)

Ausdifferenzierung (*f*): diese Entwicklung zunehmender **Ausdifferenzierung** des politischen als eines eigenständigen Karriereverlaufs (*diversification*)

ausdrucken: Sie können sich Ihre Kontoauszüge selbst **ausdrucken lassen** (*get a print-out*)

Auseinandersetzung (*f*): das Angebot, die politische **Auseinandersetzung** sachlich zu führen (*debate, discussion*); bei eigentumsrechtlichen **Auseinandersetzungen** zwischen den Kommunen und der Nachfolgegesellschaft (*disagreement, dispute*); der Verfassungsschutz ist Orientierungshilfe für die **Auseinandersetzung** mit dem politischen Extremismus (*confronting*)

Ausfall (*m*): der Mieter haftet in gewissen Fällen für den **Ausfall** an Miete (*loss of/shortfall in rent*)

ausfallen: das Votum für den Jäger 90 hätte eindeutiger **ausfallen** müssen; das Zählergebnis **fiel** für Scharping gut **aus** (*turn out*)

ausfertigen: wenn keine verfassungsrechtlichen Bedenken bestehen, unterzeichnet der Bundespräsident das Gesetz, damit ist es **ausgefertigt** (*formally complete, put on the statute books*)

Ausfertigung (*f*): die Gegenzeichnung ist nach den Artikeln 58 und 82 des Grundgesetzes die Voraussetzung dafür, ein vom Bundestag und Bundesrat verabschiedetes Gesetz dem Bundespräsidenten zur **Ausfertigung** vorzulegen (*formal completion*); jede Partei erhält eine **Ausfertigung** des Vertrages (*copy*)

ausformen: die Eigenständigkeit und Eigenstaatlichkeit der Länder nicht nur als Beteiligung an der Gesetzgebung und Verwaltung des Bundes über den Bundesrat [»Beteiligungsföderalismus«] **auszuformen** (*realize*)

ausführen: die Abgeordnete **führte** dazu folgendes **aus** (*explain*); die Länderkammer **führt** in ihrer Stellungnahme **aus**, es müsse geregelt werden, daß (*argue, explain*); die Programme sind von einer gemeinsamen Stelle **auszuführen** (*implement*)

ausfüllen: wenn das Formular unvollständig **ausgefüllt** ist (*fill in, complete*)

Ausgabekurs (*m*): der **Ausgabekurs** der neuen Aktien (*issue price*)

Ausgaben (*f/pl*): die **Ausgaben** der Gemeinschaft sollten die Obergrenze von 1,2% des Bruttoinlandproduktes nicht überschreiten (*expenditure*); die **Ausgaben** müssen auch angegeben werden (*outgoings, expenses*)

Ausgabenposten (*m*): erst steigern die Minister die **Ausgabenposten**, dann beginnt ein Kleinkrieg um die Abstriche (*item of expenditure*)

Ausgabepreis (*m*): der Betrag errechnet sich aus der Zahl der neuen Aktien und dem **Ausgabepreis** (*issue price*)

Ausgang (*m*): der **Ausgang** des Hauptsachverfahrens wird aufsehenerregend wirken (*result, outcome*)

ausgearbeitet (*pp as adj*): viele Abgeordnete verstehen wenig von den **ausgearbeiteten** Gesetzestexten (*full*)

ausgeben: der Bund muß als Hauptfinanzier des Projektes darauf achten, daß die Mittel im allgemeinen Interesse **ausgegeben** werden (*spend*); neue Aktien werden **ausgegeben** [emittiert] (*issue*)

ausgeglichen (*pp as adj*): eine neue Form der Zusammenarbeit, um zu **ausgeglichenen** Handelsströmen im Waren-, aber auch im Dienstleistungsverkehr zu kommen (*in equilibrium*)

ausgehen: das Bundesverfassungsgericht **ging davon aus**, daß die Rechte von Arbeitern und Angestellten auf dem Niveau der Angestellten angeglichen werden sollten (*start from the assumption*)

Ausgehverbot (*n*): in der Stadt wurde ein **Ausgehverbot** verhängt (*curfew*)

ausgestalten: der Wegfall der Lohnfortzahlung am ersten Krankheitstag sollte sozial verträglich **ausgestaltet** werden (*structure, implement, put into practice*)

Ausgestaltung (*f*): derzeit geht es um die künftige **Ausgestaltung** der gesamtdeutschen Verfassung (*structure, drawing-up*)

ausgewogen (*pp as adj/adv*): sein Beruf des selbständigen Handwerksmeisters war ausschlaggebend, um eine sozial **ausgewogene** Landesreserveliste zu komplettieren (*balanced*); ländliche und altindustrialisierte Regionen müssen **ausgewogen** vertreten sein (*in a balanced way, fairly*)

Ausgewogenheit (*f*): um Defizite des politischen Systems zu orten, muß man nach der **Ausgewogenheit** des »Interessenkonzertes« fragen (*balance*)

Ausgleich (*m*): der vom Bundespräsidenten vorgeschlagene **Ausgleich** appelliert an die Solidarität der Westdeutschen, einen Beitrag zur Finanzierung der deutschen Einheit zu leisten ((*financial*) *equalization*); die Beihilfen an Landwirte zum **Ausgleich** von Einkommensverlusten (*compensation*); das Unternehmensinteresse kann als **Ausgleich** zwischen Kapital- und Arbeitnehmerinteresse definiert werden (*balance*)

ausgleichen: daß diese Kompensationslösung die Zusatzkosten **ausgleichen** würde (*balance, compensate for*); das Gesetz daraufhin zu überprüfen, ob Härten **ausgeglichen** werden können (*alleviate*)

Ausgleichsabgabe (*f*): wie beim Lastenausgleich nach dem Zweiten Weltkrieg sollen die Vermögensbesitzer eine **Ausgleichsabgabe** zugunsten des Aufbaus der Ex-DDR leisten (*equalization levy*)

Ausgleichsleistung (*f*): Beiträge aus Vermögenserträgen sollen auch bei der Zahlung von **Ausgleichsleistungen** für die Erwerbsunfähigen helfen (*compensation*)

Ausgleichsmandat (*m*): im niedersächsischen Wahlrecht gibt es das Element der **Ausgleichsmandate**, das im Bundestagswahlrecht nicht existiert. Die Parteien müssen in jedem Fall im gleichen Verhältnis zueinander vertreten sein. Die CDU erhielt daher eine zusätzliche Zuteilung (*seats allocated according to the 'equalization principle'*)

ausgrenzen: der Westen **grenzt** UN-Flüchtlingsstelle **aus** (*sideline, exclude*)

Ausgründung (*f*): ein Teil der Unternehmen sind als »Ausgründungen« aus ehemaligen volkseigenen Betrieben noch nicht ausbildungsberechtigt (*firm hived off (from), derivative*)

aushandeln: er steht zu dem mühsam **ausgehandelten** Kompromiß mit dem Tarifpartner (*negotiate*)

aushändigen: die ausgefüllten Erhebungsvordrucke können direkt den Zählern **ausgehändigt** werden (*return, give*)

aushebeln: die Mehrheit von 51%, die Krupp bei Hoesch hält, hätte durch die Ziehung von Optionen **ausgehebelt** werden können; was in Tarifverträgen vereinbart ist, läßt sich per Regierungsdekret nicht so einfach **aushebeln**; damit solch marktwirtschaftliches Denken Platz ergreift, werden jetzt erst mal die trägen Verwaltungsspitzen **ausgehebelt** (*remove, obviate*)

Aushebelung (*f*): die Zusage der CDU/CSU, keine weiteren Veränderungen am Pflegekompromiß zuzulassen, läuft auf **Aushebelung** unseres parlamentarischen Systems hinaus (*undermining*)

aushöhlen: die Regierung versucht, die Tarifautonomie **auszuhöhlen** (*weaken, undermine*)

Auskommen (*n*): manche Menschen würden entdecken, daß das eigene **Auskommen** auf dem Mangel eines anderen beruht (*existence, survival*)

Auskunft (*f*): die Rechte der Betroffenen sollen verstärkt werden, insbesondere durch erweiterte **Auskunftsrechte** (*right to information*); im Gesetzentwurf über den Schutz der Sozialdaten wird festgelegt, daß keine **Auskunftspflicht** besteht (*obligation to disclose information*)

auskungeln: im Provinzstädtchen Auerbach **kungelten** die Gewerkschaftsführerin und der Schlichter eine ÖTV-freundliche Empfehlung **aus** (*cook up, hatch*)

Ausländerbeauftragte[r] [decl like adj] (*m/f*): zur Besonnenheit in der Debatte mahnte die designierte **Ausländerbeauftragte** Schmalz-Jacobsen (*ombudsman for/official with special responsibility for foreign nationals*)

Auslandsvertretung (*f*): bei den vom Auswärtigen Amt ermächtigten **Auslandsvertretungen** werden Einwandererbüros eingerichtet (*diplomatic mission abroad*)

Auslastung (*f*): wir müssen jetzt sehen, wie die **Auslastungen** der Frauenhäuser sind (*extent to which a firm/institution is working to capacity, rate of occupation*)

auslegen: hinzu kommt das Bestreben der europäischen Organe, europäische Kompetenzen extensiv **auszulegen** (*interpret*)

Auslegung (*f*): Verwaltungsverordnungen können auch die Anwendung der oft nur allgemein gehaltenen Gesetze durch **Auslegungs-** oder Ermessungs**vorschriften** konkretisieren (*regulations concerning the interpretation*)

Auslieferung (*f*): das Gesetz zielt darauf ab, die Rechtshilfe zwischen den Staaten einschließlich der **Auslieferung** zu verbessern (*deportation*); im Gesetzentwurf über den Schutz der Sozialdaten wird festgelegt, daß keine Pflicht zur Vorlegung oder **Auslieferung** von Schriftstücken, Akten, Dateien und sonstigen Datenträgern besteht (*release, surrender*)

Auslöser (*m*): eine Zinserhöhung wäre ein **Auslöser** für eine Konsolidierung (*trigger*)

ausloten: die Möglichkeiten der Wirtschaft Sachsen-Anhalts sind weithin **ausgelotet** (*investigate*)

ausmachen: Extra-Honorare, die insgesamt im Einzelfall Beträge bis etwa 80 000 Mark pro Jahr **ausmachen** (*make, come/amount to*)

Ausnahmezustand (*m*): im Land wurde der **Ausnahmezustand** verhängt (*state of emergency*)

ausnehmen: die Vorschrift, bestimmte Berufskreise von der Identifizierungspflicht **auszunehmen** (*except, exempt*)

ausnutzen: die Ausländerproblematik wird von Agitatoren bedenkenlos **ausgenutzt** (*exploit*)

ausräumen: das Problem unterschiedlicher Bevölkerungsdichte ist nun vom Vermittlungsausschuß **ausgeräumt** worden (*obviate, deal with*)

ausrichten: Politik auf Integration **ausrichten** (*base on, orient towards*); [sich] der Kurswert einer Aktie **richtet sich** am veränderlichen Gesamtvermögen und an der Ertragskraft des Unternehmens **aus** (*be determined by/based on*)

Ausrichtung (*f*): eine Partei mit demokratischer **Ausrichtung** (*orientation*); für eine **Ausrichtung** am Markt ist es keine gute Konstruktion, daß der Staat massiven Einfluß auf das Handeln des Bahnvorstandes nehmen kann (*gearing to*)

Aussage (*f*): die CDU/CSU-Fraktion habe immer diese Position vertreten. Der SPD-Abgeordnete begrüßte diese **Aussage** (*statement*); jeder Beschuldigte oder Zeuge hat das Recht, **die Aussage zu verweigern** (*to remain silent*); SEE ALSO **ausscheiden**

aussagefähig (*adj*): weder der Lehrberuf, noch die lakonischen Berufsangaben im Wahlbewerberverzeichnis erscheinen zur Beurteilung der Interessenstruktur des Parlaments **aussagefähig** (*revealing, informative, relevant*)

aussagekräftig (*adj*): **aussagekräftig** ist nicht die absolute, sondern nur die Pro-Kopf-Größe des Inlandsprodukts (*significant*)

aussagen: ein iranischer Geschäftsmann hatte vor dem Ausschuß **aussagen** sollen (*testify, give evidence*)

ausscheiden: im März 1989 sei er seiner Aussage zufolge aus dem Ministerium für Staatssicherheit **ausgeschieden**; Frauen, die aus Gründen der Kindererziehung aus dem Arbeitsleben **ausscheiden** (*give up, leave*)

ausschlachten: die Pannen dürfen nicht parteipolitisch **ausgeschlachtet** werden (*exploit, make political capital out of*); die Plattenfirmen **schlachten** weitgehend altes Repertoire **aus** (*capitalize on*)

Ausschlag (*m*): die Bundesbank agiert gegen starke **Ausschläge** der Wechselkurse (*swing*)

ausschlagen: Gandhis Witwe **schlägt** Amt **aus** (*refuse*)

ausschließen: die Nichtbesteuerung von Grenzgängern soll künftig **ausgeschlossen** sein; auch eine erneute Verfassungsänderung **schloß** er nicht **aus** (*rule out*)

Ausschließung (*f*): es wird gefordert, die **Ausschließungsgründe** bei der Versorgung der Geschädigten präziser zu formulieren (*reasons for non-entitlement*)

Ausschluß (*m*): zu den objektiven wissenschaftlichen Kriterien zählt die Wirksamkeit des betreffenden Präparates **unter Ausschluß** wirtschaftlicher Überlegungen (*excluding, ignoring*)

ausschöpfen: die Kassenärzte würden bei zunehmendem Konkurrenzdruck versuchen, ihre Dispositionsräume **auszuschöpfen** (*exploit to the full*)

Ausschreibung (*f*): die **Ausschreibung** des Projektes erfolgt bundesweit; das System der öffentlichen **Ausschreibungen** enthält keine wirksamen Präferenzen für Ostunternehmen (*putting out to tender*)

Ausschuß (*m*): die Länder sind in dem **Ausschuß** lediglich mit zwei Vertretern beteiligt; dem **Hauptausschuß** soll ein Ständiger Ausschuß zur Seite gestellt werden (*committee*)

ausschußintern (*adj*): die Regierung entsprach damit einem **ausschußinternen** Antrag der SPD-Fraktion (*coming from within the committee/from a committee member*)

ausschütten: bei den gängigen Fonds wird einmal jährlich der anteilige Ertrag an den Investmentsparer **ausgeschüttet** (*pay out*)

Ausschüttung (*f*): die **Ausschüttung** einer Bardividende von 80 Prozent; die Hauptversammlung beschloß, den Bilanzgewinn zur **Ausschüttung** einer Dividende von 13,-DM je 50,-DM Aktie zu verwenden (*payment*)

Außenbeitrag (*m*): die Entwicklung des **Außenbeitrags** [Saldo der Ausfuhr und Einfuhr von Waren und Dienstleistungen] zeigte eine beispiellose Wende (*contribution of foreign trade*)

Außendienst (*m*): ein Angestellter, Vertriebsbeauftragter im kaufmännischen **Außendienst**, machte im Jahr etwa 5000 DM als Repräsentationsaufwand geltend ((*as a representative*) *working out of the office/on the road/in the field*)

Außenhandelsdefizit (*n*): der 87er Börsencrash war eine Reaktion auf einen weltweiten Zinsanstieg sowie auf das **Außenhandelsdefizit** der USA (*foreign trade deficit*)

Außenpolitik (*f*): das Parlament bekräftigte seine Forderung zur Verwirklichung der **Außen**- und Sicherheits**politik** im Rahmen der EG (*foreign policy*)

Außenstände (*m/pl*): wenn alle Banken gemeinsam Ecuador die Hälfte seiner zehn Milliarden Dollar **Außenstände** erlassen würden (*debts outstanding*)

Außenstelle (*f*): was der alte Baubestand in Berlin an staatlichen Institutionen nicht aufnehmen kann, kommt in die zahlreichen **Außenstellen** (*out-station, regional/local office*)

außergerichtlich (*adj*): das Kartellamt sieht noch Möglichkeiten einer **außergerichtlichen** Einigung mit Krupp (*out-of-court*)

äußern: aufgrund der vom EP geäußerten Sicherheitsbedenken (*voice, express*); [sich] die Abgeordneten **äußerten sich** zuversichtlich, daß ein Konsens herbeigeführt werden könne (*declare oneself*)

außerordentlich (*adj*): der eintägige **außerordentliche** Parteitag der SPD (*extraordinary*)

Äußerung (*f*): warum versuchen Sie, in Ihren **Äußerungen** vor Ort die Illusion zu nähren, man käme bei diesem Problem mit einer Grundgesetzänderung weiter? (*statement*)

außerunterrichtlich (*adj*): zur **außerunterrichtlichen** Betreuung der Kinder werden an den Grundschulen Horte geführt (*outside of ordinary lessons/class-time*)

aussetzen: wir erleichtern Ihnen die Zahlung der Prämien, indem wir die Tilgung unter gewissen Bedingungen **aussetzen**; eine einstweilige Anordnung, mit der das Inkrafttreten des Gesetzes **ausgesetzt** werden soll (*suspend*); 100 000 Mark **setzt** die Bank für die Sieger **aus** (*offer*)

Aussetzung (*f*): die **Aussetzung** eines Vermächtnisses unterliegt normalerweise der Erbschaftssteuer (*bequest*)

Aussicht (*f*): die Bundesregierung hat Angehörigen des ehemaligen Ministeriums für Staatssicherheit weder Vergünstigungen aufgrund der Kronzeugenregelung gewährt, noch **in Aussicht gestellt** (*hold out the prospect*) .

Aussonderung (*f*): schuld an der mangelnden Konkursmasse sind nicht zuletzt **Aussonderungs-** und Absonderungs**rechte** (*removal of property of others from assets remaining after bankruptcy*)

Aussperrung (*f*): **Aussperrungen** sind eine anerkannte Waffe im Arsenal der Arbeitgeber im Arbeitskampf (*lockout*)

Aussprache (*f*): der Bundespräsident rief zur Fortsetzung der **Aussprache** über die SED-Zeit auf ((*general/public*) *discussion/debate*); zu Beginn der **Aussprache** im Bundestag (*debate*)

aussprechen [sich]: in Hessen haben **sich** die Bürger in einer Volksbefragung für die Urwahl **ausgesprochen** (*declare/pronounce oneself*)

aussprechen: rund 20 000 Überprüfungen wurden vorgenommen und rund 10 000 Platzverweise **ausgesprochen** (*pronounce*); die von der Gemeinsamen Verfassungskommission in Art. 23 Abs. 1 Satz 2 [neu] **ausgesprochene** Empfehlung, die Bundesgesetze zur Übertragung von Hoheitsrechten der bundesrätlichen Zustimmung zu unterwerfen (*express*); [sich] die Neugründung von Betriebskrankenkassen soll nur möglich sein, wenn **sich** mehr als die Hälfte aller Betriebsangehörigen für die Errichtung einer Betriebskrankenkasse **aussprechen** (*express approval of, pronounce in favour of*)

ausschließen: der BKA-Präsident hatte zuvor gegenüber der Presse aufgrund neuer Erkenntnisse **ausgeschlossen**, daß die Kugel aus einer Polizeiwaffe stammte; es ist nicht **auszuschließen**, daß er sich selbst in den Kopf geschossen haben könnte (*rule out*)

ausstatten: die Firma so mit Kapital **ausstatten**, daß das Konzept umgesetzt werden kann (*equip, provide*); er kann Kunstgegenstände anschaffen, um sein Büro damit **auszustatten** (*decorate, furnish*)

Ausstattung (*f*): die Entschädigung der Abgeordneten und die zur persönlichen **Ausstattung** gehörenden Geldleistungen (*back-up, equipment and services*); eine angemessene **Finanzaustattung** der neuen Länder (*financing, provision of resources*)

ausstehen: die föderale Verfassungsrevision, die seit 1969 **ausstand**, wäre damit umgesetzt worden (*be outstanding/due to take place*)

aussteigen: zu diesem Zeitpunkt war das Unternehmen aus dem riskanten Geschäft mit den Speichern bereits **ausgestiegen** (*get out of*)

Aussteiger (*m*): die Betreuung der RAF-**Aussteiger** (*renegade from*)

ausstellen: nur besonders qualifizierten Ärzten soll die Möglichkeit gegeben werden, Arbeitsunfähigkeitsbescheinigungen **auszustellen**; das Postsparbuch wird auf Ihren Namen **ausgestellt** (*issue*)

Ausstieg (*m*): Gysi bezeichnete die geplante Pflegeversicherung als einen **Ausstieg** aus dem Sozialversicherungssystem (*abandoning*)

Ausstiegsklausel (*f*): Mietverträge ohne **Ausstiegsklausel** (*get-out clause*)

Ausstoß (*m*): der **Ausstoß** anderer Schadstoffe soll sinken (*emission*); als Gewinner des Strukturwandels ist die kunststoffverarbeitende Industrie hervorgegangen: der **Ausstoß** wurde mehr als verdoppelt (*output*)

ausstrahlen: es dürfte dann kein Film **ausgestrahlt** werden (*show, screen*)

Ausstrahlung (*f*): im Prinzip bildet jedes erfolgreiche Unternehmen in den neuen Ländern einen industriellen Kern mit **Ausstrahlung** (*ripple/knock-on effect*); dies schmälert die sichtbaren **Ausstrahlungen** der Wechselkursveränderungen auf das deutsche Auslandsgeschäft (*effect, influence*)

austreten: eine Trauung in der Kirche kam nicht in Frage, da die beiden jungen Menschen bereits **ausgetreten** waren (*leave (the church)*); Portugal ist 1985 aus der EFTA **ausgetreten** (*withdraw, leave*)

Austritt (*m*): sein **Austritt** aus der Kirche hat niemanden überrascht (*leaving*); **Parteiaustritte** hat es auch wegen Oskar Lafontaine gegeben (*resignation from the party*)

ausüben: der Aktionär kann sein Stimmrecht auch von einem Dritten, z.B. seinem Kreditinstitut **ausüben** lassen (*exercise*)

ausufernd (*adj*): Einschränkungen sind notwendig, um die **ausufernden** Kosten zu stoppen (*soaring, getting out of control*)

Auswärtige[r] (*m/f*): **Auswärtige**, denen Platzverbot erteilt wurde, wurden in die S-Bahn in Richtung ihres Heimatortes gebracht (*people from outside the area*)

ausweisen: eindrucksvoll war die Negativseite der Bilanz, die die nicht eingehaltenen Zusagen **ausweist**; der im Jahresabschluß 1991 **ausgewiesene** Bilanzgewinn (*show*)

Ausweitung (*f*): im verarbeitenden Gewerbe ist eine **Ausweitung** der Investitionsausgaben um real 8 Prozent beabsichtigt (*increase, expansion*)

auswerten: der Unternehmer hat nicht die Zeit, alle Informationen **auszuwerten** (*analyse and evaluate*)

auszahlen: der ausscheidende Kompagnon bekommt nicht den wirklichen Wert seines Anteils **ausgezahlt** (*pay out*); [sich] ein Sparbuch **zahlt sich aus** (*pay off*)

Auszahlung (*f*): die **Auszahlung** der Dividende erfolgt ab 27. Mai 1992 (*paying out*); mit Eurocheques kann man sich bei allen durch das blau-rote EC-Zeichen gekennzeichneten **Auszahlungstellen** Bargeld beschaffen (*outlet*)

Auszählung (*f*): nach den vorliegenden Ergebnissen [**Auszählung** von 64% der Wahlkreise] zeichnet sich für keine der Gruppierungen eine klare Mehrheit ab (*counting of votes*)

Auszehrung (*f*): der schleichende Kompetenzsog nach Brüssel hat zu einer angeblichen **Aufgabenauszehrung** der Bundesländer geführt (*erosion/attenuation of responsibilities*)

Auszubildende[r] [decl like adj] (*m/f*): vermögenswirksame Leistungen gibt's schon für Berufsanfänger und **Auszubildende** (*trainee*)

Autohaus (*n*): die Lieferanten, etwa die **Autohäuser**, sind am Leasing beteiligt (*car dealer/distributor*)

automatisiert (*pp as adj*): die Zulässigkeitsvoraussetzungen für **automatisierte** Abrufverfahren für Sozialdaten (*automated*)

Azubi [pl -s] (*m*): die Zahl der **Azubis** nimmt zu (*trainee;* SEE ALSO **Auszubildende**[r])

B

B-Länder (*n/pl*): die Länder, in denen der Ministerpräsident der Union angehört [**B-Länder**], verfügen über 31 Stimmen im Bundesrat (*those* Länder *governed by the CDU/CSU;* SEE ALSO **A-Länder**)

Baisse (*f*): eine **Baisse** ist ein stärkerer, meist länger anhaltender Kursabstieg an der Börse (*slump*)

Ballungsraum (*m*): in **Ballungsräumen** müssen Neumieter oftmals fünfzig Prozent mehr bezahlen als die Vormieter; Bürger und Bürgerinnen in **Ballungsräumen** und auf dem Lande (*densely populated area, conurbation, large centre of population*)

Bandbreite

Bandbreite (*f*): die Bekämpfungsmaßnahmen umfassen die gesamte **Bandbreite** möglicher Reaktionen (*range*); die Notierungen dürfen nur mit einer **Bandbreite** von 2,25 v.H. von den festgesetzten Leitkursen abweichen (*margin*)

Bank (*f*): nach dem häufigen Personalwechsel auf der **Regierungsbank** (*government benches*); SPD und FDP mußten die **Oppositions-bänke** drücken (*opposition benches*)

Bankauskunft (*f*): **Bankauskünfte** enthalten nur allgemeine Feststellungen über die Kreditwürdigkeit eines Kunden (*information provided by the bank*)

Bankleitzahl (*f*): auf dem Kontoauszug ist die **Bankleitzahl** angegeben (*bank sorting code*)

bankrott (*adv*): die Unternehmensberatung GmbH unterzog das Schulsystem einer Analyse und erklärten es für **bankrott** (*bankrupt*)

Bankrott (*m*): spätestens 1994 hätte die Bundesbahn vor dem **Bankrott** gestanden (*bankruptcy*)

Bannmeile (*f*): als »**Bannmeile**« wird ein »befriedetes Gebiet« rings um die Gebäude von obersten Verfassungsorganen bezeichnet. In ihr sind öffentliche Versammlungen unter freiem Himmel, Aufzüge und politische Demonstrationen verboten (*'no-go area' for political demonstrations etc.*)

Baracke (*f*): die Botschaft der »**Baracke**«: Der Rudolf kann das; die Wahlstrategen in der Bonner **Wahlbaracke** (*Central Office of the Social Democratic Party*)

Bargeld (*n*): mit eurocheques kann man sich bei allen durch das blau-rote ec-Zeichen gekennzeichneten Auszahlungstellen **Bargeld** beschaffen (*cash*); in der Raststätten-Affäre ist entgegen allen CDU-Dementis doch **Bargeld** geflossen (*cash, money*)

Bargeldeinzahlung (*f*): die Pflicht der Geldinstitute, ihre Kunden bei **Bargeldeinzahlungen** und anderen Finanztransaktionen, die 25 000 DM übersteigen, den Ermittlungsbehörden zu melden (*cash deposit*)

bargeldlos (*adv*): die Zeitung ist gegen Abgabe dieses Gutscheins **bargeldlos** zu erwerben (*free*)

Barzahlung (*f*): Gutachter für die freien Hoesch-Aktionäre halten eine **Barzahlung** von 5,11 Mark für angemessen (*cash payment*)

Basis (*f*): die Arbeitnehmervertreter müssen lernen, bei ihrer **Basis** nicht mit astronomischen Forderungen falsche Hoffnungen zu wecken (*membership*); der Protest der Wähler könnte zum Aufstand der **Basis** werden (*the ordinary voters* (*at grass-roots level*)); war den Kirchen in der DDR ein gutes Verhältnis zur Obrigkeit wichtiger als die Unterstützung der Reformgedanken ihrer **Basisgruppen**? (*action* *groups among ordinary church members*); die Verträge bilden die **Basis** für die weitere Zusammenarbeit (*basis, foundation*)

Baubehörde (*f*): erkundigen Sie sich bei der **Baubehörde**, ob die Umbaumaßnahmen genehmigungspflichtig sind (*planning/building inspection department of the local authority*)

bauen: ob Sie **bauen** oder kaufen wollen, die Vorteile der Festzinshypothek liegen auf der Hand (*build, have a house built*)

Bauernstand (*m*): der **Bauernstand** wird als einziger Wirtschaftszweig aus der Staatskasse alimentiert (*farmers, the farming community, agriculture*)

Bauherr (*m*): würde die Fabrik in den neuen Bundesländern gebaut, könnten die **Bauherren** mit einem Investitionszuschuß rechnen (*person who commissions a building*); **Bauherren** und Käufer von selbstgenutzten Wohnungen (*builder, developer*)

Bauplanung (*f*): ausländische Investoren und Makler verweisen auf die strengere öffentliche **Bauplanung** in Deutschland (*building regulations*)

baurechtlich (*adj*): die geltenden **baurechtlichen** Vorschriften (*building/planning*)

Bauspardarlehen (*n*): bei der Zuteilung des **Bauspardarlehens** erhalten Sie die restlichen 80% der Bausparsumme (*building society loan*)

Bausparen (*n*): **Bausparen** ist für das Ehepaar, das ein Haus bereits besitzt, die reinste Geldvernichtung (*saving in a building society scheme designed for the specific purpose of buying a house*)

Bausparvertrag (*m*): der Berater drehte dem alten Ehepaar zwei unrentable **Bausparverträge** an (*agreement with building society to save in a house-purchasing scheme*)

Bauwirtschaft (*f*): aus Vermögenserträgen soll ein erheblicher Beitrag für Investitionen etwa in der **Bauwirtschaft** geleistet werden (*building/construction industry*)

Beamte[r] [decl like adj] (*m*): die Beschäftigten bleiben zwar **Beamte**, aber ihre Besoldungsprinzipien wurden vom restlichen öffentlichen Dienst abgekoppelt (*public/civil servant*); sechs am Einsatz beteiligte **Beamte** der Anti-Terror-Einheit (*officer*)

Beamtengehalt (*n*): von dem in die neuen Bundesländer überwiesenen Geld gehen drei Viertel für Arbeitslosenunterstützung, Renten oder **Beamtengehälter** drauf (*civil service salary*)

beamtenrechtlich (*adj*): Lafontaine seien die Zuweisungen aufgrund seiner Tätigkeit als Oberbürgermeister Saarbrückens und anderer **beamtenrechtlicher** Regelungen zugeflossen (*of administrative law*)

Beamtenschaft (*f*): für den Staatssekretär sind **Beamtenschaft** und Leistungsprinzip keine Gegensätze (*being a servant of the state*); die priviligierte **Beamtenschaft** (*civil service*)

Beamtenverhältnis (*n*): in der ehemaligen DDR gab es kein **Beamtenverhältnis** im bundesdeutschen Sinn (*civil servant* (*employment*) *status*)

beamtet (*pp as adj*): der **beamtete** Staatssekretär ist FDP-Mitglied (*with permanent civil service status*)

beanspruchen: wenn das Unternehmen darauf verzichtet, die steuerlichen Erleichterungen zu **beanspruchen** (*take advantage of*)

Beanspruchung (*f*): die vorrangige **Beanspruchung** der Westdeutschen bei der Finanzierung der deutschen Einheit (*calling on, responsibility*)

beanstanden: ob die **beanstandeten** Aufstellungsmodalitäten andernorts praktiziert werden (*object to*)

Beanstandung (*f*): bei Fehlern oder **Beanstandungen** (*complaint*)

beantragen: die Brandenburger Landesregierung **beantragte** in Bonn 110 Millionen DM als Dürrehilfe; eine aufschiebende Wirkung der Anfechtungsklage ist **beantragt** worden (*apply for, request*)

bearbeiten: von den derzeit über 2000 **bearbeiteten** nachrichtendienstlichen »Spuren« konnten bislang fast 700 an die Strafverfolgungsbehörden abgegeben werden (*process, deal with*); der Vorläufer der Vertragswerke war bei der Regierungskonferenz **bearbeitet** worden (*work on, deal with*)

beauftragen: **beauftragen** Sie einen Architekten mit einer Kostenschätzung (*commission*)

Beauftragte[r] [*decl like adj*] (*m/f*): im Dezember 1989 war er **Beauftragter** für eine außerordentliche Finanzrevision (*official charged with/responsible for*)

Bedarf (*m*): die Zulassung der Kassenärzte »**nach Bedarf**« (*as and when required, according to demand*); daraus geht hervor, daß diese Gesetzesinitiative mit einem ungewöhnlich hohen **Regelungs- und Verwaltungsbedarf** verbunden ist (*requirement*); der **Forschungsbedarf** in diesem Bereich soll jetzt gedeckt werden (*need, demand, lack*)

bedarfsgerecht (*adj*): nach dem Entwurf sollen Ärzte nur noch dann zur Kassenpraxis zugelassen werden, wenn der für 1990 unterstellte »**bedarfsgerechte** Versorgungsgrad« um nicht mehr als zehn Prozent überschritten wird (*according to need*)

Bedarfsgüter (*n/pl*): im Osten fehlen vor allem **Bedarfsgüter** (*consumer goods*)

Bedenken (*n/pl*): gegen die vorzeitige Beendigung der Wahlperiode des Bundestags 1982/83 durch das Mißtrauensvotum waren von den Staatsrechtslehrern verfassungsrechtliche **Bedenken** geltend gemacht worden (*misgivings*)

bedenken: mit 104 Millionen Mark **bedenkt** der Bundestag die Fraktionen: ein Akt verdeckter Parteifinanzierung (*'award'*)

bedienen: häufig können Investoren die Kredite nicht **bedienen** (*service, keep up payments on*); die Automaten sind problemlos zu **bedienen** (*use*)

Bedienstete[r] [decl like adj] (*m/f*): unter den öffentlich **Bediensteten** nehmen Lehrer an weiterführenden Schulen diese Stellung ein; Regelungen, die von Vorgesetzten an **Bedienstete** ergehen (*employee, person employed*)

Bedingung (*f*): ihre Zustimmung ist an die **Bedingung** geknüpft, daß die Grenze nicht überschritten wird; die attraktiven **Bedingungen** der Frühpensionierung; innerdeutsche Beziehungen und internationale **Rahmenbedingungen** (*condition*)

bedrohen: Verstöße sind mit Bußgeld **bedroht** (*liable to*)

bedürfen [governs genitive]: für die Aufnahme der Verfassungsänderungen in den Bericht der Kommission an Bundesrat und Bundestag **bedarf** es im Einzelfall nicht nur einer einfachen Mehrheit, sondern einer Zwei-Drittel-Mehrheit (*require*)

beeinträchtigen: das Wachstum in den Schuldnerländern wird durch hohe Kapitalabflüße **beeinträchtigt**, kann jedoch durch neue Kredite wieder in Gang gebracht werden (*jeopardize, hamper*); flächendeckende Mitteilung und Kontrolle würde die Funktionsfähigkeit der Finanzverwaltung schwer **beeinträchtigen** (*impair, hamper, weaken*); fühlt sich ein Bürger durch ein neues Gesetz in seinen Grundrechten unmittelbar **beeinträchtigt** ((*negatively*) *affect*); Gewalttätigkeiten extremistischer Ausländergruppen können die außenpolitischen Beziehungen zu befreundeten Staaten **beeinträchtigen** (*damage, jeopardize*)

Beendigung (*f*): die vorzeitige **Beendigung** einer Wahlperiode (*termination*)

beerben: nachdem sie eine Tante **beerbt** hatte, war sie auf der Suche nach einem Anwalt zur Abwicklung des Nachlasses (*inherit the estate of*)

Befangenheit (*f*): der damalige Beauftragte für eine Finanzrevision sei für eine weitere Prüfungsaktion durch die Finanzministerin der Modrow-Regierung wegen **Befangenheit** abgelehnt worden (*bias, prejudice*)

befassen: ein gemeinsames Aus- und Fortbildungszentrum für **die mit den indirekten Steuern befaßten Beamten** soll in einem der EG-Ländern angesiedelt werden (*the officials dealing with indirect taxation*); [sich] es ist gut, daß **sich** der Deutsche Bundestag endlich mit der Welle des Ausländerhasses **befaßt** (*deal with*); der Sozialausschuß **wird** vom Rat mit den meisten Kommissionsvorschlägen **befaßt** (*be charged* (*with*))

Befestigung (*f*): der **Befestigung** des US-Bondmarktes folgten die Kapitalmärkte in Kanada (*consolidation*)

befinden: in einem Volksentscheid sollen die Bürgerinnen und Bürger über das Gesetz **befinden**; die Laienrichter, die über Schuld oder Unschuld zu **befinden** haben, konnten es mit ihrem Gewissen nicht vereinbaren (*decide*)

befördern: zum Verkaufsleiter **beförderten** Verkäufern wird die Führung und Schulung der Mitarbeiter vermittelt (*promote*); Sendungen, die im IC-Kurierdienst **befördert** werden (*transport, carry, deliver*)

Befragung (*f*): die Ergebnisse einer erneuten **Befragung** von sechs am Einsatz beteiligten Beamten der Anti-Terror-Einheit (*questioning, interview*)

befreien: Nichtmitglieder der gesetzlichen Krankenversicherung können **sich befreien lassen** (*have themselves declared exempt, claim exemption*)

Befreiung (*f*): einige DBA sehen eine Ermäßigung oder gar **Befreiung** der Quellensteuer vor (*exemption*)

befristen: die Regelung soll auf fünf Jahre **befristet** werden (*limit*); der belgische König hatte das Inkrafttreten des von ihm abgelehnten Abtreibungsgesetzes durch einen auf einen Tag **befristeten** Rücktritt ermöglicht (*limited, (of) temporary (duration)*); die Gesetzesinitiative **befristet** das Genehmigungsverfahren für den Bau neuer Eisenbahnstrecken (*set a time-limit*); der Antrag von BÜNDNIS 90/DIE GRÜNEN, wonach das Bannmeilengesetz für die Asyldebatte **befristet** außer Kraft gesetzt werden sollte (*for a limited period*)

Befugnis (*f*): der PDS wird die **Befugnis** abgesprochen, über die Vergangenheit mitzureden (*right, authority, prerogative*); für einen zügigen Ausbau kommunaler Verkehrwege müßten den Gemeinden die erforderlichen Mittel ebenso gegeben werden wie die rechtlichen **Befugnisse** (*power*)

Befund (*m*): man wird um den **Befund** nicht herumkommen, daß es in der DDR relativ wenige »Dissidenten« im eigentlichen Wortsinne gegeben hat (*conclusion, finding*); die Doping-praxis ging auch in der Wendezeit weiter: Noch 1990 habe es bei Untersuchungen von Sportlern aus den neuen Bundesländern 18 positive **Befunde** gegeben (*result*)

befürworten: der Innenausschuß **befürwortete** das sogenannte Geldwäschegesetz gegen die Stimmen der Opposition (*advocate*)

Befürworter (*m*): die **Befürworter** der Möglichkeit der Selbstauflösung des Bundestags (*proponent, advocate*)

begeben: die von der Bank **begebene** 5 jährige Anleihe wird mit 3 Prozent verzinst; das Unternehmen **begibt** Genußscheine über DM 100 Millionen (*float*)

Begebung (*f*): der effektive Rückzahlungskurs steht zum Zeitpunkt der **Begebung** fest (*floating*)

begehen: Verstöße gegen das Ausländer – oder Asylverfahrensgesetz – Delikte also, die Deutsche gar nicht **begehen** können (*commit*)

Begehren (*n*): die Antragsschrift enthält zwei Schwerpunkte, auf die die CDU/CSU-Abgeordneten ihr **Begehren** stützen; das **Begehren** der SPD, den Bundeswehreinsatz in Somalia zu stoppen (*petition, request*)

Begehrlichkeit (*f*): die Verfassung muß Barrieren gegen die Übermacht und die **Begehrlichkeiten** der Parteien aufstellen (*greed, ambition*)

begleichen: wer eine Unternehmungsberatung konsultiert, muß die Rechnung erst selbst **begleichen**; einzelne Rechnungen **begleichen** Sie Konto zu Konto mit einem Überweisungsauftrag (*pay, settle*)

Begrenzung (*f*): eine wirksame **Begrenzung** der Importe (*restriction*)

begrüßen: die CDU/CSU-Fraktion habe immer diese Position vertreten. Der SPD-Abgeordnete **begrüßte** diese Aussage (*welcome*)

begründen: sein Plädoyer für 0,5 Promille in ganz Deutschland **begründete** er damit, dass die Bürger ein Signal bräuchten (*base on* (*the argument*)); Befugnisse, die eine echte Führungsmöglichkeit auf dem Gebiet der Wirtschaft **begründen** (*lay the foundations for*); die Assoziierung **begründet** keine Mitgliedschaft (*establish*)

Begründung (*f*): Waigel habe die Mehrwertsteuererhöhung in der EG durchgesetzt, um im Inland eine **Begründung** für die Erhöhung zu haben (*reason, grounds, justification*); bei der **Begründung** des überparteilichen Gruppenantrags (*establishing the reasons/grounds for, explanation*)

begünstigen: die Begrenzung der Mietsteigerung **begünstigt** solche Mieter, die ohnehin relativ wenig zahlen (*favour*); geplant ist, weitere 312 DM durch Gewährung einer Sparzulage zu **begünstigen** (*treat favourably from the point of view of tax assessment*)

behauptet (*pp as adj*): der US-Dollar notierte **behauptet** (*steady*)

Behauptung (*f*): die **Behauptungen** sind durch Zeugenaussagen vor Gericht widerlegt worden (*claim, assertion*)

Behebung (*f*): der Finanzminister spricht von einem eigenständigen Wirtschaftsprogramm zur **Behebung** einer vorübergehenden Krise (*overcoming*)

beherbergen: das Wohnhaus kann neben den Privaträumen auch die Geschäftsräume des freiberuflich Tätigen **beherbergen** (*contain*)

Behörde (*f*): die Bonner **Behörden** treten als Besitzer auf (*authority*); Verwaltungsverordnungen ergehen in der öffentlichen Verwaltung von übergeordneten an nachgeordnete **Behörden** (*body, authority*)

Beibehaltung (*f*): er machte sich für die **Beibehaltung** der jetzt geltenden Promillegrenze stark (*retention*)

beifügen: **fügen** Sie einen Verrechnungsscheck **bei** (*enclose, attach*)

Beihilfe (*f*): die **Beihilfen** an Landwirte zum Ausgleich von Einkommensverlusten können weiter gezahlt werden (*grant-in-aid,
state aid, subsidy*); ein Ermittlungsverfahren wegen des Verdachts
der **Beihilfe** zum versuchten Mord (*acting as an accessory*)

beilegen: die Union setzt auf die Sportvereine, den Konflikt eigen-
verantwortlich **beizulegen** (*settle*); Wir **legen** ein Exemplar der
Zeitschrift **bei** (*enclose*)

beinhalten: die RAF-Äußerungen vom April 1992 **beinhalten** einen
eingeschränkten, temporären Gewaltverzicht (*contain*); das
Abonnement **beinhaltet** alle Dokumente, die in einem Jahr
veröffentlicht werden (*include*)

Beirat (*m*): eine eingehende Diskussion mit Mitgliedern des
Wissenschaftlichen **Beirats** (*advisory committee/board*)

beisteuern: die alten Länder hatten sich bereit erklärt, dem Fonds 5
Millionen DM **beizusteuern** (*contribute*)

Beitrag (*m*): eine große Finanzierungsquelle sind die Einnahmen aus
Gebühren und **Beiträgen** (*contribution, premium, subscription*); der
Bundeshaushalt leistet einen erheblichen **Beitrag** für Investitionen
(*contribution*)

beitragspflichtig (*adj*): bei der Krankenhausreform sollen den
Krankenhäusern feste Budgets vorgegebenen werden, die sich
am Anstieg des **beitragspflichtigen** Arbeitsentgelts [Grundlohn] der
Versicherten orientieren (*contributory, subject to the deduction of
contributions*)

Beitragssatz (*m*): der einheitliche **Beitragssatz** der Krankenkassen in
Ostdeutschland von 12,8 Prozent soll weitergelten (*level/rate of
contribution*)

Beitragszahler (*m*): derzeit überweisen Italiens **Beitragszahler** und
Unternehmer nur halb soviel in die Pensionskasse, wie diese
den Rentnern auszahlt (*contributor to pension fund/scheme*)

beitreten: dem Europäischen Währungsblock sind Großbritannien und
Dänemark **beigetreten** (*join*)

Beitritt (*m*): der **Beitritt** der DDR zur Bundesrepublik (*accession*); die
Schweiz entschließt sich dazu, einen Antrag auf **Beitritt** an die EG
zu stellen (*joining, membership*)

beiziehen: von den 1,5 Millionen Blatt **beigezogenen** Beweisunterlagen
(*consult, use*)

bejahen: ein Mißverhältnis zwischen wirklichem Wert und Buchwert
eines Anteils kann nur in bestimmten Fällen **bejaht** werden
(*accept, agree*)

bekannt geben: das Bundesamt für Verfassungsschutz wird weitergehende
Strukturdaten demnächst **bekannt geben** (*release, publish*)

Bekanntgabe (*f*): wenige Stunden nach **Bekanntgabe** der Entscheidung (*announcement*)

bekanntwerden: die Gruppe erkundigte sich, welche Aktivitäten von Rechtsextremisten der Bundesregierung im Mai **bekanntgeworden** seien (*come/be brought to the notice of*)

bekennen [sich]: die Reps **bekennen sich** zur sozial verpflichteten Marktwirtschaft (*profess commitment to*)

Beklagte[r] [decl like adj] (*m/f*): die Versicherung bezahlt die Reisekosten, wenn persönliches Erscheinen als Kläger, Be- oder Ange**klagter** angeordnet wird (*defendant*)

bekleiden: der unabhängige Kandidat, der noch nie ein öffentliches Amt **bekleidet** hat (*hold*)

bekräftigen: der FDP-Verkehrsexperte **bekräftigte** die Absicht der Koalition (*endorse*); das Parlament **bekräftigte** noch einmal seine Forderung zur Verwirklichung der Außen- und Sicherheitspolitik ((*re*)*affirm*)

Belang (*m*): er hat das Dienstauto nur für dienstliche **Belange** benutzt (*purpose*); mit der Übertragung von Hoheitsrechten des Bundes würden **Belange** des aus Bund und Ländern bestehenden Gesamtstaates betroffen (*interest*)

belangen: die vietnamesischen Flüchtlinge in Hongkong seien bei ihrer Rückkehr aufgrund ihrer Flucht nicht **belangt** worden (*prosecute*)

belassen: das Mitbestimmungsgesetz **beläßt** der Anteilseigner-versammlung diese Befugnis (*give*); die Kommission hatte sich dafür ausgesprochen, **es** bei der rechtlichen Zuständigkeit des Parlaments zu **belassen** (*leave as it is*)

belasten: ursprünglich sollten die Einkommen mit 1,5 Prozent **belastet** werden (*tax*); der Angeklagte wurde durch die Zeugenaussagen stark **belastet** (*incriminate*); die Forderungen der Länder würden den Bund mit 65 Milliarden Mark **belasten** (*burden, cost*); das Datum gibt Ihnen an, wann ein Betrag zinswirksam gutgeschrieben oder **belastet** worden ist (*charge to an account, debit*)

belastend (*adj*): die Fahnder glaubten, **belastendes** Material wegen der Todesschüsse an der Mauer zu finden (*incriminating*)

belastet (*pp as adj*): das Asylverfahren ist mit unglaublich viel Doppelarbeit von Bund und Ländern **belastet** (*hampered, encumbered, beset, complicated*)

Belastung (*f*): jeder Studienabbrecher ist eine unnötige **Belastung** des Systems; Mais hatte sich zu einer **Belastung** für den Staatshaushalt entwickelt, da die Regierung die Differenz zwischen den Erzeugerpreisen und den staatlich fixierten Verbraucherpreisen bezahlen mußte; das ist eine **Belastung für die Umwelt** (*burden, strain*)

Belastungsprobe (*f*): die gesamte ökonomische und finanzielle Basis der Bundesrepublik wird vor **Belastungsproben** schwer absehbaren Ausmaßes gestellt ((*period of*) *strains, trials, testing period*)

belaufen [sich]: der Stau unerledigter Fälle **beläuft sich** auf 200 000; in Ostdeutschland **beläuft sich** die Zahl auf 242 Ärzte (*amount to*)

belauschen: die umstrittene Frage, ob Wohnungen bei Verdacht auf organisatorisches Verbrechen **belauscht** werden dürfen (*bug and/or put under electronic surveillance*)

beleben [sich]: die Nachfrage an den Aktienmärkten **belebte sich** (*recover, become more lively, pick up, rally*)

Belebung (*f*): die immer wieder aufgetretene **Belebung** des Geschäfts

Beleg (*m*): größere Beträge wurden in einem Pappkarton ohne **Belege** aufbewahrt (*receipt, record*); bei Vorlage der American Express Karte stellt Ihnen das Vertragsunternehmen einen **Belastungsbeleg** aus (*receipt, voucher*)

belegen: der Abgeordnete nahm nach dem Abitur das Studium der Jura auf und **belegte** zudem Vorlesungen der politischen Wissenschaften (*register/sign up for, follow*)

Belegschaft (*f*): die **Belegschaft** des Betriebs konnte für die neue Strategie nicht gewonnen werden (*employees*); die **Belegschaftsaktionäre** genießen aufgrund ihrer Belegschaftsaktien die gleichen Rechte wie jeder andere Aktionär (*holder of employees' shares*)

beleihen: bei kurzfristigem Geldbedarf kann man die Wertpapiere jederzeit **beleihen** (*use as collateral*); wir **beleihen** Bauvorhaben und Wohnhäuser aller Art (*lend money on*)

Beleihung (*f*): mit diesem Immobilien-Darlehen reicht die **Beleihung** bis zu 80 Prozent des ungefähren Verkehrswertes (*amount lent, loan*)

beleuchten: anschließend **beleuchtet** der Ausschuß die Vorlage von allen Seiten; jene Affairen der Regierung, die nun ein parlamentarischer Untersuchungsausschuß **beleuchten** soll (*examine*)

bemängeln: der Abgeordnete bemängelte, die Regierung sehe das Thema Treuhand zu sehr unter betriebswirtschaftlichen Aspekten (*complain*); in einer am 23. Juni 1993 veröffentlichten Unterrichtung **bemängelte** das EP, daß es immer noch eine Vielzahl von Kontrollen an den Grenzen gebe (*complain, criticize*)

Bemerkung (*f*): in die Beratungen des Haushaltsausschusses waren die **Bemerkungen** des Bundesrechnungshofs zur Haushalts- und Wirtschaftsführung des Bundes einbezogen (*comment, observation*)

bemessen: wenn die durchschnittliche Halbwertzeit eines Politikers nach der Parole »Er tanzte nur einen Sommer« **bemessen** sein sollte, wird man dies teuer bezahlen müssen (*assess*); der Finanzierungsspielraum ist **weit bemessen** (*generous*)

Bemessungsgrenze (*f*): ein je zur Hälfte von Arbeitgebern und Arbeitnehmern getragener Beitrag von 1,7 Prozent bis zur **Bemessungsgrenze** der Krankenversicherung (*assessment threshold*)

benachrichtigen: **benachrichtigen** Sie die Krankenversicherung von einem eventuellen Wohnungswechsel (*inform*)

Benachteiligung (*f*): ferner muß nach Auffassung der Gruppe B 90/GR zwischen Verfolgung und »**Benachteiligung**« unterschieden werden ((*suffering*) *disadvantage/discrimination*)

Beobachtung (*f*): es müßte über die bundesweit verdeckte **Beobachtung** der Gruppe nachgedacht werden (*observation, surveillance*); die Republikaner sind oft **Beobachtungsobjekt** des Verfassungsschutzes (*subject of surveillance/observation*)

beraten [sich]: darüber wurde noch nicht entschieden, da der Rechtsausschuß **sich** in dieser Frage noch **berät** (*discuss*)

beraten: die vorgelegte Novelle zum Gesundheitsreformgesetz wurde vom Bundesrat im ersten Durchgang **beraten**; UN **beraten** das Kurdenproblem (*debate, discuss*); im Untersuchungsausschuß **lassen sich** CDU, FDP und Grüne von einem gemeinsamen Anwalt **beraten** (*consult*); das Bundesinstitut für Berufsbildung **berät** die Bundesregierung in Fragen der beruflichen Bildung und bereitet Ausbildungsordnungen vor (*advise*)

Berater (*m*): er holte sich einen Geldexperten, um sich eine gewinnbringende Kapitalanlage empfehlen zu lassen. Der **Berater** kam von dem grössten Vertreiber von Finanzdienstleistungen (*consultant, adviser*)

Beratung (*f*): nach drei Stunden intensiver **Beratung** kamen die beiden Verschwörer zu dem Ergebnis (*discussion(s)*); die **Beratungsstelle** für alleinerziehende Mütter (*advisory/advice centre*); die **Beratung** wenigstens in den fünf neuen Ländern obligatorisch zu machen (*consultation*)

Beratungsgegenstand (*m*): seit ihrer Konstitution hat sich die Kommission bisher vorwiegend mit den **Beratungsgegenständen** »Grundgesetz und Europa«, »Gesetzgebungskompetenzen und Gesetzgebungsverfahren im Bundesstaat« beschäftigt (*matter, topic for debate*)

berechnen: der Staat soll Investitionen finanzieren, ohne der Deutschen Eisenbahn AG dafür Zinsen zu **berechnen**; einige Kreditinstitute **berechnen** für limitierte Aufträge eine zusätzliche Gebühr (*charge*); [sich] die Vergleichsmiete **berechnet sich** nur aus Mieten, die in den vergangenen drei Jahren neu festgesetzt wurden (*be calculated/worked out* (*on the basis of*))

bereinigen: wenn Verfahrensvorschriften verletzt werden, ist dies in einem ergänzenden Verfahren zu **bereinigen** (*remedy*)

bereithalten: der Kommissionsvorsitzende wies darauf hin, daß das Grundgesetz keine hinreichenden Grundlagen für eine staatliche Verfassung Europas **bereithalte** (*provide, contain*); unsere Kundenberater **halten** für Sie eine kostenlose Broschüre **bereit** (*be able to provide*)

Bereitschaftsdienst (*m*): die Belastung von Ärzten und Pflegepersonal durch die **Bereitschaftsdienste** (*stand-by duty, periods on call*)

bereitstehen: mit den in diesem Fonds **bereitstehenden** 14,4 Milliarden DM sei eine angemessene Finanzierung sichergestellt ((*be*) *available*)

bereitstellen: die EG-Länder haben sechzig Millionen Mark für die Flüchtlingshilfe **bereitgestellt** (*make available*); das Gesetz **stellt** in diesem Bezug eine Regelung **bereit** (*include*)

berichten: die CDU/CSU forderte die Bundesregierung auf, im Ausschuß zu **berichten**, »wie es mit Vielfachstaatsbürgerschaften in anderen Ländern aussieht« (*report*)

Berichterstatter (*m*): das Gesetz wurde vom **Berichterstatter** des Vermittlungsausschußes als äußerst wichtiger Schritt bezeichnet (*reporter, rapporteur, spokesman*)

Berichterstattung (*f*): eine weitere Informationsquelle ist die **Bericht-erstattung** in der Zeitung (*reporting*)

berücksichtigen: Finanzierungsaufwendungen für den Umbau eines Hauses sind mit der Pauschalierung abgegolten und können nicht als Werbungskosten und normale Absetzungen für Abnutzung des Gebäudes besonders **berücksichtigt** werden (*take into account, consider*)

berufen: damit wurde erstmals ein Deutscher in das höchste parlamentarische Amt in Europa **berufen** (*appoint*); eine vom Bundespräsidenten zu **berufende** Kommission (*set up, convene*)

beruflich (*adj/adv*): Fragen der **beruflichen** Bildung (*vocational*); die ärztliche Überwachung der **beruflich** strahlenexponierten Personen (*occupationally, by virtue of their occupation*)

Berufsanfänger (*m*): vermögenswirksame Leistungen gibt's schon für **Berufsanfänger** und Auszubildende (*someone at the beginning of his/her career, someone in his/her first job*)

Berufsaufsicht (*f*): der Vorstand der für die **Berufsaufsicht** zuständigen Kammern (*supervision of professional training/practice*)

Berufsausbildung (*f*): von 1952 bis 1957 war er in der **Berufsausbildung** tätig (*vocational training*)

Berufsausübung (*f*): die Bonitätsprüfung verletzt die Freiheit der **Berufsausübung** (*right to practise one's profession*)

Berufsbild (*n*): wir wollen für kommunale Gleichstellungsbeauftragte eine Art **Berufsbild** entwickeln (*career structure/job description*)

Berufsbildung (*f*): das Bundesinstitut für **Berufsbildung** (*vocational training*)

Berufskarrierist [-en,-en] (*m*): der Parlamentarismus habe doch nicht mit Franktionszwang, leeren Phrasen und lauter konformen **Berufskarrieristen** angefangen (*dedicated/professional careerist, someone dedicated to self-advancement, go-getter*)

Berufskollege [-en,-en] (*m*): die deutschen Landwirte im Vergleich zu ihren **Berufskollegen** in anderen EG-Ländern (*professional counterpart*)

Berufsschaden (*m*): in dem Rehabilitierungsgesetz wird der Anspruch auf Entschädigung [**Berufsschaden**] festgestellt. Der Betroffene erhält darüber eine Bescheinigung (*career disadvantage*)

Berufsstand (*m*): ein glatter Politikmanager, der alles verkörpert, was zum Ansehensverlust des **Berufsstandes** heute beiträgt (*profession*)

berufstätig (*adj*): nicht **berufstätige** Ehepartner sind kostenfrei mitversichert (*working*)

Berufstätige[r] [decl like adj] (*m/f*): angesichts der verstaatlichten Wirtschaft waren beinahe alle **Berufstätigen** Beschäftigte der öffentlichen Hand (*employee*)

Berufsunfähigkeit (*f*): Sie entledigen sich dadurch ab einer 50%igen **Berufsunfähigkeit** jeder weiteren Beitragszahlung (*unavailability for work*)

Berufszählung (*f*): die **Berufszählungen** erbringen Angaben über die Erwerbstätigen in ihrer regionalen Gliederung (*occupational census*)

Berufung (*f*): juristisch steht die **Berufung** des neuen Ministers auf schwachen Füssen (*appointment*); er hatte gegen das Urteil **Berufung eingelegt** (*lodge an appeal*)

beruhigen [sich]: mit dem Rückgang der Zinsen **beruhigte sich** die Kursentwicklung des US-Dollars (*settle down, stabilize*)

berühren: seine Verantwortung als parlamentarischer Minister sei nicht **berührt**, denn er könne nicht für jedes Versäumnis eines Beamten persönlich einstehen (*affect*)

besagen: das Prinzip der wehrhaften Demokratie **besagt**, daß sich der demokratische Staat aktiv gegenüber seinen Feinden von links und rechts zur Wehr zu setzen hat (*mean*)

beschaffen [sich]: **sich** die richtigen Informationen zu **beschaffen** (*obtain*)

Beschäftigte[r] [decl like adj] (*m/f*): die Firmen müssen noch mehr **Beschäftigte** entlassen (*employee*); angesichts der verstaatlichten Wirtschaft waren beinahe alle Berufstätigen **Beschäftigte** der öffentlichen Hand (*worker*); SEE ALSO **Unternehmen**

Beschäftigung

Beschäftigung (*f*): die Industrie bildet stets das Rückgrat von **Beschäftigung** und Wohlstand (*employment*); viele Frauen können wegen der Erziehung der Kinder keiner **Beschäftigung** nachgehen (*job*)

Beschäftigungslose[r] [decl like adj] (*m/f*): würden ostdeutsche Arbeitslosenzahlen auf westdeutsche Verhältnisse umgerechnet, ergäbe das ein Heer von 12 Millionen **Beschäftigungslosen** (*unemployed/jobless* (*person*))

Beschäftigungspolitik (*f*): eine an der Konjunktur orientierte **Beschäftigungspolitik** (*employment policy*)

Beschäftigungsstand (*m*): Staatsziele zur Sicherung eines möglichst hohen **Beschäftigungsstandes** (*level of employment*)

Bescheid (*m*): Flüchtlinge haben auch das Recht auf eine Nachprüfung, wenn ihr **Bescheid** abgelehnt wurde (*application*); die Atomrechtliche Verfahrensordnung, insbesondere Antragstellung und **Vorbescheid** (*preliminary ruling*)

bescheiden: rund 1000 Förderanträge wurden abschlägig **beschieden** (*respond to*)

bescheinigen: das Gutachten **bescheinigte**, daß sich das Schulwesen in einem sanierungsbedürftigen Zustand befindet; der Empfang der Sendung ist auf der Kuriergutkarte zu **bescheinigen** (*confirm, certify*)

Bescheinigung (*f*): wer Anspruch auf Entschädigung hat, erhält darüber eine **Bescheinigung** (*certificate*)

beschlagnahmen: alle heute nutzbaren Flächen zu **beschlagnahmen** (*confiscate*)

Beschlagnahmung (*f*): das Zeugnisverweigerungsrecht darf nicht mit Hilfe von Durchsuchungen und **Beschlagnahmungen** umgangen werden ((*act of*) *confiscation*)

Beschleunigung (*f*): bei Gesprächen mit der SPD über eine **Beschleunigung** des Asylverfahrens wurde die Notwendigkeit einer Verfassungsänderung nie in Abrede gestellt (*speeding up, acceleration*)

beschließen: der Bundesrat hat eine Stellungnahme zum von der Bundesregierung vorgelegten Kündigungsfristengesetz **beschlossen**, in der er die Verlängerung der Grundkündigungsfrist fordert (*decide on, agree*); die neue Bestimmung sollte lauten: Auf Antrag eines Drittels seiner Mitglieder kann der Bundestag **beschließen**, die Wahlperiode vorzeitig zu beenden (*decide, resolve*); der deutsche Rentenmarkt **beschließt** das Jahr besser als erwartet (*end*)

Beschluß (*m*): bei **Beschluß** dieser Regelung ging der Gesetzgeber davon aus (*in deciding on/adopting*); die Regierung konkretisierte mit ihrem **Beschluß** den bereits im Oktober getroffenen Entscheid zum EG-Beitritt der Schweiz (*decision, resolution*); die Kommission hat über diesen Beratungsgegenstand **Beschluß gefasst** (*adopt/pass a resolution*); der **Beschluß** des Bundesverfassungsgerichts (*ruling*)

Beschlußempfehlung (*f*): der Bundestag hat dem Finanzminister für das Haushaltsjahr die beantragte Entlastung erteilt. Die Entscheidung fiel am 24. Juni auf der Grundlage einer **Beschlußempfehlung** des Haushaltsausschusses (*recommendation*)

Beschlußvorschlag (*m*): eine Stellungnahme des EP zu einem **Beschlußvorschlag** der EG-Kommission (*proposal (of a resolution)*)

Beschneidung (*f*): die Länder werden bei Inkrafttreten des Maastrichter Vertrages zahlreiche und weitgehende **Beschneidungen** ihrer Kompetenzen erfahren (*cutting back, reduction*)

beschränken [sich]: die Haftung der Bank **beschränkt sich** auf den Zinsnachteil (*be limited to*)

Beschuldigte[r] [decl like adj] (*m/f*): das Ermittlungsverfahren richtet sich auch gegen den früheren Stasi-Chef und gegen fünf weitere **Beschuldigte** (*accused (person)*)

Beschwerde (*f*): dagegen hatte die Staatsanwaltschaft **Beschwerde eingelegt** (*lodge a complaint, issue a writ*)

Beschwerdeführer (*m*): die **Beschwerdeführer** können sich nicht mit Erfolg auf eine Verletzung des Bundesstaatsprinzips berufen (*complainant*)

Beseitigung (*f*): die **Beseitigung** von Handelshemmnissen (*abolition, removal*)

besetzen: durch den Rücktritt von Außenminister Genscher und Bundesgesundheitsministerin Hasselfeld waren insgesamt drei neue Ressorts zu **besetzen** (*fill*)

besiedeln: da der Osten Deutschlands relativ gering **besiedelt** ist (*populate*)

Besitzstand (*m*): die Bürger müssen einsehen, daß sie nicht alle **Besitzstände halten** können (*maintain living standards*)

Besoldung (*f*): welche Lehrertypen an deutschen Schulen im Ausland unterrichten und wie ihre **Besoldung** aussehen soll (*remuneration*)

Besserverdienende[r] [decl like adj] (*m/f*): der begehrliche Griff der Politiker richtet sich vor allem auf die sogenannten **Besserverdienenden** mit einem Jahreseinkommen von 60 bis 120 000 Mark (*higher-income earner, better-paid (person)*)

Bestand (*m*): um den deutschen Weinbau **in seinem Bestand** zu erhalten (*its present state*); Meldungen über **Bestand** und Erzeugung (*stock*); in Karlsruhe wird sich letztlich entscheiden, ob diese Linie der Rechtssprechung **Bestand haben** wird (*endure, be permanent*)

Bestandsaufnahme (*f*): eine **Bestandsaufnahme** über Doping im Spitzensport (*taking stock*)

bestätigen: die Richter **bestätigten** diesen Grundsatz ((re)affirm); [sich] wenn **sich** die in Gang gekommenen Trends **bestätigen** (continue, turn out to be significant)

bestehen: ob Deutschland heute im internationalen Wettbewerb **bestehen** kann (survive, hold one's own)

bestellen: wir schlagen vor, einen Beauftragten beim Deutschen Bundestag zu **bestellen**; der Aufsichtsrat **bestellt** den Vorstand (appoint)

Bestellung (f): das Vorschlagsrecht der Länder für die **Bestellung** des Präsidenten einer Landeszentralbank (appointment)

Besteuerung (f): durch diese Maßnahme wurden etwa 80 Prozent aller Steuerpflichtigen von der **Besteuerung** der Einkünfte aus Kapitalvermögen freigestellt (taxation)

Besteuerungsgleichheit (f): die von den Karlsruher Richtern geforderte **Besteuerungsgleichheit** soll auf dem Wege des Steuerabzugsverfahrens erreicht werden (equity of taxation)

bestimmen: Verwaltungsverordnungen dienen dazu, die Tätigkeit der Verwaltung näher zu **bestimmen** (define, determine); der Ausschuß **bestimmte** einen Berichterstatter (appoint)

Bestimmung (f): in den Änderungen zum Sozialgesetzbuch sind folgende **Bestimmungen** aufgenommen worden (provision)

Bestrafung (f): eine **Bestrafung** ist erst über 1,0 Promille fällig (penalty, fine)

Bestrebung (f): die Prüfung, ob eine verfassungsfeindliche **Bestrebung** seitens der PDS vorliegt, ist noch nicht abgeschlossen; die Mitglieder des Verfassungsschutzes tragen durch die Abwehr der gegen unser Staatswesen gerichteten extremistischen **Bestrebungen** erheblich zur Stabilität der Bundesrepublik bei (objectives, aims, intentions)

bestreiten: die ersten Stunden der Aussprache wurden ausschließlich von Frauen **bestritten** (dominate); zusammen **bestreiten** die drei Sponsoren ein Fünftel des Gesamtetats (provide, finance, defray)

betätigen [sich]: er **betätigte sich** kommunalpolitisch in Wolfsburg (be active)

Betäubungsmittelrecht (n): bei der Ahndung von Verstößen gegen das Arznei- und **Betäubungsmittelrecht** auf seiten der Ärzte gibt es weitreichende Möglichkeiten bis zum Approbationsentzug (narcotics law)

beteiligen: die Gesetzentwürfe sind den **beteiligten** Ministerien zugeleitet worden (involve, concern); die Länder sollen in diesem achtköpfigen Ausschuß lediglich mit zwei Vertretern **beteiligt sein** (be represented); [sich] Sparer können **sich** durch eine Einmalanlage von 5000 DM **beteiligen** (participate, take part)

Beteiligung (f): an mehr als 30 anderen Banken bestehen **Beteiligungen** der Bayerischen Vereinsbank (share, stake)

Beteiligungsföderalismus (*m*): die Eigenständigkeit und Eigenstaatlichkeit der Länder nicht nur als Beteiligung an der Gesetzgebung und Verwaltung des Bundes über den Bundesrat [»**Beteiligungsföderalismus**«] auszuformen (*'participatory federalism'*)

Beteiligungsgesellschaft (*f*): Skandale bahnen sich auch im Geschäft mit »stillen Beteiligungen an **Beteiligungsgesellschaften**« an (*holding company*)

betragen: die Ausgaben für Sozialhilfe **betrugen** rund 120 Millionen Mark; der Durchschnittsurlaub **betrug** vor 20 Jahren 15 Tage (*amount to*); Kündigungsfrist soll vier Wochen **betragen** (*be, run to*)

betraut (*pp as adj*): die Ergebnisse einer Befragung durch den mit einer Untersuchung **betrauten** Präsidenten des Bundesverwaltungsamtes (*charged with*)

betreffen: der Austausch von Anteilen und die Einbringung von Unternehmensteilen, die Gesellschaften verschiedener Mitgliedstaaten **betreffen** (*involve*); das Abkommen **betrifft** die Garantiepreise (*concern, affect*)

betreffend (*adj*): Papiere, die ein Bezugsrecht auf Aktien des **betreffenden** Unternehmens bieten (*concerned, involved, in question*)

betreiben: mit dem vorliegenden Entwurf wird Sozialpolitik nach Kassenlage **betrieben**; im Unternehmen wird lehrbuchgetreues Marketing **betrieben** (*practice*); die Strecken, die Privatunternehmen als Franchisenehmer **betreiben** sollen (*operate*)

Betreiber (*m*): private **Betreiber** von Heimen (*owner, manager, person running*); das britische Schatzamt gibt die Höhe staatlicher Subventionen für die neuen **Betreiber** bekannt (*operator*)

betreuen: rund 450 000 Menschen werden stationär in Pflegeheimen und etwa 1,2 Millionen zu Hause in der Familie **betreut** und versorgt (*care for, look after*)

Betrieb (*m*): überwiegend handelt es sich bei den ehemals staatseigenen Unternehmen um kleine und mittlere Unternehmen. Solche **Betriebe** sind schwer zu verkaufen (*firm, company, business*); der **Betrieb** des Sirennetzes sei nicht mehr notwendig (*operation*); darauf hinwirken, daß die Wiederaufbereitungsanlage Sellafield nicht **in Betrieb geht** (*be put into operation, enter service*)

betrieblich (*adj*): die **betriebliche** und technische Verbesserung der alten Reaktoren (*operational*); **betriebliche** Entscheidungen (*company*)

Betriebsausgaben (*f/pl*): es wird schwieriger, die Kosten für Auslandsreisen als **Betriebsausgaben** anerkannt zu bekommen (*business expenses*)

Betriebsfrieden (*m*): der **Betriebsfrieden** beim Stuttgarter Autobauer Mercedes-Benz ist empfindlich gestört (*good union:management relations*)

Betriebskonzept

Betriebskonzept (*n*): das **Betriebskonzept** setzte sich nicht am Markt durch (*company strategy*)

Betriebskrankenkasse (*f*): je nach Berufszugehörigkeit sind die Arbeitnehmer über die Orts-, **Betriebs**- oder Innungs**krankenkasse** versichert (*company health insurance fund*)

Betriebsleiter (*m*): die Finanzchefs und **Betriebsleiter** der betroffenen Firmen (*manager*)

Betriebsprüfung (*f*): bei **Betriebsprüfungen** werden vor allem die Bewirtungsspesen kontrolliert (*audit, Inland Revenue inspection*)

Betriebsrat (*m*): notleidende Betriebe in Ostdeutschland haben die Möglichkeit, bei Zustimmug des **Betriebsrates** Löhne unter Tarif zu zahlen (*works council*)

Betriebsstätte (*f*): die Verlagerung von **Betriebsstätten** nach Ostdeutschland (*factory, premises, works*)

Betriebsverfassungsgesetz (*n*): das **Betriebsverfassungsgesetz** 1972 hat die Beteiligungsrechte des Betriebsrats erweitert (*Works Constitution Act*)

betriebswirtschaftlich (*adv*): der **betriebswirtschaftlich** kalkulierende Westbeamte, der erst einmal harte Zahlen sehen will (*in terms of business management, commercially*)

Betroffene[r] [decl like adj] (*m/f*): in dem Rehabilitierungsgesetz wird der Anspruch auf Entschädigung [Berufsschaden] festgestellt. Der **Betroffene** erhält darüber eine Bescheinigung (*person in question*)

Betrug (*m*): ein Ermittlungsverfahren wegen Verdachts auf **Betrug** (*fraud*)

beurkunden: der Vertrag mit der Treuhand ist bereits notariell **beurkundet** (*attest*)

Bevölkerungsdichte (*f*): durch die Bevölkerungsentwicklung wiesen die Wahlkreise eine unterschiedliche **Bevölkerungsdichte** auf (*density of population*)

Bevollmächtigte[r] [decl like adj] (*m/f*): Pfitzer war zuvor **Bevollmächtigter** des Landes Württemberg-Hohenzollern, ehe er 1951 zum Direktor des Bundesrates ernannt wurde (*authorized representative*)

bevorzugen: Verkehrsträger zu **bevorzugen**, die wenig Energie verbrauchen (*give preference to*)

bewähren [sich]: im Kabinett **bewährte sich** der Minister in der Bekämpfung der Autobahngangster (*prove oneself*); das **bewährte** Verhältnis zwischen Regierung und Parlament (*proven, tried and tested*)

bewältigen: das sei nicht zu **bewältigen**, man könne nur 200 oder 500 Asylbewerber aufnehmen (*cope with*); dies ist der Konflikt, den dieses Gesetz zu **bewältigen** hat (*resolve, deal with*)

Beweglichkeit (*f*): finanzielle **Beweglichkeit**, weil diese Papiere an der Börse notiert werden (*flexibility*)

Beweiserleichterung (*f*): **Beweiserleichterungen** für die Ermittlung der für die Rente anzurechnenden Zeiträume sollen langwierigen Prüfungsverfahren Abhilfe schaffen (*easing of burden of proof*)

Beweismittel (*n*): die elektronische Atemalkohol-Analyse soll nach Vorstellung der Sozialdemokraten als »gerichtsverwertbares **Beweismittel**« dienen (*evidence*)

bewerben [sich]: 150 Firmen haben **sich** um eine Beteiligung an dem Feldversuch **beworben** (*apply (for)*)

bewerkstelligen: der Vorschlag wird eine soziale Absicherung gegen das Risiko der Pflegebedürftigkeit **bewerkstelligen** (*implement, result in*)

bewerten: die Voraussagen werden zu einer Gesamtprognose zusammengefaßt und zugleich **bewertet** (*cost*)

bewilligen: es wurden Mittel für Gebiete **bewilligt**, die nicht den strengen Bewilligungskriterien entsprechen (*approve*); die Parlamentarier **bewilligten sich** erst im Mai eine 18prozentige Gehaltserhöhung (*award oneself*)

bewirken: das Mitbestimmungsgesetz **bewirkt** eine qualitative Veränderung des Anteilseigentums (*produce, result in*)

bewirtschaften: der Bund soll einziger Eigentümer der Bahnen bleiben; Aufgabe der DEAG ist es, das Schienennetz zu **bewirtschaften** (*manage financially*)

Bewirtung (*f*): bei der steuerlichen Absetzung von **Bewirtungsspesen** müssen die Namen der bewirteten Personen angegeben werden (*entertainment expenses*)

Bezahlvorgang (*m*): die Preise, die von den Geschäften je **Bezahlvorgang** an die Banken gezahlt werden müssen ((*payment*) *transaction*)

bezeichnen: der Kündigungsgrund muß so ausführlich **bezeichnet** sein, daß er von anderen Gründen unterschieden werden kann (*identify, indicate*)

beziehen: der Vorwurf, er **beziehe** unberechtigt zusätzliche Einkünfte, wurde zurückgewiesen (*draw, receive*); eine nur auf die Menge **bezogene** Abgabe (*related*); weit höhere Mieten müssen diejenigen bezahlen, die eine Wohnung neu **beziehen** (*move into*); [sich] der Antrag **bezog sich** auf die am 21. April getroffene Entscheidung (*relate/refer to*)

Bezieher (*m*): die SPD fordert, den Solidaritätszuschlag für die **Bezieher** höherer Einkommen fortzusetzen (*someone earning*)

Beziehungen (*f/pl*): **Beziehungen** zwischen der Bundesrepublik und Albanien ((*international*) *relations*); die enge **Beziehung** zwischen der Konzentration von Atem- und Blutalkohol (*connection*)

beziffern: die Steuerausfälle aus hinterzogenen Zinseinkünften **beziffert** das Finanzgericht Baden-Württemberg mit jährlich 15 Milliarden DM (*put at, put a figure on*)

Bezirk (*m*): gewählt wurden nur die Parlamente der 23 Berliner **Bezirke** (*local district, borough*)

Bezirksversammlung (*f*): er möchte für die Statt-Partei in die **Bezirksversammlung** Hamburg-Nord einrücken (*local council*)

Bezug (*m*): bei Hoesch gibt es Optionsrechte auf den **Bezug** von nominell 120 Millionen Mark Aktien (*acquisition*); von den 3884 Taten mit rechtsextremistischem **Bezug** hatten zwei Drittel fremdenfeindliche Bezüge (*connections, links*); Gewinnanteile und sonstige **Bezüge** aus Aktien (*earnings*)

Bezugnahme (*f*): **unter Bezugnahme auf** Pannen bei der Anti-Terror-Aktion (*with reference to*)

Bezugsrecht (*n*): das **Bezugsrecht** ist das Recht des Aktionärs, bei einer Erhöhung des Grundkapitals seiner Gesellschaft neue [= »junge«] Aktien zu erwerben (*subscription right*)

bezuschussen: es muß geklärt werden, nach welchen Kriterien die rund 130 deutschen Schulen im Ausland **bezuschußt** werden sollen (*subsidize*)

bieten: das internationale Recht **bietet** ausreichend Schutz vor illegalen Transaktionen mit Kunstgegenständen (*provide*)

Bieter (*m*): bei der Auftragsvergabe erhält der ostdeutsche **Bieter** bei günstigsten Angeboten den Vorzug vor dem westdeutschen (*bidder*)

Bilanz (*f*): die **Bilanzen** wurden verspätet erstellt (*balance sheet, financial statement*); mit einer Absicherung von einer Million Arbeitsplätzen konnte die Treuhand durchaus eine sehenswerte **Bilanz** ihrer Arbeit vorlegen (*account*); die Bundesbank **zieht diese Bilanz** in ihrem Juli-Bericht (*sum up* (*thus*))

Bilanzgewinn (*m*): die Hauptversammlung hat beschlossen, den im Jahresabschluß ausgewiesenen **Bilanzgewinn** zur Ausschüttung einer Dividende zu verwenden (*profit on the balance sheet*)

bilanzmäßig (*adv*): die Firmen sind bis zur Wende praktisch nie **bilanzmäßig** überprüft worden (*as regards their accounts/balance sheet*)

bilden: er hat unter seinem Vorsitz eine Kommission **gebildet** (*form, set up*)

Bildungspolitik (*f*): in seinem Handlungskonzept führte er eine neue Offensive in der **Bildungspolitik** an (*educational policy*)

Bildungswesen (*n*): er war viele Jahre im **Bildungswesen** der IG-Metall tätig (*education(al) service/department*)

binden: sie verkaufen Finanzprodukte, in denen die Ersparnisse über viele Jahre **gebunden** sind (*tie up*); rechtlich **bindend** ist das deutsch-deutsche Vertragswerk in dieser Frage nicht (*binding*)

Bindung (*f*): die Regierung berücksichtigt die Stellungnahme des Bundesrates. Berücksichtigung bedeutet nicht **Bindung** (*being bound by*); die **Bindung** der wirtschaftlichen Freiheiten im Interesse der Arbeitnehmer (*restriction*)

Binnengrenze (*f*): die Freizügigkeit und die Beseitigung der Personenkontrollen an den **Binnengrenzen** der Europäischen Gemeinschaft auf dem Wege zwischenstaatlicher Vereinbarungen könnte zur Diskriminierung von Staatsangehörigen aus Drittstaaten führen (*internal border*)

Binnenmarkt (*m*): die Finanzminister der EG hatten rigoros die Mittel für die Vollendung des **Binnenmarktes** gekürzt (*internal market*)

Binnennachfrage (*f*): mit fiskalpolitischen Maßnahmen die **Binnennachfrage** zu stärken (*domestic demand*)

binnenwirtschaftlich (*adj*): die **binnenwirtschaftlichen** fundamentalen Rahmendaten des Rentenmarktes haben 1984 erheblich an Gewicht gewonnen (*of/in the domestic economy*)

bitten: der Bundesrat **bittet** zu prüfen, ob die Vorschriften eine ausreichende Kontrollmöglichkeit bieten (*request*)

Bittsteller (*m*): der Bürgerbeauftragte hat mit seinem Mitarbeiterstab fast 30 000 Eingaben bearbeitet, von denen rund 19 000 zugunsten der **Bittsteller** entschieden werden konnten (*petitioner*)

Blas-Test (*m*): als Vorprobe ist der »**Blas-Test**« wissenschaftlich noch nicht ausreichend geklärt (*'blowing in the bag'*)

blau (*adj*): Lehrlinge auszubilden, denen der Meister mit dem Gesellenbrief gleichzeitig den »**Blauen Brief**« in die Hand drückte (*redundancy notice, 'cards'*)

Blaumachen (*n*): die Unternehmer wettern gegen die Lohnfortzahlung, weil sie **Blaumachen** fördere (*skipping work, absenteeism*)

bleiben: nicht nur die strafrechtliche Neuregelung **bleibt** suspendiert (*remain*); die Frage, inwieweit die Veränderung der Kündigungsfristen zu **bleibender** Arbeitslosigkeit beitragen könne (*continuing, long-term*)

Bleiberecht (*n*): etwa die Hälfte der Asylbewerber hat aus solchen Gründen bei uns ein **Bleiberecht** (*right to remain*)

Blockarbeit (*f*): **Blockarbeit** nach dem Verständnis von VW bedeutet, daß die Mitarbeiter 9 Monate beschäftigt und danach für den Rest des Jahres arbeitslos gemeldet, beziehungsweise für Fort- und Weiterbildungsmaßnahmen freigestellt werden (*'block work', working for only part of the year*)

blockieren: wer den Umbau des Sozialstaats als sozialen Abbau bezeichnet, um zu **blockieren**, handelt verantwortungslos (*block the way forward, prevent progress*)

Blockierung (*f*): Bush verfügte umgehend die **Blockierung** jugoslawischer Vermögenswerte in den USA (*freezing*)

Bonität (*f*): große Investoren lassen die Finger von Neubauten und achten auf die **Bonität** der Mieter (*creditworthiness*)

Bonus (*m*): der **Bonus** ist die neben der Dividende gewährte Sondervergütung an Aktionäre; Sie erhalten von uns am Ende der Vertragsdauer einen einmaligen **Bonus** von 2 Prozent auf Ihre Einzahlungen (*bonus payment*)

Boom (*m*): der **Bauboom** trägt den Keim der Überproduktion in sich (*house-building boom*)

Börse (*f*): wären die Anstalten Aktiengesellschaften, schon längst wäre der Handel an der **Börse** ausgesetzt (*stock exchange*)

Börsencrash (*m*): der 87er **Börsencrash** war eine Reaktion auf einen weltweiten Zinsanstieg sowie auf das Außenhandelsdefizit der USA (*stock exchange crash*)

Börsenkurs (*m*): der Preis der Belegschaftsaktien liegt üblicherweise unter dem **Börsenkurs** ((*stock*) *market price*)

Börsenumsatzsteuer (*f*): man bezahlt bei Kauf und Verkauf von Aktien 0,25% **Börsenumsatzsteuer** (*stamp duty*)

Börsianer (*m*): verwundert waren die **Börsianer** über die Kurssteigerungen in beiden Papieren während der vergangenen Wochen (*stock-broker*)

Brache (*f*): die Betriebe können jetzt zwischen **Dauerbrache** und **Rotationsbrache** wählen (*allowing* (*production capacity*) *to lie fallow (permanently or in rotation)*); er schleppte die Presse über eine Reihe von **Industriebrachen** (*industrial waste land, deserted sites*)

brachliegen: das Geld verdient Geld und **liegt** nicht **brach** auf einem Konto (*lie idle*); fünfzehn Hektar **liegen brach** (*lie fallow as part of the set-aside scheme*)

Branche (*f*): die Wirtschaftssektoren wurden gemäß ihrer Vergleichbarkeit in **Branchen** unterteilt (*branch*); Computerisierung in der **Finanzbranche** (*financial sector*)

branchenbedingt (*adj*): **branchenbedingte** Anpassungsprozesse müssen durch Fördermaßnahmen flankiert werden (*limited to certain sectors/branches of industry*)

Bremsen (*n*): bei den Bemühungen, in Riga ein Büro zu eröffnen, habe es lange ein **Bremsen** des Auswärtigen Amtes gegeben (*putting the brakes on; slowing down (of the process)*); die Wachstumsimpulse der zusätzlichen Nachfrage aus Deutschland haben die **Bremskräfte**

der Kapitalverknappung bei weitem überstiegen (*braking/slowing-down effect*)

Brennstoff (*m*): abgebrannte **Brennstoffe** aus der Bundesrepublik sollen zur Wiederaufbereitung, bzw. direkten Endlagerung nicht nach Sellafield II gebracht werden (*fuel*)

Briefaktion (*f*): Arbeitsämter und Kammern haben mit **Briefaktionen** und Gesprächen vor Ort bestmögliches getan (*postal campaign*)

bröckeln: die Kurse an der Börse **bröckeln** (*crumble, tumble*)

Bruttoinlandsprodukt (*n*): etwa 2 Prozentpunkte des Wachstums von Belgiens realem **Bruttoinlandprodukt** beruhten auf dem veränderten Handelssaldo mit Deutschland (*gross domestic product*)

Bruttomonatseinkommen (*n*): das **Bruttomonatseinkommen** liegt im Westen derzeit im Durchschnitt bei 3720, im Osten bei 1660 Mark (*gross monthly income*)

Bruttosozialprodukt (*n*): die größte Herausforderung wird sein, nach dem Stadium der Stabilisierung so schnell wie möglich einen Anstieg des **Bruttosozialprodukts** zu erreichen (*gross national product*)

Bußgeld (*n*): Verstöße gegen Auskunftspflichten sind als Ordnungswidrigkeiten mit **Bußgeld** bedroht (*fine*)

Buchführung (*f*): die Behörde überwacht die **Buchführung** der Firmen (*accounting system, book-keeping, keeping of the accounts*)

Buchhaltung (*f*): Ihre persönliche **Buchhaltung** – der Kontoauszug (*book-keeping*)

Buchung (*f*): in der obersten Zeile Ihres Kontoauszugs sind Ihre Konto-Nummer, das Datum des **Buchungstages** und der alte Kontostand angegeben (*date of statement*)

Buchwert (*m*): der ausscheidende Kompagnon bekommt nicht den wirklichen Wert seines Anteils ausgezahlt, sondern nur eine Abfindung nach den **Buchwerten** der letzten Bilanz (*book value*)

Budget (*n*): den Ärzten werden für die Verordnung von Medikamenten und Heilmitteln feste **Budgets** vorgegeben (*budget*)

Bund (*m*): 65-Millionen-Mark-Forderung wird vom **Bund** verworfen (*Federation/Federal Government*); der Zuschlag auf die Einkommensteuer soll zu Einnahmen bei **Bund** und Gemeinden führen (*central government*)

Bündel (*n*): mit diesem **Gesetzesbündel** soll den Drogenhändlern der Kampf angesagt werden; ein **Bündel** von Maßnahmen wurde ergriffen (*package*)

bündeln: die eigenen Tochterunternehmen in einer neuen Gesellschaft **bündeln** (*merge, amalgamate*); der Diskussionsleiter hat die Fragen **gebündelt** (*take together*)

Bündelung

Bündelung (*f*): welche Gründe waren für die Ablehnung einer **Bündelung** von Wahlterminen maßgebend? (*synchronization*)

Bundesanwaltschaft (*f*): die **Bundesanwaltschaft** hat 1239 Ermittlungsverfahren wegen des Verdachts geheimdienstlicher Agententätigkeit eingeleitet (*Federal Supreme Court prosecutors*)

Bundesaufsichtsamt (*n*): im Gegensatz zu Investmentsfonds unterliegen die Beteiligungsgesellschaften nicht der Kontrolle des **Bundesaufsichtsamts** für Kreditwesen (*Federal Banking Supervisory Office*)

Bundesbürger (*m*): 38 Entwicklungs- und Umweltorganisationen riefen die **Bundesbürger** dazu auf, ein Zeichen ihres Umweltbewußtseins zu setzen (*citizen of the Federal Republic*)

Bundesebene (*f*): der Erfolg der SPD in den Ländern sei jetzt auch auf **Bundesebene** notwendig und möglich (*federal/central government level*); Volksabstimmungen auf **Bundesebene** (*federal level*)

bundeseigen (*adj*): laut Gesetz muß der Bund Bauvorhaben seiner Verfassungsorgane einer **bundeseigenen** Gesellschaft des privaten Rechts übertragen (*federal, state, government*)

Bundesgebiet (*n*): Ausländer, die sich seit mindestens drei Jahren ununterbrochen im **Bundesgebiet** aufhalten (*territory of the Federal Republic*)

Bundesgeschäftsführer (*m*): der SPD-**Bundesgeschäftsführer** Blessing erklärte in Bonn (*party manager at national level*)

Bundesgesetzblatt (*n*): die nach den Vorschriften dieses Grundgesetzes zustande gekommenen Gesetze werden vom Bundespräsidenten nach Gegenzeichnung ausgefertigt und im **Bundesgesetzblatt** verkündet (*Federal Law Gazette*)

Bundeshaushalt (*m*): der **Bundeshaushalt** wurde drei Stunden lang debattiert (*federal budget*)

Bundeshaushaltsplan (*m*): im **Bundeshaushaltsplan** waren die Mittel gesperrt (*federal budgetary plan*)

Bundeskanzleramt (*n*): die Vorschläge der Sozialdemokraten waren die Grundlage für die Vereinbarung im **Bundeskanzleramt** (*Office of the Federal Chancellor*)

Bundeskasse (*f*): die Belastungen setzen sich aus 280 Milliarden Defizit sowie Zuschüssen aus der **Bundeskasse** und Nettokreditaufnahmen zusammen (*Treasury*)

Bundesland (*n*): der Personalaufwand in den neuen Ländern erreicht höhere Werte als in den alten **Bundesländern** (*federal state, 'Land'*)

Bundesmittel (*n/pl*): der soziostrukturelle Einkommensausgleich für Landwirte soll ausschließlich aus **Bundesmitteln** gezahlt werden (*federal funds/resources, government money*)

bundespolitisch (*adj*): die Landtagswahlen in Schleswig-Holstein haben **bundespolitische** Ausstrahlung (*on federal politics*)

Bundesrat (*m*): die Sozialdemokraten werden eine Reihe ihrer in der Kommission abgelehnten Anträge in Bundestag und **Bundesrat** erneut zur Debatte stellen (*upper federal house*)

bundesrätlich (*adj*): die Empfehlung, die Bundesgesetze zur Übertragung von Hoheitsrechten der **bundesrätlichen** Zustimmung zu unterwerfen, gilt für Hoheitsrechte des Bundes und der Länder (*of the upper federal house*)

Bundesrechnungshof (*m*): uneingeschränkte Prüfung der Verwendung von Steuermitteln durch den **Bundesrechnungshof** (*Federal Audit Office*)

bundesrepublikanisch (*adj*): die Haltung der **bundesrepublikanischen** Gesellschaft (*of the Federal Republic*)

Bundesstaat (*m*): das Land Bremen hat als Zentrum von Schiffahrt, Hafenumschlag und Außenhandel wichtige Aufgaben für den gesamten **Bundesstaat** zu erfüllen (*the whole federal state*)

bundesstaatlich (*adj*): Eckpunkte der Länder für die **bundesstaatliche** Ordnung im vereinten Deutschland (*federal*)

Bundestagsplenum (*n*): der Bericht der Gemeinsamen Verfassungskommission an das **Bundestagsplenum** sowie an den Bundesrat ((*plenary session of*) *the whole house*)

Bundestagswahl (*f*): es gehe jetzt darum, die Weichen für die **Bundestagswahl** zu stellen (*federal/general election*)

Bundesverfassungsgericht (*n*): das **Bundesverfassungsgericht** machte den Mehrheitsbeschluß des Bundestages mit einer eigenen Mehrheit von 5:3 Stimmen zunichte (*Federal Constitutional Court*)

Bundesverwaltungsamt (*n*): die Ergebnisse einer Befragung durch den mit einer Untersuchung betrauten Präsidenten des **Bundesverwaltungsamtes** (*Federal Administrative Office*)

Bundesvorstand (*m*): er ist seit 1981 Mitglied des **Bundesvorstandes** der CDU (*national executive*)

bundesweit (*adv*): die Ausschreibung erfolgt **bundesweit** (*nationally*)

Bündnis (*n*): die CDU koalierte mit der SPD, doch das **Bündnis** scheiterte bereits im Dezember (*alliance*)

bunt (*adj*): Funktion und Nutzen von »**bunten Listen**« [gemeinsame Kandidaten von PDS, BWK und DKP] bei Kommunalwahlen (*mixed list*)

Bürge [-en,-en] (*m*): Kredite sind schwer zu bekommen, weil die Bank einen reichen **Bürgen** aus dem Westen verlangt (*guarantor*)

bürgen: ein einmal in einschlägigen Kreisen zweifelhaft gewordener Leumund **bürgt** für den baldigen Konkurs (*guarantee*)

Bürgerbeauftragte[r] [decl like adj] (*m/f*): das Gesetz über einen **Bürgerbeauftragten** des Landes Rheinland-Pfalz wurde 1974 im

Mainzer Landtag beschlossen ((*authorized*) *representative of the public*)

Bürgerbegehren (*n*): stärkere Bürgerbeteiligung, insbesondere durch **Bürger**initiative, **-begehren** und -entscheid (*public petition*)

Bürgerbeteiligung (*f*): stärkere **Bürgerbeteiligung**, insbesondere durch Bürgerinitiative, -begehren und -entscheid (*public participation*)

Bürgerbewegung (*f*): die Schwäche der **Bürgerbewegungen** in der alten DDR hing mit dem Umfeld zusammen, in dem sie zu operieren hatten (*citizens'/civic movement*)

Bürgerentscheid (*m*): stärkere Bürgerbeteiligung, insbesondere durch **Bürger**initiative, -begehren, und **-entscheid** ((*local*) *referendum*)

Bürgerferne (*f*): in einer Zeit immer größerer **Bürgerferne** »derer da oben« nimmt die Bedeutung der Kommunalpolitik noch zu (*remoteness from the public/individual citizen*)

Bürgerforum (*n*): **Bürger**telefone und **-foren** sollen den Kontakt zwischen Bürger und Politik wieder herstellen (*public forum/discussion*)

Bürgergesellschaft (*f*): gerade jetzt, eineinhalb Jahre vor den nächsten Wahlen, müßte die Chance genutzt werden, eine offene **Bürgergesellschaft** zu gestalten (*civil society*)

Bürgerinitiative (*f*): stärkere Bürgerbeteiligung, insbesondere durch **Bürger**initiative, -begehren und -entscheid (*citizen initiative*)

bürgerlich (*adj*): mit Thatcher und Major kam ein neuer Typ **bürgerlicher** Politiker an die Macht, der nicht mehr aus dem Adel und dessen Eliteschulen kommt (*middle class, of the* (*common*) *people*); der DM-Patriotismus ist ein Reflex darauf, daß die **bürgerliche** Politik, als Folge des Zweiten Weltkriegs und des Faschismus, auf ihre traditionelle Ideologie des Nationalismus nahezu verzichten mußte (*non-socialist/revolutionary, bourgeois*)

bürgernah (*adj/adv*): die Gruppierung kümmert sich jenseits von Parteipolitik um **bürgernahe** Themen in ihrem Bezirk; die Demokratie muß greifbar und daher **bürgernah** werden (*closer to the man in the street, grass-roots level*)

Bürgerschaft (*f*): 1987 erreichte sie Bremen, als ein gewisser H.A. für die DVU in die **Bürgerschaft** einzog (*city parliament*); ein vom Vertrauen der **Bürgerschaft** getragener Bürgermeister (*citizens*)

Bürgersinn (*m*): was es für eine Bürgergesellschaft bedeutet, wenn immer mehr Ausländer in diese Gesellschaft strömen, denen der **Bürgersinn** fremd ist (*commitment to the community's values, public spirit*)

Bürgertelefon (*n*): **Bürgertelefone** und -foren sollen den Kontakt zwischen Bürger und Politik wieder herstellen und so der Politikverdrossenheit entgegenwirken (*public hot-line*)

Bürgertum (*n*): daß die von der römischen Zentralverwaltung gestützte Parteienherrschaft bedroht ist, hat auch Italiens Unternehmerschaft, das **Bürgertum** und das Management des Landes erkannt (*middle class(es)*)

Bürgerwille [-en,-ens] (*m*): der **Bürgerwille** im kommunalpolitischen Entscheidungsprozess wird dadurch gestärkt (*wishes of the voters/people*)

Bürgschaft (*f*): der Bund kann **Bürgschaften**, Garantien oder sonstige Gewährleistungen **übernehmen**, die zu Ausgaben in künftigen Haushaltsjahren führen können (*guarantee security, underwrite*)

Bürogehilfin (*f*): er entdeckte ein Weiterbildungsinstitut, das arbeitslosen **Bürogehilfinnen** den Umgang mit dem Computer beibringen will (*clerical assistant, secretary*)

C

Chancengleichheit (*f*): die **Chancengleichheit** der einzelnen Wählerstimme beim Wahlrecht (*equivalence*); es geht um die Verwirklichung der **Chancengleichheit** in unserer Gesellschaft (*equality of opportunity*)

Charge (*f*): den Löwenanteil an der Provision behalten die höheren **Chargen** (*rank, echelon*)

Checkliste (*f*): überprüfen Sie durch einfaches Ankreuzen mit unserer **Checkliste** den Zustand Ihres Hauses (*checklist*)

Chef (*m*): der Dasa-**Chef** hat das Thema vernachlässigt (*boss, top man*)

Chefetage (*f*): in der **Chefetage** ist man mit der Organisationsreform unzufrieden; aus den Fenstern der **Chefetage** blicken die Funktionäre staunend auf das Treiben (*'board-room'*); Bayer strafft **Chefetagen** – zwei Ebenen gestrichen ((*top*) *management*)

Chefsache (*f*): Ministerpräsident Stolpe erklärte die Bewältigung der Hitzeschäden zur »**Chefsache**« (*matter for the man at the top/of the utmost importance/which must go right to the top*)

Chiffre (*f*): »Multikulturelle Gesellschaft« – diese **Chiffre** prägt das Feindbild der »neuen Rechten« (*slogan*)

Christdemokrat [-en,-en] (*m*): in dem »Wandel durch Annäherung« hatten manche **Christdemokraten** immer ein Risiko gesehen (*member of the CDU*)

Clique (*f*): in den Parteien klüngeln kleine **Cliquen** (*clique, faction*)

Computerisierung (*f*): die weitere **Computerisierung** in der Finanzbranche (*computerization*)

Couleur (*f*): Politiker aller **Couleurs** (*shade of opinion, persuasion*)

Countdown (*m*): der **Countdown** läuft (*countdown*)

Courtage (*f*): die **Courtage** ist die Gebühr des Maklers, der ein Wertpapiergeschäft vermittelt (*brokerage, broker's fee*)

Crash (*m*): ein Rücklagenpolster federte den **Crash** ab, nachdem der Automobilzulieferer in ein tiefes Verlustloch gerauscht war (*crash*)

D

dafürhalten: gleichwohl **hielten** die acht Richter in Karlsruhe einstimmig **dafür**, sie müßten das Gesetz anhalten, weil das »zur Vermeidung schwerer Nachteile für das Gemeinwohl dringend geboten« sei (*be of the opinion, judge*)

dagegenhalten: die Mehrheit der Bundesländer will die Mietgrenzen weiter verschärfen. Die Bauministerin **hält dagegen** (*be against, object*)

dahingehend (*adv*): der Bundestag befürwortete die Änderung der Ausfuhrliste **dahingehend**, daß eine Exportgenehmigungspflicht für Gasmasken eingeführt wird (*to the effect*)

dahinstehen: die Frage konnte **dahinstehen**, da innerhalb der Verfassungskommission kein Konsens darüber bestand (*be left open*)

Damnum (*n*): das **Damnum** [das heißt, der Unterschiedsbetrag zwischen dem Auszahlungskurs und dem Darlehensnennbetrag] wird bei der Darlehensauszahlung einbehalten (*debt discount, points*)

dämpfen: die Aufwertung der Mark **dämpfte** die Konjunktur (*slow down, dampen*); **gedämpfte** Auslandsnachfrage (*reduced, weaker*)

darben: nun sollen sie weitere vier Jahre auf Sozialhilfeniveau **darben** (*pinch and scrape*)

darlegen: grundsätzlich gebe es eine »sehr enge Beziehung« zwischen der Konzentration von Atem- und Blutalkohol, **legte** er **dar** (*explain*); die Bundesregierung muß ihre Auffassung der ihr zugeleiteten Vorlagen **darlegen** (*give, state, present*)

Darlehen (*n*): das Damnum wird bei der Auszahlung des **Darlehens** einbehalten (*loan*)

Datei (*f*): im Gesetzentwurf über den Schutz der Sozialdaten wird festgelegt, daß keine Pflicht zur Vorlegung von **Dateien** und sonstigen Datenträgern besteht (*data file*)

Datenschutzbeauftragte[r] [decl like adj] (*m/f*): jedes Land hat einen **Datenschutzbeauftragten** ernannt (*data protection official*)

Datenträger (*m*): im Gesetzentwurf über den Schutz der Sozialdaten wird festgelegt, daß keine Pflicht zur Vorlegung oder Auslieferung von Schriftstücken, Akten, Dateien und sonstigen **Datenträgern** besteht (*electronic means of data storage*)

Dauerauftrag (*m*): Miete oder Vereinsbeiträge erledigen wir für Sie per **Dauerauftrag** (*standing order*)

Deal (*m*): er bastelte an einem großen **Deal**; die deutsch-deutsche Kali-Fusion: ein großer **Deal** (*deal*)

Dealer (*m*): die Ingewahrsamnahmen von Drogenkonsumenten erschweren die Kontaktmöglichkeiten zu **Dealern** (*dealer*)

deckeln: die Pflegeversicherung verwirklicht eine einnahmeorientierte Ausgabenpolitik, d.h. die Leistungen werden **gedeckelt**, Versicherungspflicht bleibt für alle (*cap, relate to fixed limits, cut*)

decken: der Staatsanwalt wurde von staatlichen Stellen **gedeckt** (*cover, protect*); die Einnahmen aus Zöllen **decken** die Ausgaben nicht (*cover*)

Deckung (*f*): Lloyd's Makler holen **Deckungsanfragen** aus der ganzen Welt ein (*enquiry about insurance cover*); Sie benötigen eine **Deckungskarte**, wenn Sie Ihr Auto neu zulassen wollen (*cover note*)

Defizit (*n*): das Arbeitsministerium gesteht sich ein **Defizit** von 2000 Lehrstellen ein (*shortfall, deficit*); wegen der Masse der Fälle könnten die Staatsanwaltschaften nicht alle Ermittlungen mit der notwendigen Sorgfalt betreiben – ein **Defizit**, das zu grober Ungerechtigkeit führe (*failure, shortcoming*)

degradieren: die frühere Chefin von 25 Werktätigen ist heute zur Sachbearbeiterin im Wareneingang **degradiert** (*demote*)

degressiv (*adj*): eine **degressive** Staffelung der Förderbeträge nach Betriebsgröße (*degressive*)

Deklassierung (*f*): Entwertung heißt das Wort: In der alten DDR gibt es einen kollektiven Abstieg, die **Deklassierung**; können wir uns wirklich vorstellen, welche Wirkungen eine derartige soziale **Deklassierung** in ihrer Psyche anrichtet? (*downgrading (in social class), process of becoming déclassé*)

Dekret (*n*): was in Tarifverträgen vereinbart ist, läßt sich per **Regierungsdekret** nicht so einfach aushebeln (*government decree*)

Delegierte[r] [decl like adj] (*m/f*): bei der Wahl eines neuen Parteivorsitzenden sprachen sich 462 **Delegierte** für ihn aus (*delegate*)

Delikt (*n*): nach geltender Rechtslage verjähre das **Delikt** der politischen Verdächtigung spätestens Ende 1994; Verstöße gegen das Ausländer- oder Asylverfahrensgesetz – **Delikte** also, die Deutsche gar nicht begehen können (*offence, crime*)

Dementi (*n*): in der Raststätten-Affäre ist entgegen allen CDU-**Dementis** doch Bargeld geflossen; Helmut Kohl verkündete, es werde keine Strafaktionen gegen die CDU-Abweichler geben. Das **Dementi** sagt viel aus über die Stimmung im Unionslager (*denial*)

dementieren: dieser Populismus, den er pflichtgemäß **dementiert** (*deny*)

Demission (*f*): er forderte die **Demission** des Vizechefs des Bundes-kriminalamtes (*resignation, relieving of his duties*)

Demontage (*f*): der **Demontage** sehen die nicht mehr sanierungsfähigen Betriebe entgegen (*dismantling*)

demontieren: Sirenen werden abgebaut: Die Bundesregierung gab im Haushaltsausschuß an, 1993 können 6200 Sirenen **demontiert** werden (*dismantle*)

Demoskop [-en,-en] (*m*): die **Demoskopen** siedeln die SPD in Hamburg bei rund 40 Prozent an (*psephologist*)

Demoskopie (*f*): die **Demoskopie** sagt im Hinblick auf 1994, die CDU habe nicht mehr die Chance, den Kanzler zu stellen nach dem bisherigen Muster (*psephology*)

Dependance (*f*): er leitet die deutsche Dependance des niederländischen Elektroriesen Philips (*agency*)

Depot (*n*): ein **Depot** ist eine Einrichtung der Kreditinstitute zur Verwahrung von Wertpapieren für ihre Kunden (*security deposit*); man sollte regelmäßig sein **Depot** überprüfen und gegebenenfalls umschichten (*investments*)

Depression (*f*): der Schuldenüberhang zieht die afrikanischen Staaten tiefer in die **Depression** (*depression*)

Deregulierung (*f*): trotz der holprigen Übersetzung aus dem Amerikanischen [deregulation] avancierte **Deregulierung** auch in Deutschland zum Modewort (*deregulation*)

Designermarke (*f*): Federführung über die **Designermarke** Chloe (*designer label*)

designiert (*pp as adj*): die Wahl wird auch als Test für Ministerpräsident Björn Engholm als **designierter** SPD-Kanzlerkandidat gewertet (*designate (adjective postponed in English)*)

dessen ungeachtet (*adv*): **dessen ungeachtet** blieben die Meinungs-verschiedenheiten zwischen Regierung und Opposition bestehen (*notwithstanding this/that*)

Devisen (*f/pl*): die traditionellen osteuropäischen Abnehmer konnten für die nur in D-Mark zu bezahlenden ostdeutschen Waren keine **Devisen** mehr aufbringen (*foreign currency*)

Deviseneinnahmen (*f/pl*): in Erwartung sprudelnder **Deviseneinnahmen** empfahlen die Landwirtschaftsberater den Anbau ertragreicher Maissorten (*foreign exchange earnings/receipts*)

dezentralisieren: die Treuhand teilt die Kolossalbetriebe der vormaligen DDR auf und **dezentralisiert** sie (*decentralize*)

Dezernat (*n*): Referent im **Dezernat** »Kommunalverfassung, Ordnungsverwaltung, Europa« des Deutschen Landkreistages in Bonn (*department, section, division*)

Dezernent [-en,-en] (*m*): der für Drogenpolitik zuständige **Gesundheitsdezernent** in Frankfurt (*head of department, section leader*)

Diät (*f*): es stehen ihm noch 70 Prozent der **Abgeordnetendiät** als Mitglied des saarländischen Landtags zu (*MP's salary/emolument*); während Politiker **Diäten** rechtfertigen, gibt es einen, der noch von seinem Metier schwärmt (*allowance*)

dichtmachen: die Universität wird durch Studenten **dichtgemacht** (*shut down*)

Dienst, gehobener (*m*): Beamte des **gehobenen Dienstes** (*higher (level of) civil service*)

Dienstalter (*n*): heute geht es vor allem um Kompetenz, nicht mehr nur um **Dienstalter** (*years of service*)

Dienstanweisung (*f*): in diesem Archiv der 'ehemaligen DDR-Staatssicherheit werden erstmals zentrale Befehle, **Dienstanweisungen** und Dienstordnungen der Öffentlichkeit zugänglich gemacht (*official instruction*)

Dienstgrad (*m*): statt nach **Dienstgrad** werden die Beschäftigten fortan nach Funktion eingruppiert (*rank, level of seniority*)

Dienstherr (*m*): **Dienstherr** des Beamten ist der Staat (*employer*); dem Innenminister konnte bei dem Einsatz der Polizei kein Verstoß gegen seine Aufsichtspflicht als **Dienstherr** der Polizei nachgewiesen werden (*head*)

Dienstleistungen (*f*): im vergangenen Jahr produzierten die Ostbürger Waren und **Dienstleistungen** im Werte von 172 Milliarden Mark (*service*); in Handel, Handwerk, Gewerbe und **Dienstleistungen** (*the service sector*)

Dienstleistungsbetrieb: indem man den »**Dienstleistungsbetrieb**« Universität den Bedürfnissen der »Kunden«, der Studenten, besser anpaßt (*service-sector business*)

Dienstleistungsgewerbe (*n*): Schmiergelder, welche Bauunternehmen und **Dienstleistungsgewerbe** für öffentliche Aufträge an Vertreter der Parteihierarchie zahlen (*firm in the service industry*)

dienstlich (*adv*): ein Abgeordneter kann zu keiner Zeit wegen seiner Abstimmung gerichtlich oder **dienstlich** verfolgt werden (*professionally*)

Dienstmädchenprivileg (*n*): er will die Schaffung von Arbeitsplätzen in privaten Haushalten gesetzlich und steuerlich erleichtern und verteidigt damit das sogenannte »**Dienstmädchenprivileg**« (*tax allowance on the employment of domestic servants*)

Dienstordnung (*f*): in diesem Archiv der DDR-Staatssicherheit werden erstmals zentrale Befehle, Dienstanweisungen und **Dienstordnungen** der Öffentlichkeit zugänglich gemacht (*official regulation*)

Dienstrecht (*n*): ebenso einfallsreich ist die Lösung beim **Dienstrecht** für die 156 000 Beschäftigten, die zwar Beamte bleiben, deren Besoldungsprinzipien jedoch vom restlichen öffentlichen Dienst abgekoppelt wurden ((*civil service*) *employment law*)

Dienststelle (*f*): das relativ alte Personal besetzt in den neuen **Dienststellen** attraktive Planstellen (*office, department*); jede weitere Kontaktaufnahme mit westlichen **Dienststellen** sei ihr verboten worden (*agency*)

Differenz (*f*): die **Differenz** zwischen den Erzeugerpreisen und den Verbraucherpreisen (*difference*); es hat zwischen den beiden gewisse **Differenzen** gegeben (*difference (of opinion)*)

differenzieren: hier wird man sich allerdings vor Pauschalisierungen hüten und **differenzieren** müssen zwischen politischen Führungskräften und der Masse der Parteimitglieder (*differentiate, distinguish*)

Direktkandidat [-en,-en] (*m*): den **Direktkandidaten**, d.h. den Abgeordneten, die über die Wahlkreise gewählt werden, kann der Wahlkreis nicht mehr abgenommen werden (*constituency candidate* (*as against 'list' candidate*))

Direktwahl (*f*): die vom Bundespräsidenten hervorgehobene **Direktwahl** der süddeutschen Bürgermeister (*direct/personal election*)

dirigistisch (*adj*): der erbitterte Widerstand der Gewerkschaften gegen solche **dirigistischen** Eingriffe in die Tarifautonomie (*dirigiste*)

Diskontsatz (*m*): nach der **Diskontsatzsenkung** hat auch die Bundesbank mehr Spielraum gewonnen (*lowering/reduction of discount rate*)

Disposition (*f*): alle Kündigungsfristen sollen **zur Disposition** tarifvertraglicher Regelungen **gestellt** werden ((*make*) *subject to*); er beklagte, daß durch die Unterbrechung der Ausschußarbeit nahezu ein gesamter Sitzungsmonat **zur Disposition gestellt** werden konnte (*waste*); die **Dispositionen** der Marktteilnehmer litten unter einer gewissen Orientierungslosigkeit (*order*); der Kontoauszug gibt Ihre **Gelddispositionen** an (*transaction, payment*)

Dispositionsspielraum (*m*): die Kassenärzte würden bei zunehmendem Konkurrenzdruck versuchen, ihre **Dispositionsspielräume** auszuschöpfen (*freedom to make spending adjustments/reallocate resources*)

Dissens (*m*): er sprach sich im Zusammenhang der Neueinteilung der Wahlkreise für die Lösung des **Dissens** zwischen Wahlkreisen von 80 000 Einwohnern, in der Regel in Großstädten, sowie von 155 000 Einwohnern im ländlichen Raum aus (*disagreement*)

Dividende (*f*): zur Ausschüttung einer **Dividende** von 13,-DM je 50,-DM Aktie (*dividend*); die **Dividendenauschüttungen** dieser Wochen treiben den Dax nach oben, weil er ein Performance-Index ist (*dividend payments*)

Dogma (*n*): auch in der deutschen Übersetzung ist »law and order« nicht das **Dogma** unserer Politik (*basic principle*)

Doping (*n*): die **Doping**-praxis ging auch in der Wendezeit weiter (*doping*)

Doppelbesteuerungsabkommen (*n*): ein Gesetzentwurf der Bundesregierung, mit dem das Protokoll zum **Doppelbesteuerungsabkommen** mit der Schweiz ratifiziert werden soll (*double/reciprocal taxation agreement*)

dotieren: 1985 wurde ein Preis eingerichtet, der mit 100 000 DM **dotiert** ist (*put up a sum of money for, endow*)

dotiert (*pp as adj*): er sitzt auf einer **hoch dotierten** Stelle (*well-paid*)

drängen: die Bundesregierung soll endlich auf einen vernünftigen GATT-Abschluß **drängen** (*press for, urge*)

dringen: die Bundesregierung hat auf verstärkte Kontrollen **gedrungen** (*press for, urge*)

Dritte[r] [decl like adj] (*m/f*): der Aktionär kann sein Stimmrecht von einem **Dritten** ausüben lassen (*third party*)

Drittland (*n*): für Hilfszusagen gegenüber **Drittländern**, insbesondere der Sowjetunion, fügten die Europaabgeordneten neue Haushaltslinien hinzu (*third country, country outside the European Union*)

Drittmittel (*n/pl*): selbst wenn es gelänge, die Berührungsängste zwischen Wirtschaft und Hochschule zu überwinden, und die **Drittmittel** üppiger und gezielter flössen (*outside funding/funds, funding from industry/business*)

Drittstaat (*m*): die Genfer Flüchtlingskonvention läßt zu, daß wir Personen zurückweisen, die über einen sicheren **Drittstaat** einreisen; die Freizügigkeit und die Beseitigung der Personenkontrollen an den Binnengrenzen der Europäischen Gemeinschaft auf dem Wege zwischenstaatlicher Vereinbarungen könnte zur Diskriminierung von Staatsangehörigen aus **Drittstaaten** führen (*country outside/bordering on European Union countries*)

drosseln: die Ausgaben müssen **gedrosselt** werden; die Studentenzahlen müssen unbedingt **gedrosselt** werden (*curb, reduce*)

Drosselung (*f*): das ölreichste Opec-Land sollte das Problem durch eine **Drosselung** seiner Pumpen lösen (*throttling down/back*)

drücken: Mieter können **den Preis** um zehn Prozent **drücken** (*get a rent reduction*)

Dumping

Dumping (*n*): es wird hierzulande bald Haschisch zu **Dumpingpreisen** geben (*dumping price*); sozialpolitische Maßnahmen, die dem **Sozialdumping** entegegenwirken (*social dumping*)

Dunkelziffer (*f*): es gibt eine hohe **Dunkelziffer** der »trinkenden Fahrer«; die **Dunkelziffer** bei den Mitgliederzahlen war 1990 hoch, weil GenossInnen nicht an Mitgliederversammlungen teilnahmen (*number of undetected/unreported cases, unknown quantity*)

durchboxen: der Gesundsheitsminister wollte seine Gesundheitsreform **durchboxen** (*push through*)

durchbringen: die CDU hatte ihren Entwurf zum Indikationsmodell nicht **durchgebracht** (*get through*)

Durchbruch (*m*): nach dem **Durchbruch** in der Metallindustrie einigten sich auch die Tarifpartner in der Druckindustrie auf Einkommensverbesserungen von 5,8 Prozent (*breakthrough*)

durchchecken: das Inventar wurde genau **durchgecheckt** (*check*)

durchdrücken: die Arbeitgeber nutzen die Krise, um eine Lohnpause **durchzudrücken** (*force/push through*)

Durchführung (*f*): die **Durchführung** des Asylverfahrens (*carrying out, expediting*); die **Durchführung** des Vorhabens erwies sich als unmöglich (*implementation, carrying out*)

Durchgang (*m*): die von der Bundesregierung vorgelegte Novelle zum Gesundheitsreformgesetz wurde vom Bundesrat im ersten **Durchgang** beraten (*passage*)

durchhalten: doch wird Mugabe die Preissubvention nicht mehr **durchhalten** können (*sustain, keep up*)

durchleuchten: da in den Ausschüssen die Gesetzentwürfe eingehend »**durchleuchtet**« werden (*scrutinize*)

durchsetzen: im Bundestag kann die Koalition ihren Entwurf zur Pflegeversicherung ohne die Stimmen der SPD **durchsetzen** (*get through*); [sich] trotzdem konnte **sich** Carstens gegen die SPD-Kandidatin Renger **durchsetzen** und wurde zum Staatsoberhaupt gewählt (*carry the day*); die verfassungsrechtlichen und verfassungspolitischen Bedenken **setzten sich** schließlich **durch** (*be accepted*)

Durchsetzung (*f*): Mittel zur **Durchsetzung** dieser berechtigten Forderung (*implementation*)

Durchsuchung (*f*): die Staatsanwaltschaft beantragte einen Beschluß zur Anordnung einer **Durchsuchung** der Steuerberatungskanzlei (*search*)

durchziehen: der Mercedes-Vorstand will das Sparprogramm nun einseitig **durchziehen** (*go through with, implement*)

Dynamik (*f*): im neuen GG-Artikel über die europäische Integration kommt die **Dynamik** der politischen Entwicklung Deutschlands zum Ausdruck: vom geteilten Deutschland zum vereinten Europa (*thrust*); das galt es zu verhindern: eine Umlagefinanzierung ohne Begrenzung der **Kostendynamik** (*cost increase/explosion*)

dynamisch (*adj*): eine **dynamische** Vertragsauslegung (*creative*)

dynamisiert (*pp as adj*): **dynamisierte** Renten (*index-linked, inflation-proofed*)

E

Ebene (*f*): auf kommunaler und regionaler **Ebene** (*level*)

Eckpfeiler (*m*): **Eckpfeiler** der süddeutschen Ratsverfassung ist die Persönlichkeitswahl der Ratsmitglieder und des Bürgermeisters unmittelbar durch die Bürger (*cornerstone*)

Eckpunkt (*m*): von den **Eckpunkten** des Unionsmodells änderte die FDP nur zwei (*key point*)

Eckwert (*m*): **Eckwerte** des Kompromisses sind ein Umlageverfahren mit einem Beitragssatz von 1,7 Prozent, orientiert an der Bemessungsgrenze der Krankenversicherung von 5100 Mark (*benchmark figure*)

Effekten (*m/pl*): **Effekten** heißen alle Wertpapiere, die an der Börse handelbar sind (*tradeable securities*)

effektiv (*adv*): derzeit verdienen die Beschäftigten in den neuen Ländern etwa vierzig Prozent von dem, was ihre Kollegen im Westen **effektiv** bekommen (*actually, in real terms*)

Effektivität (*f*): um der **Effektivität** willen muß noch an der richtigen Abgrenzung im Entscheidungsbereich gegenüber der Verwaltung gearbeitet werden (*effectiveness, efficiency*)

EG-Haushalt (*m*): am 24. Oktober beendete das Europäische Parlament die erste Lesung des **EG-Haushalts** 1992 (*Community budget*)

Ehegatte [-en,-en] (*m*): andere Bezüge und Einkünfte des **Ehegatten** werden aber mit dem Steuersatz belastet (*spouse*); die Steuermindereinnahmen durch das **Ehegattensplitting** (*independent taxation*)

Ehegattensplitting (*n*): unser Finanzierungskonzept enthält die Forderung nach einer Kappung des **Ehegattensplittings** (*separate taxation for man and wife*)

ehelich (*adj*): eine Gleichstellung nichtehelicher mit **ehelichen** Kindern soll herbeigeführt werden (*marital, legitimate*)

Ehepartner (*m*): nicht beruftätige **Ehepartner** und Kinder sind kostenfrei mitversichert (*spouse*)

Ehrenamt (*n*): aus dem **Ehrenamt** in die hauptamtliche Verwaltung überzuwechseln (*honorary office*)

ehrenamtlich (*adj*): er arbeitete in der **ehrenamtlichen** Funktion des Verbandsschatzmeisters (*honorary*)

Eid (*m*): wie ein Mittelsmann **an Eides Statt** dem Spiegel zu Protokoll gegeben hat (*in a statutory declaration*)

eigen (*adv*): einige Investoren haben sich Betriebe durch strafbares Handeln **zu eigen gemacht** (*acquire*)

Eigenbedarf (*m*): Vermieter meldet **Eigenbedarf** an (*own use*); das geltende Mietrecht schützt im Falle der Eigentumsumwandlung den Mieter drei Jahre lang vor **Eigenbedarfskündigung** (*notice on account of owner's intention to use for own accommodation*)

Eigenheim-Baukosten (*m/pl*): die Länder verlangten den einkommensunabhängigen Abzug der **Eigenheim-Baukosten** von der Steuerschuld (*cost of building one's own house*)

Eigenheimer (*m*): alle anderen ostdeutschen Grundbesitzer – mit Ausnahme der **Eigenheimer** – sollen eine Abgabe von siebzehn Prozent zahlen (*home owner*)

Eigenheimförderung (*f*): bei der **Eigenheimförderung** möchte das Land den von Bonn verworfenen Abzug von der Steuerschuld durchsetzen (*promotion of home-ownership*)

Eigenkapital (*n*): stellen Sie beim Wohnungskauf zuerst fest, wieviel **Eigenkapital** Ihnen zur Verfügung steht (*personal capital, own funds*); die Finanzierung des Kaufpreises von 28 Millionen DM wird durch einen **Eigenkapitalanteil** von 9 Millionen ermöglicht (*proprietary interest*)

eigenmächtig (*adj/adv*): **eigenmächtiges** Handeln bei Reparaturen seitens des Mieters verpflichtet den Vermieter nicht zur Übernahme der Kosten und berechtigt den Mieter nicht zur Aufrechnung (*unauthorized*)

eigenstaatlich (*adj*): die Europäische Union markiert nach Einschätzungen in der Kommission den Beginn einer supranational-»**eigenstaatlichen**« Organisation in Europa (*state, with its own sovereign powers*)

Eigenstaatlichkeit (*f*): Besonderheiten des deutschen Föderalismus und der **Eigenstaatlichkeit** seiner Länder; das Bundesverfassungsgericht bezeichnete die Kulturhoheit als »Kernstück der **Eigenstaatlichkeit** der Länder« (*sovereignty, autonomy*)

eigenständig (*adj*): die Bundesregierung soll einen **eigenständigen** Gesetzentwurf über eine einmalige Zuwendung an die in den neuen Ländern lebenden Vertriebenen vorlegen (*separate*); ein

eigenständiger Währungsraum mit voller Konvertierbarkeit der Währungen (*independent*); die Bundesländer sollen **eigenständiger** als bisher über ihre Ausgaben entscheiden können (*independently, autonomously*)

Eigentümer (*m*): falls das Haus während der Bauarbeiten vom **Eigentümer** weiterbewohnt wird (*owner, proprietor*)

Eigentumsbildung (*f*): daß Müller-Armack sich für die Förderung der **Eigentumsbildung** stark macht; der Staat hat ein Interesse an der **Eigentumsbildung** (*saving/acquisition of property/assets (by the citizens)*)

Eigentumswohnung (*f*): das Geld von der Bausparkasse kann für den Kauf einer **Eigentumswohnung** eingesetzt werden (*private(ly owned) flat or house*)

Eigenverantwortung (*f*): das galt es zu verhindern: eine Umlagefinanzierung ohne Stärkung der **Eigenverantwortung** (*individual responsibility*)

Eigenvorsorge (*f*): der einzelne und die Familie müssen zunächst **Eigenvorsorge** für sich leisten (*personal/individual provision*)

Eil- (*in compounds*): daß die Frist von 14 Tagen oder drei Wochen sich nicht auf die gerichtlichen Verfahren schlechthin, sondern auf die **Eilverfahren** bezieht, die teilweise in drei Tagen abgewickelt werden (*speeded-up procedure, accelerated hearing*); die bei einer **Eilentscheidung** übliche Folgenabwägung (*quick/accelerated decision*)

eilends (*adv*): auf einer **eilends** einberufenen Pressekonferenz (*hurriedly*)

einbehalten: der Aktionär erhält die Dividende, abzüglich 25% Kapitalertragssteuer, die von der Aktiengesellschaft **einbehalten** und an das Finanzamt überwiesen wird (*retain, withhold*)

einberufen: der Bundesrat kann verlangen, daß der Vermittlungsausschuß **einberufen** wird (*convene*)

einbringen: als Bürgermeister vor Ort hat er immer alle Probleme, die er dann im Bundestag **eingebracht** hat, hautnah erlebt (*introduce, bring before*); Notare, die für einen Klienten ein Konto eröffnen und Bargeldzahlungen über 25 000 DM **einbringen** (*put in*); wir haben vom Angelernten bis zum Ingenieur Menschen organisiert, die ihren Sachverstand **einbringen** können (*bring to bear, bring in, contribute*)

Einbringung (*f*): der Abgeordnete hat darauf hingewiesen, daß die »politischen Gegebenheiten im Bundesrat« die **Einbringung** von zwei Gesetzentwürfen notwendig machten (*introduction*)

Einbruch (*m*): der **Einbruch** auf dem Arbeitsmarkt (*slump, collapse*); **Nachfrageeinbrüche** in der Bauwirtschaft (*drastic drop in demand*)

77

Einbuße (*f*): die Regelung soll verhindern, daß Studenten in der Examensphase aufgrund finanzieller **Einbußen** verstärkt arbeiten gehen müssen (*loss, drop* (*in income*))

Einbürgerung (*f*): das Einwanderungsgesetz soll die Rechtsgrundlage für **Einbürgerung** und Integration bilden (*naturalization*); die Forderung nach Aufgabe der bisherigen Staatsangehörigkeit war bisher das größte Hindernis für **Einbürgerungswillige** (*applicant for naturalization*)

einbüßen: in Japan hat die Konjunktur an Dynamik **eingebüßt** (*lose*)

Eindämmung (*f*): Maßnahmen zur **Eindämmung** der Alkoholeinnahme im Straßenverkehr (*curb, reduction*)

einengen: eine solche Klausel ist unzulässig, wenn sie die Freiheit des Gesellschafters unvertretbar **einengt** (*restrict*)

einfädeln: als dann 1983 auch noch Franz Josef Strauß den Milliardenkredit für die damalige DDR **einfädelte**, war das Maß voll (*clinch*)

Einfamilienhaus (*n*): die steuerlich unterschiedliche Behandlung von selbsgenutzten **Ein-** und Zwei**familienhäusern** (*detached house*)

Einfluß (*m*): der Staat kann massiven **Einfluß** auf das Handeln des Bahnvorstandes **nehmen** (*bring influence to bear*)

einfordern: in 126 Fällen, in denen die Arbeitsplatz- und Investitionszusagen nicht eingehalten wurden, hat die THA Vertragsstrafen **eingefordert** und in vielen Fällen auch bereits eingezogen (*call in, demand payment of*); es wird ein konstruktives Handeln erwartet, das all diejenigen **einfordern**, die fassungslos vor dem Flächenbrand der letzten Tage und Wochen stehen (*demand, call for*)

Einforderung (*f*): Betriebe in schwieriger Lage werden durch die **Einforderung** von Vertragsstrafen in den Konkurs gezwungen (*demanding payment*)

einfrieren: die Vermögenswerte werden **eingefroren** (*freeze*)

einfügen: eine Formulierung sollte in Art. 39 GG **eingefügt** werden (*insert*)

Einfuhrbeschränkung (*f*): die Aufhebung von mengenmäßigen **Einfuhrbeschränkungen** (*restriction on imports*)

einführen: junge Aktien, die noch nicht an der Börse **eingeführt** sind (*introduce*)

Eingabe (*f*): der Bürgerbeauftragte hat mit seinem Mitarbeiterstab fast 30 000 **Eingaben** bearbeitet, von denen rund 19 000 zugunsten der Bittsteller entschieden werden konnten (*petition*); auch die Wirtschaft hat in ihren **Eingaben** bestätigt, daß diese Kompensationslösung die Zusatzkosten ausgleichen würde (*submission*)

Eingang (*m*): auf den Grundbuchämtern in Thüringen hielten sich im Juni 1992 erstmals **Eingänge** und Erledigungen die Waage [bei nach wie vor großen Überhängen] (*application*); der Bundesrat kann binnen drei Wochen nach **Eingang** des Gesetzes verlangen, daß (*receipt, tabling*); der Kontoauszug gibt Ihnen einen Überblick über **Zahlungseingänge** und Gelddispositionen (*deposits, amounts credited*)

eingehen: die GRÜNEN hatten anderweitig Kompromisse **eingehen** müssen (*reach*); die Regierung soll in einem weiteren Bericht auf die Problematik konkret **eingehen** (*go into, explain*); als Tag der Zahlung gilt der Tag, an dem die Gutschrift bei der Steuerbehörde **eingeht** (*reach, be received by*); die SPD **ging** mit der FDP eine Koalition **ein** (*form*)

eingehend (*adj*): eine befriedigende Endvergütung bei **eingehender** Auslandspost (*incoming*); eine **eingehende** Diskussion über aktuelle Agrarfragen mit Mitgliedern des Wissenschaftlichen Beirats (*detailed*)

Eingliederung (*f*): die **Eingliederung** von Bezirken Berlins als kreisfreie Städte in das neue Land [Brandenburg] (*incorporation*); die staatsangehörigkeitsrechtliche **Eingliederung** des ausländischen Bevölkerungsteils (*integration*)

eingreifen: durch die Möglichkeit der Selbstauflösung des Parlaments würde in den Ermessungsspielraum der Bundespräsidentin **eingegriffen** werden (*infringe on, interfere with*)

Eingriff (*m*): der erbitterte Widerstand der Gewerkschaften gegen solche dirigistischen **Eingriffe** in die Tarifautonomie ((*example of*) *interference, intervention*); SEE ALSO **Verfassungsbruch**

einhalten: die Überprüfung der THA hat bewiesen, daß das Gros der Verträge **eingehalten** wird (*fulfil*); in 80 Prozent der Fälle **hielten** die Investoren ihre Zusagen **ein**; einen Termin **einhalten** (*keep*)

einhandeln: die Sozialdemokraten konnten im zähen Ringen mit den östlichen Gesprächspartnern viele menschliche Erleichterungen **einhandeln** (*achieve through negotiation(s), negotiate*)

Einheit (*f*): die Ergebnisse einer erneuten Befragung von sechs am Einsatz beteiligten Beamten der Anti-Terror-**Einheit** (*unit*)

einheitlich (*adj/adv*): der Bundesrat sprach sich dafür aus, die **einheitliche** Selbstbeteiligung von 1,50 Mark je Medikament beizubehalten (*uniform, standard*); was die Genfer Flüchtlingskonvention dann in Europa **einheitlich** gewährt (*uniformly*); Verwaltungsverordnungen dienen dazu, die Tätigkeit der Verwaltung näher zu bestimmen und **einheitlich** zu gestalten (*standardize*)

Einheitsfonds (*m*): die neuen Länder benötigen eine Verstetigung des **Einheitsfonds**, um auch mehr Selbstbewußtsein entwickeln zu können (*unity fund*)

Einheitswert (*m*): Immobilien werden steuerlich nach dem **Einheitswert** erfaßt, der meist nur einen Bruchteil des tatsächlichen Verkehrswertes ausmacht (*standard value*)

einhellig (*adv*): der Bundestag verurteilte **einhellig** die Welle von Gewalttaten gegen in Deutschland lebende Ausländer (*unanimously*)

einholen: die Erfahrungen beweisen, daß der Bezugsrechtsabschlag schnell wieder »**eingeholt**« wird (*'make up', recoup*); wird die Sendung nicht abgeholt, so ist der Absender zu verständigen und seine Anweisung **einzuholen** (*seek*); die Polizei hat über den Abgeordneten viele Informationen **einholen** können (*gather, amass, collect*)

Einholung (*f*): die **Einholung** von Stellungnahmen der Regierung zu beabsichtigten Landtagsinitiativen (*canvassing*)

einigen [sich]: daß wir uns auf eine erheblich kleinere Größenordnung **einigen** müssen (*agree (on)*)

Einigkeit (*f*): in wesentlichen Punkten ist **Einigkeit** erzielt worden (*agreement*)

Einigung (*f*): in Brüssel war zuvor in einer Konzertierung zwischen Rat und Parlament eine **Einigung** erzielt worden (*agreement*); wem sind die großen, früher Preußen gehörenden Liegenschaften nach der **Einigung** zugefallen? (*unification (of Germany)*); die Europäischen Gemeinschaften werden als die Vorstufe zur politischen **Einigung** Europas betrachtet (*unification, union*); das Mitbestimmungsgesetz beinhaltet keinen Zwang zur **Einigung** (*agreement, conciliation*)

Einigungsvertrag (*m*): um den Auftrag des **Einigungsvertrages** zu erfüllen, trat die Gemeinsame Verfassungskommission zusammen (*treaty of unification*)

einkassieren: die Verkaufstruppe der Gesellschaft dürfte schon rund vierzig Millionen Mark an Gebühren **einkassiert** haben (*collect, make*)

einklagbar (*adj*): die Anwälte entdeckten in dem Buch keinen **einklagbaren** Tatbestand (*actionable*)

einklagen: im Schulterschluß mit nahezu allen Arbeitgeberverbänden **klagt** der CDU-Chef seither eine »Trendwende in der Lohnpolitik« **ein**; Chris Patten wagte es, in seiner ersten Parteitagsrede ökologisches Handeln **einzuklagen** (*sue for, demand*)

Einkommen (*n*): ursprünglich sollten die **Einkommen** bis zu einer Beitragsbemessensgrenze von 6800 Mark mit 1,5 Prozent belastet werden (*income*); SEE ALSO **Beihilfe**

einkommensabhängig (*adj*): die **einkommensabhängigen** Kürzungen des Kindergeldes (*means-tested*)

Einkommensgrenze (*f*): für Bausparprämien gelten bestimmte **Einkommensgrenzen** (*income threshold*)

Einkommensleistung (*f*): **Einkommensleistungen** für Arbeitnehmer bei Krankheit ((*income*) *payment*)

Einkommensnachweis (*m*): Angaben zu Ihrer Person und **Einkommensnachweise** [wie z.B. Verdienstbescheinigungen] (*proof/ evidence of income*)

Einkommensschicht (*f*): die Aktionäre kommen aus allen **Einkommensschichten** (*income group, earnings bracket*)

Einkommenssteuer (*f*): der Zuschlag auf die **Einkommenssteuer** soll für untere Einkommensgruppen nicht gelten (*income tax*)

einkommenssteuerpflichtig (*adj*): wer nicht **einkommenssteuerpflichtig** ist, bekommt die Körperschaftssteuer erstattet (*liable to income tax*)

Einkommenssteuerschuld (*f*): die Körperschaftssteuer kann in bestimmten Fällen auf die **Einkommenssteuerschuld** angerechnet werden (*amount of income tax owing, tax liability/assessment*)

Einkommensverbesserung (*f*): die Tarifpartner einigten sich auf **Einkommensverbesserungen** von 5 Prozent (*increase in income*)

Einkünfte (*f/pl*): die Besteuerung der **Einkünfte** aus Kapitalvermögen (*income, return*)

Einlage (*f*): die erste **Einlage** wird verzinst (*deposit*)

Einlageversicherungssystem (*n*): massenhaft werden im Osten dubiose finanzielle Produkte angeboten, die über kein **Einlageversicherungssystem** abgesichert sind (*investment protection scheme*)

Einlassung (*f*): wegen der **Einlassung** Geißlers hat dem Antrag nicht entsprochen werden können (*testimony, deposition*)

einlegen: die Länderkammer kann gegen ein vom Parlament beschlossenes Gesetz binnen zwei Wochen Einspruch **einlegen** (*lodge, invoke (suspensory veto)*); in diesem Zeitraum **legten** Sparer einen Haufen Geld **ein** (*deposit*)

einleiten: die Fraktionsführung muß von mindestens einem Drittel Abgeordneten eine Vollmacht erhalten, daß sie das Normenkontrollverfahren **einleiten** soll (*initiate*); eine nur auf die Menge des **eingeleiteten** Abwassers bezogene Abgabe (*discharge*)

Einleitung (*f*): der Bundeskanzler und CDU-Vorsitzende will für die **Einleitung** eines Normenkontrollverfahrens stimmen (*opening*)

Einliegerwohnung (*f*): Käufer eines Einfamilienhauses mit **Einliegerwohnung** oder eines Zweifamilienhauses (*granny flat, self-contained flat*)

Einlösung (*f*): der Unterschiedsbetrag zwischen dem Erwerbspreis der Aktien und dem bei der **Einlösung** erzielten Nennwert im Zeitpunkt der Einlösung (*redemption, cashing-in*); bei der **Einlösung** dieser eurocheques (*encashment*)

Einmal- (*in compounds*): Sparer können sich durch eine **Einmalanlage** von 5000 Mark beteiligen; Sie können beim Vereinsbank-Prämien-Sparen mit einer größerer **Einmalzahlung** starten (*one-off*)

einmalig (*adj*): eine **einmalige** Zuwendung (*one-off*)

Einmischung (*f*): das bedeutet **Einmischung** in die Tarifautonomie (*interference*)

einmütig (*adj*): er wies auf die nahezu **einmütige** Befürwortung der Europaabgeordneten des geplanten Bündels koordinierter Maßnahmen hin (*unanimous*)

Einnahmen (*f/pl*): was die Bauern dabei an **Einnahmen** verlieren, wird ihnen direkt aus der EG-Kasse ausgeglichen (*income*); der Zuschlag auf die Einkommenssteuer soll zu **Einnahmen** bei Bund und Ländern führen (*revenue, receipts*); die Eindämmung der **Alkoholeinnahme** (*consumption*); die **Einnahme** der Abtreibungspille ist nicht unproblematisch (*taking*)

einnahmeorientiert (*adj*): die Pflegeversicherung verwirklicht eine **einnahmeorientierte** Ausgabenpolitik, d.h. die Leistungen werden gedeckelt, Versicherungspflicht bleibt für alle (*related to revenue*)

einnehmen: innenpolitisch soll eine übereinstimmende Haltung **eingenommen** werden (*adopt*)

Einordnung (*f*): die **Einordnung** des deutschen Weinbaus in die EWG (*incorporation*)

einpendeln [sich]: mit den Vereinbarungen der Tarifgespräche, die **sich** zwischen 5,4 und 5,8 Prozent **eingependelt** haben, können alle leben (*settle down, average*)

einplanen: die Bundesregierung hat für Anpassungshilfen 385 Millionen DM **eingeplant** (*allow (for)*)

einräumen: ob es kartellrechtlich zulässig ist, wenn Firmen Zahlungsfristen **einräumen** (*grant, allow*); mit der Übertragung von Hoheitsrechten des Bundes verlören die Länder die ihnen über den Bundesrat **eingeräumten** Mitwirkungsrechte (*grant*); die SPD **räumte** dabei erstmals öffentlich die Verfassungsmäßigkeit der deutschen Beteiligung in Somalia **ein** (*accept, concede*); dies zeigt, welchen **Stellenwert** das Baltikum engen Beziehungen zu Deutschland **einräumt** (*attach significance*)

einreichen: auch die bayerische Staatsregierung **reichte** einen Antrag auf einstweilige Anordnung in Karlsruhe **ein**; die Opposition hat gemeinsam eine Klage gegen den Finanzminister **eingereicht** (*lodge, file*)

einrichten: der multilaterale Fonds wurde **eingerichtet** (*create, establish, set up*); 1985 wurde ein Preis **eingerichtet** (*set up, institute*)

Einrichtung (*f*): vor der **Einrichtung** der Europäischen Zentralbank soll ein europäisches Währungsinstitut gegründet werden (*setting* *up, foundation*); die Frage, ob die im Vertragswerk von Maastricht angelegte Europäische Union noch eine »zwischenstaatliche **Einrichtung**« im Sinne des Art. 24 Abs. 1 GG ist, auf die der Bund durch Gesetz Hoheitsrechte übertragen kann (*organization*)

einrücken: er möchte für die STATT-Partei in die Bezirksversammlung Hamburg-Nord **einrücken** (*enter, represent*)

einsammeln: die Union wollte mehr Geld **einsammeln**, als aktuell gebraucht wird (*collect*)

Einsatz (*m*): sechs am **Einsatz** beteiligte Beamte der Anti-Terror-Einheit (*action, operation*); **Einsätze** innerhalb des NATO-Vertragsgebietes (*deployment, assignment*); aus relativ kleinem **Einsatz** Kapital schlagen (*investment, stake*)

Einschaltung (*f*): den Arbeitgebern wird ein unmittelbares Recht auf **Einschaltung** der medizinischen Dienste der Krankenkassen eingeräumt werden (*involvement, calling/bringing in*)

Einschätzung (*f*): nach **Einschätzung** der Regierungskommission; nach **Einschätzungen** in der Kommission weist die Union bereits supranationale Züge auf (*assessment*)

einschlafen: damit die Mehrheit des Ausschusses nicht in Versuchung gerät, ein Vorhaben »**einschlafen**« zu **lassen** (*allow to lapse, bury*)

einschlägig (*adj*): die neu gefaßte **einschlägige** Bestimmung (*relevant*)

einschließen: je nach Tarifwahl können Sie zusätzliche Ergänzungen **einschließen** (*include*)

Einschluß (*m*): Lebensversicherung **mit Einschluß** der Unfallzusatz-versicherung (*including, inclusive of*)

Einschnitt (*m*): nur ein Vorwand zur Rechtfertigung von drastischen **Einschnitten** im sozialen Bereich (*cut*)

einschränken: das Grundrecht auf Versammlungsfreiheit ist durch die Bannmeile gesetzlich **eingeschränkt** (*restrict, limit*)

Einschränkung (*f*): **Einschränkungen** der Unverletzlichkeit der Wohnung [Art 13 Grundgesetz] seien nicht Ländersache, sondern allenfalls durch eine Änderung des Grundgesetzes möglich (*limitation*); in dem für Linksextremismus zuständigen Bereich des Verfassungsschutzes wurden **Einschränkungen** vorgenommen (*cut-back*)

Einschreibebrief (*m*): die Kündigung des Mietvertrages muß durch **Einschreibebrief** erfolgen (*recorded delivery*)

einsehen: man kann die Geschäftsberichte bei dem Kreditinstitut **einsehen** (*consult*)

einseitig (*adv*): die Abschöpfung kann **einseitig** geändert werden (*unilaterally*)

einsetzen: daß neun Prozent der Strukturfondsmittel in Form von Gemeinschaftsinitiativen **eingesetzt** werden können (*use, apply*); der gemeinsame Rat wurde als Gemeinschaftsorgan **eingesetzt** (*establish, set up*); [sich] die Bundesregierung soll **sich** dafür **einsetzen**, daß die Ausrüstungspflicht mit Geschwindigkeitsbegrenzern auch auf andere Nutzfahrzeuge ausgedehnt wird (*do all it can, commit itself to*)

Einsparung (*f*): die **Einsparungen** im Personalbereich dürften sich auch 1993 fortsetzen (*cut*)

Einsprache (*f*): die Sachbearbeiter bewilligten trotz angelegentlicher **Einsprache** aus der Senatskanzlei nur die Hälfte (*appeal, intervention*)

Einspruch (*m*): die Mehrheit der Länder im Bundesrat hat gegen eine Gesetzesvorlage des Bundestages **Einspruch** einlegt (*appeal, 'suspensory veto'*)

Einstand (*m*): der 1983 aufgelegte Fonds erzielte einen erfreulichen **Einstand** (*debut, launch, initial impact/take-up*)

einstecken: man kann nicht ohne nähere Nachfrage die Beute dieses Staates **einstecken**; es geht uns nicht darum, möglichst hohe Gewinne **einzustecken** (*pocket*)

einstehen: er kann nicht für jedes Versäumnis eines leitenden Beamten persönlich **einstehen**; der Auftraggeber hat für die Richtigkeit der Angaben **einzustehen** (*be responsible for*)

einsteigen: je früher man bei der Versicherung **einsteigt**, desto profitabler wird es (*embark on, get into*); 1994 **steigt** der Bund in die Finanzierung **ein** (*begin to contribute (to), become involved in*)

einstellen: der Luftverkehr wird **eingestellt** (*shut down, discontinue*); die Sanktionen verpflichten die Mitgliedsstaaten der UN, ihren Handel mit Jugoslawien **einzustellen** (*cease*); [sich] ob **sich** die erforderliche loyale Zusammenarbeit in Betrieb tatsächlich **einstellt** (*occur, come about*)

Einstellungsstopp (*m*): einen **Einstellungsstopp** darf es aus der Sicht der Regierung nicht geben (*freeze on recruitment*)

Einstieg (*m*): für die neuen Länder regte er einen »abgestuften **Einstieg**« in die Abwasserabgabe an; Sie haben somit den **Einstieg** zur Wertpapieranlage erreicht (*entry, introduction*)

einstimmen: in seiner Rede wollte er auf das Wahljahr 1994 **einstimmen** (*put (the audience) into the right frame of mind for, start people thinking about*)

einstimmig (*adv*): die acht Karlsruher Richter hielten **einstimmig** dafür, daß (*unanimously*)

einstufen: die THA will kein Unternehmen abwickeln, das als »sanierungsfähig« **einzustufen** ist; die in das Erwerbsleben zurückkehrenden Frauen wurden als Neuzugänge im Betrieb **eingestuft** (*class, classify*)

einstweilen (*adv*): Paragraph 218: Karlsruhe behält sich ein Urteil vor
– einstweilen nicht (*temporarily*)

einstweilig (*adj*): der Antrag auf eine **einstweilige Anordnung** gegen das
neue Gesetz (*temporary injunction*)

eintauschen: hochverschuldete Staaten sollten ihre alten Kredite gegen
neue Anleihen **eintauschen** können (*exchange*)

einteilen: in Berlin sollen die Wahlkreise ebenfalls neu **eingeteilt** werden
(*draw* (*the boundaries of*), *organize*)

eintragen: Kaufleute, die im Handelsregister **eingetragen** sind (*register,
list*)

einträglich (*adj*): er wurde von seinen Eltern zu einem **einträglicheren**
Beruf gedrängt (*lucrative, better paid*); er konnte ein **einträgliches**
Geschäft abschließen (*lucrative, profitable*)

Eintragung (*f*): bei diesem Darlehen sparen Sie Notar- und
Eintragungskosten (*fee for an entry in the Land Registry*)

eintreten: die Studenten haben gezeigt, daß sie für ihre Interessen **eintreten**
können (*stand up for*); der Verteidigungsfall ist **eingetreten** (*arise*);
die Koalition will für ein europäisches Asyl- und Flüchtlingsrecht
eintreten (*go for*); Eigenvorsorge für sich leisten, bevor die
Solidargemeinschaft **eintritt** (*intervene, get involved*)

Eintritt (*m*): beim **Eintritt** in die Partei (*joining, becoming a member of*);
mit dem Tag des **Eintritts** der Rechtsnachfolge (*taking effect*)

Einvernehmen (*n*): der Minister plädierte für **Einvernehmen**; es
gibt zwischen den Fraktionen großes **Einvernehmen** über die
Notwendigkeit einer Novelle des Gentechnikgesetzes (*agreement*)

einvernehmlich (*adv*): die Bundesregierung hat den Gesetzentwurf
einvernehmlich beschlossen (*in full unity/with full agreement
agreement of all* (=3) *parties*)

Einverständnis (*n*): der Forschungsbedarf soll jetzt mit dem
Einverständnis der Haushaltspolitiker gedeckt werden (*consent,
approval, agreement*)

Einwanderungsland (*n*): Deutschland sei de facto **Einwanderungsland**;
selten wird mit einem Begriff so viel Schindluder getrieben
wie mit dem Begriff **Einwanderungsland**, das wir ja mit einer
unkoordinierten Zuwanderung de facto sind (*country open to/ac-
cepting all immigrants, immigration country*)

Einweisung (*f*): bei der **Einweisung** in ein Krankenhaus soll die
Lohnfortzahlung wie bisher gewährt werden (*admission*)

einwenden: gegen die Möglichkeit der Selbstauflösung des Parlaments
war **eingewandt** worden, damit würde in den Ermessensspielraum
des Bundespräsidenten eingegriffen (*object*)

einwilligen: wir erteilen über Privatkunden Bankauskunft nur, wenn die
Kunden ausdrücklich **eingewilligt** haben (*consent, agree*)

Einwohner (*m*): er sprach sich im Zusammenhang der Neueinteilung der Wahlkreise für die Lösung des Dissens zwischen Wahlkreisen von 80 000 **Einwohnern**, in der Regel in Großstädten, sowie von 155 000 **Einwohnern** im ländlichen Raum aus (*inhabitant*)

einzahlen: die Sparer beteiligen sich an Unternehmen, die das bei ihnen **eingezahlte** Kapital in andere Anlageformen investieren; Sie **zahlen** auf Ihr Konto monatlich 50 Mark **ein** (*pay in, deposit*)

Einzahlung (*f*): die **Einzahlungen** der Sparer werden jeweils zum geltenden Preis in Investmentanteile umgewandelt (*deposit*)

Einzelbürger (*m*): er sieht keine Chance, bei einer Verfassungsklage als **Einzelbürger** über den jetzigen Rahmen hinauszugehen (*individual citizen*)

Einzelfall (*m*): für die Aufnahme der Verfassungsänderungen in den Bericht der Kommission an Bundesrat und Bundestag bedarf es **im Einzelfall** nicht nur einer einfachen Mehrheit, sondern einer Zwei-Drittel-Mehrheit (*in particular cases, on any specific issue*)

Einzelhandel (*m*): Verhandlungen zwischen dem deutschen **Einzelhandel** und der Kreditwirtschaft sind gescheitert (*retail trade*)

einziehen: ins Parlament werden 18 Parteien und Gruppierungen **einziehen** (*enter, be returned to*); Einführung einer Vermögensstrafe, damit die enormen Gewinne, die etwa beim Drogenhandel erzielt werden, **eingezogen** werden können (*confiscate, sequestrate*); durch Einzugsermächtigung ermächtigen Sie den Empfänger, den jeweils fälligen Betrag von Ihrem Konto **einzuziehen** (*collect*); der Vermieter wollte selbst **einziehen** (*move in*)

einziehen: ich bin 1964 gemustert worden, wurde dann aber nicht **eingezogen** (*call up*)

Einziehungsauftrag (*m*): der Studierende muß das Bezugsgeld durch **Einziehungsauftrag** von seinem Konto abbuchen (*direct debit arrangement/instruction*)

Einzug (*m*): der Mieter haftet dem Vermieter für nach dem **Einzug** von ihm verursachte Schäden (*moving in, taking up occupancy*)

Einzugsbereich/Einzugsgebiet (*m/n*): der BDI riet dazu, Kompensationsmöglichkeiten für Einleiter im **Einzugsbereich** von Flußkläranlagen zu schaffen (*catchment/drainage area, basin*); Kinder aus dem **Einzugsgebiet** dieser Schule (*catchment area*)

Einzugsermächtigung (*f*): bei regelmäßigen Zahlungen empfiehlt sich die **Einzugsermächtigung**: Sie ermächtigen den Empfänger, den jeweils fälligen Betrag von Ihrem Konto einzuziehen (*direct debit authorization*)

Elefantenrunde (*f*): die »**Elefantenrunde**«, also die Gespräche der Koalitionsparteien mit der größten Oppositionspartei, SPD, bedürfen der kritischen Aufmerksamkeit (*semi-institutionalized* *meetings/discussions (often on TV on eve of election) between government and opposition ministers)*

elitär (*adj*): die Fraktion wollte »die Tendenzen zu **elitären** Schulen« begrenzen (*élitist*)

Ellenbogenmentalität (*f*): Schmid hielt der CSU **Ellenbogenmentalität** vor (*beggar-my-neighbour/look-after-number-one/I'm-all-right-Jack attitude*)

Elternteil (*n*): Kinder, von denen zumindest ein **Elternteil** eine unbefristete Aufenthaltsgenehmigung besitzt (*parent*)

Emission (*f*): Bezugspreise für die Aktie werden schon bei der **Emission** der Optionsanleihe fixiert (*issue*); bezogen auf die gleiche Nutzenergie weist Erdgas wesentlich geringere **Emissionen** auf als die anderen Energieträger (*emission*)

Emissionsrendite (*f*): die Neuregelungen sehen nun vor, daß in jedem Fall die **Emissionsrendite** des Papiers zeitlang zu versteuern ist – also die Rendite, die bei Ausgabe der Anleihe für die gesamte Laufzeit versprochen wurde (*new issue rate*)

emittieren: neue Aktien werden ausgegeben [**emittiert**] (*issue*)

Empfänger (*m*): die Ausgaben für Sozialhilfe in den neuen Bundesländern betrugen rund 120 Millionen Mark, die an 134 000 **Empfänger** gezahlt wurden; **Empfänger** von Sozial- und Arbeitslosenhilfe (*recipient*); dem **Empfänger** wird die Sendung angemeldet (*addressee*)

empfehlen [sich]: die Anlage **empfiehlt sich** (*is advisable, is to be recommended*)

Empfehlung (*f*): der Bundestag hat den Gesetzentwurf **auf Empfehlung** des federführenden Umweltausschusses verabschiedet (*on the recommendation*)

Endlagerung (*f*): abgebrannte Brennstoffe aus der Bundesrepublik sollen zur Wiederaufbereitung, bzw. direkten **Endlagerung** nicht nach Sellafield II gebracht werden, so die Abgeordneten ((*permanent*) *disposal*)

Endvergütung (*f*): eine befriedigende **Endvergütung** bei eingehender Auslandspost (*final remuneration*)

Energie (*f*): eine allgemeine Energiesteuer für nicht erneuerbare **Energien** ((*form of*) *energy*)

Energieerzeugung (*f*): der Anteil regenerativer Energien an der **Energieerzeugung** (*energy generation/production*)

Energieträger (*m*): bezogen auf die gleiche Nutzenergie weist Erdgas wesentlich geringere Emissionen auf als die anderen **Energieträger** (*source of energy*)

Engagement (*n*): Blüm äußerte sich über das mangelnde **Engagement** der westdeutschen Wirtschaft bei Investitionen in den neuen Bundesländern (*commitment, participation, involvement*); Ehrenämter mit großem zeitlichen **Engagement** (*commitment, demand*)

engagieren: [sich]: daß es immer noch kaum Gründe gibt, **sich** in der Ex-DDR zu **engagieren**; die Reform ermöglicht es dem französischen Unternehmen erstmals, **sich** auch direkt im Ausland zu **engagieren** (*become active, operate*); während seiner Amtszeit **engagierte** er **sich** für den Aufbau des Bundesrat-Sekretariats (*commit oneself to, be(come) (heavily) involved in*); Vogel habe für die Sozialdemokraten über drei Jahrzehnte beispielhafte, **engagierte** Arbeit geleistet (*dedicated*)

Engpaß (*m*): neben massiven finanziellen **Engpässen**, die fast jede Erneuerung blockieren (*bottle-neck*)

Enquete-Kommission (*f*): die **Enquete-Kommissionen** sollen die Stellung des Parlaments gegenüber der Regierung stärken (*commission of enquiry*)

entbehren [governs genitive]: Befürchtungen, der Verfassungsschutz würde mißbraucht, **entbehren** jeder Grundlage (*lack, be without*)

entbinden: von dieser Pflicht sind auch diejenigen nicht **entbunden**, die Widerspruch einlegen (*exempt*)

entbürokratisiert (*pp as adj*): die Beratungsförderung soll zur **entbürokratisierten** Initialzündung werden (*informal*)

Entbürokratisierung (*f*): eine offene Bürgergesellschaft durch **Entbürokratisierung** und Privatisierungskampagnen (*stripping out/rolling back/removal of bureaucracy*)

enteignen: diejenigen, die in der DDR **enteignet** worden sind und ihr Vermögen bis heute nicht zurückbekommen haben (*dispossess*); die **enteigneten** Vermögen (*expropriate*)

entfallen: auf seine Partei **entfallen** etwa 75 der 460 Sitze im Parlament; von dem betrügerisch abkassierten Geld **entfielen** zwei Milliarden **auf** die ehemalige DDR (*be allocated to*); die SPD erklärte, der Grund für eine Sondersitzung des Bundestages sei damit **entfallen** (*no longer obtain*)

Entflechtung (*f*): Reföderalisierung, die in Form von Änderungen des Grundgesetzes Elemente von Dezentralisierung und **Entflechtung** enthält (*breaking-up (of departments into smaller units), demerger, disaggregation*)

entgegenhalten: die Neuregelung bot, nach Ansicht der CDU, eine Verbesserung. Dem **hielt** die SPD **entgegen**, daß (*counter*)

Entgegennahme (*f*): bei **Entgegennahme** des Pakets (*on receipt*)

entgegentreten: Bundesinnenminister Rudolf Seiters **trat** im Verfassungs-schutzbericht jedem Versuch **entgegen**, den Verfassungsschutz der Bundesrepublik und den Staatssicherheitsdienst der ehemaligen

DDR zu vergleichen (*resist, reject*)

entgegenwirken: die Durchführung sozialer Maßnahmen, die dem Sozialdumping **entgegenwirken** (*counteract*)

entgehen: um einer Anklage wegen Rassenhaß zu **entgehen** (*avoid*)

Entgelt (*n*): der Arbeitnehmer erhält während der ersten beiden Krankheitstage kein **Entgelt** (*pay, remuneration*); mit dem Lohnfortzahlungsgesetz von 1969 wurde allen Arbeitern die sechswöchige **Entgeltfortzahlung** zugesichert (*continuation of pay*)

enthalten [sich]: bei der Wahl **enthielten sich** 40 Delegierte der Stimme (*abstain*)

Enthaltung (*f*): 336 Abgeordnete votierten mit Ja, 184 sprachen sich dagegen aus. Die 14 **Enthaltungen** kamen aus den Reihen der SPD; den Gesetzentwurf billigte der Innenausschuß bei einer **Enthaltung** (*abstention*)

entheben: man kann nicht einfach DDR-Richter ihres Amtes **entheben** (*relieve*)

entkräften: zwar konnte die EG-Kommission die Vorwürfe teilweise **entkräften** (*refute*); die Offenkundigkeit der Verfassungswidrigkeit läßt sich nicht dadurch **entkräften**, daß sich die meisten Schwangeren die Entscheidung über einen Abbruch nicht leicht machten (*extenuate*); jeder asylsuchende Ausländer muß die Möglichkeit haben, die Vermutung, er werde nicht verfolgt, zu **entkräften** (*disprove*)

Entkriminalisierung (*f*): **Entkriminalisierung** des Drogenkonsums (*legalization, decriminalization*)

entlassen: Tausende Beamte und Soldaten werden in den staatlich alimentierten Vorruhestand **entlassen** (*dismiss, make redundant*); er **entließ** seinen Regierungspartner aus dem gegenseitig abgegebenen Koalitionsversprechen; drei Häftlinge sollen **entlassen** werden (*release*); er wurde vorzeitig aus dem Krankenhaus **entlassen** (*discharge*)

Entlassung (*f*): eine **Entlassung** aus der Haftung bedarf der schriftlichen Zustimmung des Vermieters (*release, exemption*); **Massenentlassungen** waren die Folgen der neuen Betriebsstrategie (*lay-off, redundancy*)

Entlassungsstopp (*m*): einen **Entlassungsstopp** während der Sanierungsphase darf es aus der Sicht der Bundesregierung nicht geben (*freeze on lay-offs*)

entlasten: damit wird ein neuer Zugang eröffnet und der Artikel 16 des Grundgesetzes unmittelbar **entlastet** (*require to cover fewer cases*); der Bundeshaushalt ist um 35 Milliarden Mark **entlastet** worden (*relieve/reduce the burden on*); im Krankheitsfall eines

Arbeitnehmers soll die Arbeitgeberseite **entlastet werden** (*have one's financial burden eased*)

Entlastung (*f*): zu Beginn der Debatte hatte er die **Entlastungen** von der betrieblichen Vermögenssteuer als ökonomisch falsch kritisiert ((*tax*) *relief*); der Bundesrat hat einen Gesetzentwurf eingebracht, der auf eine **Entlastung** der Rechtspflege in Deutschland durch Straffung der Verfahren abzielt (*easing of the pressure, decrease in the workload*); ist der Aktionär mit der Tätigkeit des Aufsichtsrates und des Vorstandes zufrieden, erteilt er ihnen **Entlastung** (*approval of their actions*)

entledigen [sich]: mit der Zusatzversicherung **entledigen Sie sich** jeder weiteren Beitragszahlung (*become exempt, gain exemption* (*from*))

entlohnen: die Bundesbahn will ihr Personal in Zukunft nach privatwirtschaftlichen Tarifen **entlohnen** (*pay*)

entmündigen: die restlos **entmündigten** Alteigentümer können nicht mehr als Investitionshindernisse angesehen werden (*disenfranchise, declare someone incapable of managing their own affairs, give someone no say in the matter*)

entnehmen: Einzelheiten über Vermögensbildung **entnehmen** Sie einem Merkblatt, das Sie am Schalter bekommen (*find in*); dem Mitbestimmungsgesetz **läßt sich entnehmen**, daß zunächst eine Einigung angestrebt werden soll (*be inferred from*)

entrichten: zusätzlich sollten Beamte und Freiberufler eine Arbeitsmarktabgabe **entrichten** (*pay*)

Entschädigung (*f*): der Investitionsvorrang ist jetzt von einer Durchschlagskraft, die an eine Umkehrung des Prinzips Rückgabe vor **Entschädigung** denken läßt (*compensation*); die **Entschädigung** der Abgeordneten sollte rechtsverbindlich festgelegt werden (*emolument, salary*)

Entscheid (*m*): die Regierung konkretisierte damit ihren bereits im Oktober getroffenen **Entscheid**, den EG-Beitritt der Schweiz als Ziel ihrer Integrationspolitik zu definieren (*decision*)

Entscheidung (*f*): die **Entscheidung** der Bundesregierung fiel am 24. Juni (*decision*)

Entscheidungsbefugnis (*f*): die eigentliche **Entscheidungsbefugnis** muß weiterhin bei der Mehrheit im Parlament liegen (*right to decide, competence*)

Entscheidungsfindung (*f*): zunächst sei die **Entscheidungsfindung** in Bonn vom Auswärtigen Amt verschleppt und verzögert worden ((*process of arriving at a*) *decision*)

Entscheidungskompetenz (*f*): das Einwanderungsgesetz soll der Legislative die **Entscheidungskompetenz** übertragen (*authority to decide*)

Entschließung (*f*): in einer **Entschließung** dringt der Bundestag auf die rasche Verabschiedung dieses Gesetzes (*resolution*)

Entschließungsantrag (*m*): ein weiterer **Entschließungsantrag** der PDS/Linke Liste fand ebenfalls keine Stimmenmehrheit (*motion for resolution*)

Entschuldung (*f*): eine **Entschuldung** der Dritten Welt läge im Eigeninteresse der Banken (*debt reduction*)

Entsendung (*f*): die **Entsendung** von deutschen Streitkräften ins Krisengebiet (*deployment* (*in*))

Entsolidarisierung (*f*): **Entsolidarisierung** durch Hochschulpolitik? (*destruction of social cohesion/solidarity, creation of social division*)

entsorgen: das Kraftwerk wurde monatlich **entsorgt** (*dispose of* (*nuclear/hazardous*) *waste*); die Konsequenz, mit der die Altlasten unserer fruchtlosen Hochschuldiskussion zusammengepackt und auf einen Schlag **entsorgt** werden sollen; auch südlich von Leipzig sollten kurz nach der Wende massiv Bücher »**entsorgt**« werden (*dispose of*)

entsperren: Haushaltsausschuß **entsperrte** 105 000 DM (*unfreeze, release, unblock*)

entsprechen: das Bundesverfassungsgericht hat einer Anregung der CDU/CSU Fraktion **entsprochen** (*comply with, accede to*); der Schwellenpreis **entspricht** dem Richtpreis, verringert um gewisse Transportkosten (*correspond*)

entsprechend (*adj/adv*): der Schutz nichtehelicher Gemeinschaften wird nicht ausdrücklich in die Verfassung aufgenommen werden. Ein **entsprechender** Antrag der SPD fand keine Mehrheit (*to this effect/end*); in Westdeutschland versorgen 300 Ärzte 100 000 Menschen, in Ostdeutschland beläuft sich die **entsprechende** Zahl auf 242 Ärzte (*corresponding*); die Parlamentarier fordern die Kommission auf, ihren Vorschlag **entsprechend** zu ändern (*accordingly*)

entstehen: Kosten, die durch die Pflege im Heim **entstehen** (*arise*)

Entwarnung (*f*): auch der temporäre Gewaltverzicht der RAF ist kein Grund für eine **Entwarnung** (*all-clear, stand-down*)

entwerfen: auf dem Lehrgang lernen die Verkaufsleiter, Entlohnungssysteme zu **entwerfen** (*design, draw up*)

Entwertung (*f*): **Entwertung** heißt das Wort: In der alten DDR gibt es einen kollektiven Abstieg, die Deklassierung (*devaluation*)

entwickeln [sich]: die Zahl **entwickelte sich** von 13 Prozent auf 10 Prozent (*change*)

Entwicklung (*f*): eine gegenläufige **Entwicklung** gibt es auch bei den Geburtenzahlen; die Zahl der Neugeborenen in der DDR sank um 16 800 (*development*)

Entwicklungshilfe (*f*): außerdem trat er für verstärkte **Entwicklungshilfe** ein, um Fluchtursachen zu bekämpfen (*development aid*)

Entwurf (*m*): der Finanzminister arbeitet zur Zeit am **Entwurf** für ein Entschädigungsgesetz zugunsten ehemaliger DDR-Eigentümer; ein vom Bundesminister Norbert Blüm vorgestellter **Entwurf** soll am Mittwoch vom Bundeskabinett beschlossen werden (*draft/outline proposal*)

entziehen: ein Auslandsführerschein kann auch **entzogen** werden, wenn der Inhaber des Papieres einen Pkw im Zusammenhang mit einer Straftat benutzt hat (*confiscate, withdraw*); wem sollen die Mittel **entzogen** oder gekürzt werden? (*withdraw, deprive*); zuviel Kapital ist dem Unternehmen **entzogen** worden (*take out of*); [sich] wenn Sie **sich** durch Umschulden dem Auf und Ab der Hypothekenzinsen schnell **entziehen** wollen (*escape from, avoid*)

Entzugserscheinung (*f*): die finanziellen **Entzugserscheinungen** werden hart für den Bund der Vertriebenen werden (*withdrawal symptom*)

erarbeiten: 1976 sind von der Enquete-Kommission »Auswärtige Kulturpolitik« **erarbeiteten** Richtlinien vom Parlament beschlossen worden (*produce, establish, work out*)

Erblast (*f*): um mit den Folgen der DDR-Regierung, das heißt den **Erblasten** des Regimes fertig zu werden (*legacy of problems*)

erbringen: die neue Versicherung soll Leistungen bei häuslicher und stationärer Pflege **erbringen** (*provide, result in*); der notwendige Nachweis kann nicht **erbracht** werden (*produce, furnish*)

Erbschaftssteuer (*f*): die Aussetzung eines Vermächtnisses unterliegt der **Erbschaftssteuer** (*inheritance tax*)

erfahren: ob die Praxis kartellrechtlich zulässig ist, möchte die Gruppe PDS/Linke Liste in einer Kleinen Anfrage vom 25. Juni **erfahren** (*know*); die EWG hat ab 1.1.1973 durch den Beitritt von Großbritannien, Irland und Dänemark eine wichtige Erweiterung **erfahren** (*undergo*)

Erfahrungsaustausch (*m*): Seminarziel: **Erfahrungsaustausch** über die Anwendung der modernen Führungspsychologie (*exchange of experiences*)

erfassen: ob alle Auslandsbetriebe **erfaßt** werden konnten (*record*); 64 Prozent der in der Stichprobe **erfaßten** Personen sind verheiratet (*include*)

Erfassung (*f*): die Entscheidungen des Europäischen Rates über die statistische **Erfassung** des Güteraustauschs zwischen den Mitgliedstaaten (*record(ing)*); einen Feldversuch über die automatisierte **Gebührenerfassung** auf Bundesautobahnen starten (*collection of charges/tolls*)

erfolgen: die Neubesetzung des Fraktionsvorsitzes sollte in Abstimmung mit dem Vorsitzenden der SPD und der Partei insgesamt **erfolgen**

(*proceed, be carried out*); die Ausschreibung **erfolgt** bundesweit (*take place, be*)

Erforschung (*f*): wissenschaftliche **Erforschung** parteipolitischer Ämterpatronage im öffentlichen Dienst (*investigation*)

Erfüllung (*f*): die Übermittlung der Daten muß der **Erfüllung** sozialer Aufgaben dienen (*fulfilment, performance*)

Erfüllungsgehilfe [-en,-en] (*m*): als mögliche **Erfüllungsgehilfen** stehen die Sozialdemokraten auf dieser Rechnung (*agent*)

ergänzen: Art. 48 Abs. 4 sollte insoweit **ergänzt** werden, als über die Höhe der Entschädigung eine Kommission entscheiden würde (*amend, modify*); die Terroristen würden sich ins Fäustchen lachen, **ergänzte** der stellvertretende CDU/CSU-Fraktionsvorsitzende (*add*); die Länder könnten die Bundesmittel um bis zu rund 54 Prozent **ergänzen** (*supplement*); **ergänzende** Bestimmungen (*supplementary*)

Ergänzung (*f*): die von den Koalitionsfraktionen vorgeschlagene **Ergänzung** des Art. 87d GG um die gesetzliche Ermächtigung zur öffentlich-rechtlichen oder privat-rechtlichen Organisationsform der Luftverkehrsverwaltung (*amendment, modification*)

Ergänzungsabgabe (*f*): die Forderung nach einer **Ergänzungsabgabe** für Besserverdienende zur Finanzierung der Einheit (*supplementary/extra tax/levy/contribution*)

ergeben: auf westdeutsche Verhältnisse umgerechnet, **ergäben** ostdeutsche Arbeitslosenzahlen ein Heer von 12 Millionen Beschäftigungslosen (*produce, result in*); [sich] gegen die Stimmen der Unionsparteien **ergaben sich** für die Verfassungsänderungen und ergänzungen jeweils nur einfache Mehrheiten (*be produced, emerge*); die Reihenfolge der Länder soll **sich** aus ihren Einwohnerzahlen **ergeben** (*be determined by/calculated on the basis of*); das Preisniveau, das **sich** aus der neuen Recheneinheit **ergibt** (*result from*)

ergehen: diese Akten und die Vorschriften, auf Grund derer sie **ergangen** sind (*be enacted*); daß dem Bundestag eine Kompetenzverletzung droht, wenn die einstweilige Anordnung nicht **ergeht** (*be issued*); in dem einstimmig **ergangenen** Beschluß (*be arrived at, pass*)

Ergiebigkeit (*f*): die **Ergiebigkeit** einer Aktienanlage (*profitability*)

ergreifen: er **ergriff** als erster im Plenum **das Wort** (*speak*); jeder, der in absehbarer Zeit einen Beruf **ergreift** (*take up*)

Erhaltung (*f*): die **Erhaltung** und Schaffung von Arbeitsplätzen (*protection, safeguarding*)

erheben: der Bürger kann eine Verfassungsbeschwerde beim Bundesverfassungsgericht **erheben** (*lodge*); die Sozialdaten dürfen von den Leistungsträgern nicht unbefugt **erhoben** werden (*collect, gather*); die Abgabe soll im Osten mit dem gleichen Satz wie im alten Bundesgebiet **erhoben** werden (*charge, levy, impose*); der Bundestag hatte die Fristenlösung im Juni **zum Gesetz erhoben** (*pass into law*)

Erhebung (*f*): wie aus der jüngsten **Erhebung** des Ifo-Instituts für Wirtschaftsforschung hervorgeht (*survey*); weil 1990 über das rechtsextremistische Potential in den neuen Bundesländern nur wenige Erkenntnisse vorlagen, mußte sich die **Zahlenerhebung** auf die alten Bundesländer beschränken (*collection of information/statistics*)

erhöhen: höchstens um zwanzig Prozent innerhalb von drei Jahren dürfen Wohungsbesitzer danach die Mieten **erhöhen** (*increase, raise, put up*); [sich] die Sparzulage **erhöht sich** um 10 Prozent (*increase, go up*)

Erhöhung (*f*): das Land möchte aber statt der von der Bundesregierung geplanten **Erhöhung** des Erstkindergeldes den Kinderfreibetrag erhöhen (*increase*)

Erkenntnis (*f*): über das rechtsextremistische Potential in den neuen Bundesländern lagen 1990 nur wenige **Erkenntnisse** vor (*information*)

Erkenntnisgewinnung (*f*): der zielgerichtete Einsatz nachrichtendienstlicher Mittel zur verbesserten **Erkenntnisgewinnung** (*information-gathering*)

erkennungsdienstlich (*adj*): er forderte eine **erkennungsdienstliche** Behandlung der Asylanten (*via the police records department, forensic*)

erklären: der neue Bundespräsident Österreichs **erklärte** der »International Herald Tribune« die neue Lage mit den Worten (*explain*); [sich] Blüm hatte **sich** im Zuge der Haushaltsberatungen zu Einsparungen in dieser Höhe **erklärt** (*declare oneself in favour of*)

Erklärung (*f*): das haben die Stellungnahmen und auch die **Erklärungen** der Konferenz der Innen-, Justiz- und Sozialminister von gestern gezeigt (*declaration*)

erkundigen [sich]: in der Kleinen Anfrage **erkundigten sich** die Sozialdemokraten nach der Bewilligung der Anträge (*enquire*)

Erlaß (*m*): der **Erlaß** einer Einstweiligen Anordnung (*issuing*)

erlassen: das EP soll eine Richtlinie zur Angleichung der Rechtsvorschriften **erlassen** (*issue, enact*); wenn alle Banken gemeinsam Ecuador die Hälfte seiner zehn Milliarden Dollar Außenstände **erlassen** würden (*waive, write off*)

erläutern: die Bundesregierung **erläuterte** im Haushaltsausschuß, daß sie der Kläranlage besondere Bedeutung beimißt; die Sachverständigenkommission hat im Bericht ihre Empfehlungen **erläutert** (*explain, present*)

Erläuterung: die Gründung der Gesellschaft folgt **Erläuterungen** der Regierung zufolge gesetzlichen Vorlagen (*statement, explanation*)

Erlebensfall (*m*): die Versicherungssumme wird **im Erlebensfall** nach Ablauf der vereinbarten Versicherungsdauer fällig (*in case of survival*)

erledigen: die Bank **erledigt** in diesem Falle die Verwahrung und Verwaltung der Aktien gegen eine geringe Gebühr (*carry out, handle*); [pp as adj] nachdem die Bundesregierung ihr Konzept für die industriellen Kerne vorgelegt hatte, zog die PDS/LL ihren Antrag als **erledigt** zurück, in dem eben dieses Konzept angemahnt worden war (*settled, dealt with*)

Erledigung (*f*): bei dem Grundbuchamt halten sich Eingänge und **Erledigungen** die Waage (*application processed/dealt with*); die Bank sorgt für eine kostengünstige **Erledigung** ihrer Aufträge (*settlement, carrying out*)

Erleichterung (*f*): wenn das Unternehmen darauf verzichtet, die steuerlichen **Erleichterungen** zu beanspruchen ((*tax*) *relief measure*)

Erlös (*m*): die Entwicklungsländer könnten aus Überweisungen ihrer Emigranten und den **Erlösen** ihrer Exporte die eigene Wirtschaftskraft um ein Fünftel erhöhen; die Deutsche Eisenbahn AG leitet ihre **Erlöse** an den Staat weiter (*returns, net profits, revenue*)

erlöschen: mit dieser Erklärung **erlischt** automatisch die Beendigung des Abonnements (*be cancelled*)

ermäßigen [sich]: der Freibetrag **ermäßigt sich** um (*be reduced by*)

Ermäßigung (*f*): einige DBA sehen eine **Ermäßigung** oder gar Befreiung der Quellensteuer vor (*reduction*)

ermächtigen: die Treuhandanstalt soll nach einem Gesetzentwurf **ermächtigt** werden, bis zu 30 Milliarden Mark an Krediten aufzunehmen (*empower, authorize*)

Ermächtigung (*f*): Zweck und Ausmaß der erteilten **Ermächtigung** müssen in dem Gesetz bestimmt werden (*authorization*)

ermangeln [impersonal verb governing genitive]: eine Folgenabwägung, für die es rechtlicher Anhaltspunkte **ermangelt** (*lack*)

Ermessen (*n*): damit werde der Steuerhinterziehung Tür und Tor geöffnet, da es im **Ermessen** des einzelnen läge, ob er seine Zinsen nachversteuert; die Vorgabe kürzerer Fristen sei in das **Ermessen** der Anhörungsbehörde zu stellen (*discretion*)

ermitteln: der Kurs wird innerhalb der Börsenstunden fortwährend neu **ermittelt** (*calculate*)

Ermittlung (*f*): wenn sich bei den **Ermittlungen** Fehlleistungen herausstellen sollten (*investigation*); im Jahre 1991 hat die

Ermittlungsbehörde

Bundesanwaltschaft 1239 **Ermittlungsverfahren** wegen des Verdachts geheimdienstlicher Agententätigkeit eingeleitet (*preliminary enquiries*)

Ermittlungsbehörde (*f*): die Pflicht der Geldinstitute, ihre Kunden bei Bargeldeinzahlungen und anderen Finanztransaktionen, die 25 000 DM übersteigen, den **Ermittlungsbehörden** zu melden ((*tax*) *investigating authority*)

ernennen: Pfitzer war zuvor Bevollmächtigter des Landes Württemberg-Hohenzollern, ehe er 1951 zum Direktor des Bundesrates **ernannt** wurde (*appoint*)

erneuerbar (*adj*): eine allgemeine Energiesteuer für nicht **erneuerbare** Energien (*renewable*)

erneuern: Kinderkommission **erneuert** Forderung (*renew*)

Erneuerung (*f*): die personelle **Erneuerung** der Partei (*rejuvenation, renewal*); er blockierte jede **Erneuerung** (*innovation*)

eröffnen: Steuerberater, die ein Konto für einen Dritten **eröffnen** (*open*); der deutschen Umweltindustrie werden durch das Förderengagement in den neuen Ländern zusätzliche Chancen **eröffnet** (*open up, create*)

Eröffnungsansprache (*f*): in seiner **Eröffnungsansprache** betonte der stellvertretende Generalsekretär des Europarates, wie schwierig das Problem sei (*opening speech/address*)

erörtern: **erörtert** werden soll schließlich die Frage nach der Erhöhung der Einkommensgrenzen in diesem Bereich (*discuss*)

erproben: auf dem Seminar wird die Umsetzung dieser Arbeitstechniken in die persönliche Situation der Teilnehmer praktisch **erprobt** (*rehearse, practise*)

errechnen: der Wert eines Zertifikats wird täglich **errechnet** (*calculate*); [sich] der Betrag **errechnet sich** aus der Zahl der neuen Aktien und dem Ausgabepreis (*be calculated on the basis of*)

erringen: die Grünen/AL **errangen** insgesamt 8,9 Prozent (*achieve, poll*); keiner hatte zu hoffen gewagt, daß die baltischen Staaten ihre Unabhängigkeit **erringen** würden (*achieve*)

Errungenschaft (*f*): die Förderung von Erdwärme ist eine **Errungenschaft** der untergegangenen DDR, die nun mit Westgeld fortgeführt werden soll (*achievement*)

Ersatzkasse (*f*): nach dem Gesetzentwurf soll es den freiwilligen Mitgliedern der **Ersatzkassen** ermöglicht werden, statt der Behandlung auf Krankenschein das System der Kostenerstattung zu wählen (*private health insurance company/fund*)

Ersparnis (*f*): die Höhe der zu leistenden Zuzahlung orientiert sich an der häuslichen **Ersparnis** während des Krankenhausaufenthaltes (*financial saving*); er verlor durch den Börsencrash seine ganzen **Ersparnisse** (*savings*)

erstatten: die Körperschaftssteuer kann in bestimmten Fällen ganz oder teilweise **erstattet** werden (*refund*); die Meldungen sind halbjährlich zu **erstatten** (*file, make*)

erstellen: die Bilanz wurde verspätet **erstellt** (*draw up*)

Erstellung (*f*): von der **Erstellung** einer Marketing-Konzeption bis hin zur Durchführung (*drawing up*); der Kontoauszug kann innerhalb von zwölf Tagen nach **Erstellung** angefochten werden (*preparation*)

Erstkindergeld (*n*): die von der Bundesregierung geplante Erhöhung des **Erstkindergeldes** von 50 auf 70 Mark monatlich (*benefit for the first child*)

erstrecken [sich]: die Steuerbefreiung **erstreckt sich** nur auf die Ertragssteuer (*extend*)

Ersuchen (*n*): mit dem Übereinkommen verpflichtet sich der zuständige Vertragsstaat, einen Asylsuchenden aus einem nichtzuständigen Vertragsstaat auf dessen **Ersuchen** hin zur Durchführung des Asylverfahrens zu übernehmen (*request*)

erteilen: die Drohung der SPD, ihre Zustimmung zum Pflegegesetz nicht zu **erteilen** (*give*); der Bundestag hat dem Finanzminister für das Haushaltsjahr die beantragte Entlastung **erteilt** (*grant*)

Ertrag (*m*): die Anleger können ihr Geld ins Ausland bringen, wenn die **Erträge** zu gering werden (*return, yield*)

Ertragskraft (*f*): der Kurswert einer Aktie richtet sich auch an der **Ertragskraft** eines Unternehmens aus (*profitability*)

Erwägung (*f*): in den verfassungsrechtlichen **Erwägungen** des Mitbestimmungsurteils wurden die Einschränkungen gerechtfertigt (*consideration*)

erweisen [sich]: die Montanunion **erwies sich** als wichtiger Fortschritt auf wirtschaftlichem Gebiet (*prove to be*); der Aufsichtsrat des mitbestimmten Unternehmens ist die Stelle, an der **sich** Bedeutung und Tragweite des Mitbestimmungsrechts **erweisen** (*be demonstrated*)

erweitern: das neue Bundesamt für Güterverkehr hat **erweiterte** Rechte bei der Überwachung von Verkehrsteilnehmern (*extend, increase*)

Erwerb (*m*): möglichst weiten Teilen der ausländischen Bevölkerung den **Erwerb** der deutschen Staatsangehörigkeit zu ermöglichen (*acquisition*); das Rezept gilt auch für den **Erwerb** von Aktien (*purchase*); einige Aktiengesellschaften bieten ihren Angestellten Aktien der eigenen Firma **zum Erwerb** an (*for sale*)

erwerben: die Aktien zu dem in der Hauptversammlung festgelegten Kurs zu **erwerben** (*obtain, purchase*)

Erwerber (*m*): wenn der **Erwerber** etwas durch ein Vermächtnis erhält, worauf er auch ohne letztwillige Zuwendung Anspruch hätte (*beneficiary*)

Erwerbsarbeit (*f*): Mückenberger befürchtet, daß die Koppelung von sozialer Sicherung und **Erwerbsarbeit** nicht tragfähig bleibt (*gainful employment, work*)

Erwerbseinkommen (*n*): es wäre sinnvoll, bei der Finanzierung der deutschen Einheit mehr auf die Vermögen statt auf die **Erwerbseinkommen** zurückzugreifen (*earnings, earned income*)

Erwerbstätige[r] [decl like adj] (*m/f*): **Erwerbstätige** sind Personen, die in einem Arbeits-/Dienstverhältnis stehen (*person in work*)

Erwerbsunfähige[r] [decl like adj] (*m/f*): die Mittel, um Ausgleichsleistungen für die **Erwerbsunfähigen** zahlen zu können, sollten aus dem Bundeshaushalt und aus Vermögenserträgen kommen (*person unfit/unavailable for work*)

Erwiderung (*f*): in seiner **Erwiderung** warnte der Fraktionschef die CDU davor (*response*)

erwirken: die Bundesregierung soll bei ihren Verhandlungen mit der EG-Kommission **erwirken**, daß auch regionale Sonderfaktoren beachtet werden (*procure/achieve the result*)

erwirtschaften: im Jahre 1991 **erwirtschafteten** die Deutschen in Ost und West ein BSP in Höhe von 2 807 Milliarden Mark (*produce*); Ende des Jahrtausends möchte das französische Unternehmen zehn Prozent seines Umsatzes außerhalb Frankreichs **erwirtschaften** (*earn*)

Erzeugerpreis (*m*): die Regierung sah den einzigen Ausweg in der drastischen Reduzierung der **Erzeugerpreise** (*producer price*)

Erziehungsgeld (*n*): unpfändbar sind nach dem Gesetz Ansprüche auf **Erziehungsgeld** (*child-raising allowance*)

Erziehungsurlaub (*m*): Erziehungsgeld, soweit es nicht aus einer Teilzeitbeschäftigung während des **Erziehungsurlaubs** herrührt (*child-raising leave*)

erzielen: es wäre gut, wenn wir heute Übereinstimmung darüber **erzielten** (*reach*); die Vermögensfirma will Superrenditen **erzielen** (*achieve*)

Establishment (*n*): die norditalienische Liga kämpft inzwischen gegen das von der Zentralregierung gestützte **Establishment** der Parteienherrschaft (*establishment*)

etablieren [sich]: hinter Schönhuber **etabliert sich** eine Garde von Funktionären (*line up*)

etabliert (*pp as adj*): die Republikaner sind keine **etablierte** Partei (*established, mainstream*)

Etage (*f*): eine weitere Kompetenzverlagerung nach Brüssel in die **Etagen** des Ministeriums (*office, department*)

Etagenwohnung (*f*): Nachkriegszeit, als es noch **Etagenwohnungen** mit gemeinsamer Wasserstelle und Toilette gab (*flat in block*)

Etat (*m*): ein Viertel des **Etats** fließt in die neuen Länder (*budget*)

Etikettenschwindel (*m*): Verbraucherschützer klagen, der Name »Vermögensberatungsgesellschaft« sei schon ein **Etikettenschwindel** (*an offence against the 'Trades Description Act'*)

Eurokrat [-en,-en] (*m*): die **Eurokraten** in Brüssel (*Eurocrat*)

Europaabgeordnete[r] [decl like adj] (*m/f*): die **Europaabgeordneten** wollten die von den Finanzministern vorgeschlagene Kürzung nicht hinnehmen (*European MP*)

evident (*adj*): die Verfassungswidrigkeit des Beschlußes sei **evident** (*evident*)

Existenzgründer (*m*): **Existenzgründern** ist die Sorge ums Überleben oft näher als die um den beruflichen Nachwuchs (*someone starting a business to create a livelihood*); aufgrund der Existenzgründungslehrgänge für Frauen haben wir in Thüringen 43% **Existenzgründerinnen** (*woman starting up a business*); einen Teil seiner Mittel zahlte das Bundesausgleichsamt für **Existenzgründerdarlehen** (*business start-up loan*)

Existenzgründung (*f*): der Bundeshaushalt leistet einen erheblichen Beitrag für Investitionen im Wohnungsbau und bei **Existenzgründungen** (*setting up of small business, enough to provide the means of support for the person in question*)

Existenzminimum (*n*): den Sozialhilfe-Leistungen wird für die Bemessung des **Existenzminimums** entscheidende Bedeutung zugemessen (*basic subsistence level*)

Existenzsicherung (*f*): der Politiker kann vor der Alternative persönliche **Existenzsicherung** oder Freizeitpolitik stehen (*securing people's livelihoods/basic existence*)

expandieren: die Aktien **expandierender** Unternehmen sind besonders gefragt (*expand*)

Expansion (*f*): die monetäre **Expansion** der amerikanischen Notenbanken verläuft verhalten (*expansion*)

Exporterlös (*m*): die Regierung empfahl ihren Farmern, Tabak oder Blumen anzupflanzen, in der Hoffnung, mit diesen Produkten **Exporterlöse** erwirtschaften zu können (*export earnings*)

Exportgenehmigungspflicht (*f*): der Bundestag befürwortete die Änderung der Ausfuhrliste dahin gehend, daß eine **Exportgenehmigungspflicht** für Gasmasken eingeführt wird (*requirement for an export licence*)

extensiv (*adv*): hinzu kommt das Bestreben der europäischen Organe, europäische Kompetenzen **extensiv auszulegen** (*give an extensive interpretation*)

F

Fachaufsicht (*f*): das Bundesministerium der Finanzen ist seiner Rechts-
und **Fachaufsicht** gegenüber der Treuhandanstalt nicht gerecht
geworden (*supervision of professional standards*)

Fachausschuß (*m*): auch die **Fachausschüsse** des Parlaments beschäftigten
sich mit dieser Frage (*expert committee*)

Fachblatt (*n*): der Zentralverband fungiert als Mitherausgeber des
Fachblattes (*specialist journal*)

Fachhochschule (*f*): die anwendungsorientierten **Fachhochschulen** in der
Bundesrepublik (*specialized college of advanced education*)

Fachkunde (*f*): Ehrlichkeit, verbunden mit einer großen Sach- und
Fachkunde (*specialist knowledge*)

fachlich (*adj*): die Berufszählungen erbringen Angaben über die
Erwerbstätigen in tiefer **fachlicher** und regionaler Gliederung
(*professional*)

Fachmann [pl Fachleute] (*m*): zwar ist der Ölpreis in diesem Jahr
gestiegen, einen klaren Trend sehen die **Fachleute** darin jedoch
nicht (*expert*)

fachmännisch (*adj*): wenn der Unternehmer auf **fachmännischen** Rat
verzichtet (*expert*)

Fachrichtung (*f*): der Betrag, mit dem der Staat jeden Studienplatz
bezuschußt, wird nur bei gewissen **Fachrichtungen** gekürzt (*subject,
course*)

fahnden: das Erbe aufspüren – wie die SPD in der DDR nach ihrem
Eigentum **fahndet** (*search for*)

Fahnder (*m*): fast drei Jahre nach der Wende glaubten die **Fahnder**,
noch belastendes Material wegen der Todesschüsse an der Mauer
zu finden (*investigator*)

Fahndung (*f*): ein Brandanschlag der RAF auf ein Kaufhaus reichte aus,
um bundesweit **Fahndungen** auszulösen ((*police*) *search operation*)

Fahrgast (*m*): der Versicherte ist als **Fahrgast** von öffentlichen
Verkehrsmitteln geschützt (*passenger*)

fahrlässig (*adj*): Disziplinverfahren wegen **fahrlässiger** Verletzung von
Dienstpflichten (*through negligence*)

Fahrweg (*m*): der Staat soll Investitionen in den **Fahrweg** finanzieren,
ohne der Deutschen Eisenbahn AG dafür Zinsen zu berechnen
(*tracks*)

fair (*adj*): wir bieten Versicherungen aller Art zu **fairen** Konditionen an (*fair*)

Fairness (*f*): die **Fairness** gebietet es, zweierlei zu sagen (*fairness*)

fakturieren: unsere Einfuhren sind in Dollar **fakturiert** (*invoice*)

fällen: die Abgeordneten wollen hierüber einen **Beschluß fällen** (*pass a resolution*)

fällig (*adj*): die seit langem **fällige** EG-Verordnung (*overdue*); der Wechsel ist jetzt **fällig** (*matured*)

Fälligkeit (*f*): man muß bei der Verwaltung seiner Aktien auf die **Fälligkeit** der Dividendenausschüttungen achten (*due date*)

Falschaussage (*f*): wegen **Falschaussage** vor dem Untersuchungsausschuß zeigte die CDU sie an (*false evidence*)

Familienlastenausgleich (*m*): der Bundesrat hat die Steuerpläne der Regierung zum **Familienlastenausgleich** abgelehnt (*family allowance*)

Familienstand (*m*): je nach Alter und **Familienstand** (*marital status*)

Familienverband (*m*): nicht einmal die Kirchen, geschweige denn die Gewerkschaften oder **Familienverbände** schaffen es, die explodierenden Egos auf Zeiten des Nullwachstums vorzubereiten (*family support organization*); eine Umlagefinanzierung ohne Stärkung der Eigenverantwortung und des **Familienverbandes** (*family unit*)

Familienzusammenführung (*f*): wie in der Schweiz, wo Ausländern unbefristete Arbeitsverträge, Daueraufenthalt und **Familienzusammenführung** verwehrt werden (*re-uniting of their families, permission for members of the family to join them*)

Familienzuschlag (*m*): für kinderreiche Familien sollte es einen zusätzlichen **Familienzuschlag** von 100,- DM pro Monat und Kind ab dem vierten Kind geben (*supplementary family allowance, 'family credit'*)

Familienzuschuß (*m*): **Familienzuschüsse**, sozialer Wohnungsbau sowie Mindestlöhne sollen vermeiden, daß die Gesellschaft ihre Kräfte in sozialen Härten verschwendet (*family allowance*)

Fassung (*f*): den Gesetzentwurf befürwortete der Innenausschuß in der neuen **Fassung** (*version*)

Faustpfand (*n*): die Buskolonne wurde als **Faustpfand** festgehalten, bis eine von den bosnisch-herzegowinischen Milizen eingeschlossene Armeeeinheit abziehen durfte (*security, bargaining counter*)

favorisieren: das eine Modell, das der Experte **favorisierte** (*prefer, favour*)

Fazit (*n*): Einzelheiten wurden noch nicht besprochen, aber das **Fazit** ist deutlich: Nicht nur die Schule, sondern auch das Hochschulsystem braucht eine Grundsanierung (*conclusion, import, upshot*)

Federführung (*f*): ein Ausschuß übernimmt die »**Federführung**«; er bestimmt die Hauptzuständigkeit und bestimmt einen Berichterstatter (*overall control*)

fehlgehen: diese Behauptung **geht** allerdings **fehl** (*be mistaken*)

Fehlleistung (*f*): man hat eine einzige **Fehlleistung begangen** (*make a mistake*)

Fehlleitung (*f*): Verzögerungen oder **Fehlleitungen** bei der Ausführung von Aufträgen (*misdirecting*)

Feiertag (*m*): die Lohnfortzahlung darf nicht durch Abstriche bei den **Feiertagen** finanziert werden (*public/statutory holiday*)

Feilschen (*n*): besondere Verärgerung herrschte über das **Feilschen** der Liberalen, wer über die Pflegeversicherung Sondierungsgespräche führen darf (*haggling, wrangling*)

Feldversuch (*m*): ein **Feldversuch** über die streckenbezogene Gebührenerfassung auf deutschen Autobahnen soll demnächst starten (*field trial*)

fernmündlich (*adv*): der Absender des Gutes kann die Bahn **fernmündlich** anweisen (*by telephone*)

Fernstraße (*f*): es soll eine Mautpflicht auf allen **Fernstraßen** geben (*trunk road*)

Fertigung (*f*): in zusätzliche **Fertigungs-** wie Vertriebs**kapazitäten** investieren (*production/manufacturing capacity*)

Festgeldkonto (*n*): die Spargelder liegen unberührt auf dem **Festgeldkonto** der Deutschen Bank (*fixed-term deposit account*)

festhalten: auch nach der Expertenanhörung **hielt** die Bundesregierung an ihrem Gesetzentwurf **fest** (*stick to*); Sie können anhand unserer Checkliste **festhalten**, was an Ihrem Hause verbessert werden muß (*record, make a note of*)

festlegen: in einigen Fällen müssen die Aktien einige Zeit **festgelegt** werden, d.h. sie können dann nicht gleich verkauft werden (*tie up, take out for a fixed term*); der Kurs der Aktien wurde in der Hauptversammlung **festgelegt** (*fix*)

Festlegung (*f*): die **Festlegung** der Abgeordnetendiäten (*fixing, determining*); die **Festlegungsfrist** beträgt bei allgemeinen Sparverträgen 6 Jahre (*fixed investment period*)

Festnahme (*f*): in den ersten Monaten dieses Jahres sind rund 40 **Festnahmen** erfolgt, rund 30 Haftbefehle wurden erlassen (*arrest*)

festnehmen: viele Tatverdächtige wurden wegen Ausschreitungen **festgenommen** (*arrest*)

festschreiben: der Fortbestand von zweierlei Recht war bis zum Ende dieses Jahres im Einigungsvertrag **festgeschrieben**; Koalition **schreibt**

Karenztag **fest** (*establish in law*); für die Zeit, für die Sie Ihre Zinsen **festschreiben** wollen [Konditionenlaufzeit] (*lock in fixed interest rate*)

festsetzen: Mieten, die in den vergangenen drei Jahren **festgesetzt** wurden (*determine, set*)

feststellen: in ihrer Gegenäußerung zur Stellungnahme des Bundesrates **stellte** die Bundesregierung **fest**, daß (*declare*); er hat bei vielen Anrufern ein falsches Verständnis von Demokratie **festgestellt** (*discover*); die Dresdner Bank **stellt** für einen Aktienfonds eine Mindestrendite von sechs Prozent **fest** (*set*); der US-Dollar wurde mit 1,6912 DM **festgestellt** (*value/put at*)

Feststellung (*f*): Buhrufe bei der **Feststellung**, daß es auf keinen Fall mehr als 4100 Stellen für ganz Mecklenburg geben wird (*statement, announcement*); Bankauskünfte enthalten nur allgemeine **Feststellungen** über die Kreditwürdigkeit eines Kunden (*statement*)

festverzinslich (*adj*): Anleihen sind **festverzinsliche** Wertpapiere (*fixed-interest*)

Festzins (*m*): die Vorteile unserer **Festzinshypothek** (*fixed-interest mortgage*)

Filiale (*f*): früher durften nur privatwirtschaftliche **Filialen** sich direkt im Ausland engagieren (*branch*)

Filz (*m*): zwischen CDU/CSU Fraktion und Staatsregierung wuchert der schwarze **Filz**; Amtsmißbrauch und **Filz** hätten ein unerträgliches Maß erreicht; **Filz** in Nordrhein-Westfalen: Ein Ausschuß soll klären, ob die Regierung ungeniert gekungelt hat (*corruption, graft*)

Finanzamt (*n*): fünfzig Prozent der Mieteinnahmen in New York fließen an die **Finanzämter** (*local inland revenue office*)

Finanzausgleich (*m*): ob der kommunale **Finanzausgleich** für die Kommunen nicht eher lähmend wirkt (*financial equalization*)

Finanzausstattung (*f*): die neuen Länder brauchen bei steigenden Ausgaben mindestens die **Finanzausstattung** des Jahres 1991 (*resources, funding*)

Finanzdienstleistungen (*f/pl*): der Vertreter kam von einem der größten deutschen Vertreiber von **Finanzdienstleistungen** (*financial services*)

Finanzgericht (*n*): die Steuerausfälle sind vom **Finanzgericht** Baden-Württemberg mit 15 Milliarden DM beziffert worden (*financial court* (*dealing with tax disputes*), *Appeals Commission*)

Finanzhilfe (*f*): Kernanliegen des Gesetzes ist die Umschichtung von **Finanzhilfen des Bundes** von den alten in die neuen Länder (*government aid/subsidy*)

Finanzier (*m*): der Bund fungiert als **Hauptfinanzier** des Projekts (*financier, promoter*)

finanzieren: vor allem sollen unverzichtbare Maßnahmen zur Verbesserung der alten Reaktoren **finanziert** werden (*finance*)

Finanzierungsbrücke (*f*): wir bieten eine **Finanzierungsbrücke** bis zur Auszahlung langfristiger Mittel (*bridging finance*)

finanzkräftig (*adj*): **finanzkräftige** Anleger (*financially strong, with financial clout*)

Finanzministerium (*n*): allenfalls das **Finanzministerium** wäre ihm noch recht gewesen, wenn denn das Innere nun einmal der SPD zuzugestehen war (*Ministry of Finance*)

Finanzmisere (*f*): zweifellos zwingt die **Finanzmisere** auch zu Einsparungen in Ostdeutschland (*dreadful financial plight/mess*)

Finanzmittel (*n/pl*): sie streiten um ihren Anteil an den knappen **Finanzmitteln**; die EG wird über **Finanzmittel** in Höhe von 64,1 Milliarden ECU verfügen können (*resources, funds*)

Finanzplanung (*f*): er wußte nicht, wie er diese Kosten in der mittelfristigen **Finanzplanung** unterbringen sollte (*fiscal/financial planning*)

Finanzplatz (*m*): technisch wäre die Anbindung von Bonn an die großen europäischen **Finanzplätze** kein Problem (*financial centre*)

Finanzpolitik [*pl* -en] (*f*): ein europäisches Währungsinstitut soll bei der Angleichung der Wirtschafts-, **Finanz**- und Währungs**politiken** der Mitgliedsländer beraten (*financial/fiscal policy*)

finanzpolitisch (*adj*): der **finanzpolitische** Sprecher der CDU/CSU (*on financial/fiscal matters*)

Finanzrevision (*f*): er war Beauftragter für eine außerordentliche **Finanzrevision** der Firmen im Bereich KoKo (*financial inspection, audit*)

Finanzverteilung (*f*): die Bundesregierung setze bei der **Finanzverteilung** zugunsten der »armen Nachbarn im Osten« auch auf die »armen Nachbarn im Westen« (*allocation of resources*)

Finanzverwaltung (*f*): flächendeckende Mitteilung und Kontrolle würde die Funktionsfähigkeit der **Finanzverwaltung** schwer beeinträchtigen (*financial administration*)

Firma (*f*): einige namhafte Aktiengesellchaften bieten ihren Arbeitern und Angestellten Aktien der eigenen **Firma** zum Erwerb an (*firm, company*)

Firmenanteil (*m*): das Geld in andere Anlageformen investieren, etwa in **Firmenanteile** oder Immobilien (*company share*)

Firmenpleite (*f*): die Zahl der **Firmenpleiten** kletterte um 2 Prozent (*bankruptcy, firm going bust*)

Firmenspitze (*f*): ein deutliches Wort, das die neue **Firmenspitze** ihrem scheidenden Aufsichtsratsvorsitzenden hinterherschickte (*directors*)

firmieren: der kleine Betrieb **firmierte** unter einem imposanten Namen (*trade*)

fiskalpolitisch (*adj*): mit **fiskal-** und währungs**politischen** Maßnahmen die Binnennachfrage zu stärken (*fiscal, of fiscal/financial policy*)

Fiskus (*m*): einen Teil der Verluste in den Bankbüchern trägt der **Fiskus** (*treasury, the Exchequer*)

fixieren: Bezugspreis einer Aktie wird bei der Emission **fixiert** (*fix, set*)

Fläche (*f*): die ausschließliche Besetzung des Stadtkerns mit **Verkaufs- und Verwaltungsflächen** (*area*); einfach alle heute nutzbaren **Flächen** zu beschlagnahmen (*space, site*)

flächendeckend (*adv*): im Rahmen der Reform des Gesundheitswesens müssen die Sozialstationen **flächendeckend** aufgebaut werden (*nationwide, in every area*)

Flächenstaat (*m*): es wird zwischen **Flächenstaaten** und Stadtstaaten unterschieden (*area state*)

Flächenstillegung (*f*): die Wirkung der **Flächenstillegungen** für die Artenvielfalt (*set-aside scheme, amount of land set aside*)

flankieren: in den neuen Bundesländern müssen Entwicklungsrückstände weiter abgebaut und branchenbedingte Anpassungsprozesse durch Fördermaßnahmen **flankiert** werden (*flank*)

flexibel (*adj/adv*): eine **flexible** Regelung hat der Bildungsausschuß befürwortet (*flexible*)

flexibilisieren: einige im Gesetzentwurf festgelegte Fristen sollen **flexibilisiert** werden (*make flexible, relax, ease*)

fließen: fünfzig Prozent der Mieteinnahmen in New York **fließen** an die Finanzämter (*flow, go*)

Fluglinienverkehr (*m*): im gewerblichen **Fluglinienverkehr** (*airline business*)

Flurbereinigung (*f*): Patten gilt dem Thatcherlager als der eigentliche Drahtzieher der ideologischen **Flurbereinigung** (*rethink, shake-up, 'clearing of the decks'*)

föderal (*adj*): die **föderale** Verfassungsrevision, die seit 1969 ausstand, wäre damit umgesetzt worden (*federal*)

Föderalismus (*m*): für einen neuen kooperativen **Föderalismus** (*federalism*)

Folgejahre (*n/pl*): die für die Rückwirkung veranschlagten Beträge würden auf die **Folgejahre** verteilt (*following/subsequent years*)

Folgenabwägung (*f*): die bei einer Eilentscheidung übliche **Folgenabwägung** [größerer Schaden bei Erlaß oder Nichterlaß der Einstweiligen Anordnung] ((*social/environmental*) *cost-benefit analysis*)

Fonds (*m*): der multilaterale **Fonds** wurde eingerichtet; die Aufstockung des **Fonds** »Deutsche Einheit« (*fund*)

forcieren: bereits in den siebziger Jahren **forcierte** Japan den Ausbau der Chipproduktion (*force up, force the pace of*)

Förderfähigkeit (*f*): die Umsatzgrenzen für die **Förderfähigkeit** sind so gekappt worden (*eligibility for financial support*)

Fördergebiet (*n*): die anstehende Neuabgrenzung des westdeutschen **Fördergebiets** ((*special*) *development area*)

Fördermittel (*n/pl*): mittels eines Sonderprogrammes **Fördermittel** in 16 besonders strukturschwache Regionen zu lenken (*regional development assistance/funds*)

fordern: die Gruppe PDS/Linke Liste **fordert** in einem Antrag, daß im Straßenverkehr eine Promillegrenze von 0,0 gelten soll (*demand*)

fördern: die gleichberechtigte Teilnahme der Seefahrtsunternehmen beider Seiten zu **fördern** (*promote, encourage*); die Jugend muß besonders **gefördert** werden (*promote, support*); das Unternehmen **fördert** Erdöl (*lift*)

Förderprogramm (*n*): daß die Sozialpartner in Zukunft schon bei der Planung von **Förderprogrammen** auf kommunaler und regionaler Ebene beteiligt werden sollen ((*regional*) *support programme/scheme*)

Forderung (*f*): das Parlament bekräftigte noch einmal seine **Forderung** zur Verwirklichung der Außen- und Sicherheitspolitik (*demand*); um genaue Angaben über **Forderungen** und Verbindlichkeiten der DDR-Betriebe zu ermöglichen (*asset, outstanding/unsettled account*)

Förderung (*f*): die **Förderung** der sozialen Rechte in sämtlichen Mitgliedstaaten (*promotion, improvement*)

Form (*f*): wir wollen **in aller Form** erklären, daß die Regierung der BRD voll die Staatsbürgerschaft der DDR respektieren wird (*formally*)

Formalien (*f/pl*): **Formalien**, wie Angaben über den Anlaß einer Bewirtung von Geschäftsfreunden, können nicht bei einem Arbeitgeber oder einem Angestellten verlangt werden ((*formal/precise*) *details*)

Formalität (*f*): zur Erledigung dieser **Formalitäten** [An- oder Abmeldung] muß ein Familienmitglied persönlich erscheinen (*formality*)

Formel (*f*): die **Formel** »Kirche im Sozialismus« fällt – falsch interpretiert – den östlichen Kirchenleitungen jetzt außerordentlich zur Last (*phrase, formula*); die frühere jugoslawische Republik

Mazedonien hat die **Formel** der EG für eine Anerkennung – eine Namensänderung – zurückgewiesen (*recipe, solution*)

Formfehler (*m*): bloße **Formfehler** sollen dem Antrag nicht im Wege stehen (*irregularity, minor technical mistake*)

förmlich (*adj*): einen **förmlichen** Beschluß wollen die Abgeordneten bei der nächsten Sitzung fällen (*formal*)

Förmlichkeit (*f*): das Gut kann ohne **Förmlichkeit** sofort verkauft werden (*formality*)

formlos (*adv*): benachrichtigen Sie die Krankenversicherung **formlos** von Ihrem Wohnungswechsel (*informally*)

Formular (*n*): wenn das **Formular** unvollständig ausgefüllt ist (*form*)

Formvorschrift (*f*): auch die Mißachtung von **Formvorschriften** kann nachträglich geheilt werden (*statutory/formal requirement*)

Forschungsförderung (*f*): **Forschungsförderung** durch Projektträger des Bundesministeriums für Forschung und Technologie (*research support*)

Forschungspolitik (*f*): die vorgesehenen Mittel der EG für Umwelt- und **Forschungspolitik** waren gekürzt worden (*research policy*)

Forschungsvorhaben (*n*): Schwierigkeiten bei der Vergabe von Mitteln für **Forschungsvorhaben** (*research project*)

Fortbildung (*f*): der Beschlußvorschlag der EG-Kommission über die Annahme eines gemeinschaftlichen Aktionsprogramms zur beruflichen Aus- und **Fortbildung** der Zollbeamten (*further training*)

fortführen: eine Errungenschaft der DDR, die nun mit Westgeld **fortgeführt** werden soll (*continue*)

Fragebogen (*m*): die **Fragebögen** wurden ausgefüllt abgegeben (*questionnaire*)

Fragestunde (*f*): jedes Mitglied des Bundestages ist berechtigt, für die **Fragestunde** einer Sitzungswoche bis zu zwei Fragen zur mündlichen Beantwortung an die Bundesregierung zu richten (*parliamentary question time*)

Fraktion (*f*): die verschiedenen im Bundestag agierenden **Fraktionen** (*parliamentary* (*party*) *group, caucus*); als Vorsitzender der stärksten **Oppositionsfraktion** habe er seinen Beitrag geleistet (*parliamentary group in opposition*)

Fraktionsaustritt (*m*): von 1972 bis 1982 hat es lediglich einige wenige **Fraktionsaustritte** gegeben (*resignation from a/the parliamentary party*)

Fraktionsgemeinschaft (*f*): die **Fraktionsgemeinschaft** der CDU/CSU blieb erhalten, nachdem eine Fraktionsvereinbarung geschlossen worden war (*joint parliamentary party*)

Fraktionslose[r] [decl like adj] (*m/f*): er blieb im Parlament als **Fraktionsloser** (*independent member of the house*)

Fraktionsparlament (*n*): da die Fraktionen die parlamentarische Arbeitsweise bestimmen, hat man den Ausdruck »**Fraktionsparlament**« geprägt (*parliament whose business is determined by the organized parliamentary groups*)

Fraktionssolidarität (*f*): der Abgeordnete fühlt sich gegenüber seiner Fraktion zur Unterstützung verpflichtet [**Fraktionssolidarität**] (*party loyalty*)

fraktionsübergreifend (*adj*): **fraktionsübergreifende** Absprachen [»politische Kartelle«] erlauben es, die Allgemeinheit auszubeuten (*cross-bench, cross-party*)

Fraktionsübertritt (*m*): **Fraktionsübertritte** hat es in der BRD in früheren Jahren häufig gegeben ((*examples of*) *deputies crossing the floor of the house*)

Fraktionsvorstand (*m*): dem **Fraktionsvorstand** empfahl er, die Entscheidung über seine Nachfolge alsbald in die Wege zu leiten (*party executive*)

Fraktionszwang (*m*): ein Abgeordneter wird vielleicht gezwungen, gegen seinen Willen und sein Gewissen abzustimmen [**Fraktionszwang**] (*having to conform with party policy/toe the line, party discipline*)

Franchisenehmer (*m*): die Bahnstrecken werden von Privatunternehmen als **Franchisenehmer** betrieben (*franchise holder, franchisee*)

Frauenhaus (*n*): in Thüringen existieren 33 **Frauenhäuser** (*women's refuge/hostel*)

frei (*adj*): der Bevollmächtigte war zuletzt in der **freien Wirtschaft** tätig (*private sector/industry/business*)

Freiberufler (*m*): zusätzlich sollten Beamte und **Freiberufler** eine Arbeitsmarktabgabe entrichten (*self-employed* (*person*))

Freibetrag (*m*): das Kapitalvermögen selbst unterliegt der Vermögenssteuer, wenn die geltenden **Freibeträge** oder Freigrenzen überschritten werden (*tax-exempt allowance*)

Freigabe (*f*): die **Freigabe** der Preise hat die Kaufkraft von Ersparnissen, Löhnen und Renten vernichtet (*lifting* (*of price controls*), *unpegging/unfreezing (of prices)*); der Versand der EG-Dokumente an die Abonnenten erfolgt binnen 15 Tagen nach ihrer **Freigabe** (*release, publication*)

freigeben: der Haushaltsausschuß hat 105 000 DM, über die die Bundesregierung bisher nicht verfügen durfte, am 24. Juni **freigegeben** (*release*); man will verdächtige Transaktionen erst nach einer Überprüfung **freigeben** (*give the go-ahead (for)*)

Freigrenze (*f*): das Kapitalvermögen unterliegt der Vermögenssteuer, wenn die **Freigrenzen** überschritten werden (*exemption limit*)

Freimachung (*f*): der Vermieter haftet nicht für die rechtzeitige **Freimachung** der Räume durch den bisherigen Mieter (*vacating*)

freischaffend (*adj*): der Festivalmanager wuchs als Kind eines **freischaffenden** Künstlers auf (*freelance*)

Freisetzung (*f*): die **Freisetzung** der Arbeitskräfte (*dismissal, sacking, shedding*)

Freispruch (*m*): die Richter des Bundesgerichtshofes hoben einen **Freispruch** der unteren Instanz auf (*acquittal*)

freistellen: 80 Prozent aller Steuerpflichtigen werden von der Besteuerung der Einkünfte aus Kapitalvermögen **freigestellt** (*exempt*); der Beschluß **stellt** nur **frei**, den Religionsunterricht anders zu gestalten (*open up possibility, make possible*); Berufswehrleute sollen vom Wehrdienst **freigestellt** werden (*exempt*)

Freizeitausgleich (*m*): die Sozialdemokraten legen sich auf die 40-Stunden-Woche fest und schreiben für Zusatzstunden **Freizeitausgleich** vor (*time off in lieu*)

Freizügigkeit (*f*): die **Freizügigkeit** der Arbeitnehmer in der EG (*freedom of movement*)

Friedenspflicht (*f*): am 27. April endete in der Metallbranche die **Friedenspflicht** (*'peace obligation'* (= *obligation to maintain industrial peace*), *cooling-off period*)

Frist (*f*): in einfach gelagerten Fällen können **kürzere Fristen** vorgesehen werden (*earlier deadlines*)

Fristenregelung (*f*): die **Fristenregelung** erlaubt straffreie Abbrüche in den ersten drei Monaten einer Schwangerschaft, wenn sich die Frau vorher beraten läßt (*regulation allowing termination of pregnancy within a specified time from the point of conception*)

Frühpensionierung (*f*): die attraktiven Bedingungen der **Frühpensionierung** (*early retirement*)

Frührente (*f*): in **Frührente** gehen (*take early retirement*)

Führungsetage (*f*): in der **Führungsetage** von ARD und ZDF wurde kürzlich laut über eine Privatisierung nachgedacht (*management (suite)*, *'boardroom'*)

Führungskraft (*f*): man muß zwischen politischen **Führungskräften** [»politischer Klasse«] und der Masse der Parteimitglieder differenzieren (*manager*)

Führungsriege (*f*): er nennt das Kabinett von Ministerpräsident Johannes Rau eine »abgewrackte **Führungsriege**« (*bunch/team (of leaders)*)

Fundi [*pl* -is] (*m*): die **Fundis** haben letztlich vor den Realos das Feld räumen müssen (*fundamentalist*)

fundiert (*pp as adj*): aufgrund seiner anerkannt **fundierten** Finanzanalyse kann das Unternehmen bei der Absicherung Ihrer Vermögenswerte helfen (*sound, expert*)

Fünfprozenthürde

Fünfprozenthürde (*f*): die FDP kam in Berlin trotz einiger Gewinne wieder nicht über die **Fünfprozenthürde** (*5% hurdle/threshold*)

fungieren: er wechselte später in die Staatskanzlei des Landes, wo er zuletzt als Ministerialrat **fungierte**; in der neuen Bundesbaugesellschaft **fungiert** die Bundesrepublik als Alleingesellschafterin (*function, act*)

Funktion (*f*): insbesondere in seiner **Funktion** als Spitzenpolitiker; die neue Ministerin stellte in ihrer ersten Plenumsrede in neuer **Funktion** fest (*capacity*)

Funktionär (*m*): hinter dem krachledernen Schönhuber etabliert sich eine Garde von glatten **Funktionären**, denen nicht nur die Welt Sympathie entgegenbringt (*functionary, party hack*); Deutschland – eine Demokratie von **Funktionären**? (*functionary, official, bureaucrat*)

Funktionsfähigkeit (*f*): flächendeckende Mitteilung und Kontrolle würde die **Funktionsfähigkeit** der Finanzverwaltung schwer beeinträchtigen (*viability, ability to function properly*)

Fusion (*f*): **Fusion** von Giroämtern und -zentralen (*amalgamation*); ob die Aktionäre die **Fusion** von Krupp und Hoesch absegnen (*merger*)

Fußvolk (*n*): das **Fußvolk** beklagt die Selbstherrlichkeit der Parteioberen (*rank-and-file* (*members*))

G

gangbar (*adj*): ein richtiger, **gangbarer** Konsens (*viable*)

Gängelei (*f*): die Unternehmer werden von einer Bürokratie belästigt, die ihre Daseinsberechtigung in **Gängelei** zu beweisen sucht (*unnecessary interference, meddling, putting people through their paces*)

ganzheitlich (*adj*): **ganzheitliche** Konzeptionen für eine regionale Entwicklung (*integrated, overall*)

Garant [-en,-en] (*m*): beide Staaten wollen **Sicherheitsgaranten** für ihr Territorium (*guarantor*)

Garantie (*f*): man hat die **Garantie**, nicht unterversichert zu sein (*guarantee*)

Garde (*f*): hinter dem krachledernen Schönhuber etabliert sich eine **Garde** von glatten Funktionären (*guard, team*)

Gebaren (*n*): wenn der deutsche Bürger merkt, daß unsere Gäste sich bedenkenlos über unsere geschriebenen und ungeschriebenen Gesetze hinwegsetzen, beginnt er damit, sein eigenes gesetzestreues **Gebaren**

in Frage zu stellen (*conduct*); der letzte Generalsekretär der SED will sich bei seinem Staatsoberhaupt über das **Gebaren** des Rechtsstaates beschweren (*actions, behaviour*); die Fraktionen haben in ihren Geschäftsordnungen Regeln über ihr **Haushaltsgebaren** (*attitude, stance in budgetary matters*)

gebärfähig (*adj*): bei Frauen im **gebärfähigem** Alter (*child-bearing*)

Gebietskörperschaft (*f*): obwohl sie als **Gebietskörperschaften** verfassungsrechtlich garantiert sind, kommen Kreise in der Finanzverfassung des Bundes nicht vor (*area authority*)

Gebot (*n*): entsprechend dem verfassungsrechtlichen **Gebot** wird die gerechte Besteuerung der Familien im Vergleich zu Kinderlosen sichergestellt (*precept, principle*)

geboten (*pp as adj*): eine rechtliche Verankerung der Anhörungsrechte der Kommunen scheint **geboten** (*advisable, imperative*)

Gebühr (*f*): die drei großen Finanzierungsquellen sind die Zuweisungen der Länder, die Einnahmen aus **Gebühren** und Beiträgen und die Kreisumlage (*fee*); die **Gebühren** des französischen Unternehmens sind mit die niedrigsten in Europa (*tariff, charge*)

Gebührenerfassung (*f*): ein Feldversuch über die streckenbezogene **Gebührenerfassung** auf deutschen Autobahnen soll demnächst starten (*charging/collection of tolls*)

Gedeihen (*n*): die Gewerkschaften sollen ihre Tätigkeit auf das Wohl der Arbeitenden und das **Gedeihen** ihrer Arbeitsstätten beschränken (*prospering, continued existence*)

gedenken: wie **gedenkt** die Regierung, dem Problem der hinterzogenen Steuern beizukommen? (*intend*)

Gedenken: (*n*): eine Initiative »Mauermahnwache Berlin« kündigte an, ein Kreuz zum **Gedenken** an den erschoßenen Beamten zu errichten (*commemoration*)

geeignet (*pp as adj*): eine Verbesserung der Funktionsfähigkeit des ländlichen Raums durch **geeignete** Maßnahmen (*appropriate*)

gefächert (*pp as adj*): je breiter die Kundschaft **gefächert** ist, desto größer die Risikostreuung (*spread, diverse*)

Gefährdung (*f*): gegen eine Absenkung des Gefahrengrenzwerts auf 0,5 Promille spricht die Tatsache, daß der Nachweis einer generellen **Gefährdung** für diesen Wert nicht erbracht werden kann (*risk*)

Gefälle (*n*): das West-Ost-**Gefälle**, ganz zu schweigen vom Nord-Süd-Gegensatz; eine hochzivilisierte Gesellschaft kann es sich nicht leisten, daß allzu lange ein solches soziales **Gefälle** besteht (*divide, gap*)

gefragt (*pp as adj*): hier geht es um mehr Flexibilität, die ist **gefragt** (*in demand, needed*); die Aktien expandierender Unternehmen sind besonders **gefragt** (*sought after, in demand*)

Gefüge (*n*): das Vertrauen ins soziale **Gefüge** sei noch viel zu groß (*system*); ihr Vertrauen in das alte **Machtgefüge** (*power structure*)

gegebenfalls (*adv*): die EG-Kommission muß **gegegebenfalls** alle Möglichkeiten des Vertrags nutzen (*if necessary*)

Gegebenheit (*f*): das setzt voraus, daß der Bundestag den Artikel 87 des Grundgesetzes ändert, sowie rund 30 Gesetze und ein gutes Dutzend Rechtsverordnungen den neuen **Gegebenheiten** anpaßt (*circumstance, condition*); außer den steuerlichen **Gegebenheiten** gibt es andere Kriterien (*fact, factor*)

Gegenäußerung (*f*): die **Gegenäußerung** der Bundesregierung zur Stellungnahme des Bundesrates (*response, counter-statement*)

Gegenfinanzierung (*f*): letztlich entscheidet immer die Frage der **Gegenfinanzierung** (*hedging* (*finance*))

Gegengewicht (*n*): die Regierungs- und Oppositionsparteien halten sich bis zu einem gewissen Grad in Schach; auch die Verbände bilden **Gegengewichte** (*counterweight*)

gegenläufig (*adj*): eine **gegenläufige** Entwicklung bei den Geburtenzahlen (*reverse, opposite*)

Gegenrechnung (*f*): es herrscht eine große Unkenntnis darüber, was eigentlich die Asylbewerber wirklich kosten; man kann hier nämlich auch eine **Gegenrechnung** aufmachen (*contra-account* (*here: credit account*))

gegenseitig (*adj*): die gleichberechtigte Teilnahme der Schiffahrtsunternehmen beider Seiten am **gegenseitigen** Seeverkehr zu fördern (*reciprocal*)

Gegenstand (*m*): **Gegenstand** der Anhörung wird die Kennzeichnungspflicht für alle mit Hilfe gentechnischer Verfahren hergestellten Lebensmittel sein (*subject*); Fragen, die die Betreuung dieser Personen **zum Gegenstand haben** (*concern*)

gegenstandslos (*adj*): deshalb seien die gestellten Fragen **gegenstandslos** (*unfounded, irrelevant, not germane*)

Gegenzeichnung (*f*): der Bundespräsident ist auf die **Gegenzeichnung** des Bundeskanzlers angewiesen; stimmt der Bundesrat zu, fertigt der Bundespräsident nach **Gegenzeichnung** durch die Regierung das Gesetz aus (*counter-signing, counter-signature*)

Gehalt (*n*): im vergangenen Jahrzehnt haben sich Löhne und **Gehälter** im öffentlichen Dienst um real 60 Prozent verbessert (*salary*)

Gehaltserhöhung (*f*): als Vorwand für die **Gehaltserhöhungen** der EG-Beamten mußten die höheren Lebenshaltungskosten in Berlin herhalten (*salary increase*)

Gehaltstarifabschluß (*m*): wenn der **Gehaltstarifabschluß** des öffentlichen Dienstes auch für die Beamten übernommen wird (*salary agreement*)

Geheimhaltungspflicht (*f*): unter Hinweis auf ihre **Geheimhaltungspflicht** teilte die Ministerin keine neuen Einzelheiten über den Einsatz mit (*obligation to preserve secrecy*)

Geheimschutz (*m*): die PDS/Linke Liste trat für eine Gesellschaft ohne **Geheimschutz** und Verfassungsschutz ein (*secret service*); das Unternehmen wurde nicht **geheimschutzbetreut** (*protected by the secret service*)

gehoben (*pp as adj*): im Grunde könnte ich doch **gehobene** Manager ausbilden, einschließlich Menschenführung (*senior*)

Geldanlage (*f*): statt einer attraktiven **Geldanlage** diente er dem Paar zwei unrentable Bausparverträge an (*financial investment*)

Geldanleger (*m*): der Staat habe nicht das Recht, die Hinterziehung von Steuern billigend in Kauf zu nehmen, um **Geldanleger** nicht zu verprellen (*investor*)

Geldbuße (*f*): die Höchstgrenze für **Geldbußen** bei Verkehrsordnungs-widrigkeiten (*fine*)

Geldentwertung (*f*): die Gefahren der Mehrwertsteuererhöhung für die **Geldentwertung** (*devaluation*)

Geldexperte [-en,-en] (*m*): er hatte einen **Geldexperten** empfangen, um sich eine gewinnbringende Kapitalanlage empfehlen zu lassen (*financial expert/adviser/consultant*)

Geldgeber (*m*): die Zukunft der ostdeutschen Erdwärmezentralen scheint nun gesichert, zur Zeit drängeln sich die **Geldgeber** regelrecht (*investor, financial backer*)

Geldinstitut (*n*): die Pflicht der **Geldinstitute**, ihre Kunden unter Umständen den Ermittlungsbehörden zu melden (*financial institution*)

Geldleistung (*f*): **Geldleistungen**, die den durch Körperschäden verursachten Mehraufwand ausgleichen (*payment, benefit, allowance*)

Geldwäsche (*f*): Strafverschärfungen wie Strafbarkeit der **Geldwäsche** (*money laundering*)

Geldwert (*m*): die Aufwertung der Mark hielt den **Geldwert** eine Zeitlang stabil (*value of money*)

gelten lassen: die Tatsache, daß die Union elementare Regeln der parlamentarischen Willensbildung nicht mehr **gelten lassen** will (*accept, abide by*)

gelten: wie bei der Bundestagswahl **gilt** bei der Wahl zum EP die 5%-Klausel (*apply, be in operation*)

geltend (*adj*): auch bei der für andere Arten von Investitionen **geltenden** achtprozentigen Zulage (*applicable to*)

geltend machen: Luxemburg **macht** gar einen rechtlichen Anspruch zu seinen Gunsten **geltend**; von Staatsrechtslehrern waren verfassungsrechtliche Bedenken **geltend gemacht** worden (*invoke, assert*); der Präsident versprach, seinen Einfluß **geltend zu machen** (*bring to bear*)

Geltendmachung (*f*): die **Geltendmachung** eigener Schadenersatzansprüche (*assertion*)

Geltung (*f*): dieses Recht, das den Schwangerschaftsabbruch aus medizinischen und sozialen Gründen erlaubt, kommt kaum einer Schwangeren zugute, weil ihm niemand **Geltung verschafft** (*invoke*)

Gemeinde (*f*): die Kirchenleitungen haben sich nicht genügend rückgekoppelt bis hin zur Basis, zu den **Gemeinden** (*parish*); der Zuschlag auf die Einkommenssteuer wird auch zu Einnahmen bei Bund und **Gemeinden** führen (*municipality*)

gemeinnützig (*adj*): Empfänger von Sozial- oder Arbeitslosenhilfe sollten **gemeinnützige** Arbeiten leisten (*in the community*)

Gemeinnützigkeit (*f*): die Parteien bescheinigen sich die **Gemeinnützigkeit** (*acting in the public interest*)

gemeinsam (*adj*): noch stehe der **gemeinsame** Kraftakt von Bund, Ländern und Gemeinden aus, der den Maßnahmen zu einer schnellen Wirkung verhelfen könne (*common, joint, concerted*); über das **gemeinsame** Postsparbuch kann jeder der beiden Sparer allein verfügen (*joint*)

gemeinschaftlich (*adj/adv*): als Ziel des Vorschlags der EG-Kommission ist anvisiert, ein **gemeinschaftliches** System zur Beurteilung neuartiger Rohstoffe zu schaffen (*applying to all of the countries in the European Community/Union*); er plädierte für Einvernehmen; das Ergebnis des Vermittlungsausschußes sollte **gemeinschaftlich** getragen werden (*jointly*)

Gemeinschaftsaufgabe (*f*): Neuabgrenzung des westdeutschen Fördergebiets im Rahmen der **Gemeinschaftsaufgabe** »Verbesserung der regionalen Wirtschaftsstruktur« (*European Community project*)

Gemeinschaftsrecht (*n*): ob das **Gemeinschaftsrecht** die Grundrechte des GG verletzt (*Community law*)

Gemeinwesen (*n*): die Kritik, die die Studenten an den Verhältnissen des **Gemeinwesens** üben (*political system*); dieses Dilemma unterstreicht die Unbeweglichkeit der Politik trotz größter Herausforderung des **Gemeinwesens**; jede politische Gruppierung, und sei sie noch so klein, sollte ihre Berechtigung beim Neuaufbau des **Gemeinwesens** haben (*community, society*)

gemeinwohl (*adj*): der machtvolle Einfluß von Parteien, Verbänden und Medien auf die eigentlichen Staatsorgane muß **gemeinwohle** Entscheidungen nicht unmöglich machen (*for the good of everyone/the whole population*)

Gemeinwohl (*n*): eine politische Ordnung, die es den politischen Akteuren nicht mehr ermöglicht, das **Gemeinwohl** durchzusetzen, hat auf Dauer keine Chance; Ausgewogenheit der Entscheidungen gemessen an der sozialen Gerechtigkeit und am **Gemeinwohl** (*public interest, interest of all*)

genehmigen: ein Tierarzneimittel kann nicht von der Gemeinschaft **genehmigt** werden, wenn seine Anwendung den Rechtsvorschriften der Gemeinschaft widerspricht; die endgültig **genehmigte** Durchschnittsmiete (*approve, authorize*)

Genehmigungspflicht (*f*): in der entsprechenden Verordnung wird eine **Genehmigungspflicht** für Stahlerzeugnisse aus Bulgarien eingeführt (*the need to obtain official/government approval/permission*)

genehmigungspflichtig (*adj*): die neuen Produkte sollen teilweise **genehmigungspflichtig** gemacht werden (*notifiable*); die Baumaßnahmen sind vielleicht **genehmigungspflichtig** (*requiring planning permission*)

Genehmigungsverfahren (*n*): Investitionen sollen durch Straffung und Verkürzung der **Genehmigungsverfahren** angeregt werden (*approval procedure*)

Generalabrechnung (*f*): da der Haushaltsplan als das »Regierungsprogramm in Zahlen« gilt, nutzt die Opposition die Plenardebatte über den Haushalt zu einer »**Generalabrechnung**« mit der Regierungspolitik (*general settling of accounts*)

Generalbundesanwalt (*m*): der **Generalbundesanwalt** hat bisher in Sachen »Faschistenterror« in zwei Fällen ein Strafverfahren eingeleitet (*Chief Federal Prosecutor*)

Generaldebatte (*f*): die erste Lesung beschränkte sich auf allgemeine Grundsätze [»**Generaldebatte**«] (*general debate/discussion*)

generalistisch (*adv*): obwohl sie Verwaltungsvorgänge bis ins Detail verfolgen konnte, war die Ministerin von Natur her **generalistisch** veranlagt (*a generalist by nature*)

Generalversammlung (*f*): er kündigte es auf der ersten **Generalversammlung** der neuen taz-Verlagsgenossenschaft an (*general meeting (of members)*)

Generationenvertrag (*m*): Arbeitnehmer und Arbeitgeber bezahlen mit ihren Beiträgen die Pflegeleistungen für alle gegenwärtig Hilfebedürftigen – ein Umlageverfahren, das dem **Generationsvertrag** bei der Rentenversicherung entspricht ((*social*) *contract between generations*)

generell (*adj*): der Nachweis einer **generellen** Gefährdung für 0,5 Promille (*general*)

Genossenschaft (*f*): laut Vorstandsbericht haben die Mitglieder der **Genossenschaft** Anteile von über 3,8 Millionen Mark gezeichnet (*co-operative*); die **Wohnungsgenossenschaft** in Thüringen hat

1000 Mitglieder (*housing co-operative/association*)

genossenschaftlich (*adv*): Verfassungsaufgabe ist es, die Souveränitätsrechte **genossenschaftlich** zu verwalten (*collectively, jointly*)

Genossenschaftsbank (*f*): wir sind eine **Genossenschaftsbank**, mit dem Gründungsgedanken der Selbsthilfe (*co-operative bank*)

gentechnisch (*adj*): die Forderung nach einer umfassenden Kennzeichnungspflicht für alle mit Hilfe **gentechnischer** Verfahren hergestellten Lebensmittelprodukte (*genetic engineering*)

Genuß (*m*): unterentwickelte Regionen **kommen in den Genuß** von Geldern (*receive*)

Genußschein (*m*): die **Genußscheinofferte** des Handelshauses fand eine gute Resonanz (*bonus share* (*offer*))

Genüge tun [genügen]: das Gesetz darf so lange nicht in Kraft treten, bis die acht Karlsruher Richter endgültig darüber befunden haben, ob es dem Grundgesetz **Genüge tut** (*satisfy, be in accordance with*)

Gerangel (*n*): in den Bezirken ist inzwischen das **Gerangel** um die Posten – Bezirksbürgermeister und Bezirksstadträte – in vollem Gange (*free-for-all, scramble*)

gerechtwerden: die Formulierung **wird** dem Anliegen der Union **gerecht** (*meet, satisfy*)

Gericht (*n*): als der Mieter sich weigerte, die Wohnung zu räumen, **zog** der Vermieter **vor Gericht** (*go/take someone to court*)

Gerichtsbarkeit (*f*): die **Gerichtsbarkeit** des Bundesverfassungsgerichts (*judicial authority*)

gerichtsbekannt (*adj*): der Journalist fand heraus, daß das Unternehmen **gerichtsbekannt** war (*known to the court(s), having had dealings with the law, having a record*)

Gerichtsbeschluß (*m*): diese Frau durfte per **Gerichtsbeschluß** ihren Mann vor die Tür setzen (*court order*)

Gerichtskosten (*pl*): die Versicherung zahlt die **Gerichtskosten** einschließlich Gebühren für Sachverständige und Gerichtsvollzieher (*legal costs, costs of the case*)

gerichtsverwertbar (*adj*): die elektronische Atemalkohol-Analyse soll als »**gerichtsverwertbares** Beweismittel« dienen (*legally admissible*)

Gesamtleistung (*f*): der Personalaufwand der Unternehmen in den neuen Ländern erreicht mit 40 Prozent der **Gesamtleistung** höhere Werte als in den alten Bundesländern (*overall/total output*)

Gesamtstaat (*m*): insgesamt sind Belange des aus Bund und Ländern bestehenden **Gesamtstaates** betroffen (*federal/national/central state*)

gesamtwirtschaftlich (*adj*): prognostiziert wird ein Zuwachs der **gesamtwirtschaftlichen** Produktion von 12 Prozent (*overall economic*)

Geschäft (*n*): die meisten **Geschäfte** an der Börse werden in Eile abgeschlossen (*deal, transaction*)

Geschäftemacher (*m*): die Manager solcher Beteiligungsfirmen gehen entschieden gegen Kritiker vor, die sie in das Umfeld unseriöser **Geschäftemacher** stellen (*profit-seeker, profiteer*)

Geschäftsanteil (*m*): mehr als 1000 Menschen zeichneten bei der Gründung der Wohnungsgenossenschaft ihre **Geschäftsanteile** (*company share, share in the business*)

Geschäftsbericht (*m*): der Rechenschaftsbericht einer Aktiengesellschaft über den Geschäftsverlauf nennt sich »**Geschäftsbericht**« ((*annual*) *company/managers' report*)

geschäftsführend (*adj*): er ist **Geschäftsführender Gesellschafter** von führenden Textilfirmen (*managing director*)

Geschäftsführer (*m*): der Parlamentarische **Geschäftsführer** der CDU/CSU-Bundestagsfraktion; der britische Premierminister begann als Kommunalpolitiker, ist dann über das Büro des Whip, des **Fraktionsgeschäftsführers** aufgestiegen zum Parlamentarischen Staatssekretär (*secretary*)

Geschäftsleitung (*f*): nach Überzeugung der **Geschäftsleitung** wurde mit der Gründung der ersten Genossenschaft in der ehemaligen DDR ein neuer Weg für die Privatisierung von Wohnungen begonnen (*company management*)

Geschäftsmann [pl **Geschäftsleute**] (*m*): der Lehrgang ist für **Geschäftsleute** konzipiert (*business man*)

Geschäftsordnung (*f*): der Text der **Geschäftsordnung** des Bundestages (*standing orders*)

geschäftsordnungsmäßig (*adv*): diese Rechte sind bisher schon verfassungsmäßig und **geschäftsordnungsmäßig** hinreichend gesichert (*according to/in terms of* (*the*) *standing orders*)

Geschäftsträger (*m*): die EG und die Vereinigten Staaten haben unlängst ihre Botschafter abberufen, doch die **Geschäftsträger** zieren vermutlich weiterhin die Belgrader Cocktailempfänge (*chargé d'affaires*)

Geschäftsvorgang (*m*): unsere Bankcomputer garantieren eine rationelle Abwicklung aller **Geschäftsvorgänge** ((*business*) *transaction*)

Geschehen (*n*): mehr direkter Einfluß der Bürgerschaft auf das kommunalpolitische **Geschehen** vor Ort (*event, development*); der Anteil der Alkoholunfälle am gesamten **Unfallgeschehen** ((*number/occurrence of*) *accidents*)

geschlechtsneutral (*adv*): Arbeitsangebote müssen von Rechts wegen **geschlechtsneutral** verfaßt werden (*in gender-neutral language*)

Geschlossenheit (*f*): er forderte größere **Geschlossenheit** der Partei (*unity, solidarity*)

Geschworenengericht (*n*): ein Gesetz über das Verbot nationalsozialistischer Wiederbetätigung führt sich in der Praxis der **Geschworenengerichte** ad absurdum (*court with jury* (*now archaic; usu.* Schwurgericht), '*Crown Court*')

Gesellenbrief (*m*): Lehrlinge auszubilden, denen der Meister mit dem **Gesellenbrief** gleichzeitig den »Blauen Brief« in die Hand drückt (*certificate of apprenticeship, indentures*)

Gesellschaft (*f*): Daimler will sogar die Mikroelektronik-Sparten der eigenen Tochterunternehmen in einer neuen **Gesellschaft** bündeln (*company*)

Gesellschaftsanteil (*m*): Medienunternehmen, die sich wechselseitig die **Gesellschaftsanteile** zuschieben (*company share*)

Gesellschaftsordnung (*f*): Albanien fehlt es an Geld für den Aufbau einer neuen **Gesellschafts**- und Wirtschafts**ordnung** (*social order/system*)

Gesetzentwurf (*m*): die Unionsparteien haben angekündigt, einen **Gesetzentwurf** zur Verfassungsänderung einzubringen ((*draft*) *bill*)

Gesetzesantrag (*m*): nur gemeinsame **Gesetzesanträge** der Koalition können im Bundestag eingebracht werden (*initiation/introduction of a bill*)

Gesetzesvorbehalt (*m*): die Union hält einen **Gesetzesvorbehalt** in Bezug auf das Staatsziel Umweltschutz für erforderlich (*caveat*)

Gesetzesvorlage (*f*): die **Gesetzesvorlage** wurde gestern zum Gesetz (*bill*)

Gesetzgeber (*m*): bei Beschluß dieser Regelung ging der **Gesetzgeber** davon aus (*legislator, legislature*); Eingriff des **Gesetzgebers** in die vom GG geschützte Tarifautonomie (*government*)

Gesetzgebungsverfahren (*n*): das verfassungsmäßige **Gesetzgebungsverfahren** im Parlament (*legislative process*)

Gesinnung (*f*): die Führer der Deutschen Volksunion machen aus ihrer braunen **Gesinnung** keinen Hehl (*convictions, outlook, attitudes*)

Gespräch (*n*): **Gespräche** mit der Regierung in Tokyo mußten sofort nach der Sommerpause aufgenommen werden (*talk*); neue Erkenntnisse haben den Bundesrat veranlaßt, eine Änderung des Tierschutzgesetzes **ins Gespräch zu bringen** (*initiate a discussion about*)

gestaffelt (*pp as adj*): der Höchstbetrag der **gestaffelten** monatlichen Pflegeleistungen soll 2100 Mark sein (*staged, staggered*)

gestalten: die Tätigkeit der Verwaltung einheitlich zu **gestalten**; das Amt der Ausländerbeauftragten soll analog zum Wehrbeauftragen **gestaltet** werden (*organize, structure*)

Gesuch (*n*): die Schweizer Regierung will bei der EG in Brüssel ein **Gesuch** zur Aufnahme von Beitrittsverhandlungen stellen (*request*); dem **Gesuch** eines Nigerianers gab das höchste deutsche Gericht nach (*request, application*); sein **Rücktrittsgesuch** wurde abgelehnt (*offer of resignation*)

Gesundheitsamt (*n*): in diesem Falle wende man sich an das **Gesundheitsamt** (*local health department*)

Gesundheitsausgaben (*f/pl*): der riesige Betrag an **Gesundheitsausgaben** (*medical expenditure, cost of the health service*)

Gesundheitsleistungen (*f/pl*): dem riesigen Betrag an Gesundheitsausgaben stehen ständig steigende Bedürfnisse der Bevölkerung nach **Gesundheitsleistungen** gegenüber (*health services, medical treament*)

gesundheitspolitisch (*adj*): am Beispiel der **gesundheitspolitischen** Programmpunkte läßt sich der Populismus der neuen Rechten noch deutlicher dingfest machen (*policies concerning the provision of health care, policy on the health service*)

Gesundheitswesen (*n*): das staatliche **Gesundheitswesen** ist völlig zerrüttet und gibt mehr für Verwaltungskosten als für Heilung aus (*'National Health Service'*)

gesundschrumpfen: er räumte radikal in Stuttgart auf, wo er die Südmilch AG **gesundschrumpfte**; um solche Qualitätssteigerungen im Hochschulsystem zu erreichen, sollen kleine »Orchideenfächer« zugunsten der Massenfächer **gesundgeschrumpft** werden (*slim down, undertake a shake-out*); [sich] der Bund Deutscher Vertriebenen ist kein Transmissionsriemen der **sich gesundschrumpfenden** Unionsparteien mehr (*slim down, contract to achieve efficiency*)

Gewähr (*f*): ein Inkrafttreten nur bestimmter Teile des Modells ohne ausreichende **Gewähr** für die Kompensation (*guarantee*)

gewähren: beide Länder **gewähren** sich das Recht des Überflugs (*guarantee, grant*); bei der Einweisung in ein Krankenhaus soll die Lohnfortzahlung wie bisher **gewährt** werden (*grant, allow*)

gewährleisten: eine soziale Betriebsordnung, die die Mitbestimmung der Arbeitnehmer **gewährleistet** (*guarantee*)

Gewährung (*f*): Vergaberichtlinien für die **Gewährung** von Subventionen (*granting*)

Gewalt (*f*): aus guten Gründen hat ja das Grundgesetz den Rechten und Pflichten des einzelnen gegenüber der **öffentlichen Gewalt** eine beherrschende Stellung zugewiesen (*the power of the state*)

Gewaltenteilung (*f*): die **Gewaltenteilung** im bürgerlichen Staat stimmt nicht mehr, hat der Bundespräsident richtig festgestellt (*separation of powers*)

Gewerbe (*n*): die Nettoproduktion für das **verarbeitende Gewerbe** in Ostdeutschland (*processing industry*); die Produktion im **herstellenden Gewerbe** ist gefallen; Unternehmen des **produzierenden Gewerbes** (*production/manufacturing industry*)

Gewerbeanmeldung (*f*): die Zahl der **Gewerbeanmeldungen** im Osten Deutschlands übersteigt die der Abmeldungen erheblich (*registration of new company/business*)

Gewerbebetrieb (*m*): **Gewerbebetriebe** befürchten Umweltauflagen (*industrial business/firm*)

Gewerbefreiheit (*f*): die Bonitätsprüfung verletzt die **Gewerbefreiheit** (*right to carry on a business/trade*)

Gewerbesteuer (*f*): gehört ein Kunstwerk zum Betriebsvermögen, taucht es auch in der **Gewerbesteuer** auf (*business tax*)

Gewerbetreibende[r] [decl like adj] (*m/f*): die Geschäftsräume des freiberuflich Tätigen oder des **Gewerbetreibenden** (*tradesman, someone trading*)

gewerblich (*adj*): der **gewerbliche** internationale Fluglinienverkehr (*commercial*); der Handel mit den meisten **gewerblichen** Gütern (*industrial*)

Gewerkschaftsführer (*m*): einer Regierung der nationalen Einheit sollten **Gewerkschaftsführer** genauso angehören wie Vertreter des Geisteslebens und Unternehmer (*union leader*)

gewichten: jeden Monat werden die Trefferquoten aller Teilnehmer neu geprüft und danach **gewichtet**: Die Meinung jener Prognostiker, die richtig getippt haben, wird also stärker berücksichtigt (*weight*)

Gewichtung (*f*): in diesen Maßnahmen ist deutlich die **Gewichtung** unserer regierenden Politiker zu erkennen (*priorities*)

Gewinnanteilschein (*m*): die Dividende wird gegen Einreichung des **Gewinnanteilscheins** Nr.59 ausbezahlt (*dividend coupon*)

gewinnbringend (*adj/adv*): eine **gewinnbringende** Kapitalanlage (*profitable*); Geld **gewinnbringend** anzulegen (*profitably*)

Gewinneinbruch (*m*): die Turbulenzen hinterlassen auch bei den japanischen Rivalen Spuren; fast alle High-Tec-Schmieden melden drastische **Gewinneinbrüche** (*fall/drop/slump in profits*)

gewinnen: um solches Personal zu **gewinnen** (*attract*)

Gewinnmitnahme (*f*): die **Gewinnmitnahmen** von Anlegern führten zu einem Netto-Abfluß (*profit-taking; (no pl in Engl)*)

Gießkannenprinzip (*n*): eine Förderung nach dem »**Gießkannenprinzip**« ist nicht mehr zu verantworten (*principle of equal shares for all, non-targeting (of resources)*)

Gläubiger (*m*): vor allem die afrikanischen Staaten, die mit zwei von drei Dollar bei öffentlichen **Gläubigern** in der Kreide stehen, zieht der Schuldenüberhang immer tiefer in die Depression (*creditor*);

nach dem Ausbruch der Schuldenkrise suchten die **Gläubigerstaaten** lange nach einer Strategie (*creditor country*)

gleichberechtigt (*adj*): **gleichberechtigte** Vorsitzende der Gemeinsamen Verfassungskommission sind Rupert Scholz und Henning Voscherau (*co-(chairmen)*); die **gleichberechtigte** Teilnahme der Schiffahrtsunternehmen beider Seiten am gegenseitigen Seeverkehr zu fördern (*equal*)

Gleichberechtigung (*f*): für die Gewerkschaften ist der Wohlfahrtsstaat ein Erfolg ihres Kampfes um soziale **Gleichberechtigung** (*equality*)

gleichbleibend (*adj*): die Anleihe garantiert ihrem Inhaber **gleichbleibende** Zinsen (*fixed-rate*)

Gleichgewicht (*n*): nur ein weiterer Verfall der ehemaligen Sowjetunion − einst mächtigste Ölnation der Erde − könnte den Ölmarkt wieder **ins Gleichgewicht bringen** (*steady*); das **Gleichgewicht der Kräfte** (*balance of powers*)

Gleichgewichtsstörung (*f*): wenn die Verbraucher über die Stränge schlagen und die ölfördernden Industrieländer gleichzeitig weniger produzieren würden, könnte es zu **Gleichgewichtsstörungen** kommen (*imbalance*)

Gleichheitsgrundsatz (*m*): als Resultat des **Gleichheitsgrundsatzes** kommen die ehernen Prinzipien des Rechtsstaates nun den Machthabern der ehemaligen DDR zugute (*principle of equality before the law*)

gleichkommen: die Reduzierung des Regierungs-Apparats um 252 000 Beamten **käme** einer Kürzung von 12% **gleich** (*be equivalent to*)

gleichlautend (*adj*): der Bundestag stimmte den **gleichlautenden** Gesetzentwürfen der Koalition und der Bundesregierung zu (*identical, identically worded*)

gleichschalten: wenn die Parteien staatliche Institutionen für ihre Zwecke instrumentalisieren und versuchen, öffentliche Unternehmen, öffentlich-rechtliche Medien oder das Bildungssystem **gleichzuschalten** (*bring into line*)

Gleichstand (*m*): ein **Gleichstand** des deutschen Ostens mit den Westländern ist in zwanzig Jahren nicht zu erreichen (*(economic) equality, drawing level*)

Gleichstellung (*f*): eine **Gleichstellung** nichtehelicher mit ehelichen Kindern soll herbeigeführt werden; die volle rechtliche, politische und soziale **Gleichstellung** des endgültig eingewanderten ausländischen Bevölkerungsanteils (*equality of status*)

Gleichstellungsbeauftragte[r] [decl like adj] (*m/f*): wir wollen für kommunale **Gleichstellungsbeauftragte** eine Art Berufsbild entwicklen (*equal opportunities officer*)

gleichwertig (*adj*): die **gleichwertige** Beteiligung von Arbeitnehmern und Arbeitgebern (*equal*)

gleitend (*adj*): in der Firma wurde **gleitende Arbeitszeit** praktiziert ('*flexitime*')

Gleitzinsanleihe (*f*): **Gleit-** und Kombi**zinsanleihen** werfen in den ersten Jahren keinen oder nur einen geringen Zinsertrag ab (*variable interest stock*)

Gliederung (*f*): die **Gliederung** der Bilanz in verschiedenen Posten (*breakdown, division, arrangement*)

Gliedstaat (*m*): die Regelungskompetenz der **Gliedstaaten** soll durch Rückverlagerung von Zuständigkeiten im Gesetzgebungsbereich erweitert werden (*member/constituent state*)

Gnadenverfahren (*n*): der Versicherungsschutz umfaßt **Gnaden-** und Zahlungserleichterungs**verfahren** (*plea for a reduction of fine*)

Grad (*m*): dieser **Grad** berechtigt nicht zum Eintritt in den höheren Staatsdienst (*degree*)

Graswurzelndemokrat [-en,-en] (*m*): er war immer **Graswurzelndemokrat** (*grass-roots democrat*)

Gratwanderung (*f*): die Koalitionsverhandlungen zwischen SPD und FDP sind für die FDP eine **Gratwanderung** zwischen politischem Machtgewinn und Identitätsverlust (*balancing act*)

greifen: das Modell für die Verfahrensbeschleunigung hat durchaus **gegriffen** (*make an impact, begin to take effect*); ein solches neuartiges Hochschulmanagement müßte, um **greifen** zu können, eine Reihe von Zielkonzeptionen vorgeben (*be effective*); der gemeinsame Markt **greift** viel weiter (*aspire*); die Privatbanken denken nicht daran, den Armen **unter die Arme zu greifen** (*come to their rescue*)

Gremium (*n*): so hart wie die EG-Behörden hat noch kein europäisches **Gremium** Italien angepackt und an seine Hausaufgaben erinnert (*body, committee*)

Grenzgänger (*m*): der Status des **Grenzgängers** soll allein von der regelmäßigen Rückkehr an den Wohnsitz im anderen Staat abhängen (*regular commuter across border/frontier*)

Grenzübergang (*m*): eine Abfertigungsanlage für den neuen **Grenzübergang** (*border crossing-point*)

grenzüberschreitend (*adj*): die Gewalttaten sollen durch **grenzüberschreitende** polizeiliche Verbindungen bekämpft werden (*across national borders*)

Grenzwert (*m*): bei der Eindämmung der Alkoholeinnahme wirkt ein **Grenzwert** allein in der Bevölkerung nur wenig (*precise (statutory) limit*)

Großaktionär (*m*): der Tag, der keinen neuen **Großaktionär** brachte (*big shareholder, principle/major shareholder*)

Großbetrieb (*m*): wollen wir überhaupt anstelle unserer Universitäten perfekt gemanagte **Großbetriebe**? (*large-scale company, enterprise*)

Großbürgertum (*n*): die führenden Politiker beider Parteien seit 1945 kommen nicht aus dem Adel oder dem **Großbürgertum**, sondern aus einer Meritocracy, einem Verdienstadel (*upper (middle) class*)

Größenordnung (*f*): als Vorsitzender der Staatlichen Plankommission mußte er mit Zahlen ganz anderer **Größenordnung** umgehen als heute im Supermarkt um die Ecke (*(order of) magnitude*)

Großindustrie (*f*): die Universitäten sind Ansprechpartner für die **Großindustrie** (*big business, the major industries*)

Großkonzern (*m*): Nutznießer der unrentablen Vorratsbewirtschaftung sind die **Großkonzerne** (*(international) combine*)

Großstadt (*f*): Wahlkreise von 80 000 Einwohnern, in der Regel in **Großstädten** (*city*)

Großverdienende[r] [decl like adj] (*m/f*): **Groß**- und Besser**verdienende** sollten höhere Abgaben entrichten (*someone on a high income, high earner*)

Großwetterlage (*f*): die Entwicklung in Berlin hätte ein besseres Wahlergebnis für die Koalitionsparteien erwarten lassen, aber man habe sich von der **Großwetterlage** nicht abkoppeln können (*general political situation*)

Gros (*n*): die Überprüfung bewies, daß das **Gros** der Verträge eingehalten wird (*bulk*)

Grünbuch (*n*): die europäische Postpolitik, wie sie die EG-Kommission in ihrem **Grünbuch** über die Entwicklung des Binnenmarktes für Postdienste dargelegt hat (*Green Paper*)

Grundbesitz (*m*): damit die Belastungen für die Personalübersetzungsinstitution nicht zu groß werden, könnte diese einen Teil des **Grundbesitzes** der Bahnen verwerten (*real estate*)

Grundbuch (*n*): eine Eintragung in das **Grundbuch** ist immer mit einem ziemlichen Aufwand verbunden (*land register*)

Grundgesetz (*n*): die Gemeinsame Verfassungskommission soll das **Grundgesetz** den gewandelten Bedingungen des geeinten Deutschlands anpassen (*Basic Law, constitution*)

grundgesetzwidrig (*adj*): die alten Landesverfassungen im Westen sind **grundgesetzwidrig** (*unconstitutional*)

Grundkapital (*n*): der Bilanzgewinn soll zur Ausschüttung einer Dividende auf das dividendenberechtigte **Grundkapital** der Gesellschaft verwendet werden (*capital stock*)

Grundkündigungsfrist (*f*): die **Grundkündigungsfrist** für Arbeiter und Angestellte soll vier Wochen betragen (*minimum period of notice*)

Grundlage (*f*): anders als die Rechtsverordnungen bedürfen die Verwaltungsordnungen keiner gesetzlichen **Grundlage** (*basis*)

Grundlagenforschung (*f*): Universitäten betreiben **Grundlagenforschung** (*basic research*)

Grundlagenvertrag (*m*): nach der Unterzeichnung des **Grundlagenvertrages** zwischen der DDR und der Bundesrepublik (*Basic Treaty*)

Grundlohn (*m*): den Krankenhäusern werden feste Budgets vorgegeben, die sich am Anstieg des beitragspflichtigen Arbeitsentgelts [**Grundlohn**] der Versicherten orientieren (*basic wage*); in die **Grundlohnbindung** werden nur die Honorare für die vom Gesetzgeber vorgegebenen Leistungen der Prävention nicht einbezogen (*pegging to basic wage*)

Grundordnung (*f*): die freiheitliche **Grundordnung**; Gegner der **freiheitlich-demokratischen Grundordnung** (*free democratic system/basic order*)

Grundrecht (*n*): ob das Gemeinschaftsrecht die **Grundrechte** des GG verletzt (*basic right*); der **Grundrechtskatalog** des Grundgesetzes (*charter of basic rights*); während des Verfahrens muß gesichert sein, daß der **Grundrechtsträger** nicht vorzeitig in ein Heimatland abgeschoben wird, wo ihm womöglich Verfolgung droht (*individual enjoying basic rights*)

Grundsatzprogramm (*n*): das dürftige **Grundsatzprogramm** besteht lediglich aus der Aufzählung einiger Mißstände, ohne jeden Ansatz einer Konzeption (*basic programme, policy statement*)

Grundstock (*m*): Sie können für spätere Maßnahmen jetzt schon den finanziellen **Grundstock** legen (*foundation*)

Grundstück (*n*): abgesehen von den komplizierten **Grundstückfragen** gibt es genug andere stadtpolitische Stolpersteine in Berlin (*questions concerning ownership of plots of land*); viele **Grundstückeigentümer** befürchten, daß sie ihr Land unter Wert an die Kommune abgeben müssen (*plot owners*)

Gründung (*f*): mit der **Gründung** der ersten Genossenschaft in der ehemaligen DDR wurde ein neuer Weg für die Privatisierung von Wohnungen begonnen (*foundation*)

Gründungsvater (*m*): die schwarzen Einsprengsel sind unverkennbar bei der CSU entliehen, wo die eigentlichen **Gründungsväter** der Reps herkommen (*founding father*)

Gruppe (*f*): nach Beschluß des Bundestags können auch **Gruppen** Gesetzentwürfe einbringen (*group in parliament* (= *not a party: e.g. Alliance 90/Greens, but also any ad hoc alliance*))

Gruppenantrag (*m*): der vor zwei Wochen eingebrachte, die Fraktionsgrenzen überschreitende **Gruppenantrag** (*joint* (= *group*) *motion*)

Gruppeninitiative (*f*): die Anhänger der **Gruppeninitiative** aus allen Parteien haben sich im Bundestag durchgesetzt (*joint initiative*)

Gruppierung (*f*): 17,7 Prozent der Stimmen erreichte die Wählergemeinschaft Unabhängiger Bürger – eine **Gruppierung**, die sich um bürgernahe Themen in ihrem Bezirk kümmert (*grouping, group*)

Guillotine (*f*): die Obergrenze von 2100 DM, die von der Versicherung zu tragen wäre, wirkt als sozialpolitische **Guillotine** (*guillotine*)

Gutachten (*n*): die fünf führenden Wirtschaftsforschungsinstitute legen ihr **Herbstgutachten** vor (*report*)

Gutachter (*m*): bei der Ermittlung der Unternehmenswerte sind **Gutachter** davon ausgegangen, daß (*valuer*)

Gutachterwert (*m*): 40 Millionen DM war der **Gutachterwert** (*valuation*)

Güterverkehr (*m*): es werden zwei Sparten – Personenverkehr und **Güterverkehr** - geschaffen, die der Deutschen Eisenbahn AG die Nutzung der Trassen bezahlen müssen (*freight/goods (traffic)*)

Guthaben (*n*): Verfügungen über das Bankkonto nur im Rahmen vorgemerkter **Guthaben** vornehmen (*credit balance*)

Gutschein (*m*): Sie können die FAZ gegen Abgabe dieses **Gutscheins** bargeldlos erwerben (*voucher*)

gutschreiben: das Steuerguthaben, also die »vorweggenommene« Steuer, die die AG auf die Dividende gezahlt hat, wird dem Aktionär **gutgeschrieben**; die Zinsen werden halbjährlich **gutgeschrieben** (*credit*)

Gutschrift (*f*): als Tag der Zahlung gilt der Tag, an dem die **Gutschrift** bei der Steuerbehörde eingeht (*payment*); bei Aufträgen zur **Gutschrift** auf einem Konto haftet der Auftraggeber für Vollständigkeit der Angaben (*credit, payment*)

Gutverdienende[r] [decl like adj] (*m/f*): die **Gutverdienenden** sollten mit für die Ausgaben aufkommen (*well-paid (person)*)

H

Haft (*f*): Verschonung gegen Strafverfolgungsmaßnahmen [**Haft**] (*imprisonment*)

Haftbefehl (*m*): 30 **Haftbefehle** wurden erlassen (*warrant for arrest*)

haften: die Aktionäre **haften** nicht mit ihrem persönlichen Vermögen für die Verbindlichkeiten des Unternehmens, sondern nur mit ihrer Kapitaleinlage (*be liable*); der Mieter **haftet** dem Vermieter für Schäden nach dem Einzug (*be liable, responsible*)

Haftstrafe (*f*): er erhielt eine **Haftstrafe** von 3 Jahren (*prison sentence*)

Haftung (*f*): die **Haftung** der Bank beschränkt sich auf den Zinsnachteil (*liability*); **Gesellschaft mit beschränkter Haftung** (*limited company*)

halbieren: Geburtenrate in Ostdeutschland **halbiert** (*halve, cut in half*)

Halbierung (*f*): die Zahl der Asylbewerber liegt bei 23 000, was eine **Halbierung** gegenüber dem gleichen Vorjahresmonat bedeutet (*50 per cent reduction*)

halten: Verwaltungsverordnungen konkretisieren die Anwendung der oft nur allgemein **gehaltenen** Gesetze (*frame, couch* (*in general terms*), *formulate*); Ausnahmeregelungen sollen so gering wie möglich **gehalten** werden (*keep*); Edeka **hält** bereits ein Viertel an der Stuttgarter Nanz-Gruppe (*hold*)

Hand (*f*): angesichts der verstaatlichten Wirtschaft waren beinahe alle Berufstätigen Beschäftigte der **öffentlichen Hand** (*public sector, state*)

Handel (*m*): wären die Anstalten Aktiengesellschaften, schon längst wäre der **Handel** an der Börse ausgesetzt (*dealing*); mit dem **Handel** von Doping-Mitteln (*trade*)

handelbar (*adj*): die Wertpapiere waren an der Börse **handelbar** - (*tradeable, marketable*)

Handeln (*n*): die Stimmung ist vom Verlangen nach kraftvollem **Handeln**, nach politischen Entscheidungen geprägt (*action*); einige Investoren haben sich Unternehmen durch strafbares **Handeln** zu eigen gemacht (*activities*)

handeln: die Güter können zollfrei **gehandelt** werden; 35 ausländische − an deutschen Börsen **gehandelte** - Aktien (*trade*)

Handelsbilanz (*f*): Veränderungen der Salden in den **Handelsbilanzen** können vielfältige Ursachen haben (*trade balance/account*)

Handelshaus (*n*): die Genußscheinofferte des **Handelshauses** fand eine gute Resonanz (*broking house*)

handelspolitisch (*adj*): mächtige Allianzen in Europa könnten Brüssel davon überzeugen, durch **handelspolitische** Schranken Flankenschutz zu gewähren (*in the area of foreign trade policy*)

Handelsregister (*n*): Kaufleute, die im **Handelsregister** eingetragen sind (*register of companies*)

Handelssaldo (*n*): etwa zwei Prozentpunkte des Wachstums des realen Bruttoinlandprodukts in Belgien beruhten auf dem veränderten **Handelssaldo** mit Deutschland (*trade balance*)

Handhabe (*f*): die Kommission hätte keine **Handhabe**, sich in deutsch-sowjetische Gemeinsamkeiten hineinzudrängen (*device, means*)

Handhabung (*f*): das Darlehen ist so konzipiert, daß eine einfache **Handhabung** gewährleistet ist (*management, handling*); die **Handhabung** der der Unternehmensleitung zustehenden Kompetenzen (*exercise*)

Händler (*m*): die **Händler** an der Börse (*dealer, broker*)

Handlungsbedarf (*m*): sie sieht für eine Neuregelung des Mieterschutzes keinen **Handlungsbedarf** (*need to act*)

handlungsfähig (*adj*): die Parteien sind so zerstritten, daß es wohl äußerst schwierig werden wird, eine **handlungsfähige** Regierung zu bilden (*able to act, with a working majority*)

handlungsorientiert (*adv*): Konzepte, die so praxisnah und **handlungsorientiert** gefaßt sein sollen, daß sie von Gesetzgebung, Verwaltung und Justiz auch möglichst kurzfristig umgesetzt werden können (*practicable*)

Handlungsspielraum (*m*): Schwerpunkt der Koalitionsgespräche ist die Finanzplanung und die dadurch verbleibenden **Handlungsspielräume** für die Politik der Hansestadt (*room for manœuvre*)

Handschlag (*m*): den üblichen »goldenen **Handschlag**« durch eine Weiterverwendung im öffentlichen Dienst zu ersetzen (*golden handshake*)

Handschrift (*f*): im Landtagswahlprogramm der Republikaner, das seine **Handschrift** trägt, wird Klartext geredet (*signature*)

Handwerk (*n*): der Kompromiß löste bei Arbeitgebern, **Handwerk** und Gewerkschaften ein ablehnendes Urteil aus ((*representatives of*) *the trades*)

Hängematte (*f*): die soziale **Hängematte** (*'hammock', (over-generous social security) safety-net*)

Harmonisierung (*f*): eine Änderung des Grundgesetzes, auch aus Gründen der europäischen **Harmonisierung** des Asylrechts (*harmonization*)

hart (*adj*): man wehrt sich, die **harte** D-Mark einer geplanten europäischen Währungsunion zu opfern (*hard*)

Härte (*f*): Arbeitslosigkeit und soziale **Härten** - Begleiterscheinungen des Marktbeginns in der früheren UdSSR ((*case of*) *hardship*); wir dulden diesen Terror nicht und ziehen die Täter mit aller **Härte** des Gesetzes zur Verantwortung (*rigour*)

häufeln: das Kumulieren nach süddeutschem Muster, wonach mehrere Stimmen auf einen Kandidaten »gehäufelt« werden (*'heap', allocate*)

hauptamtlich (*adj*): **hauptamtliche** Parteifunktionäre; gute Leute ergreifen die Chance, aus dem Ehrenamt in die **hauptamtliche** Verwaltung überzuwechseln (*full-time*)

hauptberuflich (*adj*): die Einkommensunterschiede der **hauptberuflichen** Landwirte (*as a main occupation, full-time*)

Hauptsache (*f*): der Antrag auf eine Einstweilige Anordnung ist abzulehnen, wenn er **in der Hauptsache** unbegründet ist (*in the main*)

Hauptsachverfahren (*n*): die Einstweilige Anordnung gegen die Neuregelung des Schwangerschaftsabbruchs könnte verworfen, die Neuregelung jedoch später im endgültigen **Hauptsachverfahren** für verfassungswidrig erklärt werden (*principal hearing/proceedings*)

Hauptsendezeit (*f*): in der **Hauptsendezeit** wird pure Unterhaltung angeboten (*prime broadcasting time*)

Hauptversammlung (*f*): Krupp hat Optionsrechte gekauft und wird noch vor der **Hauptversammlung** Gebrauch davon machen (*general meeting of shareholders*)

Haus (*n*): hat die Koalition im eigenen **Hause** nachrechnen lassen? (*organization*); wenn Management-Fehler in die Öffentlichkeit dringen, wird der Ruf des **Hauses** in Mitleidenschaft gezogen (*company*)

Hausfriedensbruch (*m*): die Polizei wollte nicht wegen **Hausfriedensbruch** einschreiten (*trespass*)

Hausgemeinschaft (*f*): ein friedliches Zusammenleben der Hausbewohner ist nur möglich, wenn jeder sich von dem Gedanken der **Hausgemeinschaft** leiten läßt (*good-neighbourliness* (*of occupants of flats in a block*))

Haushalt (*m*): **Bundeshaushalt** 1991 verabschiedet (*Federal Budget*); Sparprogramme der **öffentlichen Haushalte** (*government departments with their own budget*); die Zahl der **Haushalte**, die mit Gas heizen (*household*)

Haushälter (*m*): Studien dürfen vergeben werden – **Haushälter** einverstanden (*budget-holder, department of government with own budget*)

Haushaltsausschuß (*m*): **Haushaltsausschuß** entsperrte 105 000 DM (*budgetary committee*)

Haushaltsdefizit (*n*): das riesige amerikanische **Haushaltsdefizit** gefährdet nach wie vor die Erholung (*budgetary deficit*)

Haushaltsfreibetrag (*m*): zur Ermittlung der Bemessungsgrundlage sind bestimmte Freibeträge, z.B. Altersentlastung und **Haushaltsfreibetrag** abzusetzen (*extra tax-free allowance for a household*)

Haushaltsführung (*f*): die Bemerkungen des Bundesrechnungshofs zur **Haushaltsführung** des Bundes (*system of financial accounting, house-keeping*)

Haushaltsplanung (*f*): Verstetigung über das Jahr 1991 hinaus sei die Voraussetzung für jede vernünftige **Haushaltsplanung** (*fiscal/financial planning*)

Haushaltspolitiker (*m*): der Forschungsbedarf soll jetzt mit dem Einverständnis der **Haushaltspolitiker** gedeckt werden (*member of parliament/politician involved in economic planning*)

Haushaltsrechnung (*f*): eine **Haushaltsrechnung** für den gesamten Bereich der KoKo-Firmen hat man nicht vorgefunden (*accounts*)

Haushaltssperre (*f*): die Mittel, für die im Bundeshaushaltsplan 1993 **Haushaltssperren** angebracht waren, sollten jetzt den neuen Ländern ungeschmälert zur Verfügung gestellt werden (*monies frozen in the budget*)

haushaltstechnisch (*adj*): nicht unternehmerische, sondern **haushaltstechnische** Maßstäbe gelten (*pertaining to budget management, economic*)

Haushaltsvorgabe (*f*): keine der vor einem halben Jahr gesteckten **Haushaltsvorgaben** hat die Regierung erreicht (*budgetary target/projection*)

häuslich (*adj*): 12 Milliarden davon sollen für die **häusliche**, neun Milliarden Mark für die stationäre Behandlung verwendet werden (*at home, home-nursing*); die Höhe der Zuzahlung orientiert sich an der **häuslichen** Ersparnis während des Krankenhausaufenthalts (*domestic, from the family budget*)

Hausmacht (*f*): die Macht des Ministers hängt von seiner »**Hausmacht**« ab (*control over his department*); ob der Bewerber ein hohes Maß an lokaler Verbundenheit aufbringt, viele Kontakte zu den örtlichen Parteiorganisationen besitzt [»**Hausmacht**«] (*local power base, standing as a local politician*)

Hausrat (*m*): bei unserer Kasse haben Sie Ihren **Hausrat** bereits gegen Schäden durch Feuer versichert (*household effects, contents of the property*)

Hausrecht (*n*): die Parlamentspräsidentin übt das **Hausrecht** in allen der Verwaltung des Bundestages unterstehenden Gebäuden und Grundstücken aus (*rights as a householder to forbid entrance*)

Hausse (*f*): der Monat Mai bescherte den deutschen Aktienbörsen eine starke **Hausse** (*rise in prices on the stock exchange, bull market*)

Hearing (*n*): eine Anhörung zu dem Thema befürworten die Liberalen. Die Sozialdemokraten wollen, daß das **Hearing** schnell durchgeführt wird (*hearing*)

hebeln: sollte die Abgeordnete tatsächlich per Gerichtsurteil aus dem Senat **gehebelt** werden (*remove, prise out*)

Heilmittel (*n*): den Ärzten werden für die Verordnung von Medikamenten und **Heilmitteln** feste Budgets vorgegeben (*remedy*)

Heimarbeiter (*m*): **Heimarbeiter** markieren entsprechend ihrer ausgeübten Tätigkeit (*home-worker*)

Heimpflege (*f*): ambulante Pflege soll Vorrang gegenüber der **Heimpflege** bekommen (*home-care, home-nursing*)

herabstufen: die Bundesländer sind keineswegs in der Gefahr, zu höheren Verwaltungseinheiten **herabgestuft** zu werden (*downgrade*)

heraufarbeiten [sich]: er konnte **sich** bis zum innenpolitischen Sprecher seiner Fraktion **heraufarbeiten** (*work one's way up*)

heraufsetzen: die britische Regierung könnte bei einer deutschen Zinserhöhung gezwungen sein, ebenfalls die Zinsen **heraufzusetzen** (*raise*)

herauslegen: auf der Darlehensseite haben die Banken 9 Milliarden neue Kredite **herausgelegt** (*issue*)

herausrücken: das Unternehmen mußte 30 Milliarden Mark **herausrücken**, vor allem um Beteiligungen bei angeschlagenen Elektronikkonzernen zu kaufen (*cough up, fork out*)

herbeiführen: ein – absichtlich **herbeigeführtes** – Mißtrauensvotum (*bring about*)

hereinnehmen: 1993 wurden in der fördertechnischen Industrie real 10 Prozent weniger Aufträge **hereingenommen** (*receive*)

Herrschaftsgewalt (*f*): das auf repräsentative **Herrschaftsgewalt** angelegte Grundgesetz (*rule*)

herumstreichen: das Finanzamt **strich** in einer Rechnung **herum**, weil gewisse Angaben fehlten (*cross out here and there*)

Hetzkampagne (*f*): seit die **Hetzkampagne** in den Medien und Parteien gegen Flüchtlinge losgetreten worden ist (*agitation*)

Hilfe (*f*): Firmen, deren Betriebskonzepte sich nicht am Markt durchsetzen, durch Subventionen oder andere **Hilfen** künstlich am Leben zu halten ((*financial*) *support, subsidy*)

Hilfsbedürftige[r] [decl like adj] (*m/f*): er zeigt, daß die Selbstachtung von **Hilfsbedürftigen** grundsätzlich möglich ist (*someone in need of aid*)

Hilfsgelder (*n/pl*): 27 Prozent aller **Hilfsgelder** floßen als Zinszahlungen sofort wieder zurück nach Europa und in die Vereinigten Staaten ((*economic*) *aid*)

Hilfsgüter (*n/pl*): die beiden Republiken Neu-Jugoslawiens müssen die Verteilung von **Hilfsgütern** ermöglichen ((*material*) *aid, emergency supplies*)

hinauslaufen: auf das Prinzip »Land für Frieden« **läuft** genau UN-Resolution 242 **hinaus** (*amount to*)

hinblättern: wer den neuen Porsche kaufen will, muß rund 90 000 Mark **hinblättern** (*dole/shell out, cough up*)

Hinterbänkler (*m*): angesichts der Fülle der Aufgaben sind die Abgeordneten bis hin zu den **Hinterbänklern** zu Sachbearbeitern und Spezialisten ihrer Fraktion geworden (*back-bencher*)

Hinterbliebenenversorgung (*f*): Ihre Alters- bzw. **Hinterbliebenen-versorgung** ist in ausreichender Höhe gewährleistet (*widow's pension*)

hinterfragen: die Angst, sich in seinem Leben und Denken von anderen **hinterfragen** zu lassen und vielleicht entdecken zu müssen, daß das eigene Auskommen auf dem Mangel eines anderen beruht (*question/cast doubts on someone's motives/reasons/rights etc.*)

Hintergrund (*m*): **Hintergründe**: Zur außenpolitischen Profilsuche der SPD (*background information*)

hinterlegen: die Sicherheit ist auf ein Sparkonto zu **hinterlegen** (*deposit*)

hinterziehen: die Steuerausfälle aus **hinterzogenen** Zinseinkünften sollen verhindert werden (*fail to declare (for tax assessment)*)

Hinterziehung (*f*): der Staat sollte nicht die **Hinterziehung von Steuern** billigend in Kauf nehmen (*tax evasion*)

hinweisen: er **wies darauf hin**, daß Anabolika relativ frei verfügbar seien (*point out*)

hochkarätig (*adj*): sie wollte von **hochkarätigen** »US-Investments« profitieren (*blue-chip, top-quality*)

Hochkonjunktur (*f*): seit Mitte der siebziger Jahre das goldene Zeitalter der **Hochkonjunktur** anbrach ((*economic*) *boom*)

Hochrechnung (*f*): erste **Hochrechnungen** sehen ihn als Verlierer; Niedersachsen ist nicht das Ganze, **Hochrechnungen** auf den Bund sind mit Vorsicht anzustellen (*extrapolation (on the basis of early/local election results)*)

Hochschule (*f*): an den bayerischen **Hochschulen** stieg die Zahl der Studienanfänger auf 41 393; die **Hochschulen** als autonome Partner des Staates (*university and polytechnic*); der Anteil von Wissenschaftlern an Universitäten und **Hochschulen** stieg; hierunter fallen auch Professoren an Fachhochschulen (*college of advanced education*)

Höchstbetrag (*m*): der **Höchstbetrag** der gestaffelten monatlichen Pflegeleistungen soll 2100 Mark sein (*maximum amount*)

Höchstgrenze (*f*): die **Höchstgrenze** für Geldbußen bei Verkehrsordnungswidrigkeiten (*upper limit, maximum (amount)*)

Höchstsatz (*m*): Gerhard Schürer bekommt vom ehemaligen Klassenfeind immerhin 2010 Mark Rente, den **Höchstsatz** für »staatliche Personen« der früheren DDR (*highest rate*)

Höchststand (*m*): der Dow-Jones-Index erreichte neue **Höchststände** (*level, high*)

Hoffnungsträger (*m*): der Kandidat sollte als neuer **Hoffnungsträger** auftreten, als Unbestechlicher, der die Parteien Mores lehren würde (*bright hope, focus of people's hopes*)

Höhe (*f*): plötzlich **schnellte** der Preis der Schulden **in die Höhe** (*shoot up, rocket*); **eine Steuer in Höhe von 4 Prozent** der Bruttovergütung (*tax of 4 per cent*); Anpassungen der **Leistungshöhe** (*benefit level*)

Hoheit (*f*): die **Hoheit** der Länder umfaßt u.a. Polizei und Bildungswesen (*sovereignty*)

Hoheitsrecht (*n*): Ergänzung des Artikels 24, wonach der Bund **Hoheitsrechte** der Länder nur dann auf zwischenstaatliche Institutionen übertragen darf, wenn die Länder zustimmen (*sovereign right*)

Honorar (*n*): werden die festen Budgets überschritten, so sollen die **Honorare** der einzelnen Ärzte entsprechend gekürzt werden (*fee*)

honorieren: solche Tätigkeiten sollten ehrenamtlich, aber dennoch **honoriert** werden (*reward*); falls der Scheck nicht **honoriert** wird (*honour*)

honorig (*adj*): sein Rücktritt war **honorig** (*honourable*)

hören: wenn der Bundesminister öffentliche Versammlungen unter freiem Himmel oder Demonstrationen innerhalb der Bannmeile gestatten will, muß er dazu die Parlamentspräsidentin **hören** (*consult*); er hätte ursprünglich als Zeuge vernommen werden sollen, war nicht erschienen und soll später **gehört** werden (*question*)

Horizont (*m*): im parlamentarischen System wird tendenziell bloß **im Horizont** einer Legislaturperiode gedacht, während die ernsten politischen Aufgaben weit darüber hinausreichen (*in terms of, within the time-frame of*); in seinen Äußerungen eröffnete er keine neuen **Horizonte** (*perspectives*)

Hort (*m*): zur außerunterrichtlichen Betreuung der Kinder an den Grundschulen werden **Horte** geführt ((*place providing*) *after-school care*)

Hundertschaft (*f*): kürzlich waren **Hundertschaften** der Polizei ausgeschwärmt, um 19 Wohnungen ehemaliger DDR-Regierungsmitglieder zu durchsuchen (*group of a hundred*)

Hypothek (*f*): hundert Mark monatlich pro Quadratmeter ist nach Auffassung der Spezialisten der **Hypothekenbanken** noch kein Marktpreis (*mortgage bank*); der neue Verteidigungsminister übernimmt **Hypotheken**, für die er nichts kann, mit denen er aber in der Zukunft zu tun hat (*burden, commitment*)

I

identifizieren: bei gewissen finanziellen Transaktionen müssen die Kunden **identifiziert** werden (*identify, name*)

Imagepflege (*f*): als fester Bestandteil der Öffentlichkeitsarbeit wird **Imagepflege** betrieben (*cultivation/projection of* (*the firm's*) *image*)

Immobilie (*f*): bisher hat die THA 16 000 **Immobilien** privatisiert (*property*); in den neuen Ländern haben fehlende Pläne für Stadtentwicklung die Entwicklung eines **Immobilienmarktes** verhindert (*property market*)

Immunität (*f*): Abgeordnete genießen eine bestimmte **Immunität**, d.h. sie dürfen für Handlungen, die in keinem Zusammenhang mit ihrer Arbeit im Parlament stehen, nicht strafrechtlich verfolgt werden, solange das Parlament dazu nicht die Genehmigung erteilt (*immunity*)

Impuls (*m*): ein wesentlicher neuer **Zinssenkungsimpuls** ging von der Dämpfung des Preisauftriebs unter die 2-Prozent-Marke aus (*stimulus*)

in puncto (*prep*): die Kommune hat **in puncto** Jugendförderung Nachholbedarf (*in the matter of*)

Inanspruchnahme (*f*): durch eine Verschärfung der sogenannten Bedürfnisklausel soll die **Inanspruchnahme** der konkurrierenden Gesetzgebungszuständigkeiten durch den Bund begrenzt werden (*arrogation, recourse to*)

Inbetriebnahme (*f*): vor **Inbetriebnahme** der Wiederaufbereitungsanlage (*bringing into service*)

Indemnität (*f*): nach dem Prinzip der **Indemnität** darf der Abgeordnete, außer bei verleumderischen Äußerungen, wegen Äußerungen und Handlungen im Parlament weder gerichtlich noch disziplinarisch verfolgt werden (*indemnity*)

Indexierung (*f*): eine schlichte **Indexierung** der Politikerdiäten paßt nicht zur Politik der Geldwertstabilität (*index-linking*)

Indikationsmodell (*n*): das Bundesverfassungsgericht sanktionierte das **Indikationsmodell**, d.h. Schwangerschaftsabbruch aus medizinischen, moralischen oder ethischen Gründen (*arrangement whereby pregnancy may be terminated only on medical or similar grounds*)

Indikator (*m*): **Frühindikatoren** der Konjunktur, wie Geschäfts- und Konsumklima ((*economic*) *indicator*)

Indiskretion (*f*): der Zeitungsbericht sei auf eine **Indiskretion** aus dem Ausschuß zurückzuführen (*indiscretion, leak*)

Indiz (*n*): die Zahlen wurden als **Indiz** dafür gewertet, daß die wirtschaftliche »Talsohle« in den neuen Bundesländern erreicht sei (*evidence, sign, indication*)

Industrieobligation (*f*): die **Industrieobligation** gehört zu den festverzinslichen Wertpapieren (*industrial bond*)

ineffizient (*adv*): die Koalition arbeitet in Sachen Mietrecht **ineffizient** (*inefficiently*)

Inflationsrate (*f*): Wirtschaftsexperten rechnen mit einer **Inflationsrate** von zwölf Prozent (*inflation rate*)

Info-Blatt (*n*): das **Info-Blatt** enthält aktuelle Beispiele (*information leaflet*)

Information (*f*): der große Kraftaufwand, sich die richtigen **Informationen** zu beschaffen, um sachgerecht entscheiden zu können, hat viele deprimiert ((*piece of*) *information*)

Ingewahrsamnahme (*f*): die **Ingewahrsamnahmen** von Drogenkonsumenten erschweren die Kontaktmöglichkeiten zu Dealern (*taking into custody*)

Inhaber (*m*): der **Inhaber** eines Führerscheins; Anleihen garantieren ihrem **Inhaber** die Rückzahlung eines bestimmten Betrages (*holder*)

initiativ (*adv*): die je acht Richter der beiden Senate können nicht von sich aus **initiativ werden,** sondern nur auf Antrag tätig werden (*take the initiative, initiate proceedings*)

Initiative (*f*): B90/DIE GRÜNEN scheiterten mit ihrer **Initiative:** Abgelehnt hat der Bundestag einen von Bündnis 90/DIE GRÜNEN vorgelegten Antrag (*initiative, proposal, motion*); auf ihre **Initiative** war es zurückzuführen, daß (*initiative*); die **Initiative** »Mauermahnwache Berlin« kündigte an, ein Kreuz zum Gedenken an den erschoßenen Beamten zu errichten (*initiative, group*)

Inkassobüro (*n*): die Bank überzeugt Versandhäuser, daß sie ihre Forderungen nicht an die teuren **Inkassobüros** abtreten (*debt-collection agency*)

inklusive (*prep*): wir heißen jeden, der eine Ausbildung – **inklusive** Schule oder Studium – absolviert, als Bankkunden willkommen (*including*)

Inkraftsetzung (*f*): klare Festlegungen über die schrittweise **Inkraftsetzung** des Grundgesetzes (*bringing into operation*)

Inkrafttreten (*n*): das Grundgesetz hat sich seit seinem **Inkrafttreten** als Verfassung für die Bundesrepublik bewährt (*coming into force/operation*)

inländisch (*adj*): 1983 wurden 226,6 **inländischer** Wertpapiere abgesetzt (*domestic*)

innehaben: dieses Amt **hatte** er bis zu seiner Wahl zum Bundestagspräsidenten **inne** (*hold*)

Innenausschuß (*m*): den Gesetzentwurf befürwortete der **Innenausschuß** in der neuen Fassung (*Home Affairs Committee*)

innenpolitisch (*adj*): in kurzer Zeit konnte er sich bis zum stellvertretenden **innenpolitischen** Sprecher seiner Fraktion heraufarbeiten (*home/internal affairs*)

Innenpolitiker (*m*): die **Innenpolitiker** haben einen von der Bundesregierung vorgelegten Gesetzentwurf begrüßt (*politicians concerned with domestic affairs*)

Innenrevision (*f*): gute Beziehungen hat der Rechnungshof zur **Innenrevision** der Treuhandanstalt gehabt (*internal review*)

innerdeutsch (*adj*): das **innerdeutsche** Wohlstandsgefälle (*between different parts – here East and West – of Germany*)

innerparteilich (*adj*): für die **innerparteilichen** Gegner seines Reformkurses hält er milden Spott parat (*inside one's own party, party*)

innerstaatlich (*adj*): der Bundesrat ist an der Willensbildung des Bundes zu beteiligen, soweit er an einer entsprechenden **innerstaatlichen** Maßnahme mitzuwirken hätte (*national*)

Innung (*f*): er ist durch die **Innungskasse** versichert (*guild health fund*)

Insasse [-en,-en] (*m*): jeder berechtigte Fahrer und **Insasse** des Fahrzeugs (*passenger*)

Insider (*m*): **Insiderkenntnisse** haben ihm zu seinem Vermögen verholfen (*insider knowledge*)

insolvent (*adj*): die Sogwirkung, die eintritt, wenn der Hauptschuldner des Betriebs **insolvent** wird (*insolvent*)

Insolvenz (*f*): die **Insolvenzen** erreichten 1984 einen traurigen Rekord (*insolvency*)

installieren: das Telefon wird binnen dreißig Tagen **installiert** (*install*); die bereits **installierte** Hauptschule in Thüringen (*set up*)

Instandsetzung (*f*): die **Instandsetzung** des Kanalnetzes in die Verrechnungsmöglichkeit aufzunehmen (*repair*)

Instanz (*f*): fast alle früheren Kontinentalreiche hatten die Möglichkeit, auf religiöse oder kulturelle **Instanzen** der öffentlichen Moral zurückzugreifen (*authority*); in den kommenden Jahren werden die Gerichte, wenn angeklagte SED-Täter durch die **Instanzen** ziehen, zu entscheiden haben (*courts*); die Richter des Bundesgerichtshofes hoben ein Urteil **der unteren Instanz** auf (*of a lower court*); ein europäisches Gericht **erster Instanz** soll eingerichtet werden (*of the first instance*)

institutionell (*adj*): die sehr liquiden **institutionellen** Anleger (*institutional*)

Instrument (*n*): die beiden **Instrumente** - Quotierung und Beschleunigung des Verfahrens – werden jetzt greifen; das letzte **Instrument** in einer Reihe von Maßnahmen ist die Verschärfung des Arzneimittelgesetzes (*instrument*)

135

instrumentalisieren: das SED-Regime hat den Sport innenpolitisch nur in geringem Maße **instrumentalisieren** können (*instrumentalize, exploit*)

inszenieren: der Parteitag wurde großzügig **inszeniert** (*stage*)

intensivieren: die Überwachung der Einrichtungen zu **intensivieren** (*intensify, step up*)

interessant (*adj*): bei Auflagen von 400 bis 500 000 ein **interessantes** Geschäft (*financially promising/'interesting'*)

Interessenkonflikt (*m*): die Vertretung unterschiedlicher Bundesländer durch dieselben Abgeordneten hätte **Interessenkonflikte** für Bürger und Politiker mit sich gebracht (*conflict of interests*)

Interessenkonzert (*n*): in einer Demokratie muß man nach der Ausgewogenheit des »**Interessenkonzertes**« fragen ((*groups representing) organized interests*)

Interessensvertreter (*m*): der Präsident als Gegenmacht zu den Parteien, als **Interessensvertreter** des Volkes gegenüber den Politikern (*someone representing the interests, advocate*)

Interessent [-en,-en] (*m*): viele **Interessenten** verschaffen sich ostdeutsche Unternehmen, ohne zu investieren (*interested party, buyer*)

Interessenvertretung (*f*): auch Verbände und **Interessenvertretungen** mischen in Bonn kräftig mit (*representation of interests, lobby*)

interfraktionell (*adj*): der Bundestag überwies den **interfraktionellen** Gesetzentwurf an seinen Innenausschuß (*cross-party*)

Interventionspreis (*m*): neben dem Richtpreis gibt es einen **Interventionspreis** (*intervention price*)

Interview (*n*): die Abgeordnete monierte die zahllosen **Interviews** nach den Schußwechseln (*interview*)

Intimsphäre (*f*): durch den Zeitungsbericht würde die **Intimsphäre** des Zeugen verletzt (*private life, privacy*)

Inventarbeitrag (*m*): die im Landwirtschaftsressort veranschlagten 180 Millionen für die Entschädigung verlorengegangener **Inventarbeiträge** (*contribution to the purchase of equipment*)

Inverkehrbringen (*n*): die Genehmigung für das **Inverkehrbringen** der Arzneimittel (*introduction on to the open market*)

investieren: solche Unternehmen **investieren** das bei ihnen eingezahlte Kapital in anderer Anlageform (*invest*)

Investitionszulage (*f*): Antrag auf die Verlängerung der zwölfprozentigen **Investitionszulage** für die neuen Bundesländer (*direct investment grant*)

investiv (*adj*): ohne laufende Kosten liegt der **investive** Nachholbedarf bei drei Milliarden DM (*investment*)

Investmentfonds (*m*): diese Beteiligungsgesellschaften sind eine Art **Investmentfonds**: Viele Kleinsparer zahlen in einen gemeinsamen Pool ein, der von professionellen Vermögensverwaltern gemanagt wird (*investment fund*)

Investor (*m*): große **Investoren** achten auf die Bonität der Mieter (*investor*)

J

Jahresabschluß (*m*): der im **Jahresabschluß** 1991 ausgewiesene Bilanzgewinn (*closing account, annual (financial) statement*)

Jahresleistung (*f*): Sie zahlen eine gleichbleibende **Jahresleistung** [Annuität] (*annuity, annual payment*)

Jahrgang (*m*): für ältere **Jahrgänge** ist eine befristete Umlagefinanzierung vorgesehen (*age group*); selbst bei diesem Ergebnis kann von einem guten **Jahrgang** gesprochen werden (*cohort of students, year-group*)

jeweilig (*adj*): die **jeweiligen** Verfassungsschutzbehörden in den verschiedenen Bundesländern (*various, respective*)

jeweils (*adv*): der **jeweils** aktuellen Situation wird durch Schwerpunktverlagerung Rechnung getragen (*given (at the time)*); gegen die Stimmen der Unionsparteien ergaben sich für die Verfassungsänderungen und -ergänzungen **jeweils** nur einfache Mehrheiten (*respectively*)

Jubilar (*m*): in seinem Glückwunschschreiben hob der Bundespräsident die Verdienste des **Jubilars** hervor (*someone celebrating his/her birthday*)

Jugendbeauftragte[r] [decl like adj] (*m/f*): der **Jugendbeauftragte** der Hamburger Polizeidirektion Süd (*youth relations officer*)

Jugendfreizeitstätte (*f*): Land saniert Jugendtreffs: Das Land Brandenburg modernisierte 1993 20 **Jugendfreizeitstätten** und 37 Jugendklubs (*youth leisure centre*)

Jugendrecht (*n*): das **Jugendrecht** zu verschärfen (*juvenile law*)

Jugendtreff (*m*): Land saniert **Jugendtreffs**: Das Land Brandenburg modernisierte 1993 20 Jugendfreizeitstätten und 37 Jugendklubs (*meeting-point for young people*)

Jungfernrede (*f*): in seiner **Jungfernrede** wandte er sich gegen voreilige Schlüsse (*maiden speech*)

Jungunternehmer (*m*): unzählige Anzeigenblätter etablierten sich, um auf hoffnungsvolle **Jungunternehmer** hinzuweisen (*young businessman*)

Jura (*no article or plural*): er studierte **Jura** und arbeitete in einer Anwaltskanzlei (*law*)

justifiabel (*adj*): unter all den Argumenten gegen soziale Staatsziele sticht nicht das Argument, sie seien »nicht **justifiabel**« und damit verfassungsjuristisch wertlos (*actionable in law*)

Justitiar (*m*): der **Justitiar** der Unionsfraktion (*legal adviser*)

Justiz (*f*): so sahen die Handlungen in der Postenvergabe und in der **Justiz** aus (*law, legal profession*)

Justizdienst (*m*): nach dem zweiten Staatsexamen ging er in den baden-württembergischen **Justizdienst** (*local government legal department, Ministry of Justice at Land level*)

K

Kabinettsumbildung (*f*): bei der **Kabinettsumbildung** 1989 übernahm er das Verteidigungsminsterium (*cabinet reshuffle*)

Kader (*m*): die **Altkader** der Blockpartei aus Führungspositionen zu verdrängen (*cadre*)

Kalendermonat (*m*): allen anderen Beschäftigten muß zum Ende eines **Kalendermonats** gekündigt werden (*calendar month*)

Kalkül (*n*): dies ist ein Teil des sowjetischen **Kalküls** der Wiedervereinigung (*calculations*); hinter der Neufassung des Parteiprogramms steckt **Kalkül** (*method*); das Interesse der Kreditinstitute an neuen Kunden korrespondierte mit dem politischen **Kalkül** so mancher Regierung, die mit den geborgten Geldern ihre Energierechnungen beglichen, statt das Geld in neue Techniken zu investieren (*considerations, interests*)

Kammer (*f*): die für die Berufsaufsicht zuständigen **Kammern** (*professional association*)

Kampfabstimmung (*f*): er wurde vom Landesparteitag der CDU in einer **Kampfabstimmung** mit überwältigender Mehrheit als Landesvorsitzender bestätigt (*vote on which a great deal depends, crunch vote*)

Kandidatur (*f*): seine **Kandidatur** für die Kanzlerschaft (*candidature*)

kandidieren: Vogel wird nicht mehr für den Vorsitz der SPD-Bundestagsfraktion **kandidieren** (*stand (as a candidate)*)

Kanzlei (*f*): die Anordnung zur Durchsuchung der **Steuerberatungskanzlei** (*offices, practice*)

Kanzlerbonus (*m*): die jeweilige Regierungspartei macht sich den »**Kanzlerbonus**« zunutze, indem sie den Wahlkampf auf den Kanzler abstellt (*'chancellor bonus', advantage of incumbency status*)

Kanzlerprinzip (*n*): der Kanzler bestimmt die Richtlinien der Politik [**Kanzlerprinzip**] (*chancellor principle*)

Kanzlerschaft (*f*): seine Kandidatur für die **Kanzlerschaft** (*chancellorship*)

Kapazitätsauslastung (*f*): Frühindikatoren für die deutsche Konjunktur wie Auftragseingang und **Kapazitätsauslastung** (*capacity utilization*)

Kapital (*n*): die Sparer beteiligen sich an Unternehemen, die das bei ihnen eingezahlte **Kapital** in andere Anlageformen investieren (*capital*); aus relativ kleinem Einsatz **Kapital schlagen** (*make capital*)

Kapitalabfluß (*m*): das Wachstum in den Schuldnerländern, das durch die hohen **Kapitalabflüsse** beeinträchtigt wurde (*capital outflow*)

Kapitalanlage (*f*): eine gewinnbringende **Kapitalanlage** (*capital investment*)

Kapitalausstattung (*f*): die unzureichende **Kapitalausstattung** vieler Unternehmen steht im Kreuzfeuer der Kritik (*capitalization, provision of capital resources*)

Kapitalbeteiligung (*f*): ein Arbeitnehmer kann von seinem Arbeitgeber unentgeltlich oder verbilligt **Kapitalbeteiligungen** erhalten (*(employee) ownership share*)

Kapitaldeckungsverfahren (*n*): die Position der FDP bei der Pflegeversicherung, wonach für jüngere Menschen eine private Vorsorgepflicht im **Kapitaldeckungsverfahren** vorgesehen ist (*process of capital coverage (in long-term financial planning)*)

Kapitaleinlage (*f*): die Aktionäre haften nicht mit ihrem persönlichen Vermögen für die Verbindlichkeiten des Unternehmens, sondern nur mit ihrer **Kapitaleinlage** (*capital investment*)

Kapitalertragssteuer (*f*): die Dividende wird nach Abzug von 25% **Kapitalertragssteuer** ausbezahlt (*capital gains tax*)

Kapitalgeber (*m*): nicht nur die überzogene Lohnpolitik schreckt **Kapitalgeber** ab (*investor*)

Kapitallebensversicherung (*f*): zu lange Laufzeiten sind bei **Kapitallebensversicherungen** die Regel (*ordinary (lump sum) life assurance*)

Kapitalmarkt (*m*): die beängstigende Zunahme dubioser Angebote auf dem freien **Kapitalmarkt** (*capital market*)

Kapitalsammelverfahren (*n*): eine privatwirtschaftliche Pflegeversicherung nach dem **Kapitalsammelverfahren**, wobei jeder für sich das Geld ansparen sollte, das er im Fall der Pflegebedürftigkeit braucht (*capital accumulation scheme*)

Kapitalverkehr (*m*): schließlich ist die Bundesrepublik heute ein Land mit freiem **Kapitalverkehr**, wo die Anleger ihr Geld ins Ausland bringen können, wenn die Erträge zu gering werden (*capital movement*)

Kapitalverknappung (*f*): die Wachstumsimpulse der zusätzlichen Nachfrage aus Deutschland haben die Bremskräfte der **Kapitalverknappung** mit Sicherheit überwogen (*shortage of capital*)

Kapitalvermögen (*n*): durch diese Maßnahme wurden ca. 80 Prozent aller Steuerpflichtigen von der Besteuerung der Einkünfte aus **Kapitalvermögen** freigestellt (*assets*)

Kapitalzuwachs (*m*): zwanzig prozent **Kapitalzuwachs** jährlich (*capital accretion*)

kappen: die Umsatzgrenzen für die Förderfähigkeit sind **gekappt** worden (*cut, reduce*)

Kappung (*f*): unser Finanzierungskonzept enthält die Forderung nach einer **Kappung** des Ehegattensplittings (*reduction*)

Karenztag (*m*): durch die Einführung eines »**Karenztages**«, also keine Lohnfortzahlung am ersten Krankheitstag; Koalition schreibt **Karenztag** fest ('*qualifying/waiting day*' (= *unpaid sick leave*))

Karlsruhe: »**Karlsruhe**« steht für juristische Kompetenz und zeigt dem Gesetzgeber seine Grenzen auf: Das Bundesverfassungsgericht befindet u.a. darüber, ob ein von der Legislative verabschiedetes Gesetz mit dem Grundgesetz übereinstimmt oder nicht (*Karlsruhe: the seat of the Federal Constitutional Court*)

Karriereknick (*m*): dann ein kurzer **Karriereknick**, als er nicht in den Bundestag wiedergewählt wurde (*career set-back, hitch in one's career*)

Karteileiche (*f*): das liegt an der Teilnahmslosigkeit und Gleichgültigkeit vieler Parteimitglieder [»**Karteileiche**«] (*inactive party member (although still 'on the books')*)

Kartellbehörde (*f*): die EG-Partnerländer könnten Institutionen wie die Umweltagentur oder die Europäische **Kartellbehörde** unter sich aufteilen (*body controlling cartels, Office for Fair Trading*)

kartellrechtlich (*adv*): die Frage, ob es **kartellrechtlich** zulässig ist, wenn Firmen Zahlungsfristen einräumen (*according to cartel law*)

kaskoversichern: die verunglückte Boeing ist bei der Wiener Städtischen Versicherung mit rund einer Milliarde Schilling **kaskoversichert** (*comprehensively insure*)

Kassakurs (*m*): Käufe und Verkäufe werden zum **Kassakurs** abgerechnet (*spot rate*)

Kasse (*f*): da mehrere **Kassen** ohne Kassenordnung festgestellt wurden, konnte er nicht sagen, was an Geld weg war (*account*)

Kassenarzt (*m*): die **Kassenärzte** sind in der Lage, den Umfang ihrer Leistungen weitgehend selbst zu bestimmen (*panel doctor*)

Kassenlage (*f*): der Haushaltsausschuß muß die Vereinbarkeit der Vorlage mit der **Kassenlage** des Bundes erklären (*financial situation*)

Kassenordnung (*f*): mehrere Kassen ohne **Kassenordnung** (*record of accounts*)

Kassensturz (*m*): der aktuelle Streit um Einheitskosten und **Kassensturz** (*audit, scrutiny of the books*)

kassieren: heute **kassiert** der deutsche Bauernstand mehr an Zuschüssen, als er insgesamt an Werten produziert (*receive, pocket*)

Katalog (*m*): nach welchen Kriterien Gäste zugelassen werden, läßt sich nicht nach einem festen **Katalog** beantworten (*check-list*); der **Katalog** der Rasterfahndungen wird erweitert (*number of data*); der **Aufgabenkatalog** für den Staat war vielfältig; eine Lücke im **Vorschriftenkatalog** gibt es im Breitensport (*list*)

Kauf (*m*): der Staat habe nicht das Recht, die Hinterziehung von Steuern billigend **in Kauf zu nehmen**, um Geldanleger nicht zu verprellen (*take into account, accept*)

Kaufauftrag (*m*): in dem **Kaufauftrag** kann der Verkäufer ein »Limit« setzen (*instruction to purchase*)

Käufermarkt (*m*): der Verkäufermarkt ist zum **Käufermarkt** geworden (*buyer's market*)

Kaufkraft (*f*): die Freigabe der Preise hat die **Kaufkraft** von Ersparnissen, Löhnen und Renten vernichtet (*purchasing power*)

Kaufmann [*pl* **Kaufleute**, *f* **Kauffrau**]: im Handelsregister eingetragene **Kaufleute** (*business man*); **Kauffrau** gehört zu den häufigsten Berufen im Einzelhandel (*business woman*)

kaufmännisch (*adj*): er war Vetriebsbeauftragter im **kaufmännischen** Außendienst (*commercial*)

Kaufpreis (*m*): die in Liquidation gestellte Maxhütte hatte über einen angemessenen **Kaufpreis** zu verhandeln, 40 Millionen DM war der Gutachterwert (*purchase price*)

Kaution (*f*): er wurde gegen eine **Kaution** freigesetzt (*bail*); bei der Autovermietung wird oft eine **Kaution** als Sicherheit verlangt (*deposit*)

Kavaliersdelikt (*n*): Verstöße gegen die Straßenverkehrsordnung werden als bloße **Kavaliersdelikte** eingestuft ((*mere*) *misdemeanour*)

Kenntnis (*f*): eine entsprechende Mitteilung **nahm** der Ausschuß **zur Kenntnis** (*note, take cognizance of*)

Kennzeichen (*n*): der Rechtsschutz gilt für einen Pkw mit einem amtlichen deutschen **Kennzeichen** (*registration number*)

Kennzeichnungspflicht (*f*): die Forderung nach einer umfassenden **Kennzeichnungspflicht** für alle mit Hilfe gentechnischer Verfahren hergestellte Lebensmittelprodukte (*mandatory labelling*)

Kennziffer (*f*): auf dem Lehrgang lernen die Verkaufsleiter, **Kennziffern** zur gewinnorientierten Vetriebsanalyse zu erarbeiten (*parameter*)

Kern (*m*): das Ziel, industrielle **Kerne** in den neuen Bundesländern zu schaffen (*nucleus*); die Besetzung des **Stadtkerns** mit Verwaltungsflächen (*city centre*); der Wille des Gesetzgebers ist in dieser Vorschrift **im Kern** verwirklicht (*basically, essentially*)

Kernbestand (*m*): dies ist kein Eingriff in den **Kernbestand** der Tarifautonomie (*central tenets, 'basics', substance*)

Kernpunkt (*m*): das ist der **Kernpunkt** der Auseinandersetzung (*nub*)

Kernstück (*n*): **Kernstück** des Gesetzesentwurfs ist der Europa-Artikel 23 (*nub*)

Kfz-Besteuerung (*f*): der Bundesrat fordert, auf die Erleichterungen bei der **Kfz-Besteuerung** von Motorbooten und Anhängern zu verzichten (*vehicle road taxation*)

Kilometerpauschale (*f*): Steuerentlastungen, wie die **Kilometerpauschale** (*tax allowance on distance driven (per kilometre)*)

Kindererziehungszeit (*f*): die **Kindererziehungszeit** soll ab 1993 2 Jahre betragen (*statutory leave (from work) to bring up children*)

Kinderfreibetrag (*m*): das Land möchte statt der geplanten Erhöhung des Erstkindergeldes den **Kinderfreibetrag** auf 5040 Mark erhöhen (*child tax allowance*)

Kindergeld (*n*): bei unverändertem Kinderfreibetrag soll das **Kindergeld** für das erste Kind auf 125 Mark angehoben werden (*child benefit*)

Kinderkrippe (*f*): **Kinderkrippen** sind noch nicht in allen Betrieben vorhanden (*crèche*)

Kinderlose[r] [decl like adj] (*m/f*): die gerechte Besteuerung der Familien im Vergleich zu **Kinderlosen** (*person without children*)

kinderreich (*adj*): für **kinderreiche** Familien sollte es einen zusätzlichen Familienzuschlag von 100,- DM pro Monat und Kind ab dem vierten Kind geben (*with a large number of children*)

Klage (*f*): daß auf jeden Fall **Klage** beim Bundesverfassungsgericht erhoben wird; gemeinsam hat die Opposition kürzlich **Klage** gegen den Finanzminister eingereicht; Bayern hat eine **Klage** in Karlsruhe angekündigt (*request to the Constitutional Court in Karlsruhe for a constitutional review*)

Klage-Antrag (*m*): bereits über 100 Unionsparlamentarier hatten den **Klage-Antrag** unterzeichnet (*motion for legal action in Karlsruhe;* SEE ALSO **Klage**)

klagen: Bayerns Ministerpräsident will in Karlsruhe **klagen**; Union will **klagen** (*bring an action in the Federal Constitutional Court, ask for judicial review*); der Käufer will auf Rückzahlung des Kaufpreises **klagen** (*sue for*)

Kläger (*m*): die Versicherung zahlt die Reisekosten, wenn persönliches Erscheinen als **Kläger**, Be- oder Angeklagter angeordnet wurde (*plaintiff*); einer der **Kläger**, die die Verfassungsklage einreichten (*complainant*)

Klageschrift (*f*): die SED-Führung handelt laut **Klageschrift** kriminell (*charge*)

klären: als Vorprobe ist der »Blas-Test« wissenschaftlich nicht ausreichend **geklärt** (*prove*); Machtstrukturen im SED-Staat **klären** (*clarify*)

Klarstellung (*f*): die Sondersitzung des Bundestages begann mit einer **Klarstellung** (*clarification*)

Klartext (*m*): im Landtagswahlprogramm der Republikaner, das seine Handschrift trägt, wird **Klartext** geredet; in 16 von 32 Seiten geht es um Asylanten, Ausländer und Verbrecher (*plain language*); der Antrag ist abgelehnt worden. **Im Klartext**: wir stehen ohne Hoffnung da (*to put it bluntly*)

Klärung (*f*): der Kanzler forderte zur **Klärung** des unter der Diktatur begangenen Unrechts auf (*clarification*)

Klasse (*f*): man muß zwischen politischen Führungskräften [»**politischer Klasse**«] und der Masse der Parteimitglieder differenzieren; die **politische Klasse** rückt zusammen: in Stuttgart wurde notgedrungen eine Koalition geschlossen (*political class/caste*)

Klassenfeind (*m*): er bekommt vom einstigen **Klassenfeind** immerhin 2010 Mark Rente, den Höchstsatz für »staatsnahe Personen« der früheren DDR (*class enemy*)

Klausel (*f*): eine **Klausel** in einem Gesellschaftsvertrag (*clause*)

Klausur (*f*): die Gesundheitsexperten von CDU, CSU und FDP haben sich nach einer einwöchigen **Klausur** darauf verständigt (*meeting in camera*)

kleckern: bei der Modernisierung der Infrastruktur im Osten wird mehr **gekleckert** als geklotzt (*act in a penny-pinching/tight-fisted way*)

Kleinaktie (*f*): Mitbestimmung der Arbeitnehmer, indem sie etwa durch **Kleinaktien** am Betriebserfolg beteiligt sind (*minimum par-value share*)

Kleinbetrieb (*m*): **Kleinbetriebe** werden alle 19 Jahre geprüft werden (*small firm/business*)

Kleinbürger

Kleinbürger (*m*): nicht nur die Gewaltakte oder der Beifall der deformierten **Kleinbürger** sollten die Schlagzeilen beherrschen (*petty bourgeois*)

Kleingedruckte[s] [decl like adj] (*n*): im **Kleingedruckten** sieht es anders aus (*small print*)

Kleinsparer (*m*): diese Beteiligungsgesellschaften sind eine Art Investmentfonds, wobei viele **Kleinsparer** in einen gemeinsamen Pool einzahlen (*small saver*)

Kleinstbetrieb (*m*): **Kleinstbetriebe** werden alle 50 Jahre geprüft (*firm employing one or two people*)

Kleinverdiener (*m*): die Unternehmer fordern **Klein-** und Normal**verdiener** zu Opfern aller Art auf (*low-paid (person)*)

Klientel (*f*): vor allem im Süden Italiens klammern sich die Machthaber und ihre **Klientel** immer heftiger an die alten Strukturen; einerseits bekennen sich die Reps zur sozial verpflichteten Marktwirtschaft, andererseits verlangen sie für ihre **Klientel** jedoch den besonderen Schutz des Staates (*hangers-on*)

Klientelpartei (*f*): die im Westen beobachtete **Klientelpartei** diente den Bürgerrechtlern als abschreckendes Beispiel (*'self-serving' party*)

Klientenpolitik (*f*): den Vorwurf der Sozialdemokraten, mit dem »Anwaltsprivileg« werde »**Klientenpolitik**« betrieben, wies die FDP zurück (*special treatment (of a particular group), politics of privilege, clientism, 'cronyism'*)

Klima (*n*): das **Klima** in der bürgerlichen Koalition hat Schaden genommen (*atmosphere*)

Kloakenjournalismus (*m*): die Übergriffe führte er auf den **Kloakenjournalismus** zurück (*gutter press journalism*)

Kluft (*f*): die **Kluft** zwischen den armen und den reichen Regionen zu verringern (*gap, divide*)

klüngeln: wenn es zutrifft, daß in den Parteien kleine Cliquen **klüngeln**, steht der Satz des Grundgesetzes, daß Parteien demokratisch organisiert sein müssen, nur auf dem Papier (*plot, form coteries*)

Knappheit (*f*): wollen wir auch künftig wegen finanzieller **Knappheit** lebenswichtige Behandlungen verweigern? (*shortage*)

Knick (*m*): die finanziellen Zuwendungen sorgten für einen **Knick** in seiner Karriere (*set-back, hiccup*)

Know-how (*n*): die Insolvenzfälle lassen sich mit mangelndem betriebswirtschaftlichem **Know-how** begründen (*know-how*)

koalieren: der Ministerpräsident [CDU] **koalierte** mit der FDP (*form a coalition with*)

Koalition (*f*): ob der Zwang zur Zusammenarbeit außerdem noch zu bestimmten **Koalitionen** führt (*coalition*)

Koalitionär (*m*): die **Koalitionäre** befehden sich, statt an einem Strang zu ziehen (*coalition partner*)

Koalitionsfreiheit (*f*): die grundgesetzlich verbriefte **Koalitionsfreiheit** (*freedom of association*)

Koalitionsfrieden (*m*): die jüngsten Bonner Beschlüsse mögen den **Koalitionsfrieden** gerettet haben, für den sozialen Frieden aber sind sie Gift (*harmony between the coalition partners*)

Koalitionsrunde (*f*): die Koalitionsgespräche haben sich über lockere Gesprächsrunden mit den Fraktionsführungen zu einer dauerhaften Einrichtung [**Koalitionsrunde**] mit schriftlichen Einladungen, Tagesordnungen und Beschlußprotokollen entwickelt (*meeting of the coalition partners*)

Koalitionsvertrag (*m*): die im **Koalitionsvertrag** zwischen CDU und SPD vereinbarte Asylpolitik erfordert eine Änderung des Grundgesetzes (*coalition agreement*)

Koalitionszwang (*m*): der Hinweis auf die vorher vereinbarte Freigabe des **Koalitionszwanges** in dieser Gewissensfrage ist nur ein kleines Pflaster auf die geschlagenen Wunden (*having to conform with the policies of the coalition, toeing the line*)

Kohorte (*f*): die diesjährige **Studentenkohorte** bringt bessere Voraussetzungen mit (*cohort*)

Kollegialprinzip (*n*): über Meinungsverschiedenheiten zwischen den Bundesministern entscheidet die Bundesregierung [**Kollegialprinzip**] (*collegial principal*)

Kollegium (*n*): ob ein Rechtsanwalt in der alten Bundesrepublik in einer privatrechtlichen Sozietät oder in der ehemaligen DDR in einem öffentlich-rechtlichen **Kollegium** der Anwälte arbeitet (*panel*)

Kombinat [GDR usage] (*n*): die Werkswohnungen des ehemaligen **Stahlkombinats** Maxhütte (*steel combine*)

Kombizinsanleihe (*f*): Gleit- und **Kombizinsanleihen** werfen in den ersten Jahren keinen oder nur einen geringen Zinsertrag ab (*combined* (= *fixed and sliding-scale*) *interest stock*)

Kommanditgesellschaft (*f*): dreißig **Kommanditgesellschaften** konnten sich über Wasser halten (*limited partnership*)

Kommandostruktur (*f*): immerhin ist Perot ein Mann, der fast vierzig Jahre in der hierarchisch organisierten **Kommandostruktur** der privaten Wirtschaft verbracht hat (*chain of command*)

Kommerz (*n*): Kritik an der Verknüpfung von Kunst und **Kommerz**; die Professoren sahen von ihren Elfenbeintürmen auf die profane Geschäftigkeit des **Kommerz** hinab (*commerce, business*)

Kommission (*f*): bei der EG-**Kommission** darauf hinwirken, daß; eine vom Bundespräsidenten zu berufenden **Kommission** unabhängiger Sachverständiger (*commission*)

kommunal (*adj*): die Abgabe im **kommunalen** Bereich (*local authority*); die Unvereinbarkeit von Amt oder Beruf mit **kommunalem** Mandat (*local government*)

Kommunalbeamte[r] [decl like adj] (*m/f*): der Berliner Planungssenator, der als Vertreter des Landes Berlin wie als **Kommunalbeamter** zuständig ist (*local government employee/official*)

Kommunalobligation (*f*): die **Kommunalobligation** gehört zu den festverzinslichen Wertpapieren (*local government bond*)

Kommunalpolitiker (*m*): rund 350 Bürgermeister, **Kommunalpolitiker** und Städteplaner verpflichteten sich, die Bewohnbarkeit ihrer Städte zu verbessern (*local government politician*)

Kommunalverfassung (*f*): eine Reform der **Kommunalverfassung** (*constitution of the local authority/council*)

Kommunalwahlen (*f/pl*): die Berliner **Kommunalwahlen** (*local government/municipal elections*)

Kommune (*f*): die **Kommune** könne sich nicht als Großarbeitgeber betätigen (*local authority*)

Kompagnon (*m*): der ausscheidende **Kompagnon** bekommt nur eine Abfindung (*partner (in a company)*)

Kompensation (*f*): der Gesetzentwurf der SPD sieht keine **Kompensation** des fünfzigprozentigen Arbeitgeberanteils an der Pflegeversicherung vor (*compensation, reimbursement*)

Kompetenz (*f*): heute geht es vor allem um **Kompetenz** und nicht mehr um das Dienstalter (*ability*); das gehört nicht zu meiner **Kompetenz** (*area of responsibility*); den Liberalen fällt es schwer, dem Staat mehr **Kompetenzen** einzuräumen (*power(s)*); obwohl die Bezirke in Berlin mit selbständigen Gemeinden nur schwer vergleichbar sind und wenig **Kompetenzen** haben (*power, authority*)

Kompetenzverletzung (*f*): dem Bundestag droht eine **Kompetenzverletzung**, wenn die Einstweilige Anordnung nicht ergeht (*infringement of its authority*)

komplettieren: ihr Beruf war ausschlaggebend, um eine sozial ausgewogene Landesreserveliste zu **komplettieren** (*complete, round off*)

Kondition (*f*): Lebensversicherungen mit ungünstigen **Konditionen** werden verkauft (*condition, term*)

Konditionenlaufzeit (*f*): für die Zeit, für die Sie Ihre Zinsen festschreiben wollen [**Konditionenlaufzeit**] (*fixed-interest term, period during which particular terms apply*)

Konditionierung (*f*): die **Konditionierung** einer neuen Bundesanleihe bei zehnjähriger Laufzeit mit 7% zu 100,25% Ausgabekurs (*arrangement of terms*)

Konfliktdemokratie (*f*): auch in Bonn wird die **Konfliktdemokratie** von einer Konkordanzdemokratie abgelöst (*democracy based on conflicting interests*)

konform (*adj*): Japan könnte mit Washington noch vor Abschluß der Uruguay-Runde nicht-Gatt-**konforme** bilaterale Absprachen treffen (*conforming to, in line with*)

Konjunktur (*f*): westdeutsche Unternehmen rechnen mit einer Aufhellung der derzeit getrübten **Konjunktur** (*economy*); die Aufwertung dämpfte die **Konjunktur** (*economic activity*)

konjunkturanfällig (*adj*): verschiedene Wirtschaftszweige sind in verschiedenem Maße **konjunkturanfällig** (*subject to cyclical/economic trends, economically sensitive*)

konjunkturell (*adj*): die Furcht vor einem weiteren Nachlassen der **konjunkturellen** Auftriebskräfte (*economic, in the economy*)

Konjunkturerhöhung (*f*): die britische Regierung könnte bei einer deutschen Zinserhöhung gezwungen sein, ebenfalls die Zinsen heraufzusetzen und damit einer **Konjunkturerhöhung** entgegenzuwirken (*increase in economic activity*)

Konjunkturerholung (*f*): zentrale Bedeutung für eine **Konjunkturerholung** hat die Liberalisierung des Welthandels (*economic recovery*)

konjunkturpolitisch (*adv*): die im Gesetz vorgehene Veränderung würde zu **konjunkturpolitisch** nicht akzeptablen Belastungen der investierenden Wirtschaft führen (*from the point of view of economic policy/control of the economy*)

Konkordanzdemokratie (*f*): auch in Bonn wird die Konfliktdemokratie von einer **Konkordanzdemokratie** abgelöst (*a democracy in which different parties pursue similar policies*)

konkret (*adv*): die Regierung soll in ihrem Bericht **konkret** auf diese Problematik eingehen (*in precise detail*)

konkretisieren: die Rechtsstellung der Fraktionen läßt sich nunmehr **konkretisieren** (*specify, spell out*); die Regierung **konkretisierte** mit ihrem Beschluß den bereits im Oktober getroffenen Entscheid (*realize, put flesh on the bones*)

Konkurrenz (*f*): wir sind sanierungsfähig; unsere Kompressoren sind auch nicht schlechter als die der **Konkurrenz**; (*our competitors, the competition*); auch in Deutschland müßten sich die Banken auf die **Konkurrenz** der Japaner einstellen (*competition*)

konkurrenzfähig (*adv*): um auf dem europäischen und internationalen Arbeitsmarkt **konkurrenzfähig** zu sein (*competitive*)

Konkurrenzkampf (*m*): **Konkurrenzkämpfe** sollten hier tunlichst vermieden werden (*trade rivalry*)

konkurrierend (*adj*): die Inanspruchnahme der **konkurrierenden** Gesetzgebungszuständigkeiten durch den Bund soll begrenzt werden (*concurrent,* (*legislation involving both 'central' and 'local' government*))

Konkurs (*m*): dreißig Firmen sind **in Konkurs gegangen** (*go bankrupt*); täglich **melden** 50 Firmen in der Bundesrepublik **Konkurs an** (*declare oneself bankrupt*)

Konkursmasse (*f*): die Erneuerung der sowjetischen **Konkursmasse** kann von Rußland ausgehen (*bankruptcy assets*)

Konkursrecht (*n*): in Anlehnung an das **Konkursrecht** sollten jene, die ihr Vermögen verloren hatten, einen Teil von denen zurückerhalten, denen der Zufall einen solchen Verlust erspart hatte (*law of bankruptcy, bankrupt law*)

Konsens (*m*): es gibt einen breiten politischen **Konsens**, den Griechen zu helfen (*consensus*); die Frage, welche demokratischen Verfahren der Diskussion, **Konsensbildung** und Entscheidung den Wohlfahrtsstaat erneuern könnten; die Funktionen des Hauptausschusses, wie **Konsensfindung** aller an der beruflichen Ausbildung Beteiligten (*reaching a consensus*)

konsensfähig (*adj*): der Antrag ist in der vorliegenden Form auf europäischer Ebene nicht **konsensfähig** (*capable of producing a consensus*)

konsequent (*adv*): die Maßnahmen sollen in allen Mitgliedstaaten **konsequent** umgesetzt werden (*rigorously and consistently*)

Konsolidierung (*f*): an der Börse warten die Händler auf einen richtigen Auslöser der **Konsolidierung** (*consolidation*)

konstatieren: in ihrer Rede **konstatierte** sie, daß (*make the point*); die Politikverdrossenheit im Lande, die zuletzt Bundespräsident Richard von Weizsäcker **konstatierte** (*identify, perceive*)

Konstituierung (*f*): nach ihrer **Konstituierung** und der Generalausssprache ist die Kommission in die Sachberatungen eingetreten (*constitution, act of setting up*)

Konstruktion (*f*): der Staat kann massiven Einfluß auf das Handeln des Bahnvorstandes nehmen − für eine Ausrichtung am Markt ist das keine gute **Konstruktion** (*arrangement, model*)

konsultieren: der Deutsche Bundestag soll **konsultiert** werden, sobald EG-Vorschläge erarbeitet worden sind (*consult*)

Konsum (*m*): nach wie vor fließt das meiste Geld, das der Westen in den Osten schaufelt, direkt in den **Konsum** (*consumption, consumer spending*)

Konsument [-en,-en] (*m*): Unternehmen, die gewerbsmäßig Geld- oder Warenkredite an **Konsumenten** geben (*consumer*)

Konsumklima (*n*): Frühindikatoren für eine Konjunktur wie Geschäfts- und **Konsumklima** und Kapazitätsauslastung (*consumer attitudes/behaviour*)

Kontensperrung (*f*): eine **Kontensperrung** für die Firmen im KoKo-Bereich hat es erst Anfang Dezember 1989 gegeben (*freezing of an account*)

Kontingent (*n*): die Zahl der deutschen Mandate wird erhöht. Auch das **Abgeordnetenkontingent** der mittleren und größeren Staaten wird größer (*allocation/quota of seats, number of delegates*)

Kontingentierung (*f*): durch **Kontingentierung** soll offentsichtlich die Zahl der anreisenden Asylsuchenden reduziert werden (*fixing of quotas*)

kontinuierlich (*adj*): der Anteil der Alkoholunfälle am gesamten Unfallgeschehen ist **kontinuierlich** zurückgegangen (*steadily, continuously*)

Konto (*n*): das Geld hat ihre Schwester dort auf ein **Konto** einzahlen können ((*bank*) *account*); zwei Drittel aller Problemkredite **gehen auf das Konto** dieser Ländergruppe (*be the responsibility of, (have to) be put down to*)

Konto-Nummer (*f*): in der obersten Zeile des Kontoauszugs ist die **Konto-Nummer** angegeben (*account number*)

Kontoauszug (*m*): in der obersten Zeile des **Kontoauszugs** ist die Konto-Nummer angegeben ((*bank*) *statement*)

Kontoführung (*f*): die laufende **Kontoführung** ist bei uns echt günstig (*managing the/your account*)

Kontor (*n*): gewachsen ist zudem der Edeka-Anteil beim Kölner **Einkaufskontor** Gedelfi (*organization*)

Kontostand (*m*): in der obersten Zeile des Kontoauszugs ist der alte **Kontostand** angegeben ((*previous*) *closing balance*)

Kontoüberziehung (*f*): die für **Kontoüberziehungen** maßgeblichen Zinssätze (*overdrawing an account, overdraft*)

Kontrahent [-en,-en] (*m*): er fühlte sich seinen **Kontrahenten** haushoch überlegen (*opponent, adversary*)

Kontrolle (*f*): die flächendeckende Mitteilung und **Kontrolle**, wie sie die SPD forderte, nannte er unverhältnismäßig (*inspection, supervision*); die Abschaffung der **Kontrollen** an den Binnengrenzen (*control, check*)

Kontrollrecht (*n*): das EP besitzt ein beschränktes **Kontrollrecht** gegenüber der Exekutive (*right of verification*)

konturlos (*adj*): die jetzt durch diese müde, **konturlose** und visionslose Regierung auf die Spitze getrieben wird (*lack-lustre, with no style of its own*)

Konzept (*n*): Unternehmer, CDU und FDP verfochten das **Konzept** der »quotalen Restitution« (*idea, concept*); es fehlt ein ressortübergreifendes **Konzept** für die Gestaltung der Stadt

Berlin (*plan, scheme*); die »tageszeitung« [taz] will ihr **Konzept** überarbeiten, um die Auflage zu steigern (*formula*)

Konzeption (*f*): Gewerkschaftliche Asyl- und Einwanderungspolitik – auf dem Weg zu neuen **Konzeptionen** (*view, perception, idea*); das dürftige Grundsatzprogramm besteht lediglich aus der Aufzählung einiger Mißstände, ohne jeden Ansatz einer **Konzeption** (*overall view*)

konzeptionslos (*adj*): die hohe Verschuldung der Treuhand sei beispielhaft für die **konzeptionslose** Politik der Regierung (*unimaginative, uninspired*)

konzeptlos (*adj*): dies zeigt, daß die Bundesregierung zwei Jahre nach der Wirtschafts- und Währungsunion noch weitgehend rat- und **konzeptlos** ist (*lacking ideas/inspiration*)

Konzern (*m*): der Nestle-**Konzern** gehört zu den größten Unternehmen in dieser Branche (*group (of companies)*)

Konzert (*n*): die Stimme Sachsens wird im Rahmen des **Konzertes** der 16 Bundesländer gut zur Kenntnis genommen (*chorus*)

konzertiert (*pp as adj*): eine **konzertierte** Aktion von Regierung und Tarifparteien (*concerted*)

Konzertierung (*f*): in einer **Konzertierung** zwischen Rat und Parlament war zuvor in Brüssel eine Einigung erzielt worden (*co-operation procedure*)

Konzession (*f*): die EG ist in der Welthandelsrunde zu weiteren **Konzessionen** bereit (*concession*)

konzipieren: das Seminar ist für Nachwuchskräfte im Export **konzipiert** (*design, devise*); der Abgeordnete **konzipierte** die neue Zeitschrift (*conceive, create, think up*)

Kooperation (*f*): die **Kooperation** der KoKo-Firmen bei der Prüfung sei »nicht doll« gewesen (*co-operation*)

kooperativ (*adj*): das vorgesehene Verfahren ist unter dem Aspekt des **kooperativen** Föderalismus völlig unakzeptabel (*co-operative*)

koordiniert (*pp as adj*): **koordinierte** gemeinschaftliche und nationale Investitionen (*co-ordinated*)

Koppelung (*f*): die **Koppelung** von sozialer Sicherung und Erwerbsarbeit (*linking*)

Körperschaft (*f*): für Verfassungsänderungen sind Zwei-Drittel-Mehrheiten in den gesetzgebenden **Körperschaften** von Bundestag und Bundesrat erforderlich (*body, organ, institution*)

Körperschaftssteuer (*f*): wer nicht einkommenssteuerpflichtig ist, bekommt die **Körperschaftssteuer** erstattet (*corporation tax*)

Körperverletzung (*f*): die Hinnahme möglicher schädlicher Nebenwirkungen der Behandlung war auch nach DDR-Recht **Körperverletzung** (*bodily harm*)

Korporatismus (*m*): der **Korporatismus** in unserer Demokratie weitet sich aus (*corporatism*)

Korrektur (*f*): an den Börsen ist mit zwischenzeitlichen **Korrekturen** zu rechnen (*adjustment*)

korrigieren: die Managementfehler der früheren DDR-Betriebe müssen **korrigiert** werden (*correct, remedy*)

Korruption (*f*): Untersuchungen wegen **Korruption** und Unterschlagung waren für den KoKo-Bereich absolut neu (*corruption*)

Kostendämpfung (*f*): das neue Gesetz ist ein wichtiger Schritt zur **Kostendämpfung** auf dem Wohnungsmarkt (*curbing/bringing down of costs*)

kostendeckend (*adj*): 15 000 Abonnenten müßten für einen **kostendeckenden** Betrieb gewonnen werden (*breaking even, covering its costs*)

Kostenerstattung (*f*): statt der Behandlung auf Krankenschein das System der **Kostenerstattung** zu wählen (*reimbursement*)

kostenfrei (*adj*): nicht berufstätige Ehepartner und Kinder sind **kostenfrei** mitversichert (*free, at no extra cost*)

kostengünstig (*adj*): die Bank sorgt für eine **kostengünstige** Erledigung ihrer Aufträge (*at attractive rates, favourably priced*)

Kostenlawine (*f*): die jüngste Gebührenerhöhung kann die Ausfälle bei der Reklame und die **Kostenlawine** nicht ausgleichen (*cost explosion, soaring costs*)

Kostenpauschale (*f*): Abgeordneten wird in der Regel Geld von ihrer **Kostenpauschale** abgezogen, wenn sie sich während der Parlamentssitzungen nicht in die Anwesenheitsliste eintragen (*lump sum allocation for expenses*)

Kostenschätzung (*f*): beauftragen Sie einen Architekten mit einer **Kostenschätzung** (*estimate, quotation*)

kostenträchtig (*adj*): der Aufbau einer neuen **kostenträchtigen** Verwaltung (*costly, expensive*)

Kostenträgerrechnung (*f*): die **Kostenträgerrechnung** wies Lücken auf (*cost centre accounting*)

Kraft (*f*): das am 14. August 1952 **in Kraft getretene** Lastenausgleichsgesetz (*take effect*); die Waffenruhe soll am Montag **in Kraft treten** (*come/enter into force*)

kräftigen: der Verbleib von Kursgewinnen **kräftigt** den Anteilpreis und damit die Substanz dieser Fonds (*strengthen*)

Kraftwerk (*n*): mit dieser Wärme ließen sich eine Million **Kraftwerke** 10 000 Jahre lang betreiben (*power station*)

Krankengeld (*n*): Einkommensleistungen für Arbeitnehmer bei Krankheit, wie z.B. **Krankengeld** und Lohnfortzahlung (*sickness benefit*)

Krankenkasse (*f*): noch zahlen die **Krankenkassen** widerspruchslos 100 000 Mark für eine Lebertransplantation ((*public*) *health insurance fund*)

Krankenschein (*m*): statt der Behandlung auf **Krankenschein** das System der Kostenerstattung zu wählen (*health insurance/medical certificate*)

krankenversichert (*pp as adj*): die Personen, die jetzt in der Privatversicherung **krankenversichert** sind (*insured against illness*)

Krankenversorgung (*f*): Hochtechnologie in der **Krankenversorgung** (*medical treatment, health provision*)

Krankheitsfall (*m*): Lohnfortzahlung im **Krankheitsfall** (*case of sickness*)

Krankmeldung (*f*): bei der neuen Pflegeversicherung bleibt der Lohnausfall auf sechs Tage und maximal drei **Krankmeldungen** im Jahr begrenzt ((*notification of*) *absence (from work) through sickness*)

krankschreiben: es geht nicht nur um die, die sich **krankschreiben lassen**, sondern auch um die, die **krankschreiben** (*ask for/issue a sick-note*)

Kredit (*m*): das Wachstum in den Schuldnerländern kann durch hohe **Kredite** in Gang gebracht werden (*credit, loan*)

Kreditaufnahme (*f*): eine hohe **Kreditaufnahme** widersprach dem Betriebskonzept (*borrowing*)

Kreditwürdigkeit (*f*): Bankauskünfte enthalten nur allgemeine Feststellungen über die **Kreditwürdigkeit** eines Kunden (*creditworthiness*)

Kreide (*f*): das Unternehmen **steht** mit 35 Milliarden Mark **in der Kreide** (*be in the red/in hock*)

Kreis (*m*): der **Kreis** ist als Einteilung des Landes beibehalten worden (*borough, district*)

kreisfrei (*adj*): die Eingliederung von Bezirken Berlins als **kreisfreie Städte** in das Land Brandenburg ((*town/city*) *with autonomous local self-government*)

Kreislaufgesellschaft (*f*): statt einer Wegwerfgesellschaft sollte es eine **Kreislaufgesellschaft** geben (*society in which products are recycled*)

Kreisumlage (*f*): die wegen ihrer Höhe das Verhältnis zwischen den kommunalen Gebietskörperschaften so sehr belastende **Kreisumlage** ((*redistribution of revenue from*) *local/borough rates/taxes*)

Kreisverband (*m*): in vielen **Kreisverbänden** der Partei rumort es (*local* (*borough or district level*) *party organization*)

Kriminalität (*f*): Strafverschärfungen sind keineswegs auf Drogen- oder organisierte **Kriminalität** beschränkt (*crime*)

Kripo (*f*): die **Kripo** wurde eingeschaltet (*criminal investigation department*)

Krisenstab (*m*): ruft Kohl deshalb einen **Krisenstab** zusammen? (*crisis/action committee*)

Kronzeuge [-en,-en] (*m*): Vergünstigungen aufgrund der **Kronzeugenregelung** (*crown witness*); als weiterer **Kronzeugen** präsentierten die Reps den Prominenten Karl Schiller (*main/star witness*)

Kulissen (*f/pl*): so ein Hochverrat mußte **hinter den Kulissen** vorbereitet werden (*behind the scenes, off-stage*)

Kulturhoheit (*f*): wo z.B. Länderrechte wie die **Kulturhoheit** tangiert werden (*cultural sovereignty/autonomy*)

Kultusminister (*m*): die **Kultusminister** der Länder setzten sich zusammen (*minister of education and the arts*)

Kumpanei (*f*): dies sei keine unanständige **Kumpanei** (*relationship between cronies, cosy set-up*)

Kumpel (*m*): mir mißfällt der Stil der IWF-Bürokraten und ihrer Moskauer **Kumpel** (*chum, pal, crony*); die Bundestagspräsidentin will zwischen den **Kali-Kumpeln** und der Politik vermitteln (*pitman*)

Kumulieren (*n*): das **Kumulieren** nach süddeutschem Muster, wonach mehrere Stimmen auf einen Kandidaten »gehäufelt« werden können (*accumulation*)

Kunde [-en,-en] (*m*): Sie werden als **Kunde** ausführlich beraten (*customer*)

kündigen: wir **kündigen** den Vertrag (*cancel, withdraw from*); nach vier Wochen kann nur zum Monatsende **gekündigt** werden; allen anderen Beschäftigten muß zum Ende eines Kalendermonats **gekündigt** werden (*give notice*)

Kündigungsschutz (*m*): durch das neue Gesetz gibt es **Kündigungsschutz** für 18 Millionen Menschen auf höherem Niveau (*protection against wrongful dismissal*)

Kundschaft (*f*): je breiter die **Kundschaft** gefächert ist, desto größer ist die unternehmerische Risikostreuung (*clientele, customer base*); der für die Ausführung von **Kundschaftsaufträgen** maßgebliche Handel (*customer order*)

Kungelei (*f*): der Kern der Kritik des Bundespräsidenten, daß sozusagen alles von der **Kungelei** der Parteien bestimmt wird, ist richtig (*wheeling and dealing*)

küren: zum ersten Mal weltweit ist eine Frau zur Bischöfin **gekürt** worden (*elect*)

Kurs (*m*): die **Kurse** werden während der Börsenstunden fortwährend neu ermittelt (*share price*); der jähe **Kursabstieg** an der Börse (*fall in share prices*); der **Kursanstieg** durch den Tarifabschluß (*rise in share prices*)

Kursmakler (*m*): zugelassen an der Börse sind amtliche und freie **Kursmakler** (*stockbroker, dealer*)

Kursschwankung (*f*): die **Kursschwankungen** erklären sich aus dem Kräftespiel von Angebot und Nachfrage (*fluctuation in share/market prices*)

kurssichern: das Währungsrisiko der am amerikanischen Rentenmarkt angelegten Mittel war **kursgesichert** (*protect against exchange-rate fluctuations*)

Kurssteigerung (*f*): **Kurssteigerungen** in beiden Papieren (*rise/increase in share price*)

Kurswechsel (*m*): erst nach dem gescheiterten Moskauer Putsch wurde der überfällige **Kurswechsel** eingeleitet (*change of course*)

Kurswert (*m*): der **Kurswert** einer Aktie richtet sich an der Ertragskraft des Unternehmens aus (*market value/price*)

Kurszettel (*m*): der **Kurszettel** einer Zeitung zeigt die Werte an (*table of share prices, city page* (*in a newspaper*))

kurzarbeiten: viele Millionen Menschen in den neuen Bundesländern **arbeiten kurz** (*work short-time*)

Kurzarbeitergeld (*n*): die Verbindung von **Kurzarbeitergeld** und beruflicher Qualifizierung (*short-time allowance/money*)

kürzen: der Finanzminister will die Ausgaben um eine Milliarde auf 16,3 Milliarden Mark **kürzen** (*cut, reduce*)

Kürzung (*f*): die Opposition griff ihn wegen bevorstehender **Kürzungen** auch bei sozial Schwächeren an (*cut, cut-back*)

Kux (*m*): zu den Erträgen aus Anteilsrechten gehören Ausbeuten aus **Kuxen** (*mining company share*)

L

Label (*n*): das betuliche Eterna-**Label** hat er zur Weltmarke gemacht; gibt es bald ein **Ökolabel** für Tropenhölzer? (*label*)

laden: Walter Scheel, der als dritter Zeuge **geladen** war, mußte wegen Krankheit absagen (*summon*)

Laienrichter (*m*): die **Laienrichter**, die über Schuld oder Unschuld zu befinden haben (*lay judge/assessor*)

lancieren: er **lancierte** eine Liste von Ministern, die er für pensionsreif hält (*put out, release*)

Land (*n*): der gemeinsame Kraftakt von Bund, **Ländern** und Gemeinden (*federal state,* Land)

Länderbetroffenheit (*f*): die Zustimmungsbedürftigkeit von Bundes-
gesetzen erstreckt sich bisher nicht auf die gesamte Bandbreite
der Regelungen mit **Länderbetroffenheit** (*affecting the federal
Länder*)

Länderfinanzierungsausgleich (*m*): wenn der alte **Länderfinanzierungsausgleich** explodieren sollte (*financial equalization between the
federal states*)

Länderkammer (*f*): Vorlagen der **Länderkammer** sind dem Bundestag
innerhalb von drei Monaten zuzuleiten: SEE **Bundesrat**

länderübergreifend (*adj*): **länderübergreifende** Kriminalität (*crossing
Land boundaries, based in several federal states*); ein
länderübergreifendes System der Lehrlingsausbildung für die
neuen Bundesländer (*national, federal*)

Landesgeschäftsführer (*m*): Dietmar Schlee, einst **Landesgeschäftsführer**
der CDU (*party manager at Land level*)

Landesgruppe (*f*): der Vorsitzende der CSU-**Landesgruppe** im Bundestag
(Land (= *Bavarian*) *party group*)

Landeshaus (*n*): während ihrer Amtszeit wurde die Bannmeile um das
Landeshaus abgeschafft (Land *parliament building*)

landespolitisch (*adj*): wenn die **landespolitischen** Bettler Lafontaine und
Engholm mit einem Mal zu Großspendern für den Osten werden
würden (*in* Land/*local politics*)

Landesreserveliste (*f*): ihr Beruf war ausschlaggebend, um eine sozial
ausgewogene **Landesreserveliste** zu komplettieren (*reserve list of
candidates drawn up in a* Land)

Landeswährung (*f*): in 22 Ländern kann man mit Eurocheques in der
Landeswährung bezahlen (*national/foreign currency*)

landesweit (*adj*): richtig erfolgreich arbeiten nur die **landesweiten** Sender,
die mangels Frequenzen in ihren Kerngebieten fast frei von privater
Konkurrenz sind (*nation-wide, national*)

Landfriedensbruch (*m*): **Landfriedensbruch** liegt vor, wenn aus einer
Menschenmenge in einer die öffentliche Situation gefährdenden
Weise Gewalttätigkeiten begangen oder angedroht werden (*breach
of the peace*)

Landgericht (*n*): das Amtsgericht hatte dem Beschluß nachgegeben, das
Landgericht hob ihn wieder auf (*regional court*)

landgestützt (*adj*): **landgestütztes** Nuklearpotential (*land-based*)

Landkreis (*m*): die **Landkreise** sind den Stadtkreisen verwaltungsrechtlich
gleichgestellt (*rural county borough*)

Landkreistag (*m*): Referent des Dezernats »Kommunalverfassung,
Ordnungsverwaltung, Europa« des Deutschen **Landkreistages** in
Bonn (*federal assembly/diet of a rural county borough*)

ländlich (*adj*): die Funktionsfähigkeit des ländlichen Raums (*rural*)

Landtagswahlen (*f/pl*): Landtagswahlen finden alle 4 oder 5 Jahre statt (*election(s) for the* Land *assemblies*)

langfristig (*adj*): die langfristige Verpachtung landwirtschaftlicher Flächen (*long-term*)

langwierig (*adj*): Vereinfachungen in der Verwaltung sollen langwierigen Prüfungsverfahren Abhilfe schaffen (*protracted, long-drawn-out*)

Langzeitarbeitslose[r] [decl like adj] (*m/f*): fast ein Drittel der Arbeitslosen in Brandenburg sind über ein Jahr ohne Stelle, also Langzeitarbeitslose (*long-term unemployed* (*person*))

Last (*f*): daß es an den Bonner Tischen nur um die Verteilung der Lasten geht, nicht um die Zuweisung von Ämtern und Pfründen (*cost*); nun bauen wir den Osten auf, aber die Lasten sind dabei ungerecht verteilt ((*financial*) *burden, cost*); der innenpolitische Lastenkatalog (*list of problems*)

Lasten, zu L. (*prep*): Frankfurt als Sitz der Zentralbank — da wäre der Finanzplatz zu Lasten von London, Paris und Luxemburg über Gebühr im Vorteil, heißt ein Einwand (*at the expense of*)

Lastenausgleich (*m*): genau wie beim ersten Lastenausgleich sollen die Westdeutschen einen Teil ihrer Vermögenserträge abgeben, um ein »zweites Wirtschaftswunder« im Osten möglich zu machen (*equalization of burdens*)

Lastschrift (*f*): Einlösung von Lastschriften (*giro voucher, warrant*); der Zahlungsempfänger kann fällige Beträge mittels Lastschrift von seinem Postgirokonto abbuchen (*direct debit*)

laufend (*adj*): die laufende Verschuldung der Bundesbahn betrug 1991 39,1 Milliarden DM (*current*)

Laufzeit (*f*): Finanzierungsschätze bieten auch bei kurzer Laufzeit erstklassige Zinsen (*term/period of investment/holding*)

Lauschangriff (*m*): die Debatte um den Lauschangriff dauert an. Die Frage, wie es die SPD mit Wanzen und Richtmikrofonen hält, ist für Befürworter wie Gegner von grundsätzlicher Bedeutung (*the use by the police or security services of electronic devices in the surveillance of private houses/individuals*)

laut (*prep*): laut dem Sprecher der Fraktion (*according to*)

lauten: die neue Bestimmung sollte lauten: (*read, say*)

leasen: wirtschaftlich muß der geleaste Pkw als eigenes Fahrzeug angesehen werden (*lease*)

Leasing (*n*): Leasing ist eine zeitlich begrenzte Vermietung von Wirtschaftsgütern (*leasing*)

Lebensführung (*f*): den Grad der Pflegebedürftigkeit zu mindern und eine selbständige Lebensführung wiederherzustellen (*existence*)

Lebensgemeinschaft (*f*): der verfassungsrechtliche Schutz nichtehelicher **Lebensgemeinschaften** (*long-term/stable relationship, partnership*)

Lebensgrundlagen (*f/pl*): Aufnahme von Staatszielen wie z.B. dem Schutz der natürlichen **Lebensgrundlagen** (*bases of existence, natural resources*)

Lebenshaltungskosten [abbr to **Lebenshaltung**] (*pl*): als Vorwand für die Gehaltserhöhungen der EG-Beamten mußten die höheren **Lebenshaltungskosten** in Berlin herhalten; **Lebenshaltung** in NRW leicht verteuert (*cost of living*)

Lebenslauf (*m*): die Regierung war nicht bereit, öffentliche Auskunft über persönliche-berufliche **Lebensläufe** zu erteilen (*curriculum vitae, life*); es wäre von den **Lebensläufen** her für westdeutsche Frauen schwer gewesen, im Osten eine Stelle als Gleichstellungsbeauftragte zu übernehmen (*personal experience*)

Lebensstandard (*m*): die Region weist beim **Lebensstandard** weniger als 75 Prozent des Gemeinschaftsdurchschnitts auf (*standard of living*)

Lebensunterhalt (*m*): mit dem Studentendarlehen ist die Finanzierung Ihres **Lebensunterhalts** gesichert ((*cost of*) *living, existence*)

Lebensversicherung (*f*): **Lebensversicherungen** mit ungünstigen Konditionen werden verkauft (*life assurance/insurance*)

Ledige[r] [decl like adj] (*m/f*): der begehrliche Griff der Politiker richtet sich vor allem auf die sogenannten Besserverdiendenden mit einem Jahreseinkommen von 60 000/120 000 Mark für **Ledige**/Verheiratete (*single person*)

Leerstand (*m*): **Leerstandsraten** bei gewerblichen Flächen von ein bis drei Prozent sind hier die Regel (*proportion of vacancies/buildings standing empty*)

Legalitätsprinzip (*n*): unter Hinweis auf das **Legalitätsprinzip**, das eine Verfolgung von Straftaten durch die Justiz erzwingt (*principle that all complaints be investigated and, if necessary, prosecuted*)

Legislaturperiode (*f*): eine Verlängerung der **Legislaturperiode**; die letzte Landtagssitzung der vergangenen **Legislaturperiode** (*legislative term*)

Legitimation (*f*): die CDU vertritt die Position, daß das Grundgesetz eine 40jährige **Legitimation** besitze (*legitimacy, legitimation*)

Lehrauftrag (*m*): er arbeitete als Rechtsanwalt und nahm einen **Lehrauftrag** an der Hochschule für Verwaltungswissenschaften in Speyer an (*teaching appointment*)

Lehrgang (*m*): der **Lehrgang** hilft, das Wissen auf den neuesten Stand zu bringen (*course*)

Leistung (*f*): Wohlstand und Wachstum der Industrieländer sind durch unterbezahlte **Leistungen** der Dritten Welt subventioniert worden (*economic performance, products*); die Erteilung einer Einwanderungsbewilligung begründet einen Anspruch auf **Leistungen** wie Sprachkurse, Arbeitsplatz- und Wohnraumvermittlung (*benefit, facility*); wir werden eine Sogwirkung in das Land mit den höchsten sozialen **Leistungen** bekommen (*benefit*); im Wahlergebnis drückt sich die Unzufriedenheit der Berliner mit den **Leistungen** des Senats aus (*performance, achievement*)

Leistungsanreiz (*m*): Abbau von Bürokratie, Privatisierung und **Leistungsanreize** markieren den Weg aus der Krise (*performance-related incentive*)

Leistungsbilanzüberschuß (*m*): der **Leistungsbilanzüberschuß** Japans steigt unaufhaltsam (*balance of payments surplus (including invisible earnings)*)

Leistungsempfänger (*m*): **Leistungsempfänger** können die Anhebung der Pfändungsfreigrenzen beantragen (*recipient of benefits*)

Leistungsfähigkeit (*m*): das wichtige Prinzip der Besteuerung nach der wirtschaftlichen **Leistungsfähigkeit** wird verletzt (*productive capacity, efficiency, performance*)

Leistungskurs (*m*): führt der Unterricht in **Leistungskursen** nicht zur sozialen Isolation der Heranwachsenden? (*'scholarship-level' course/subject(s) specialized in in sixth form of German school*)

leistungsorientiert (*adj*): den tagesgleichen Pflegesatz durch **leistungsorientierte** Zahlungen abzulösen (*performance-related*)

Leistungsprinzip (*n*): für den Staatssekretär sind Beamtenschaft und **Leistungsprinzip** keine Gegensätze (*(principle of) measuring performance*)

Leistungsträger (*m*): die Sozialdaten der Leistungsempfänger dürfen von den **Leistungsträgern** nicht unbefugt erhoben werden (*provider of benefits, social security department*)

leitend (*adj*): Arbeitsgemeinschaft der **leitenden** Medizinalbeamten der Länder; bei dem Unternehmen arbeiteten ehemalige Mitarbeiter der Stasi in **leitender** Funktion (*senior, top*)

Leiter (*m*): **Leiter** des Kölner Doping-Kontroll-Labors (*director, head*); die **Betriebsleiter** der betroffenen Firmen (*manager*)

Leitfaden (*m*): wir haben eine praxisorientierte Entscheidungshilfe entwickelt: eine **Leitfaden** mit Informationen über die Festzinshypothek (*guide*)

Leitidee (*f*): als Ersatz für politische Stabilität im Nachkriegsdeutschland wirkte die Verankerung der **Leitidee** der »sozialen Marktwirtschaft« (*central idea, guiding principle*)

Leitlinie (*f*): Ausnahmeregelungen von der allgemeinen **Leitlinie** (*guideline*); der Europäische Rat gibt die allgemeinen **Leitlinien**

für die weitere politische Einigung Europas (*guidelines, broad outline*)

Leitstelle (*f*): in der **Leitstelle** des französischen Unternehmens (*central/head office*)

Leitung (*f*): die **Leitung** dieses Luftfahrtunternehmens (*management*)

Leitzins (*m*): der amerikanische **Leitzins** erreichte den niedrigsten Stand seit 1978 (*key (interest) rate*)

lenken: Fördermittel in strukturschwache Regionen zu **lenken** (*channel, direct*)

Lesart (*f*): gegen diese **Lesart** eines längst abgesprochenen Vorgehens spricht, daß (*interpretation*)

Lesung (*f*): das Gesetz wird erst in erster **Lesung** behandelt (*reading*)

Leumund (*m*): ein einmal in einschlägigen Kreisen zweifelhaft gewordener **Leumund** bürgt für den baldigen Konkurs (*reputation*)

Level (*m*): wenn man in Sachen Gleichstellung einen niedrigen **Level** festschreibt, baut man Barrieren ab (*level*)

Liberalisierung (*f*): man erhofft sich durch eine **Liberalisierung** des Marktes eine Konjunkturerholung (*liberalization*)

Lieferant [-en,-en] (*m*): der **Lieferant**, etwa ein Autohaus, ist am Leasing beteiligt (*supplier*)

Lieferung (*f*): bestellen Sie alle regelmäßigen **Lieferungen** ab [Milch usw.] (*delivery*)

Liegenschaft (*f*): Brandenburg liegt mit dem Bund im Streit darüber, wem die großen, früher Preußen gehörenden, **Liegenschaften** nach der Einigung zugefallen sind (*land*); die Stadt Hannover hat Asylbewerber in diese **Liegenschaft** [Kaserne] eingewiesen (*property*)

Limit (*n*): in dem Kaufauftrag kann der Verkäufer ein »**Limit**« setzen (*limit*); in innenstädtischen Bereichen sollte ein **Tempo-Limit** von 30 Kilometern pro Stunde eingeführt werden (*speed limit*)

limitieren: der Verkäufer von Aktien kann seinen Verkausauftrag **limitieren**, also vorschreiben, welchen Preis er mindestens erzielen will (*state an asking price*)

Liquidation (*f*): die in **Liquidation** gestellte Maxhütte hatte über einen angemessenen Kaufpreis zu verhandeln, 40 Millionen DM war der Gutachterwert (*liquidation*)

liquide (*adj*): die hohe Kaufneigung der sehr **liquiden** institutionellen Anleger (*liquid, flush*)

liquidieren: wie viele Unternehmen sanierungsfähig seien, wie viele **liquidiert** werden müßten (*liquidate*)

159

Listenplatz (*m*): wen seine Partei auf einen sicheren **Listenplatz** nominiert, dem kann der Wähler nichts mehr anhaben (*party list of candidates for election*)

Listenverbindung (*f*): nach dem neuen Wahlgesetz für die Wahlen zum ersten gesamtdeutschen Bundestag bestand die Möglichkeit der **Listenverbindung** zwischen Parteien der bisherigen BRD und der früheren DDR nicht mehr (*banding together of party lists, 'joint slate'*)

live (*adv*): wenn man die Europaministerin **live** hört (*in person*)

Lizenznehmer (*m*): im Mobil- und Satellitenmarkt tätigen private **Lizenznehmer** Investitionen in Höhe von fast sechs Milliarden DM (*licensee*)

Lizenzvergabe (*f*): der Bundespostminister prüft die Möglichkeit einer **Lizenzvergabe** für einen Telefonverkehr über Satellit zwischen Deutschland und osteuropäischen Ländern (*issuing of a licence*)

Lobby (*f*): Medienverbände in Bonn – eine **Lobby** für den Markt und für die Pressefreiheit; manche Verbände brauchen in der **Lobby**, der Vorhalle des Parlaments, gar nicht erst tätig zu werden, weil sie ihre Vertreter schon im Parlament sitzen haben (*lobby*)

lockermachen: die EG-Kommission wird eine »Patenschaft« übernehmen, und auch der Wirtschaftsminister wird einige Millionen **lockermachen** (*cough up, shell out*)

Lohn (*m*): **Löhne** und Gehälter haben sich um real 60 Prozent verbessert (*wage*)

Lohnabschluß (*m*): durch niedrige **Lohnabschlüsse** sollen Unternehmen entlastet werden (*wage agreement*)

Lohnausfall (*m*): bei der neuen Pflegeversicherung bleibt der **Lohnausfall** auf sechs Tage und maximal drei Krankmeldungen im Jahr begrenzt (*loss of wages*)

Lohnerhöhung (*f*): mit **Lohnerhöhungen** wird der zusätzliche Arbeitsanfall den Arbeitern schmackhaft gemacht (*wage rise*)

Lohnforderung (*f*): **Lohnforderungen**, die sonst nicht gestellt worden wären (*wage demand*)

Lohnfortzahlung (*f*): die Arbeitgeber wettern gegen die **Lohnfortzahlung**, weil sie die Blaumacherei fördere (*Statutory Sick Pay (SSP)*)

Lohnnebenkosten (*m/pl*): um die **Lohnnebenkosten** nicht zusätzlich steigen zu lassen (*on-costs, additional costs, employer's costs*)

Lohnpause (*f*): die Arbeitgeber nutzen die Krise, um eine **Lohnpause** durchzudrücken (*wage freeze/standstill*)

Lohnsteuer (*f*): SEE **Einkommenssteuer**

Lohnstopp (*m*): die Arbeitgeber wollen nicht nur einen **Lohnstopp**, sie fordern auch längere Arbeitszeiten (*wage freeze*)

Lohnstückkosten (*pl*): die **Lohnstückkosten** seien wegen der um die Hälfte niedrigeren Produktivität zu hoch (*unit labour costs*)

Lohnsubvention (*f*): es gibt eine Alternative zum Lohnverzicht: **Lohnsubventionen**, befristet und mit dem Zwang zu Marktanpassungen (*wage subsidy*)

Lohnsumme (*f*): Arbeitsplatzzusagen wurden mit Hilfe von Rückschlüssen aus der **Lohnsumme** der Unternehmen überprüft (*wages bill*)

Lohnverhandlungen (*f/pl*): das Trommelfeuer aus dem Vorfeld der **Lohnverhandlungen**, mit dem Politiker die Gewerkschaften zum Maßhalten zwingen wollten (*wage/pay negotiations*)

Lohnverzicht (*m*): wenn die Unternehmensstrategie nicht stimmt, kann auch der **Lohnverzicht** nicht helfen (*wage/pay restraint*)

Lohnzettel (*m*): unter dem Posten Abzüge auf dem **Lohnzettel** (*wage slip*)

Lohnzusatzkosten (*m/pl*): das Wirtschaftsprogramm der Sozialdemokraten enthält die Forderung nach Verringerung der **Lohnzusatzkosten** (*additional costs, on-cost, employer's costs*)

löschen: sämtliche personengebundenen Daten werden nach Abschluß des Spiels **gelöscht** (*delete, erase*)

Lücke (*f*): eine deutliche **Lücke** klafft noch zwischen West- und Ostdeutschland beim Bruttosozialprodukt (*gap*)

lukrativ (*adj*): das Ansparkonto ist der erste Schritt ins **lukrative** Wertpapiersparen (*lucrative*)

Lupe (*f*): Insolvenzen **unter der Lupe** (*under the microscope/scrutiny*)

M

machbar (*adj*): alle Schäden auszugleichen war nicht **machbar** (*feasible, practical*)

Machenschaften (*f/pl*): durch ihre **Machenschaften** machte sich die Betriebsleitung unbeliebt (*machinations*)

Machthaber (*m*): auch die ehernen Prinzipien des Rechtsstaates bieten ihre Klippen, die nun ausgerechnet den **Machthabern** der ehemaligen DDR zugute kommen (*ruler*)

Machtpolitik (*f*): der Hunger in Mosambik ist das Ergebnis weißer **Machtpolitik** im südlichen Afrika (*power politics*)

Machtwechsel (*m*): ob es nach 20 Jahren CDU-Alleinregierung zu einem **Machtwechsel** kommt (*change of government, transfer of power*)

Machtwort (*n*): in solchen Fällen genügt ein **Machtwort** der Monarchie (*word of command, decree*)

Mahnbescheid (*m*): man sollte unnötige Wechselproteste, **Mahnbescheide**, Scheckrückgaben auszuschließen versuchen (*writ, demand for payment*)

mahnen: zur Besonnenheit in der Debatte **mahnte** die Ausländerbeauftragte (*urge*)

Makler (*m*): setzen Sie beim Immobilienkauf und -verkauf auf Deutschlands bekanntesten **Makler** (*property dealer/agent*); Europa versucht als ehrlicher **Makler**, die Kriegsparteien zur Vernunft zu bringen (*broker*)

Makulatur (*m*): das Konzept ist alles nur **Makulatur** (*rubbish*)

malochen: ein Wirtschaftswunder? Nein, wir haben alle **malocht** (*graft, work hard*)

Management (*m*): **Managementfehler** privatisierter Betriebe zu korrigieren (*management mistakes*)

managen: das europäische Datennetz **managen**; der Investmentfonds wird von professionellen Vermögensverwaltern **gemanagt** (*manage*)

Manager (*m*): die **Manager** solcher Beteiligungsfirmen gehen entschieden gegen Kritiker vor, die sie in das Umfeld unseriöser Geschäftemacher stellen (*manager*)

Mandat (*n*): der Abgeordnete verzichtete auf sein **Mandat** (*mandate, seat*); die NATO hätte die militärische Macht zum Eingreifen, aber als reines Verteidigungsbündnis nicht das **Mandat** (*mandate*)

Mangel (*m*): es kann ein **Mangel** an qualifizierten Arbeitnehmern entstehen (*lack*); das Geldwäschegesetz weist in seiner neuen Fassung drei gravierende **Mängel** auf (*fault, deficiency*)

mangels (*prep*): weit über die Hälfte aller Konkursanträge werden von den Gerichten **mangels** Masse abgelehnt (*owing to lack of*)

Mangelware (*f*): Details sind **Mangelware**; Lehrstellen bleiben **Mangelware** (*scarce commodity*)

Manko (*n*): jedenfalls ist er ein dem kleineren Koalitionspartner näherstehender Regierungssprecher, weiter weg vom Kanzler als andere vorher, was ein **Manko** sein könnte (*handicap*)

Marathon (*n*): im Rahmen eines **Abstimmungsmarathons** am 17. Juni (*marathon series of votes*); im Laufe der zwölfstündigen **Marathondebatte** (*marathon debate*)

Marge (*f*): dies drückte die **Ertragsmargen** (*profit margin*)

Marke (*f*): unberührt vom wirtschaftlichen Umfeld schaukelt sich der Deutsche Aktienindex [Dax] über der **Marke** von 1700 nach oben (*mark*); der Designer übernimmt die Federführung über die **Designermarke** Chloe (*label*)

Markenzeichen (*n*): die kommunale Selbstverwaltung gilt als ein **Markenzeichen** der deutschen Demokratie (*hallmark*)

Marketing (*n*): die Verleiher des deutschen **Marketing**-Preises befanden, in dem Unternehmen werde nahezu »lehrbuchgetreues Marketing« betrieben; die Erstellung einer **Marketing**-Konzeption (*marketing*)

markieren: Leistungsanreize **markieren** den Weg aus der Krise (*mark*); in seiner Rede **markierte** er unverzichtbare Fixpunkte für ein besseres Erscheinungsbild der Partei (*pinpoint, identify*)

Marktanteil (*m*): wenn im Inland immer mehr Monopole und damit auch **Marktanteile** wegfallen, muß im Ausland ausgebaut werden (*market share*)

Marktberater (*m*): Bremer wollte Krenz zum **Marktberater** im sozialen Wohnungsbau ausbilden (*marketing consultant*)

Markteinführung (*f*): die geplante **Markteinführung** nachwachsender Rohstoffe (*introduction on to the market*)

Marktpreis (*m*): hundert Mark monatlich pro Quadratmeter ist nach Auffassung der Spezialisten der Hypothekenbanken noch kein **Marktpreis** (*market price*)

Marktprinzip (*n*): für ihn waren **Markt**- und Sozial**prinzip** grundsätzlich gleichrangig (*market principle*)

Marktwirtschaft (*f*): die Wirtschaftsliberalen in Polen betreiben eine Öffnung nach Westen und den energischen Ausbau einer **Marktwirtschaft** (*market economy*)

marode (*adj*): die 73 Milliarden, die man in die alte Sowjetunion gesteckt hatte, waren doch in ein altes, **marodes** System gesteckt worden; in Afrika, wo die **marodesten** Wirtschaften den meisten Nachwuchs hervorbringen (*clapped-out*)

Masse (*f*): weit über die Hälfte aller Konkursanträge werden von den Gerichten mangels **Masse** abgelehnt (*assets*)

maßgeblich (*adj*): von großer Bedeutung sind die für die Praxis der Finanzbehörden **maßgeblichen** Steuerrichtlinien (*definitive*)

Maßhalten (*n*): die Politiker wollen die Gewerkschaften zum **Maßhalten** zwingen (*moderation*)

Maßnahme (*f*): mit dieser Summe ließen sich viele wirksame **Maßnahmen** finanzieren; eine Verbesserung durch geeignete **Maßnahmen** (*measure*)

maßschneidern: weil die Schaltungen ganz nach dem Wunsch des Abnehmers **maßgeschneidert** werden; günstige, **maßgeschneiderte** Finanzierung (*tailor/suit to someone's needs*)

Maßstab (*m*): legt man diesen **Maßstab** an das heutige Sozialprodukt Westdeutschlands an (*criterion*); vor allem in seiner Ostpolitik hat Brandt **Maßstäbe** gesetzt (*standard*)

Mauschelei (*f*): die Bürger haben die ewigen Streitereien, Skandale, Affären, **Mauscheleien** und den Parteienfilz satt (*wheeling and dealing, fixing*)

Maut (*f*): es wird eine **Mautpflicht** auf allen Fernstraßen geben ((*statutory*) *toll*); die Straßenbau AG wird über eigene Einnahmen aus dem **Mautaufkommen** verfügen (*toll revenue*)

Maximalposition (*f*): Bundesrat und Bundestag stellten ihre **Maximalpositionen** einander noch einmal gegenüber (*maximum demand/position*)

Mäzen (*m*): was macht es schon aus, daß der geschenkte Kaffee von einem österreichischen **Mäzen** stammt (*benefactor*)

medial (*adj*): in einer **medialen** Zeit wie der unsrigen ist im Politiker mehr denn je der Künstler gefragt (*media-orientated, media-dominated*)

Mediendemokratie (*f*): Lafontaine, dieses Produkt aus dem Talentschuppen der **Mediendemokratie** (*'media democracy'* (*where politics is carried on via the media*))

Medienverband (*m*): **Medienverbände** in Bonn – eine Lobby für den Markt und für die Pressefreiheit (*media organization/pressure group*)

Medizinalbeamte[r] [decl like adj] (*m/f*): Arbeitsgemeinschaft der leitenden **Medizinalbeamten** der Länder (*medical officer*)

Mediziner (*m*): **Mediziner** können wegen des praktischen Jahres die Studienabschlußförderung nicht nutzen (*medical student*)

Mehrarbeit (*f*): bei der Finanzierung der Karenztage favorisierte die Partei über das Jahr verteilte **Mehrarbeit** (*extra hours/work to replace time lost due to sickness*)

Mehraufwand (*m*): Geldleistungen, die dafür bestimmt sind, den durch Körper- oder Gesundheitsschaden bedingten **Mehraufwand** auszugleichen (*extra costs*)

Mehrausgaben (*f/pl*): die erste Lesung des EG-Haushalts wurde mit einer Erhöhung von 1,7 Milliarden ECU beendet, wobei die **Mehrausgaben** für Hilfszusagen gegenüber Osteuropa verwendet werden sollen (*extra spending/expenditure*)

Mehreinkünfte (*f/pl*): Lafontaine will 90 000 Mark Zugewinn aus Pensionszahlungen für soziale Zwecke spenden. Damit reagiert er auf die Vorwürfe wegen angeblicher **Mehreinkünfte** nach seinem Ausscheiden als Stadtoberhaupt (*additional income*)

Mehreinnahmen (*f/pl*): die Abkommen führen zu **Mehr-** oder **Mindereinnahmen** bei Bund, Ländern und Gemeinden (*increased revenue*)

Mehrheit (*f*): Blüm zeigt sich zuversichtlich, daß dieses Modell im Bundesrat eine **Mehrheit** finden wird; es ergaben sich für die Verfassungsänderungen und -ergänzungen jeweils nur einfache **Mehrheiten** (*majority*)

Mehrkosten (*pl*): Ausgleich der **Mehrkosten** der neuen Pflegeversicherung bei den Arbeitgebern durch Einsparungen (*additional costs*)

Mehrstaatigkeit (*f*): die **Mehrstaatigkeit** soll zur Regel erklärt werden (*being a citizen of several (European Union) states*)

Mehrwertsteuer (*f*): er hat sich für die **Mehrwertsteuererhöhung** in der EG eingesetzt (*increase in value-added tax*); der Bundesfinanzminister habe sich für eine **Mehrwertsteuer-Bandbreite** in der EG zwischen 14 und 20 Prozent eingesetzt (*VAT tax-band*)

Meiler (*m*): SEE **Atommeiler**

Meinungsforscher (*m*): der Trend wird von den **Meinungsforschern** bestätigt (*opinion pollster*)

Meinungsmacher (*m*): gefragt sind heute die **Meinungsmacher** (*opinion-maker/former*)

Meinungsstreit (*m*): der **Meinungsstreit** wogte darüber, ob die Neutralität völlig über Bord geworfen werden sollte (*conflict of opinion, debate*)

Meinungsumfrage (*f*): in einer **Meinungsumfrage** stellte er diese Frage über 500 Personen (*opinion poll*)

melden: Finanztransaktionen gegebenenfalls den Ermittlungsbehörden zu **melden** (*report*)

Meldepflicht (*f*): die Verschärfung der **Meldepflicht** mit Attestzwang (*obligation (on doctor) to notify (the authorities of the issue of a sick-note)*)

Menschenführung (*f*): im Grunde könnte ich doch gehobene Manager ausbilden, einschließlich in **Menschenführung** (*leadership*)

Menschenrechte (*n/pl*): eine Verletzung der **Menschenrechte** (*human rights*)

Meritocracy (*f*): die führenden Politiker beider Parteien seit 1945 kommen nicht aus dem Adel oder dem Großbürgertum, sondern aus einer **Meritocracy**, einem Verdienstadel (*meritocracy*)

Merkblatt (*n*): Einzelheiten entnehmen Sie diesem **Merkblatt** (*leaflet*); das HDE-**Merkblatt** empfahl, die Geschäfte mit diesen Herstellern abzubrechen (*memo*)

Metallindustrie (*f*): nach dem Durchbruch in der **Metallindustrie** einigten sich auch die Tarifpartner in der Druckindustrie (*metal-processing/ working industries*)

Metier (*n*): während Politiker Diäten rechtfertigen, gibt es einen, der noch von seinem **Metier** schwärmt (*job, forte*); die Politik war von vornherein ihr **Metier** gewesen (*métier, forte*)

Mieter (*m*): **Mieter** in Westdeutschland, die 10 000 Quadratmeter anmieten wollen (*tenant*)

Mieterschutz (*m*): die erheblichen Gefahren für Mieter müßten im **Mieterschutz** neu geregelt werden (*rent protection legislation*)

Miethai (*m*): Bau- und Wirtschaftspolitik machen Spekulanten und **Miethaien** das Leben leicht (*rent shark*)

Mietrecht (*n*): wie ineffizient die Koalition in Sachen **Mietrecht** arbeitet (*law of landlord and tenant*)

Mietshaus (*n*): die Umwandlung alter **Mietshäuser** in Eigentumswohnungen (*rented property/blocks of flats*)

Mietvertrag (*m*): potente Mieter mit langfristigen **Mietverträgen** (*tenancy agreement*)

Mietwucher (*m*): Paragraphen gegen **Mietwucher** (*charging of exorbitant rents*)

Milchmädchenrechnung (*f*): die Zahlen über die Umzugskosten sind eine **Milchmädchenrechnung** (*calculation done on the back of an envelope/cigarette-packet*)

Milieu (*n*): in Zeiten der Politikverdrossenheit kommt ein Mensch, der mit dem politischen **Milieu** und dessen Privilegien nichts zu tun hat, wie gerufen (*world*)

Milieupartei (*f*): die einzigen echten **Milieuparteien** werden in den nächsten Jahren die neuen Parteien des rechtspolitischen und des linkspolitischen Ressentiments sein, die Republikaner und die Ostpartei ((*cadre*) *party recruiting from specific groups*)

Milliarde (*f*): mehr als acht **Milliarden** wurden investiert (*billion*)

Minderjährige[r] [decl like adj] (*m/f*): als besonders verwerflich verurteilte er, daß **Minderjährigen** leistungssteigernde Mittel verabreicht wurden (*minor, under-age child*)

mindern: **mindern** Sie das Risiko ihrer Geldanlage durch den Kauf von Aktien verschiedener Branchen; ausgeschüttete Erträge **mindern** den Anteilpreis am Tage der Ertragsausschüttung (*reduce*)

Mindestbetrag (*m*): ein **Mindestbetrag** sollte auf alle Fälle auf dem Konto stehenbleiben (*minimum/small amount*)

Mindestlohn (*m*): **Mindestlöhne** sollen vermeiden, daß die Gesellschaft ihre Kräfte im sozialen Bereich verschwendet (*minimum wage*)

Mindestspareinlage (*f*): die **Mindestspareinlage** beträgt 2000 DM (*minimum initial deposit (in savings account)*)

Ministerialbürokratie (*f*): die **Ministerialbürokratie** hat eine legislative Funktion, die nicht in der Verfassung verankert ist (*ministerial bureaucracy (of parliamentary state secretaries)*)

Ministerpräsident [-en,-en] (*m*): der **Ministerpräsident** Sachsens ((*Minister-*) *President* (*of a German* Land))

Minus (*n*): nach einem **Minus** von 19,5 Prozent in diesem Jahr wird nun ein Zuwachs der gesamtwirtschaftlichen Produktion im nächsten Jahr erwartet (*deficit, minus figure*)

Misere (*f*): die Debatten über die **Misere** der Volksparteien; die in den siebziger Jahren entstandene **Bildungsmisere** (*plight, crisis*)

mißachten: im Verteidigungsministerium ist ein Beschluß des Haushaltsausschusses **mißachtet** worden (*disregard, ignore*)

Mißfallenskundgebung (*f*): sie waren schwer bewacht, denn es war bereits zu mehreren **Mißfallenskundgebungen** gekommen (*demonstration/expression of disapproval*)

Mißmanagement (*n*): wenn mit **Mißmanagement** und Verschwendung in der Regierung aufgeräumt würde (*mismanagement*)

Mißstand (*m*): das dürftige Grundsatzprogramm, das lediglich aus der Aufzählung einiger **Mißstände** in den neuen Bundesländern besteht (*problem*)

Mißtrauensvotum (*n*): die vorzeitige Beendigung der Wahlperiode des Bundestags 1982/83 durch ein konstruktives **Mißtrauensvotum** (*vote of no confidence*)

Mitarbeit (*f*): Ärztekammern zu **Mitarbeit** aufgefordert (*collaboration, participation*)

Mitarbeiter (*m*): mit Lohnerhöhungen macht er den **Mitarbeitern** die Umgruppierungen schmackhaft; der Streik weitet sich aus, **Universitätsmitarbeiter** solidarisieren sich (*employee*); eine ausreichende Anzahl von Richtern und nichtrichterlichen **Mitarbeitern** bei den Gerichten (*assistant, colleague*)

mitberatend (*adj/adv*): unter den Abgeordneten des **mitberatenden** Ausschusses herrschte Einigkeit (*advisory, with advisory status*); der Ausschuß befasste sich **mitberatend** mit dem Antrag der SPD-Fraktion (*in an advisory function*)

Mitbestimmung (*f*): eine »soziale Betriebsordnung«, die eine **Mitbestimmung** der Arbeitnehmer gewährleistet (*co-determination*)

Mitbewerber (*m*): der **Mitbewerber** von Scharping für das Amt des Parteivorsitzenden der SPD (*rival* (*for office*), *fellow competitor*)

Mitgliedsstaat (*m*): sämtliche **Mitgliedsstaaten** der EG (*member state*)

Mitleidenschaft (*f*): jedes Embargo **zieht** vor allem die Bevölkerung in **Mitleidenschaft** (*negatively affect, hurt*)

mitmischen: auch Verbände und Interessenvertretungen **mischen** in Bonn kräftig **mit** (*have a finger in the pie, be in on the act*)

mitrechnen: diese Summe muß **mitgerechnet** werden (*include in the calculation*)

mitspielen: wenn die Sozialpartner nicht **mitspielen**, müßte Blüm versuchen, den Karenztag auf gesetzlichem Wege für alle einzuführen (*collaborate, go along (with)*)

Mitspracherecht (*n*): das EP hat auch ein **Mitspracherecht** am EG-Haushalt (*right to be consulted*)

Mitte (*f*): Gesetzentwürfe werden durch die Bundesregierung, aus der **Mitte** des Parlaments oder durch den Bundesrat eingebracht (*backbenches*)

mitteilen: Kohl hat in der Pressekonferenz die Berufung von Volker Rühe **mitgeteilt**; wie aus dem Auschuß **mitgeteilt** wurde (*announce, report*); wollen Sie das Konto ändern, **teilen** Sie das uns **mit** (*inform, advise*)

Mittel (*pl*): Norditalien zahlt den größten Teil der Steuern im Land, also müsse es auch über die Verwendung dieser **Mittel** entscheiden können; die EG wird über **Finanzmittel** in Höhe von 64,1 Milliarden ECU verfügen können (*funds, resources*); die leistungssteigernden **Mittel** sind gefährlich (*drugs*)

Mittelschicht (*f*): die Demokratie bedarf der **Mittelschicht** (*middle class(es)*)

Mittelstand (*m*): der **Mittelstand** ist das A und O des wirtschaftlichen Lebens (*small and medium-sized businesses/firms*)

mittelständisch (*adj*): **mittelständische** Betriebe werden alle 9 Jahre geprüft (*medium-sized*)

Mittelständler (*m*): die Zielgruppen der Reps sind vor allem Bauern, Handwerker und kleine **Mittelständler** (*owner of medium-sized businesses*)

Mittler (*m*): die Parteien sind **Mittler** zwischen dem Bürger und den Organen des Staates (*mediator, broker*)

mittragen: die Parteimitglieder, die den Mehrheitsbeschluß von CDU und CSU zum Abtreibungsrecht nicht **mitgetragen** hatten (*support*)

mitversichert (*pp as adj*): nicht berufstätige Ehepartner und Kinder sind kostenfrei **mitversichert** (*covered under the same insurance*)

Mitwirkung (*f*): die Forderung des EP nach stärkerer **Mitwirkung** bei der Gestaltung der Gemeinsamen Außen- und Sicherheitspolitik (*say, consultation, participation*)

mobilisieren: die Ersparnisse sind über viele Jahre fest gebunden und können nur mit Verlusten **mobilisiert** werden (*withdraw, unlock*)

Modalität (*f*): der Ausschuß schaute sich die **Modalitäten** eines BAföG-Darlehens genauer an (*condition*)

Modell (*n*): Ihr persönliches **Sparmodell** (*savings plan*)

Modellversuch (*m*): das Bundesinstitut für Berufsbildung bereitet die Durchführung von Statistiken und **Modellversuchen** vor (*pilot scheme*)

Moment (*n*): die rationale Begründung für das **Trägheitsmoment** bei der Aufarbeitung der Geschichte; die marxistisch-leninistische Ausrichtung der »Kommunistischen Plattform« der PDS ist ein **Verdachtsmoment**, das eine Prüfung durch den Verfassungsschutz vorschreibt (*factor, element*)

Monatsvergleich (*m*): der Index nahm im **Monatsvergleich** um 10% zu (*monthly comparison*)

monetär (*adj*): die **monetäre Expansion verläuft** verhalten (*monetary*)

monieren: die Abgeordnete **monierte** die zahllosen Interviews nach den Schußwechseln (*criticize*)

Monopolaufsicht (*f*): Wettbewerbsverfälschungen müssen mittels einer **Monopolaufsicht** verhindert werden (*monopolies supervisory body, 'Monopolies Commission'*)

Monopolist [-en,-en] (*m*): der **Monopolist** muß als Aktionär einspringen (*monopolist*)

multilateral (*adj*): der **multilaterale** Fonds wurde eingerichtet (*multilateral*)

mündelsicher (*adj*): das Geld wird in ausgesuchten, **mündelsicheren** Wertpapieren angelegt (*gilt-edged*)

mündig (*adj*): daß die Bürgerbewegungen Bündnis 90 und NF scheiterten, die das Ideal eines **mündigen** Bürgers vertraten (*active, participating, mature*)

Mündigkeitsstaat (*m*): er fordert den **Mündigkeitsstaat**; Vertrauensnetze sollen an die Stelle von Verbändewirtschaft und Bürokratismus treten (*state of actively participating citizens*)

Mußvorschrift (*f*): eine **Muß-Vorschrift** in eine Kann-Vorschrift umzuwandeln (*absolute rule*)

mustern: ich bin 1964 **gemustert worden**, wurde dann aber nicht eingezogen (*get one's call-up papers*)

mutmaßlich (*adj*): sein **mutmaßlicher** Herausforderer bei der Bundestagswahl 1994 (*probable, likely*); Spekulationen um die Todesumstände des **mutmaßlichen** RAF-Terroristen (*suspected*)

Mutterschaftsgeld (*n*): unpfändbar ist das **Mutterschaftsgeld** bis zur Höhe des Erziehungsgeldes, soweit es nicht aus einer Teilzeitbeschäftigung herrührt (*maternity pay/allowance*)

N

nachbohren: Aufgabe der Ministerkonferenz wird sein, in dieser Frage weiter **nachzubohren** (*dig, probe*)

nachbörslich (*adj*): im **nachbörslichen** Ibis-Handel stiegen die Kurse weiter ((*dealing*) *after close* (*of the stock exchange*))

Nachdruck (*m*): **mit Nachdruck** setzte er sich für die schnelle Verabschiedung des Gesetzes ein (*emphatically, vigorously*)

nachdrücklich (*adv*): die Ärztekammern in den Ländern sollen **nachdrücklich** aufgefordert werden, Verstöße zu ahnden (*emphatically, firmly*)

Nachfolgekonferenz (*f*): zur Vorbereitung der ersten **Nachfolgekonferenz** in Rio (*follow-up conference*)

Nachfolger (*m*): er wurde zum **Nachfolger** von Hans-Jürgen Schulz berufen (*successor*)

Nachfrage (*f*): wenn die **Nachfrage** nach Öl sprunghaft steigt (*demand*); man kann nicht ohne nähere **Nachfrage** die Beute dieses Staates einstecken (*questions*)

nachfragen: Sie können Ihr Konto ohne **nachzufragen** überziehen (*enquire, ask, check*)

nachgeben: die durchschnittlichen Umlaufrenditen öffentlicher Anleihen **gaben** von 7,20% auf 7,0% **nach** (*sink, dip*)

nachgehen: viele Frauen können wegen der Kindererziehung keinem Beruf **nachgehen** (*pursue*)

nachhaltig (*adv*): eine **nachhaltig** wirksame Begrenzung der Importe; der Anteil regenerativer Energien an der Energieerzeugung muß **nachhaltig** erhöht werden (*on a sustained basis*)

Nachhaltigkeit (*f*): die Nutzung der natürlichen Ressourcen nach dem Prinzip der »**Nachhaltigkeit**« (*sustainability*)

Nachholbedarf (*m*): die Wohnungseigentümer mit **Nachholbedarf** werden die Miete schnell erhöhen, bevor das Gesetz in Kraft tritt (*ground to catch up*)

nachkommen: die Anwälte müssen ihrer Anzeigepflicht **nachkommen** (*comply with, fulfil*)

Nachlaß (*m*): die Suche nach einem Anwalt zur Abwicklung des **Nachlasses** (*estate*)

Nachlassen (*n*): ein weiteres **Nachlassen** der konjunkturellen Auftriebskräfte (*slowing down, weakening*)

Nachnahme (*f*): Lieferung der Zeitung nur gegen Vorauskasse oder per **Nachnahme** (*cash/payment on delivery*)

Nachprüfung (*f*): Rechte auf **Nachprüfung**, wenn ein Bescheid abgelehnt wurde (*reconsideration*)

nachrechnen: hat die Koalition im eigenen Hause **nachrechnen** lassen, wieviel Beiträge sie in der Renten- und Arbeitslosenversicherung verlieren wird? (*calculate, check the/one's calculations/figures*)

nachrichtendienstlich (*adj*): die Ergebnisse **nachrichtendienstlicher** Tätigkeit des Bundes (*of the intelligence services*)

nachrücken: das neue Mitglied des Deutschen Bundestags **rückte** über die Landeslisten für den verstorbenen Kollegen **nach** (*replace someone in* (*a seat in*) *parliament, move up, succeed*)

nachrüsten: die Installationen wurden teilweise mit Sicherheitstechnik aus dem Westen **nachgerüstet** (*re-equip*)

Nachrüstung (*f*): für sicherheitsverbessernde **Nachrüstungsinvestitionen** seien rund 40 Millionen Mark eingeplant (*funds/money for updating military equipment*)

nachsenden: Ihre Post kann **nachgesandt** werden (*forward, send on*)

nachsuchen: wir **suchen** um Zinsstundungen **nach** (*request*)

nachträglich (*adv*): **nachträglich** sei festzustellen, daß nach einem genauen Plan vorgegangen sei (*in retrospect*)

Nachtragshaushalt (*m*): der Haushaltsausschuß hob eine qualifizierte Sperre im **Nachtragshaushalt** über 10 Millionen Mark auf (*supplementary budget, 'mini-budget'*)

nachversteuern: mit der angestrebten Form der Zinsbesteuerung werde der Steuerhinterziehung Tür und Tor geöffnet, da es im Ermessen des einzelnen läge, ob er seine Zinsen **nachversteuert** (*make a subsequent declaration on*)

nachwachsend (*adj*): die Markteinführung **nachwachsender** Rohstoffe (*sustainable*); die **nachwachsende** Generation (*up-and-coming, next*)

Nachwahl (*f*): die Aktienbörse in Paris reagierte auf die **Nachwahlen** (*by-election*)

Nachweis (*m*): gegen eine Absenkung des Gefahrengrenzwerts auf 0,5 Promille spricht die Tatsache, daß der **Nachweis** einer generellen Gefährdung für diesen Wert nicht erbracht werden kann (*proof, evidence*)

nachweisen: eine Finanzierung aus Haushaltsmitteln käme nur in Betracht, wenn entsprechende Einsparungen an anderer Stelle **nachgewiesen** werden könnten (*demonstrate*)

nachweislich (*adj*): der sportmedizinische Dienst hat **nachweislich** nicht zugelassene Arzneimittel eingesetzt (*demonstrably*)

Nachwuchs (*m*): der eigene **Nachwuchs** wurde ab Mitte der 70er Jahre überwacht (*offspring, child(ren)*)

Nachwuchs- (*in compounds*): zunächst Gründungsvorsitzender der **Nachwuchsorganisation** des Gläserhandwerks (*youth/apprentice* *training organization*); **Nachwuchswissenschaftler** sollen besonders gefördert werden (*new/next generation of scientists*); das Seminar ist für **Nachwuchskräfte** im Export konzipiert (*trainee export personnel*)

Nachzahlung (*f*): bei Teilamortisation gibt es eventuell eine **Nachzahlung** (*supplementary payment/charge*)

Naherholungsgebiet (*n*): das umstrittene Gebiet ist bestes **Naherholungsgebiet** (*local recreational area*)

nähertreten: dies erklärt, warum neuerdings immer mehr Leute Erwägungen **nähertreten**, dem serbischen Störenfried mit militärischen Mitteln Einhalt zu gebieten (*begin to find attractive, entertain*); er mag den Offerten noch nicht **nähertreten** (*consider, accept*)

namentlich (*adj/adv*): im Bundestag fehlte er bei allen **namentlichen Abstimmungen** dieses Jahres unentschuldigt (*roll-call vote*); das Mitbestimmungsgesetz zielt nicht auf Mitbestimmung von Arbeitnehmervertretern in allen Organen der Unternehmen, **namentlich** der Unternehmensleitung (*that is, i.e.*)

namhaft (*adj*): einige **namhafte** Aktiengesellschaften bieten ihren Arbeitern und Angestellten Aktien der eigenen Firma zum Erwerb an (*reputable*)

nebenberuflich (*adj*): den Kunden werden Versicherungen verkauft und gleichzeitig Jobs als **nebenberufliche** Vertreter angeboten (*as a second job, part-time*)

Nebeneinkünfte (*f/pl*): Arbeitnehmer, deren **Nebeneinkünfte** 800 DM nicht überschreiten (*additional/extra income*)

Nebenerwerb (*m*): die Landwirtschaft als **Nebenerwerb** betreiben; die Tätigkeit im eigenen Haushalt zählt nicht zu den **Nebenerwerbstätigkeiten** (*second job, secondary occupation*)

Nebenkläger (*m*): der Rechtsschutz zahlt die Kosten gegnerischer **Nebenkläger** im Strafverfahren (*prosecuting witness*)

Nennbetrag (*m*): zwei Anleihetranchen wurden gleichzeitig und im gleichen **Nennbetrag** begeben (*nominal value*)

Nenner (*m*): den etablierten Parteien warf er vor, sie seien nur zur Politik des **kleinsten gemeinsamen Nenners** fähig (*lowest common denominator*)

Nennwert (*m*): die Anleihen wurden zum [variablen] Marktzins verzinst, ihr **Nennwert** aber gegenüber der alten Forderung um 35 Prozent verringert (*nominal value*)

Nettokreditaufnahme (*f*): die Belastungen setzen sich aus 280 Milliarden DM Defizit sowie Zuschüssen aus der Bundeskasse und **Nettokreditaufnahmen** zusammen (*net borrowing*)

Nettoproduktionsrückgang (*m*): die 400 befragten Unternehmen erwarten eine schnelle Überwindung des **Nettoproduktionsrückgangs** (*net drop in output*)

Neuansiedlung (*f*): Gewerbebetriebe befürchten die kommunalen Einschränkungen bei der **Neuansiedlung** von Betrieben (*relocation*)

Neuausgabe (*f*): Zusatzgewinn durch spesenfreie **Neuausgaben** (*new issue*)

Neubau [pl **Neubauten**] (*m*): große Investoren lassen die Finger von **Neubauten** (*new property*)

Neubesetzung (*f*): die **Neubesetzung** des Fraktionsvorsitzes sollte in Abstimmung der Partei insgesamt erfolgen (*refilling*)

Neubürger (*m*): jeder **Neubürger** hatte im Durchschnitt 7500 Mark auf dem Sparbuch (*new citizen of the Federal Republic* (*citizen of the old GDR*))

Neueinteilung (*f*): das Gesetz zur **Neueinteilung** von Wahlkreisen (*redrawing the boundaries, reorganization*)

Neugliederung (*f*): durch eine **Neugliederung** haben sich die Parlamentssitze von 74 auf 75 erhöht (*reorganization/redrawing of the boundaries*)

Neuling (*m*): die **Neulinge** hatten dank Brüssel ein leichtes Geschäft (*newcomer*)

Neumieter (*m*): der Unterschied zwischen den Bedingungen für Altmieter und **Neumieter** (*new tenant*)

Neuorientierung (*f*): die Anerkennung der Notwendigkeit einer grundlegenden **Neuorientierung** und Grundgesetzänderung nimmt zu (*reorientation, different approach*)

Neuregelung (*f*): Gesetzentwurf zur **Neuregelung** der Zinsbesteuerung; die **Neuregelung** des Abtreibungsrechts (*revision*)

Neuwahl (*f*): die **Neuwahl des Präsidenten** (*election of a new president*)

Neuwert (*m*): Versicherungswert ist der Wiederbeschaffungspreis [**Neuwert**] (*cost of replacement*)

Neuzugang (*m*): Frauen, die aus Gründen der Kindererziehung aus dem Arbeitsleben ausscheiden, werden anschließend im Betrieb als **Neuzugang** eingestuft (*new appointment/employee/member of staff*)

Neuzulassung (*f*): der Anteil importierter Personenkraftwagen an den **Neuzulassungen** beträgt in Ostdeutschland 56% (*new registration*)

Nichtbesteuerung (*f*): die **Nichtbesteuerung** von Grenzgängern soll künftig ausgeschlossen sein (*tax exemption*)

nichtehelich (*adj*): auch die **nichteheliche** Abstammung von einem deutschen Vater (*non-marital, illegitimate*); der verfassungsrechtliche Schutz **nichtehelicher** Lebensgemeinschaften (*non-marital*)

Nichtigkeitsklage (*f*): bei Verletzung der Gemeinschaftspflichten kann **Nichtigkeitsklage** beim Europäischen Gerichtshof in Betracht kommen (*action to have a decision declared void*)

Nichtratifizierung (*f*): im Falle einer **Nichtratifizierung** dieses Abkommens würde ein nicht wieder gutzumachender Schaden eintreten (*non-ratification, failure to ratify*)

nichtrichterlich (*adj*): **nichtrichterliche** Mitarbeiter beim Gericht (*lay, without formal legal qualification*)

Nichtverfolgerland (*n*): um zu erreichen, daß Menschen aus **Nichtverfolgerländern** Asylantenstatus bekommen (*country not recognized as practising persecution*)

Niederlassungsfreiheit (*f*): Berufsfreiheit, **Niederlassungsfreiheit**, Vereinigungsfreiheit! (*freedom of establishment*)

Niedriglohn (*m*): der erneute Wettbewerbsdruck durch die **Niedriglohnkonkurrenz** mittel- und osteuropäischer Werkvertragsunternehmen (*low wage*)

Niveau (*n*): Anpassung der Lebensverhältnisse in Ostdeutschland an das **Niveau** im Westen (*level*); Kündigungsschutz für 18 Millionen Menschen auf höherem **Niveau** (*quality*)

Nivellierung (*f*): sozialpolitische Maßnahmen, die jedwede **Nivellierung** nach unten verhindern (*levelling (down)*)

Nomenklatura (*f*): wir werden von einer **Nomenklatura** regiert, einer politischen Klasse, die fast so geschlossen ist wie die der kommunistischen Partei (*'Nomenclatura', (local) party list of names (in communist countries)*)

Nominierung (*f*): die Kritik an Carstens **Nominierung** zum Bundespräsidenten (*nomination*)

Normalbürger (*m*): anders als 1952 besitzen heute die meisten **Normalbürger** Vermögen (*average citizen, ordinary man-in-the-street*)

Normalverdiener (*m*): die Unternehmer fordern Klein- und **Normalverdiener** zu Opfern aller Art auf (*those on average pay/in the middle income bracket*)

Normenkontrollverfahren (*n*): der Bundeskanzler und CDU-Vorsitzende will für die Einleitung eines **Normenkontrollverfahrens** stimmen (*norm-control procedure*)

Notar (*m*): **Notare**, die ein Konto für einen Dritten eröffnen (*notary*)

notariell (*adv*): der Vertrag mit der Treuhand ist bereits **notariell** beurkundet (*by a notary*)

Notenbank (*f*): die EG-Behörden und die **Notenbanken** der großen Industriestaaten sehen die italienische Entwicklung mit großer Besorgnis (*issuing bank*)

notieren: das erste an der Börse **notierte** östliche Unternehmen (*quote*); die Kassakurse von 132 öffentlichen Anleihen **notierten** um bis zu 50 Pfennig höher (*be valued/quoted*)

Notierung (*f*): neben dem Einheitskurs gibt es eine variable **Notierung** (*quotation*)

Nötigung (*f*): ob es bei der Nutzung von Bodeneigentum durch die Wismut zu **Nötigungen** von Alteigentümern kam (*coercion, harassment*)

Notparlament (*n*): die PDS ist nicht im Gemeinsamen Ausschuß, eine Art **Notparlament**, vertreten (*'emergency parliament'*)

Notstand (*m*): er drohte, den **Notstand** auszurufen (*state of emergency*); der **Bildungsnotstand** im Osten könnte so schnell behoben werden (*educational crisis*)

Novelle (*f*): die erhöhte Arznei-Zuzahlung ist Bestandteil einer von der Bundesregierung vorgelegten **Novelle** zum Gesundheitsreformgesetz (*amendment*)

novellieren: die Regierung will das Gesetz **novellieren** (*amend, change*)

Novellierung (*f*): die **Novellierung** der Thüringer Kommunalverfassung (*amendment*)

Null (*f*): die Abgabe im kommunalen Bereich dürfte gegen Null tendieren (*zero*)

Nullrunde (*f*): die Arbeitgeber fordern bei den Tarifverhandlungen **Nullrunde** (*agreement on nil increase in wages*)

Nullwachstum (*n*): die explodierenden Egos auf Zeiten des **Nullwachstums** vorzubereiten (*zero growth*)

numerieren: im Abonnement enthalten sind auch die **numerierten** Verzeichnisse der erhaltenen Dokumente (*number*)

nutzen: die geplante Markteinführung nachwachsender Rohstoffe soll konsequent **genutzt** werden (*take advantage of, exploit*)

Nutznießer (*m*): es wird gefordert, die unrentable Vorratsbewirtschaftung abzubauen, deren **Nutznießer** Großkonzerne seien (*beneficiary*)

Nutzung (*f*): die **Nutzung** der natürlichen Ressourcen nach dem Prinzip der Nachhaltigkeit (*utilization*); es werden zwei Sparten – Personenverkehr und Güterverkehr – geschaffen, die der Deutschen Eisenbahn AG die **Nutzung** der Trassen bezahlen müssen (*use*)

Nutzungswert (*m*): bei der pauschalen Ermittlung des **Nutzungswertes** (*value in use*)

O

Obergrenze (*f*): daß die Ausgaben der EG die **Obergrenze** von 1,2 Prozent des Bruttoinlandsprodukts nicht überschreiten dürfen (*upper limit*)

Objekt (*n*): die Republikaner sind in einigen Bundesländern **Beobachtungsobjekt** der jeweiligen Verfassungsschutzbehörden (*subject of surveillance*); **Investitionsobjekte** werden gesucht (*properties for investment*)

obliegen [governs dative]: die Gesetzgebung **obliegt** dem Parlament (*be incumbent upon/the responsibility of*); große und leistungsfähige Länder zu schaffen, die die ihnen **obliegenden** Aufgaben wirksam erfüllen können (*incumbent upon*)

Obligation (*f*): diese **Obligationen** gibt es mit Laufzeiten ab 4 Jahren ((*government*) *bond*)

Obmann [pl Obleute] (*m*): Einfluß besitzen auch die **Obleute** der Fraktionen in den Ausschüssen (*representative*)

Obrigkeit (*f*): war den ostdeutschen Kirchenleitungen ein gutes Verhältnis zur **Obrigkeit** wichtiger als die Unterstützung der Reformgedanken ihrer Basisgruppen? (*authorities, powers that be*)

Obrigkeitsstaat (*m*): noch in diesem Jahrhundert hat der Staat in Form des **Obrigkeitsstaates**, des Herrschaftssystems von wenigen oder des totalen Staates die Entfaltung der freien Gesellschaft behindert (*authoritarian state*)

obwalten: angesichts der **obwaltenden** Spannungen zwischen Bund und Ländern (*obtain*)

Ochsentour (*f*): das Berufspolitikersystem hat auch seine Vorteile und die »**Ochsentour**« eine gewisse erzieherische Wirkung (*hard slog, treadmill, working one's way slowly up through the ranks*)

Offenbarungseid (*m*): da löste der mexikanische Finanzminister am 13. August 1982 mit seinem **Offenbarungseid** das aus, was als Schuldenkrise heute bald jeder Tertianer in der Schule kennenlernt (*official disclosure* (*under oath*)); der Mangel an Nahrungsmitteln in Afrika kommt einem **Offenbarungseid** gleich, verursacht durch Fehlentscheidungen, den Folgen der Apartheid und einem chaotischen Weltagrarmarkt (*declaration of insolvency/bankruptcy*)

Offenlegung (*f*): **Offenlegung** und öffentliche Kontrolle der Finanzen der Parteien (*disclosure*)

öffentlich (*adj*): der Bestechungsskandal um die **öffentlichen** Aufträge der Stadt; Forderungen nach bevorzugter Vergabe von **öffentlichen** Aufträgen an Mittelständler (*government, public*)

öffentlich-rechtlich (*adj*): die privaten Rundfunkanbieter beschweren sich über die **öffentlich-rechtlichen** Rundfunkanstalten (*public law*)

öffentliche[r] Dienst (*m*): die Effizienz im **öffentlichen Dienst** ist dürftig – bei einem EG-Vergleich kam die italienische Post kürzlich am schlechtesten weg; neben Angestellten des **öffentlichen Dienstes** haben in der CDU/CSU-Fraktion höhere Verwaltungsbeamte und Lehrer an weiterführenden Schulen den höchsten Anteil (*civil service*)

öffentliche[s] Leben (*n*): zum ersten Mal hatte eine private Unternehmensberatung in politischem Auftrag einen ganzen Bereich des **öffentlichen Lebens** nach privatwirtschaftlichen Gesichtspunkten aufs Korn genommen (*public life/sector*)

Öffentlichkeit (*f*): er war 1973 als neuer Vorsitzender der CDU/CSU-Fraktion einer breiten **Öffentlichkeit** bekanntgeworden (*public*); wenn das Bundespresseamt mit einer gezielten Informationskampagne **an die Öffentlichkeit ginge** (*go public*)

offerieren: die individuelle Beratung gegenüber den vielseitig **offerierten** Anlage-Empfehlungen pauschaler Ratgeber (*put on offer, offer*)

Offerte (*f*): die **Genußscheinofferte** des Handelshauses fand eine gute Resonanz (*(share) offer*)

Ökonom [-en,-en] (*m*): jeder **Ökonom** weiß, daß der Gesetzgeber die Arbeitgeber wirklich von Beiträgen verschonen muß (*economist*)

operativ (*adj*): die **operative** Arbeit von Polizei und Verfassungsschutz (*operational*)

operieren: die Schwäche der Bürgerbewegungen in der DDR hing mit dem Umfeld zusammen, in dem sie zu **operieren** hatten (*operate*)

opponieren: der französische Konzern benötigt Staatshilfen, **gegen** die die europäischen Konkurrenten **opponieren** (*oppose*)

Oppositionsbank (*f*): von der sicheren **Oppositionsbank** aus fordert die SPD (*opposition benches*)

Option (*f*): eine Abgrenzung der Gebäude, für die letztlich eine **Option** zur Umsatzsteuer möglich ist (*option, alternative*)

Optionsanleihe (*f*): unter **Optionsanleihen** versteht man Papiere, die dem Inhaber neben einer festen Verzinsung ein befristetes Bezugsrecht auf Aktien des betreffenden Unternehmens bieten (*option share*)

Optionsrecht (*n*): Krupp hat **Optionsrechte** gekauft und wird noch vor der Hauptversammlung Gebrauch davon machen (*option right*)

Orchideenfach (*n*): bei der Umorganisierung des Hochschulsystems sollen z.B. kleine »**Orchideenfächer**« zugunsten der Massenfächer gesundgeschrumpft werden (*esoteric subject*)

ordentlich (*adj*): die **ordentlichen** Erträge müssen in voller Höhe an die Anteilinhaber weitergegeben werden (*ordinary*)

Order (*f*): die Zahl der **Orders** pro Börsentag ist nicht beschränkt ((*buying*) *order*)

ordern: geordert werden die Aktien über Telefon; Sie können Auto, Möbel oder Hausgeräte gleich **ordern** (*order*)

ordnen: Verwaltungsordnungen können Organisation, Zuständigkeiten und Verfahren der Behörden **ordnen** (*regulate, govern, lay down rules for*); es ist vorgesehen, die neuen Wahlkreise nach dem Verlauf der Bezirksgrenzen zu **ordnen** (*organize, structure*); Rechte und Pflichten ordnet der Bundestag im Rahmen seiner **Geschäftsordnung** (*standing orders*)

Ordnung (*f*): der Staat schützt die natürlichen Lebensgrundlagen im Rahmen der verfassungsmäßigen **Ordnung** (*order, framework*); das Gebot zur Ächtung der Abtreibung folgt aus dem Grundgesetz als wertgebundener **Ordnung** (*framework of rules*); die Abgeordnete wurde **zur Ordnung gerufen** (*call to order*); Bundesinstitut für Berufsbildung bereitet **Ausbildungsordnungen** vor (*training programme*)

ordnungsgemäß (*adj*): eine Statusprüfung der Betriebe, an die sich eine Bilanzvorprüfung anschloß, um dann eine **ordnungsgemäße** Bilanz vorlegen zu können (*conducted according to the rules, proper*)

Ordnungskräfte (*f/pl*): Linksextremisten nehmen bestimmte Kampagnen zum Vorwand, gegen staatliche **Ordungskräfte** gewalttätig vorzugehen (*forces of law and order*)

Ordnungsmäßigkeit (*f*): der Abschluß wird durch einen Wirtschaftsprüfer auf seine **Ordnungsmäßigkeit** geprüft (*proper financial management*)

ordnungspolitisch (*adj*): daß **ordnungspolitische** Maßnahmen allein nicht ausreichen werden, die Gewalt gegen Ausländer zu unterbinden (*public order*); der **ordnungspolitische** Rahmen der Postdienstleistungen (*concerning local government administration/organization*)

Ordnungsruf (*m*): eine hitzige von Zwischen- und **Ordnungsrufen** gekennzeichnete Plenardebatte (*call to order*)

Ordnungswidrigkeit (*f*): der Versicherungsschutz umfaßt die Verteidigung im Verfahren wegen des Vorwurfs einer **Ordnungswidrigkeit** (*offence against/infringement of the* (*administrative*) *law,* (*traffic*) *offence*)

Organ (*n*): **Organe** oder Organteile des Parlaments (*organ, parliamentary body/institution*); die neuen Länder sollen in die Willensbildung des Bundesinstituts für Berufsbildung und seiner **Organe** einbezogen werden (*sections, branch*); die **Organe** der Europäischen Gemeinschaft (*institution*)

Organisator (*m*): die Sieger werden von den **Organisatoren** des Börsentrainings ermittelt (*organizer*)

organisieren: wir haben vom Angelernten bis zum Ingenieur Menschen **organisiert**, die ihren Sachverstand einbringen können (*get together*); immer weniger Arbeiter sind heute **organisiert** (*organize, unionize*)

Organstreit (*m*): im Vorfeld eines solchen **Organstreits** zwischen Parlament und Regierung über bestehende Entscheidungskompetenzen (*dispute between branches of government*)

orientiert (*pp as adj*): die national **orientierte** katholische Wahlaktion erreichte 9 Prozent der Stimmen (*orientated*); eine dynamische, an der Lohnentwicklung **orientierte** Rente (*geared/linked to*)

Orientierung (*f*): es fehlt eine klare politische **Orientierung** aus Bonn (*direction, lead*); der Verfassungsschutzbericht ist **Orientierungshilfe** für die Auseinandersetzung mit dem Extremismus (*guide*)

Orientierungsstufe (*f*): der Gesetzentwurf der Thüringer SPD sieht die Einführung einer **Orientierungsstufe** als unumgänglich an (*post-primary school period of mixed ability teaching* (*to facilitate the selection by pupils of the appropriate educational path*))

originär (*adj*): **originäre** Aufgabe des Staates ist es, den Schwächeren vor dem Stärkeren zu schützen (*ultimate, fundamental, basic*)

Ort, vor O. (*m*): als Bürgermeister **vor Ort** hat er immer alle Probleme, die er dann in den Bundestag eingebracht hat, hautnah erlebt (*on the spot,* in situ)

örtlich (*adj*): Beihilfen zur **örtlichen** Produktion (*local*)

ortsansässig (*adj*): **ortsansässige** Wiedereinrichter landwirtschaftlicher Betriebe mit Restitutionsansprüchen (*local(ly resident)*)

Ortsbesichtigung (*f*): eine **Ortsbesichtigung** durch den Journalisten ergab, daß an der Adresse kein Firmenschild auf die Existenz der Firma hinweist (*visit* (*to the scene of the crime*))

Ortschaft (*f*): ziehen Sie innerhalb einer **Ortschaft** um, genügt die Ummeldung (*local area, locality, district*)

Ortskasse (*f*): den freiwilligen Mitgliedern der **Ortskassen** soll die Entscheidung für das System der Kostenerstattung ermöglicht werden (*district health insurance scheme*)

ortsüblich (*adj*): die Mieten dürfen um nicht mehr als zwanzig Prozent über der **ortsüblichen** Vergleichsmiete liegen (*local*)

Ortsverein (*m*): der Tag der **Ortsvereine** (*local party association*)

Ostler (*m*): ihm gelang, was vielen **Ostlern** verwehrt bleibt; Kredite sind oft nicht zu erschwingen (*person from the old East Germany/GDR*)

Otto Normalverbraucher (*m*): der deutsche **Otto Normalverbraucher** (*average consumer*)

P

Pachtjahr (*n*): konkrete Angaben über die Zahl der für das **Pachtjahr** 1992/93 abgeschlossenen Verträge (*leasing year*)

Paket (*n*): die endgültige Verabschiedung des **Finanzpakets** gilt als gesichert (*financial package*)

Palette (*f*): ein fruchtbarer Wettbewerb unter den Hochschulen, der zur breiten **Palette** produktiver Vielfalt beiträgt (*range*)

Panaschieren (*n*): der CDU-Abgeordnete in Nordrhein-Westfalen setzte sich für das Kumulieren und **Panaschieren** nach süddeutschem Muster ein, wonach mehrere Stimmen auf einen Kandidaten »gehäufelt« und quer zu Parteilisten gewählt werden kann (*voting on the same ballot paper for candidates belonging to different parties*)

Papier (*n*): verwundert waren die Börsianer über die Kurssteigerungen in beiden **Papieren** (*security*); ein Auslandsführerschein kann entzogen werden, wenn der Inhaber des **Papieres** einen Pkw im Zusammenhang mit einer Straftat benutzt hat (*document*)

Papierkrieg (*m*): das Darlehen ist so konzipiert, daß eine Handhabung ohne großen **Papierkrieg** gewährleistet ist (*bumf, red tape*)

Paragraph [-en,-en] (*m*): sie strichen den von den Amerikanern eingeführten **Paragraphen** aus ihrer Abschlußerklärung (*clause, passage*)

Paragraphenreiterei (*f*): auch manch schematische **Paragraphenreiterei** bei der Einstellung von Bewerbern für den öffentlichen Dienst ist Ausfluß eines Formalismus (*pettifogging attitude, going by the book*)

parieren: auf den Vorwurf **parierte** er mit Zahlen (*counter, comeback*)

Parität (*f*): ein eigener Währungsraum mit festgesetzten **Paritätsverhältnissen** (*exchange rate parities*)

paritätisch (*adj*): neben der Zahl der Ländervertreter wird aus **paritätischen** Gründen auch die Zahl der Arbeitgeber und Arbeitnehmer im Auschuß angehoben (*of parity/equal representation*)

Parlamentarier (*m*): die neu gewählten **Parlamentarier** aus Ostdeutschland (*member of parliament, deputy*)

parlamentarisch (*adj*): daß die Union elementare Regeln **parlamentarischer** Willensbildung nicht mehr gelten lassen will (*parliamentary*)

Parlamentarismus (*m*): die Leistungsfähigkeit von Demokratie und **Parlamentarismus** (*parliamentarianism, the parliamentary system*)

Parole (*f*): wenn die durchschnittliche Halbwertzeit eines Politikers in der Mediendemokratie nach der **Parole** »Er tanzte nur einen Sommer« bemessen sein sollte, wird man dies teuer bezahlen müssen (*maxim, adage, saying*); mit den **Parolen** von gestern (*slogan*)

Partei (*f*): jede **Partei** hat eine Ausfertigung des Vertrages erhalten (*party (to a contract)*)

Partei[en]verdrossenheit (*f*): Kungelei der Parteien – das erzeugt auf Dauer eine **Parteienverdrossenheit**, die wir nicht aushalten werden (*disaffection with party politics*)

Parteiausschluß (*m*): tiefgehende politische Meinungsverschiedenheiten können einen **Parteiausschluß** rechtfertigen (*expulsion from a/the party*)

Parteiaustritt (*m*): der CDU-Ortsverband Frankfurt/Oder hat sein Mitglied Peter-Michael Diestel zum freiwilligen **Parteiaustritt** aufgefordert (*resignation from the party*)

Parteibuch (*n*): der Aufruf an die Parteien, auch ohne **Parteibuch** ausgesuchte Köpfe funktionieren zu lassen (*(the right) party membership (card), political affiliation*)

Parteibürger (*m*): gedacht ist an eine stärkere Teilnahme der »**Parteibürger**« am Prozess der Kandidatenaufstellung (*rank and file/ordinary party member*)

Parteieintritt (*m*): die Zahl der **Parteieintritte** ist in den siebziger Jahren stark angestiegen (*person joining the party, new party member*)

Parteiendemokratie (*f*): Weizsäckers Erwägungen über den Zustand der **Parteiendemokratie** (*party democracy, a democracy in which most/all political power is vested in the parties*)

Parteienfilz (*m*): die Bürger haben die ewigen Streitereien, Skandale, Affären, Mauscheleien und den **Parteienfilz** satt (*nepotism practised along party lines*)

Parteiengeflecht (*n*): die Ausbreitung des **Parteiengeflechts** läßt sich an der Personalpolitik in den Ministerien, den Verwaltungen oder den Rundfunkanstalten illustrieren (*infiltration by political parties (of public bodies and 'civil service'), 'old-boy network'*)

Parteienherrschaft (*f*): die norditalienische Liga kämpft inzwischen gegen das von der Zentralregierung gestützte Establishment der **Parteienherrschaft** (*party rule, exercise of all political power by the parties*)

Parteienproporz (*m*): die Stadträte werden nach dem **Parteienproporz** bestimmt (*(the principle of filling 'non-political' posts in line with) the proportional representation of the various political parties*)

Parteienstaat

Parteienstaat (*m*): Richard von Weizsäcker kritisierte den **Parteienstaat**; Kritik an den Wucherungen des **Parteienstaats** (*party state, state ruled by political parties*)

Parteifreund (*m*): sein Papier hat bei den **Parteifreunden** im Lande mehr Wirbel gemacht (*fellow party member*)

Parteiführung (*f*): eine derartige »Ur-Wahl« der **Parteiführung** hatte es in der modernen Parteigeschichte nicht gegeben (*party leadership*)

Parteigänger (*m*): ein Liberalkonservativer, der nie zu den **Parteigängern** von Maggie Thatcher gehörte ((*loyal*) *party supporter*)

parteihörig (*adj*): stimmen die Abgeordneten so ab, wie ihre Fraktion es wünscht, heißt es oft, sie seien »**parteihörig**« und ohne Rückgrat (*maintaining unswerving party loyalty, (being a) party hack*)

parteiintern (*adj*): fehlende **parteiinterne** Philosophie; damit hat er sich einen **parteiinternen** Rivalen vom Hals geschafft (*internal to/within the party*)

parteiisch (*adj*): das Delikt der Rechtsbeugung für den **parteiischen** Richter kannte das DDR-Strafgesetzbuch nicht (*biased*)

Parteilichkeit (*f*): von sozialistischer **Parteilichkeit** zu individueller Freiheit; »**Parteilichkeit**« war bei Rechtsanwendung und Rechtsprechung ein positives Prinzip, zu dem Juristen genötigt wurden (*partisanship, unswerving loyalty to the party*)

Parteiliste (*f*): nach dem Verfahren in Süddeutschland werden die Stimmen oft auf einen Kandidaten »gehäufelt«, wonach quer zu **Parteilisten** gewählt werden kann (*party (nomination) list (of candidates)*)

parteilos (*adj*): ein Bergbau-Wissenschaftler, der bis 1990 **parteilos** war (*not a party member*); der Abtrünnige blieb als **parteiloser** Abgeordneter im Bundestag (*independent*)

parteipolitisch (*adj*): wissenschaftliche Erforschung **parteipolitischer** Ämterpatronage im öffentlichen Dienst (*party political*)

Parteispende (*f*): in Stuttgart begann einer der letzten großen **Parteispendenprozesse** der Republik, diesmal gegen den früheren Bosch-Chef Hans Merkle (*court case concerning financial donations to the parties*)

Parteispitze (*f*): eine linksextremistische Strömung in der Labour Party, die aber nie an die **Parteispitze** gelangte (*party leadership*)

Parteitag (*m*): am Vorabend des **Parteitages** hatten sie die Sache einvernehmlich geklärt (*party conference*)

Parteiverdrossenheit (*f*): Präsident von Weizsäcker hat auf die **Parteiverdrossenheit** in der Bundesrepublik hingewiesen (*disenchantment with political parties*)

Parteivolk (*n*): die Situation dem jeweiligen **Parteivolk** schmackhaft zu machen, fiel den beiden Vorsitzenden nicht leicht (*party members, rank and file*)

Parteivorsitz (*m*): mit dem Übergang des **Parteivorsitzes** auf Björn Engholm (*leadership of the party*)

Parteivorstand (*m*): dem Votum der Parteimitglieder folgte einstimmig der **Parteivorstand** in seiner Wahlempfehlung an den Parteitag (*party executive*)

Parteizentrale (*f*): die Siegesfeier findet nicht fernab der **Parteizentrale** statt, sondern mitten im Büro des ÖVP-Vorsitzenden (*party headquarters*)

partiell (*adj*): nach einem **partiellen** Schuldenerlaß würden alle Gläubiger vom Preisanstieg auf dem Sekundärmarkt profitieren (*partial*)

Partikularinteresse (*n*): ein Amtsträger, der einzelne **Partikularinteressen** dem Gemein(de) wohl unterordnen kann (*sectional interest*)

Partnerstaat (*m*): Güter können zollfrei zwischen den **Partnerstaaten** gehandelt werden (*member state*)

Passage (*f*): das Gesetz soll – bis auf einige **Passagen**, die erst zum 1. Januar 1994 gelten – rückwirkend in Kraft treten (*passage, section*)

passieren: die Initiative muß noch den Bundestag **passieren** (*get through*)

Passus (*m*): der bisherige Wortlaut des Art. 88 GG soll um folgenden **Passus** ergänzt werden (*passage*)

Patt (*n*): in den dramatischen Wochen der Barschel-Affäre mit der **Patt-Situation** im Landtag (*stalemate*)

pauschal (*adj/adv*): der **pauschal** ermittelte Verkehrswert der Immobilien (*taking everything into account*); an Hand einer einfachen, **pauschalen** Anleitung für die Beamten (*single*); die individuelle Beratung gegenüber den vielseitig offerierten Anlage-Empfehlungen **pauschaler** Ratgeber (*general*)

Pauschale (*f*): für den Lehrgang wird eine **Pauschale** erhoben (*one-off, inclusive sum*)

pauschaliert (*pp as adj*): der tagesgleiche Pflegesatz soll durch **pauschalierte** Zahlungen abgelöst werden (*single/block*)

Pauschalierung (*f*): Finanzaufwendungen für den Umbau eines Hauses sind mit der **Pauschalierung** abgegolten und können nicht als normale Absetzungen für Abnutzung berücksichtigt werden (*inclusive/flat-rate payment*)

Pauschalisierung (*f*): hier wird man sich vor **Pauschalisierungen** hüten und differenzieren müssen zwischen politischen Führungskräften und der Masse der Parteimitglieder (*generalization*)

Pauschbetrag (*m*): der Werbungskosten-**Pauschbetrag** von 100 DM wird für Alleinstehende ausgesetzt (*lump sum*)

Pendler (*m*): 40 000 **Pendler** in der Bundesrepublik, die in der Schweiz arbeiten (*commuter*)

Pension

Pension (*f*): die PÜ soll die **Pensionen** der Beamten tragen (*pension*)

Pensionär (*m*): eine starke Gruppe bilden die Hausfrauen, gefolgt von den Rentnern und **Pensionären** (*recipient of civil-service pension*)

Pensionierung (*f*): das Personalstärkegesetz läßt **vorzeitige Pensionierung** zu (*early payment of a pension, premature retirement (on full pension)*)

pensionsreif (*adj*): er lancierte eine Liste von Ministern, die er für **pensionsreif** hält (*ready for pensioning off, of pensionable age*)

Person (*f*): der Bundespräsident mit der ganzen Autorität seines Amtes und seiner **Person**; den **Personen** helfen, die diese schwierige Pflegeaufgabe übernehmen (*person*); zu berücksichtigen hat die Bundesregierung, welche Anteile **juristische Personen** aus dem Westen haben (*persons in law*); wir benötigen **Angaben zu Ihrer Person** (*personal details*)

Personal (*n*): Italien müßte das **Personal** im Gesundheitswesen verringern (*staff, employees*)

Personalbereich (*m*): die Einsparungen im **Personalbereich** dürften sich auch 1993 fortsetzen (*area of staffing*)

Personalbestand (*m*): die Bundesrepublik muß den **Personalbestand** ihrer Streitkräfte erheblich zurückführen (*staffing level, manpower*)

Personalunion (*f*): bei der SPD liegt häufig eine **Personalunion** von Parteivorsitz und Kanzlerschaft vor (*combination of functions/offices*)

personell (*adj*): die **personelle Erneuerung** der SPD, die mit dem Übergang des Parteivorsitzes auf Björn Engholm begonnen habe (*bringing in of new people/faces, 'changing of the guard'*)

personenbezogen (*adj*): **personenbezogene** Unterlagen (*relating to individuals*)

Personenverkehr (*m*): es werden zwei Sparten – **Personenverkehr** und Güterverkehr – geschaffen (*passenger transport*)

Persönlichkeitswahl (*f*): Eckpfeiler der süddeutschen Ratsverfassung ist die **Persönlichkeitswahl** der Ratsmitglieder und des Bürgermeisters unmittelbar durch die Bürger (*election of/voting for a specific candidate rather than a party*)

Perspektive (*f*): du gehst jetzt als Bezirkssekretär nach Magdeburg, das ist gut für deine **Perspektive** (*future, career prospects*); viel wichtiger für die Parteien ist das offene Reden über die **Perspektiven** des Mangels (*aspect, possible/likely consequence*)

Petent [-en,-en] (*m*): die **Petenten**, die der Rückzahlung ihres BAföG-Darlehens nicht nachgekommen waren, wurden bestraft (*previous recipient (applying for renewal) of grant*); der Bürger, der die Beschwerdeschrift einreicht [= der **Petent**] hat das Recht, daß seine Petition entgegengenommen wird (*petitioner*)

Petition (*f*): die Behandlung von **Petitionen** stellt eine eigenständige Aufgabe der Parlamente dar – eine notwendige Ventilfunktion des Petitionsrechts; die konkret vorgelegten **Petitionen** (*petition*)

Pfand (*n*): die in den Besitz der Bank gelangten Sachen dienen als **Pfand** für alle Ansprüche der Bank gegen den Kunden (*security, collateral*)

Pfandbrief (*m*): **Pfandbriefe** sind festverzinsliche Wertpapiere (*mortgage bond*)

pfänden: im übrigen könnten Ansprüche auf laufende Geldleistungen wie Arbeitseinkommen **gepfändet** werden (*seize, distrain*)

Pfändung (*f*): die Vorschriften des Sozialgesetzbuches über die **Pfändung** von Sozialleistungen (*distress, seizure*); die Leistungsträger selbst sollen das Recht erhalten, einen Antrag auf die Erhöhung der **Pfändungsfreigrenze** zu stellen (*allowance exempt from seizure*)

Pflege (*f*): die Koalition mußte sich im Streit um die **Pflege** zusammenraufen; die **Pflege** im Heim ((*health*) *care*)

Pflegebedürftige[r] [decl like adj] (*m/f*): kein **Pflegebedürftiger** verelendet in dieser Republik; es ist den **Pflegebedürftigen** nicht mehr zumutbar, mit der Einführung der Pflegeversicherung zu warten (*someone in need of* (*health*) *care*)

Pflegeperson (*f*): die soziale Sicherung von **Pflegepersonen**, die wegen der Pflege von Familienangehörigen auf eine Erwerbstätigkeit verzichten (*carer*)

Pflegesatz (*m*): der tagesgleiche **Pflegesatz** in den Krankenhäusern wird durch leistungsorientierte Zahlungen abgelöst werden (*care allocation*)

pflegeversichert (*pp as adj*): wer in der gesetzlichen Krankenversicherung versichert ist, wird dort **pflegeversichert** sein (*covered by nursing-care insurance*)

Pflegeversicherung (*f*): bei der **Pflegeversicherung** bekräftigte er die Position der FDP, wonach für jüngere Menschen eine private Vorsorgepflicht im Kapitaldeckungsverfahren und für ältere Jahrgänge eine befristete Umlagefinanzierung vorgesehen ist (*nursing-care insurance*)

pflichtversichert (*pp as adj*): für diejenigen Personen, die in der gesetzlichen Krankenversicherung nicht **pflichtversichert** sind (*compulsorily insured*)

Pfründe (*f*): Ämterpatronage und politisches **Pfründewesen** sind für die Parteidemokratie gewiß nicht von Vorteil; daß es an den Bonner Tischen um die Verteilung von Lasten und nicht um die Zuweisung von Ämtern und **Pfründen** geht (*easy living, sinecure*)

plädieren: er **plädierte** auch für eine Verfassungsänderung; Kinkel **plädiert** für Ausländer-Wahlrecht (*plead for, advocate*)

Planfeststellungsverfahren (*n*): die Gesetzesinitiative verkürzt die Fristen für Behörden und Kommunen im **Planfeststellungsverfahren** (*planning decision procedure*)

Planrechnung (*f*): eine **Planrechnung** der Beteiligungsfirma versprach Wertsteigerungen von acht Prozent im ersten Jahr (*budgetary/ financial projection*)

Planstelle (*f*): das relativ alte Personal besetzt attraktive **Planstellen** (*establishment/core post*)

Planung (*f*): es hat viele **Planungen** gegeben, aber die haben zu keinem Ergebnis geführt (*plan, planning operation*)

Planwirtschaft (*f*): die **Planwirtschaft** der alten DDR scheiterte kläglich (*planned/centralized economy*)

Plattform (*f*): die **Plattformen**, Interessengemeinschaften und die anderen Arbeitsgruppen innerhalb der SED-PDS hatten auf dem Papier das Recht auf eigene Organisationsstrukturen (*interest group within a political party, group(ing), 'tendency'*)

plazieren: die Optionsscheine wurden innerhalb weniger Stunden **plaziert** (*sell, trade*)

Plazierung (*f*): inzwischen konnte die **Plazierung** der Vorzugsaktien am Markt erfolgreich abgewickelt werden (*placing*)

plebiszitär (*adj*): der Weg zu einem **plebiszitären** System (*plebiscitary*)

Pleite (*f*): viele Unternehmer stehen der Frage, wie es zu der eigenen **Pleite** kam, hilflos gegenüber; die Zahl der **Firmenpleiten** klettert (*bankruptcy*)

Plenarsitzung (*f*): die übrige parlamentarische Arbeit [einschließlich außerordentlicher **Plenarsitzungen**] werde man in Brüssel abwickeln (*plenary session*)

Plenum (*n*): weil viele Abgeordnete wenig oder gar nichts von den ausgearbeiteten Gesetzestexten verstehen, müssen sie im **Plenum** oft nolens volens zustimmen (*plenum, plenary session*)

Plenumsrede (*f*): die neue Ministerin stellte in ihrer ersten **Plenumsrede** in neuer Funktion fest, daß (*speech before the whole house*)

Plus (*n*): das **Plus** an Lebensqualität, das der Westen und Norden Europas geschaffen haben (*rise, increase*); per saldo konnte ein **Absatzplus** von DM 155,1 Millionen verzeichnet werden (*credit sales balance*)

polarisieren: seine Kandidatur **polarisierte** das Land (*divide*); sein Name vermag, zwischen blinden Anhängern und blinden Gegnern zu **polarisieren** (*polarize opinion*)

Polit- (*in compounds*): der gescheiterte **Politbürokrat** ((*mere*) *bureaucrat-style politician*); ebenso wird reines **Polit-Management** abgelehnt (*managerial-style politics*); zu Besuch bei der früheren **Politelite** der DDR (*political élite*)

Politik (*f*): er ging mit 16 Jahren in die **Politik** (*politics*); die Parteien warfen einander vor, durch ihre jeweilige **Politik** Ausländerfeindlichkeit zu begünstigen (*policy, policies*); ein europäisches Währungsinstitut soll bei der Angleichung der Wirtschafts-, Finanz- und **Währungspolitiken** der Mitgliedsstaaten beraten (*policy*)

Politikmanager (*m*): das Image zeigt den Freidemokraten als glatten **Politikmanager**, der alles verkörpert, was zum Ansehensverlust des Berufsstandes heute beiträgt: Karriere statt Stetigkeit, Public Relations statt Substanz (*a politician in the managerial mould*)

Politikmüdigkeit (*f*): wenn Parteienverdrossenheit, **Politikmüdigkeit** und Proteststimmung die Stichworte der Zeit sind (*apathy, political fatigue*)

Politikverdrossenheit (*f*): das Ergebnis bestätigt die allgemeine **Politikverdrossenheit**: Immer mehr Wähler bleiben zu Hause, und immer weniger trauen den etablierten Parteien die Lösung der dringlichen Probleme zu; wir mußten in den vergangenen Wochen viel von der **Politikverdrossenheit** hören, davon, wie sehr sich die Berufspolitiker gefangen hätten im Elfenbeinturm ihrer menschenfernen Politik (*alienation from the political process*)

politisieren: ein Thema so zu »**politisieren**«, daß die politischen Parteien sich seiner annehmen (*politicize*)

Politokrat [-en,-en] (*m*): der wahre Charakter dieses Prototyps eines bundesrepublikanischen **Politokraten** (*bureaucrat-style politician*)

Polizeidirektion (*f*): der Jugendbeauftragte der Hamburger **Polizeidirektion** Süd (*police division*)

Polizeigewahrsam (*m*): wer trotz des Verbots wieder aufgegriffen wird, wandert für vier Stunden in **Polizeigewahrsam**; einen längeren Freiheitsentzug läßt das Polizeirecht in diesen Fällen nicht zu (*police custody*)

Pönal (*n*): die Einhaltung der **Pönale** muß von Fall zu Fall bewertet werden; SEE ALSO **Vertragsstrafe**

Pool (*m*): im Falle von Beteiligungsgesellschaften zahlen viele kleine Sparer in einen gemeinsamen **Pool** ein (*pool*)

Portefeuille (*n*): die im **Aktienportefeuille** stark vertretenen Chemie-Werte senkten ihre Dividenzahlungen deutlich (*portfolio*)

Position (*f*): die CDU vertritt die **Position**, daß das Grundgesetz eine 40jährige Legitimation besitze (*position, point of view*); die neue GOÄ wird sehr viel weniger **Positionen** enthalten (*item*); wenn beide jetzt klar **Position beziehen** (*take up a position*); auf der Sotheby-Auktion wurden für mehr als 200 **Positionen** 5 Millionen DM erzielt (*item, entry*)

positionieren [sich]: Kohl **positioniert sich** als ruhender Pol in der Mitte (*take up a position, assume the role*)

Positionspapier (*n*): in einem **Positionspapier** des Bundesministeriums des Innern zu den Verhandlungen über den Einigungsvertrag (*position/discussion paper*)

Postamt (*n*): an allen Werktagen kann das Geld bei einem **Postamt** abgehoben werden (*post office*)

Postdienst (*m*): ein Grünbuch über die Entwicklung des Binnenmarktes für **Postdienste** (*postal service*)

Posten (*m*): es wurden fünf Prozent des Gesamthaushalts an alle möglichen Wählergruppen verteilt. Dieser **Posten** trug erheblich zur Verschuldung bei (*item, factor*); die Gliederung der Bilanz in verschiedenen **Posten** (*heading, item, entry*); in den Bezirken ist das Gerangel um die **Posten** in vollem Gange (*post, position, job*)

Postenvergabe (*f*): ohne Nazi-Stimmen waren in Österreich keine Mehrheiten zu machen. Und so sahen danach die übrigen Handlungen bei der **Postenvergabe** oder in der Justiz aus (*allocation of posts*)

PR-Berater (*m*): der frisch verpflichtete **PR-Berater** (*PR (public relations) consultant/adviser*)

Präambel (*f*): in der **Programm-Präambel** der Republikaner (*preamble*)

präferieren: die Koalitionsräson erfordert, daß alle sachlichen Bedenken gegen das von der Union **präferierte** Umlagenmodell über Bord geschmissen werden (*prefer*)

Praktik (*f*): disziplinierende **Praktiken** in Staat und Gesellschaft der DDR; marktverdrängende **Zahlungspraktiken** einer Hamburger Firma (*practice*)

Praktikabilität (*f*): für eine Zusammenlegung der Wahltermine sprechen Gründe der **Praktikabilität** (*practicability*)

Praktiker (*m*): Ziel des Seminars ist es, den **Praktikern** diese Regeln anhand von Fällen aus dem Alltag transparent zu machen (*practitioner*)

Prämie (*f*): **Prämien** für ein hohes Investitionsrisiko; 12% **Prämie** für die Sparleistung (*premium, bonus*)

Prämiensparvertrag (*m*): Anlagepläne sind günstig für einen **Prämiensparvertrag** (*premium/bonus savings account*)

Prämisse (*f*): die zentralen ideologischen **Prämissen** des Regimes nicht in Frage zu stellen (*premiss*)

präsent (*adv*): das Unternehmen will wieder in den Kaufhäusern **präsent** **sein** (*have a presence in*)

präsentieren: die Fraktion **präsentierte** ihren eigenen Gesetzentwurf (*present, put forward*)

präsidieren: dort wurde der Arbeitskreis gegründet, **präsidiert vom** Frankfurter Oberbürgermeister (*under the presidency of*)

Prävention (*f*): die ärztlichen Honorare für die vom Gesetzgeber vorgegebenen Leistungen der **Prävention** (*prevention* (*of illness*))

präventiv (*adv*): um auf das extremistische Täterpotential **präventiv** einzuwirken (*preventatively*)

Praxis (*f*): die Befürworter der neuen Maßnahme hatten auf die **Praxis** in vergleichbaren Ländern hingewiesen (*practice*)

praxisgerecht (*adv*): die EG-Beschlüsse sollten zusammen mit den Ländern **praxisgerecht** umgesetzt werden (*in line with present practice*(*s*), *practically*)

praxisnah (*adv*): schließlich sollte sie auch solche Konzepte entwickeln, die so **praxisnah** und handlungsorientiert gefaßt sein sollen, daß sie von Gesetzgebung, Verwaltung und Justiz auch möglichst kurzfristig umgesetzt werden können (*practical*)

präzisieren: er wurde gebeten, seine Vorstellungen zu **präzisieren** (*state more precisely, give precise details about*)

Preis (*m*): die **Preise** schwanken (*price*); die Verleiher des **Marketing-Preises** (*prize*)

Preissteigerungsrate (*f*): bei einer angenommenen **Preissteigerungsrate** von drei bis vier Prozent (*rate of price increases*)

Preisstopp (*m*): Subventionen, Lohn- und **Preisstopps** sind nicht zulässig (*price freeze*)

Preissturz (*m*): Angst vor dem **Preissturz** am deutschen Immobilienmarkt (*sharp drop in prices*)

Preisverfall (*m*): ein abenteuerlicher **Preisverfall** in der Mikroelektronik sorgt dafür, daß nur der erste Anbieter mit einer Neuschöpfung Geld verdienen kann; der zweite geht schon leer aus, der dritte schreibt Verluste (*drop in prices*)

prellen: Tapie soll seinen Kompagnon um drei Millionen Mark **geprellt** haben (*cheat*)

Pressekonferenz (*f*): regelmäßige **Pressekonferenzen** sind aus der Öffentlichkeitsarbeit der Regierung nicht mehr wegzudenken (*press conference*)

Pressemitteilung (*f*): es wurde in einer **Pressemitteilung** verkündet (*press release*)

Primat (*m or n*): der **Primat** der Sicherheitspolitik, der ökonomische, soziale und politische Veränderungen im Ostblock als nachrangig erscheinen ließ (*primacy, priority*)

Prinzipienreiterei (*f*): man solle sachlich und ohne **Prinzipienreiterei** debattieren (*rigid/dogmatic adherence to principles, being blindly doctrinal*)

Priorität (*f*): die räumlichen **Prioritäten** der Strukturpolitik werden neu festgelegt; der Firmenchef setzte falsche **Prioritäten** (*priority*)

Private [decl like adj] (*f*): die Kritik der **Privaten** an den öffentlich-rechtlichen Rundfunkanstalten (*private company/corporation*)

Privatisierung (*f*): er versprach die **Privatisierung** von Staatsbeteiligungen (*privatization*)

privatrechtlich (*adj*): ob ein Rechtsanwalt in der alten Bundesrepublik in einer **privatrechtlichen** Sozietät oder in der ehemaligen DDR in einem öffentlich-rechtlichen Kollegium der Anwälte arbeitet (*civil law*)

Privatsphäre (*f*): die Mißachtung der **Privatsphäre** war bisher ein untrügliches Zeichen totalitärer Regimes (*privacy (of the individual)*)

Privatwirtschaft (*f*): **Privatwirtschaft** soll stärker gefördert werden (*the private sector, private business*)

privatwirtschaftlich (*adj*): nach der Reform kann sich das französische Unternehmen auch direkt im Ausland engagieren, was früher nur **privatwirtschaftliche** Filialen durften (*private, in the private sector*); die Bundesbahn will ihr Personal in Zukunft nach **privatwirtschaftlichen** Tarifen entlohnen (*private sector*)

Probeabstimmung (*f*): alle Parteien im Stadtrat hatten **Probeabstimmungen** in ihren Fraktionen durchgeführt (*straw vote/poll*)

Probezeit (*f*): zu Beginn eines Arbeitsverhältnisses, während einer vereinbarten **Probezeit**, soll mit einer Frist von zwei Wochen gekündigt werden (*trial period*)

Problematik (*f*): Wissenschaftler informierten den Landwirtschaftsausschuß über die **Problematik** ihrer Forschungsmethoden ((*nature of the*) *difficulties*); die **Ausländerproblematik** wird von Agitatoren bedenkenlos ausgenutzt (*problem, problems associated with*)

Produktionspalette (*f*): die Stadt hat eine breite **Produktionspalette**: Maschinenbau, Lederwaren, Käsefabrik, Elektrobau (*product range*)

Produktionsstätte (*f*): Ziel jeder Aktiengesellschaft ist es, ihre **Produktionsstätten** zu erweitern und zu rationalisieren (*plant, factory*)

Professionalisierung (*f*): Betriebe, die sich durch »**Professionalisierung**« dem Wettbewerb in der Gemeinschaft stellen wollen (*professionalization*)

Professionalität (*f*): aufgrund mangelnder **Professionalität** (*professionalism*)

professionell (*adj*): **professionelle** Investmentberater (*professional, expert*)

Profi (*m*): die **Profis** aus der Werbebranche (*professional*)

Profil (*n*): mit Attacken gegen den akademischen Schmus gewann er Feinde und **Profil** (*image, reputation, a name for himself*);

die Bewegung verlor ihr **Profil** und fast alle Anhänger (*image, standing*); er bezeichnete die Republikaner als einen Haufen dumpfer Nationalisten ohne politisches **Profil** (*identity, (political) profile*)

profilieren [sich]: die Fachhochschulen **profilieren sich** in zunehmendem Maße als Anlaufstellen des Mittelstandes (*make a name for oneself, emerge*)

profiliert (*pp as adj*): **profilierter** Agrarsprecher der FDP-Bundestags-Fraktion (*prominent, high-profile*)

Profiteur (*m*): südliche Länder wie Spanien und Portugal als überdurchschnittliche **Profiteure** von Gemeinschaftsmaßnahmen (*beneficiary*)

profitieren: vom Anstieg des US-Dollar-Kurses gegenüber der D-Mark konnte der Fonds nur wenig **profitieren** (*profit*)

Prognose (*f*): folgt man einigermaßen verläßlichen **Wirtschaftsprognosen**, ist ein Gleichstand des deutschen Ostens mit den Westländern auch in zwanzig Jahren nicht zu erreichen (*prognosis, forecast*)

prognostizieren: die Preussag-Tochter **prognostiziert** für das laufende Jahr einen Durchschnitt von 330 Dollar (*predict*)

Programm (*n*): das **Programm** – Konversion von militärischen zu zivilen Produkten – ist verschoben worden (*project*); das gesundheitspolitische **Programm** der neuen Rechten (*programme, policy, manifesto*)

Programmatik (*f*): die **Programmatik** der neuen Gruppierung (*political programme*)

Projekt (*n*): Ziel sei, das seit 13 Jahren bestehende alternative **Projekt** auf dem Medienmarkt zu einer »Erstzeitung« für 90 000 feste Leser zu gestalten (*project, experiment*); der Bund als Hauptfinanzier des **Projekts** (*project*)

Projektträger (*m*): die SPD-Fraktion möchte wissen, wie viele Bewilligungen der Forschungsförderung durch **Projektträger** des Bundesministeriums für Forschung und Technologie 1992 vorbereitet wurden (*funding body*)

Promille-Grenze (*f*): die 0,5 **Promille-Grenze** soll jetzt helfen, die Horrorzahlen der Alkoholopfer zu reduzieren (*alcohol limit*)

Proporz (*m*): die Besetzung des Ausschusses erfolgte nach dem **Proporzprinzip**; das **Proporzdenken** der Parteien macht das Regieren unmöglich (*basis of sharing, proportional representation (on public bodies) of (major) political parties*)

Protest (*m*): diese Pläne dürften so manche **Proteste** hervorrufen (*protest*)

Protokoll (*n*): der Gesetzentwurf, mit dem das **Protokoll** zum Doppelbesteuerungsabkommen ratifiziert werden soll (*protocol*);

die Schriftführer im Bundestag haben unter anderem die Korrektur der **Plenarprotokolle** zu überwachen (*record/minutes of the plenary sessions*); wie ein Mittelsmann an Eides statt dem Spiegel **zu Protokoll gegeben** hat (*put on the record*)

Protokollant [-en,-en] (*m*): notierte der SPD-**Protokollant** (*minutes secretary*)

protokollarisch (*adv*): **protokollarisch** war das inkorrekt (*in terms of protocol, procedurally*)

Provinz (*f*): früher mußten bestechliche Beamte mit einer Versetzung in die **Provinz** rechnen (*regions, backwoods*)

Provision (*f*): mit Blick auf ihre **Provisionen** verkaufen die Vermögensberater gnadenlos dubiose Produkte (*commission*)

Provisorium (*n*): daß es sich beim Grundgesetz nicht um eine Verfassung von dauerhafter Geltung, sondern um ein **Provisorium** handelte (*provisional/temporary construct/arrangement*)

Prozentpunkt (*m*): 25 Prozent Quellensteuer sind 25 **Prozentpunkte** mehr als in New York (*percentage point*)

prozentuell (*adj*): ein **prozentueller** Abschlag bei der Lohnfortzahlung (*percentage, in percentage terms*)

Prozess (*m*): der Rechtsschutz zahlt die Gerichtskosten bei **Prozessverlust** und die Kosten, die das Mitglied trotz **Prozessgewinn** nicht erstattet bekommt (*losing/winning the* (*court*) *case*)

Prozeßordnung (*f*): die zusätzlichen Verfahren müssen mit zahlenmäßig gleichem Personal und den bisher geltenden **Prozeßordnungen** bewältigt werden (*rule of legal procedure*)

prüfen: der Bundesrat bittet, im weiteren Gesetzgebungsverfahren die Kontrollmöglichkeiten zu **prüfen** (*examine*)

Prüfstand (*m*): die Arbeitsmarktpolitik **stand** am 7. Mai 1992 **auf dem Prüfstand** des Deutschen Bundestages (*come/be under scrutiny*); die Neuregelung des Abtreibungsrechts wird **auf den Prüfstand** des Verfassungsgerichts **gestellt** (*subject to scrutiny*)

Prüfungskandidat [-en,-en] (*m*): die Verlängerung des BAföG für **Prüfungskandidaten** (*examination candidate, 'finalist', 'final-year student'*)

Public Relations (*pl*): das Image zeigt dem Freidemokraten als glatten Politikmanager, der alles verkörpert, was zum Ansehensverlust des Berufsstandes heute beiträgt: Karriere statt Stetigkeit, **Public Relations** statt Substanz (*public relations*)

Publikumsgesellschaft (*f*): die Realstruktur der Aktiengesellschaft, insbesondere der **Publikumsgesellschaft** (*public company*)

Pump (*m*): als Ronald Reagan seine Aufrüstungspolitik **per Pump** finanzierte (*on tick*)

Punkt (*m*): die Händler würden sich freuen, wenn der Dax auf 1750
Punkte zurückfiele; der Ausschuß hatte zu zwei **Punkten** des
Antrags einvernehmlich Zustimmung beschlossen (*point*)

punktuell (*adj*): er hat später auch nur **punktuelle** Ratschläge erteilt
(*occasional and specific*)

Q

qualifiziert (*pp as adj*): daß es für die Partei schwierig ist, **qualifizierte**
Leute für die Oppositionsarbeit zu gewinnen (*able, competent*);
ein Mangel an **qualifizierten** Arbeitnehmern (*qualified, skilled*);
qualifizierte Mehrheit bei Einführung von Mindestnormen
(*qualified*); der Berater wird Sie **qualifiziert beraten** (*give
expert/professional advice*)

Quantum (*n*): teils ging das Geld an die Parteien, wobei auch die
Opposition ihr **Quantum** erhielt (*share, helping*)

Quartal (*n*): die Prozente der M 3-Änderung im Berichtsmonat gegenüber
dem vierten **Quartal** (*quarter*)

Quartals- (*in compounds*): die Kündigungsfristen für Arbeiter denen der
Angestellten anzugleichen und auch diesen eine Frist von sechs
Wochen zum **Quartalsende** zu geben (*end of the quarter*); damit
wurde die schwächste **Quartalsleistung** seit 1980 erreicht (*quarterly
performance*)

Quellensteuer (*f*): auf die Londoner Mieteinnahmen werden 25 Prozent
Quellensteuer gezahlt (*tax at source*)

quittieren: zuwenig Soldaten **quittieren** in diesem Zeitraum ihren Dienst
(*leave*)

Quorum (*n*): wenn das Grundgesetz seinem Inhalt nach geändert
oder ergänzt wird, ist verfahrensrechtlich das verfassungsändernde
Quorum des Art. 79 Abs. 1 2 GG einer Zweidrittelmehrheit in
Bundestag und Bundesrat erforderlich (*minimum number of
members voting in favour*)

Quote (*f*): hierdurch wird die niedrigste **Quote** landwirtschaftlicher
Vertretung im Deutschen Bundestag seit 1949 erklärbar (*proportion*);
damit wurden die Gemeinden im Osten Deutschlands auf eine breite
Verschuldungsquote gedrängt, die heute schon bereits das westliche
Niveau übersteigt ((*proportional*) *level of debt*); jeden Monat werden
die **Trefferquoten** aller Teilnehmer geprüft (*number of correct pre-
dictions/bets*)

Quotenfrau (*f*): der Verdacht lag nahe, sie sollte die **Quotenfrau** im
Ausschuß sein (*token female/woman*)

Quotierung (*f*): eine **Quotierung** der Einwanderungen ließ sich wohl nicht vermeiden (*introduction/imposition of quotas, restriction*)

R

Rabatt (*m*): Daimler soll auf den auf Jahre ausverkauften Sportwagen SL **Rabatte** von zehn Prozent geben (*discount*); **Darlehensrabatte** im BAföG, die gewährt werden, wenn Regelstudienzeiten unterschritten werden (*discounted loan, discount on a loan*)

Rahmen (*m*): Bürger der EG dürfen seit der Grundgesetzänderung **im Rahmen** der Maastrichter Verträge in Städten und Gemeinden der Bundesrepublik Deutschland wählen (*within the framework*); den Personen helfen, die diese schwierige Pflegeaufgabe übernehmen und zwar **im Rahmen** dessen, was wir uns volkswirtschaftlich leisten können (*within the bounds/limits*); wichtig ist, daß bei solchen Maßnahmen ein finanzieller und zeitlich begrenzter **Rahmen** gesetzt wird (*limit*); der Entwurf ist Teil eines **Rechtsrahmens** für die Entwicklung der Biotechnologie (*legal framework*)

Rahmenbedingung (*f*): das Gesetz sei ein wichtiger Schritt zur Kostendämpfung auf dem Wohnungsmarkt, zur Verbesserung seiner **Rahmenbedingungen** (*general condition*)

Randstaat (*m*): die **Randstaaten** der EG (*peripheral state*)

Räson [also **Raison**] (*f*): die **Koalitionsräson** erfordert, daß alle sachlichen Bedenken gegen das von der Union präferierte Umlagenmodell über Bord geschmissen werden (*exigencies of coalition government*)

rassistisch (*adj*): die Tatverdächtigen wurden wegen rechtsextremistischer und **rassistischer** Übergriffe und Ausschreitungen festgenommen (*racist*)

Rasterfahndung (*f*): **Rasterfahndungen** sind keineswegs auf Drogen- oder organisierte Kriminalität beschränkt (*identification of a criminal by means of computerized data*)

Rate (*f*): in monatlichen **Raten** wird der Kredit dem Studenten auf seinem Konto bereitgestellt (*instalment*)

Ratenzahlung (*f*): die **Ratenzahlungen** können auf 72 Monate verteilt werden (*instalment (payment)*)

Ratgeber (*m*): die individuelle Beratung gegenüber den vielseitig offerierten Anlage-Empfehlungen pauschaler **Ratgeber** (*adviser*)

Ratifizierung (*f*): die Bundesregierung wird aufgefordert, sofort das **Ratifizierungsverfahren** zur Klimakonvention einzuleiten (*process of ratification*)

Ratsentwurf (*m*): mit einer Erhöhung von 1,7 Milliarden ECU gegenüber dem **Ratsentwurf** beendete das Europäische Parlament die erste Lesung des EG-Haushalts 1992 (*council draft*)

Raum (*m*): Wahlkreise im ländlichen **Raum** (*area(s)*); die Forderung der FDP und des Bündnis 90 **steht im Raum**, die Bürgermeister wie die Landräte in den Kreisen direkt wählen zu lassen (*to have been put forward, be* (*still*) *up for discussion/awaiting a response*)

räumen: der Mieter weigerte sich, die Wohnung zu **räumen** (*vacate*)

räumlich (*adj*): bei der Neuabgrenzung des westdeutschen Fördergebiets werden die **räumlichen** Prioritäten der Strukturpolitik von Bund und Ländern neu festgelegt (*regional*)

Raumordnung (*f*): der Politiker machte durch Sachkenntnis im Bereich der **Raumordnung** auf sich aufmerksam (*regional planning*)

Realisierung (*f*): Kriterien, die bei der **Realisierung** von Bauvorhaben zu bedenken sind (*realization, carrying out*)

realpolitisch (*adj*): manche Konservative plädieren aus **realpolitischen** Gründen für eine bewaffnete Intervention in Jugoslawien (*practical political*)

Rechenschaft (*f*): man will Mielke wegen Amtsanmaßung auch für die von ihm angeordneten Telefonüberwachungen **zur Rechenschaft ziehen** (*call to account*)

Rechenschaftsbericht (*m*): der **Rechenschaftsbericht** einer Aktiengesellschaft über den Geschäftsverlauf nennt sich »Geschäftsbericht« (*report*)

recherchieren: das muß dann von meiner Seite **recherchiert** werden (*investigate, examine, look at closely*)

rechnen: für dieses Jahr **rechnen** Wirtschaftsforscher **mit** einer Inflationsrate von zwölf Prozent (*expect, estimate*); [sich] das Investment **rechnet sich** auch noch, wenn auf die Londoner Mieteinnahmen 25 Prozent Quellensteuer gezahlt werden (*pay* (*off*), *be worth it*)

rechnerisch (*adv*): das Angebot der Union ist **rechnerisch** stimmig (*arithmetically*)

Rechnung (*f*): diese **Rechnung** ist nicht aufgegangen (*sum, plan*); die Bank **stellt** für Geschäftsvorfälle ein angemessenes Entgelt **in Rechung** (*charge*); der aktuellen Situation wird deshalb mit Schwerpunktverlagerung in der Arbeit des Verfassungsschutzes **Rechnung getragen** werden (*take account of, meet*)

Rechnungshof (*m*): der Europäische **Rechnungshof** ist eine unabhängige Rechungsprüfungsbehörde (*Court of Auditors*)

Rechnungslegung (*f*): die **Rechnungslegung** des Landtags wird transparenter gestaltet (*statement/presentation of accounts*)

Rechnungsprüfungsbehörde (*f*): der Europäische Rechnungshof ist eine unabhängige **Rechnungsprüfungsbehörde** (*accounts auditing authority/body*)

Recht (*n*): 1990 wurde das französische Unternehmen zu einem autonomen Unternehmen öffentlichen **Rechts** (*law*); das neue Bundesamt hat erweiterte **Rechte** (*power, right*)

Recht[s]setzung (*f*): die »Verfassungsgrundsätze« aus dem DDR-Justizministerium waren mehr Ideologie und Wunschdenken als effiziente **Rechtsetzung** (*legislation*)

Rechte [decl as adj] (*f*): die **Rechte** droht (*right, the right wing*); der Populismus der **neuen Rechten** (*the new right*)

Rechte[r] [decl like adj] (*m/f*): es warten die **Rechten**; noch haben sie in dieser Kleinstadt nicht Fuß gefaßt (*someone on the (extreme) right, rightist*)

rechtens (*adv*): die Abtreibung sollte nicht einfach für **rechtens** erklärt werden (*legal*)

rechtmäßig (*adv*): Ausländer, die sich seit mindestens drei Jahren ununterbrochen **rechtmäßig** im Bundesgebiet aufhalten (*legally*)

Rechtmäßigkeit (*f*): die **Rechtmäßigkeit** der Prozedur (*legality*)

Rechtsangleichung (*f*): ein wichtiges Instrument zur Erreichung der Gemeinschaftsziele ist die **Rechtsangleichung** (*harmonization of legislation*)

Rechtsanspruch (*m*): das Einwanderungsgesetz schafft **Rechtsanspruch** und Rechtssicherheit für jene, die aus wirtschaftlichen oder familiären Gründen in Deutschland leben wollen (*legal entitlement, entitlement to protection by the law*)

Rechtsaufsicht (*f*): das Bundesministerium der Finanzen ist seiner **Rechts-** und Fach**aufsicht** gegenüber der Treuhandanstalt nicht gerecht geworden (*duty of legal supervision*)

Rechtsbeugung (*f*): das Delikt der **Rechtsbeugung** für den parteiischen Richter kannte das DDR-Strafgesetzbuch nicht (*perverting the course of justice*)

rechtsfähig (*adj*): verschiedene kommunale Kulturhäuser in Leipzig wurden 1991 schon von bereits **rechtsfähigen**, gemeinnützigen Vereinen benutzt (*having legal capacity*)

Rechtsform (*f*): die Überführung der Bahnen in eine private **Rechtsform** (*legal status*)

Rechtsförmigkeit (*f*): den Entwurf erhält das Bundesministerium der Justiz, das die **Rechtsförmigkeit** überprüft (*proper legal framing*)

Rechtsgut (*n*): die Anerkennung des sich im Mutterleib entwickelnden Lebens als ein selbständiges **Rechtsgut** (*object enjoying legal protection*)

Rechtshilfe (*f*): die **Rechtshilfe** zwischen den Staaten einschließlich der Auslieferung zu verbessern (*collaboration in matters of law (enforcement)*)

rechtskräftig (*adv*): das Ziel, Verfahren in sechs Wochen **rechtskräftig** abschließen zu wollen, ist unrealistisch (*according to the law, legally*)

Rechtsmittelverfahren (*n*): wir brauchen eine Verfassungsänderung, um ein vereinfachtes **Rechtsmittelverfahren** durchführen zu können (*appeal procedure*)

Rechtsnachfolge (*f*): mit dem Tag des Eintritts der **Rechtsnachfolge** (*legal succession*)

Rechtsnachfolger (*m*): der »**Rechtsnachfolger**« der verbrecherischen SED, die PDS (*legal successor*)

Rechtsnatur (*f*): die **Rechtsnatur** der EG ist umstritten (*legal status*)

Rechtsordnung (*f*): in der **Rechtsordnung** muß die Mißbilligung des Schwangerschaftsabbruchs klar zum Ausdruck kommen (*(operation/framing of) the law*)

Rechtspersönlichkeit (*f*): die Fraktionen stellen selbständige **Rechtspersönlichkeiten** des Parlamentsrechts dar (*legal personality, person in law*)

Rechtspflege (*f*): ein Gesetzentwurf, der auf eine Entlastung der **Rechtspflege** in Deutschland durch Straffung der Verfahren abzielt (*administration of justice*)

rechtspolitisch (*adj*): der **rechtspolitische** Sprecher der FDP-Bundestagsfraktion (*on legal matters*); radikal **rechtspolitische** Parteien (*right-wing, on the right*)

Rechtsprechung (*f*): der Bundesgerichtshof in Karlsruhe setzte sich gegen die **Rechtsprechung** des Bundesverwaltungsgerichts in Berlin durch (*adjudication, jurisdiction, interpretation of the law*)

Rechtsstaat (*m*): die ehernen Prinzipien des **Rechtsstaates** (*state governed by the rule of law, constitutional state*)

rechtsstaatlich (*adj*): das Verfahrensrecht des Europäischen Gerichtshofes genügt **rechtsstaatlichen** Anforderungen (*constitutional*)

Rechtsstellung (*f*): das Einwanderungsgesetz definiert ferner die **Rechtsstellung** jener, die als sogenannte Kontingentflüchtlinge aufgenommen werden (*legal position/status*)

Rechtssystem (*n*): in den neuen Bundesländern entsteht ein demokratisches **Rechtssystem** (*legal system*)

rechtstreu (*adj*): ein Großteil der Bevölkerung zeige sich sehr »**rechtstreu**« (*law-abiding*)

rechtsverbindlich (*adv*): eine Kommission unabhängiger Sachverständiger sollte die Entschädigung der Abgeordneten **rechtsverbindlich** festlegen (*legally binding*)

Rechtsverordnung (*f*): die Bundesregierung, ein Bundesminister oder die Landesregierungen können per Gesetz ermächtigt werden, **Rechtsverordnungen** zu erlassen (*legal directive*)

Rechtsvorschrift (*f*): Norwegen muß die EG-Richtlinie über die Lebensräume und andere EG-**Rechtsvorschriften** über den Schutz der Wale anwenden (*rule of law*)

Rechtsweg (*m*): er forderte, es solle grundsätzlich nur noch eine Instanz im **Rechtsweg** geben; die Sieger werden von den Organisatoren des Börsentrainings ermittelt; der **Rechtsweg** ist ausgeschlossen (*taking legal action, recourse to the law*)

rechtswirksam (*adv*): **rechtswirksam in Kraft treten** (*become legally effective*)

Rechtswirksamkeit (*f*): für die **Rechtswirksamkeit** einer Erklärung des Vermieters genügt es, wenn sie gegenüber einem Ehegatten abgegeben wird (*legal validity/effectiveness*)

rechtzeitig (*adv*): das Abonnement wird automatisch verlängert, wenn es nicht **rechtzeitig zum** 31. Dezember gekündigt wird (*at the latest*)

redaktionell (*adj*): bei der Änderung des Europawahlgesetzes sind **redaktionelle** Anpassungen an das Bundeswahlgesetz geplant (*concerning the drafting, editorial*)

Redaktionsschluß (*m*): zwei Rücktritte, aber weiterhin Spekulationen um die Todesumstände – so lautete bei **Redaktionsschluß** die Bilanz (*time of going to press*)

Redebeitrag (*m*): in seinem **Redebeitrag** führte er folgendes aus (*contribution to the debate*)

Redemarathon (*n*): in einem 14stündigen **Redemarathon** (*protracted/ mammoth debate*)

reden: der Bundeskanzler und Bundesfinanzminister **wollen** in dieser Angelegenheit **nicht mit sich reden lassen** (*be unwilling to discuss a matter*)

Rederecht (*n*): wie sich die Macht der Koalitionen auf das **Rederecht** der Abgeordneten auswirkt (*right to speak/express an opinion*)

Reduzierung (*f*): mehr Effekt als der **Reduzierung** der Promillegrenze mißt er intensiven Alkoholkontrollen zu (*lowering, reduction (of the amount)*); **Reduzierung** der mit dem Abbau verbundenen Kosten (*reduction*)

Referat (*n*): das **Referat** Betriebstechnik der Verwaltung des Deutschen Bundestages gab folgende Information heraus; das vom Bundesrat am vergangenen Freitag bestätigte Gesetz lag am Dienstag noch im zuständigen **Referat** des Bundesjustizministeriums, das das

Gesetzeswerk unter förmlichen Gesichtspunkten prüfte (*department, section*)

Referendariat (*n*): zweieinhalb Jahre dauert das **Referendariat**, der Rest sind Prüfungszeiten (*period of (paid) professional experience between first and second (final qualifying) state examinations*)

Referent [-en,-en] (*m*): er ist **Referent** für Finanzdienstleistungen bei der Verbraucherzentrale Berlin (*specialist, expert*)

Referentenentwurf (*m*): Vorlagen der Regierung werden in den Ministerien ausgearbeitet, die einen **Referentenentwurf** erstellen ('*experts' draft'*)

Reformpolitik (*f*): die konsequente **Reformpolitik** der Wirtschaftsliberalen in Polen (*reformist policies*)

Regelfall (*m*): für Eilverfahren muß man bei knappster Kalkulation **im Regelfall** zwei Monate einplanen (*as a rule*)

Regelleistung (*f*): dieser Zuschuß beschränkt sich künftig auf die im Gesetz festgelegten **Regelleistungen**, die eine funktionsgerechte Versorgung mit Zahnersatz gewährleisten sollen (*basic/standard payment/benefit*)

regeln: das Nähere hätte ein Bundesgesetz zu **regeln** (*determine, regulate*); die Zuständigkeitsabgrenzung zwischen Polizei und Staatsanwaltschaft muß klarer **geregelt** werden (*regulate, define*)

Regelsatz (*m*): zusätzlich zum **Regelsatz** hatte er DM 10 pro Monat für den Kauf von Kondomen beantragt (*basic rate*)

Regelsparbeitrag (*m*): der monatliche **Regelsparbeitrag** beträgt 10 Mark für je 1000 Mark Bausparsumme (*standard supplementary contribution to savings*)

Regelstudienzeit (*f*): Darlehensrabatte im BAföG, die gewährt werden, wenn **Regelstudienzeiten** unterschritten werden (*prescribed duration of a course of study*)

Regelung (*f*): Zuweisungen, die ihm aufgrund beamtenrechtlicher **Regelungen** zugeflossen seien (*regulation, provision*)

regenerativ (*adj*): der Anteil **regenerativer** Energien an der Energieerzeugung (*regenerative*)

Regiebetrieb (*m*): erfolgreich sind im Einzelhandel vor allem die **Regiebetriebe** (*leading firm, leader*)

Regierungsbefragung (*f*): die **Regierungsbefragung** im Plenum ist zeitlich auf 30 Minuten begrenzt und dient der Erstinformation der Abgeordneten ('*prime minister's question time*')

Regierungsbezirk (*m*): in jedem **Regierungsbezirk** soll es eine Anlaufstelle geben (*administrative area/district (within a Land)*)

Regierungsbündnis (*n*): das **Regierungsbündnis** in Potsdam (*alliance government*)

199

Regierungsgewalt [no pl] (*f*): die UNO soll bis zu den Wahlen die **Regierungsgewalt** in Kambodscha übernehmen (*government power*)

Regierungsmacht (*f*): es sieht so aus, als ob die seit dem zweiten Weltkrieg ununterbrochen regierende Democracia Christiana diesmal nicht **an die Regierungsmacht** kommen wird (*come to power* (*as government*))

Regierungsübernahme (*f*): bei einer **Regierungsübernahme** durch die SPD (*take-over/assumption of government, coming to power*)

Regime (*n*): jene, die mit dem SED-**Regime** Kompromisse vermieden (*regime*)

regional (*adj*): die Sozialpartner sollten bei der Planung von Förderprogrammen auf kommunaler und **regionaler** Ebene beteiligt werden (*regional*)

Regionalförderung (*f*): in Brüssel darauf hinwirken, daß die **Regionalförderung** bis Ende 1996 ausgedehnt wird (*regional aid/support*)

registrieren: ob die offerierten Fonds amtlich **registriert** sind (*register*)

Reihe (*f*): die Sozialdemokraten werden eine **Reihe** ihrer in der Kommission abgelehnten Anträge erneut zur Debatte stellen (*series, number*); Anträge aus den **Reihen** der Sozialdemokraten (*ranks*)

Reinfall (*m*): wie es ist, wenn das ganze Parlament nach Berlin ausfliegt: ein **Reinfall**, wenn man die Abgeordneten maulen hört (*unmitigated disaster*)

Reinvestition (*f*): eine Unternehmenssteuerreform ist erforderlich, um die **Reinvestition** von Gewinnen und die Schaffung von Arbeitsplätzen anzuregen (*reinvestment*)

Reisespesen (*pl*): **Reisespesen** gelten gemeinhin als Betriebskosten (*travelling expenses*)

Reklamation (*f*): **Reklamationen** sollten innerhalb von zwölf Tagen erfolgen (*complaint, claim for refund*)

relativieren: eine Zeugin soll ihre Aussage inzwischen wieder **relativiert** haben (*modify, change*); man müßte diese Auffassung etwas **relativieren** (*qualify*)

Rendite (*f*): damals konnten die Vermögenden die Abgabe meist spielend aus der **Rendite** bezahlen; prächtige **Renditen** beim Kurzzeit-Sparen (*return(s), yield*)

renovieren: ob Sie bauen, kaufen, **renovieren** oder umschulden wollen, die Vorteile der Festzinshypothek liegen auf der Hand (*renovate, carry out improvements*)

Rente (*f*): nach dem neuen Konzept werden die Bauern unmittelbar zu Empfängern einer Art **Rente** (*pension*)

Rentenanspruch (*m*): durch das Gesetz zur Rentenüberleitung soll es künftig schneller möglich sein, die **Rentenansprüche** der Menschen in den neuen Ländern festzustellen (*pension rights/entitlement*)

Rentenanwartschaft (*f*): im Ernstfall müßte Ihre Familie von nur einem Bruchteil Ihrer erreichten **Rentenanwartschaft** leben (*pension entitlement*)

Rentenüberleitung (*f*): die Ergänzung der **Rentenüberleitung** für die neuen Länder (*transitional pension scheme*)

Rentenversicherung (*f*): natürlich bleibt die gesetzliche **Rentenversicherung** auch in Zukunft die tragende Säule unserer Altersvorsorge (*pension insurance*)

Rentner (*m*): **Rentner** und Pensionäre (*old-age pensioner*)

Report (*m*): laut dem aktuellen **Marktreport** (*market report*)

Repräsentanz (*f*): als weltoffene Bank haben wir ein weitreichendes Netz von Auslandsfilialen und **Repräsentanzen** (*agency*)

Repräsentation (*f*): in Berlin mußte sie **aus Repräsentationsgründen** mit dem Wagen vorfahren (*for the sake of appearances*); ein Angestellter machte im Jahr 5000 DM als **Repräsentationsaufwand** geltend ((*client*) *hospitality; entertainment expenses*)

repräsentieren: der Bundespräsident **repräsentiert** vor allem (*fulfil a representative function, act as a figurehead*)

Repression (*f*): die Opfer staatlicher **Repression** (*repression*)

Research (*f*): der Abbau von Arbeitsplätzen in den **Researchabteilungen** der Banken (*research departments*)

Reserve (*f*): die von Arbeitlosigkeit bedrohten Ostdeutschen brauchen eine finanzielle **Reserve** (*reserve*)

Ressort (*n*): die Kritik, daß Minister Stoltenberg sein **Ressort** nicht im Griff habe; die **Senatressorts** in Berlin arbeiten aneinander vorbei (*department*); das **Ressort** Ökologie sei in der Zeitung vernachlässigt worden (*subject, area*)

Ressortprinzip (*n*): innerhalb der vom Kanzler gesetzten Richtlinien verantwortet jeder Minister seinen Bereich allein [**Ressortprinzip**] (*principle of ministerial responsibility*)

ressortübergreifend (*adj*): was fehlt, ist ein **ressortübergreifendes** Konzept für die Stadt Berlin (*interdepartmental*)

Ressource (*f*): wollen wir künftig wegen finanzieller Knappheit lebenswichtige Behandlungen verweigern, oder sollten wir lernen, die vorhandenen **Ressourcen** besser zu verteilen?; der wenig zimperliche Umgang mit der Umwelt und den natürlichen **Ressourcen** (*resource*)

Restauration (*f*): der SPD-Fraktionschef warnte die CSU davor, den Ausweg aus der Krise in der **Restauration** zu suchen (*period of restoration (of old values), return to old values*)

Restitution (*f*): ortsansässige Wiedereinrichter mit **Restitutionsansprüchen** (*entitlement/claim to restitution/return* (*of former property*))

restlich (*adj*): 12% für die ersten 3 Jahre, 16% für die **restlichen** Jahre (*remaining*)

restlos (*adv*): bei diesem Tarif hat man bereits nach elf Jahren das Darlehen **restlos** getilgt (*completely*)

restriktiv (*adv*): **restriktiver** sollen ferner die Vorschriften über Tierexperimente gefaßt werden (*more restrictively*)

resümieren: der Politiker **resümierte** seinen Eindruck wie folgt (*sum up*)

revidieren: die Schätzung der realen Wachstumsrate mußte von 1,3% auf 0,7% **revidiert** werden (*revise*)

Revision (*f*): der Hamburger Senat hat eine **Revision** beim Bundesverwaltungsgericht in Berlin zugelassen (*review*); mit dieser **Revision** des Europäischen Regionalfonds sollen die ärmsten Regionen gefördert werden (*revision*)

Rezept (*n*): zunächst die Sogwirkung von Frankfurt wegnehmen, heißt dagegen das **Rezept** des Magistrats (*recommendation, solution*); nach Stoibers **Zukunftsrezepten** soll in Bayern ein Klima geschaffen werden, das verstärkt Investitionen anregt (*recommendation, suggestion for the future*)

richten [sich]: seine Bewerbungsrede **richtete sich** auf eine Besserung der Stimmungslage der Partei (*aim/be aimed at*)

Richterspruch (*m*): von den Koalitionsfraktionen CDU/CSU und FDP wurde der Karlsruher **Richterspruch** begrüßt (*judicial decision*)

Richtlinie (*f*): von großer Bedeutung sind die für die Praxis der Finanzbehörden maßgeblichen EG-**Steuerrichtlinien** oder die **Vergaberichtlinien** für die Gewährung von Subventionen (*tax directives, allocation directives*); ein Regierungschef kann mangels **Richtlinienkompetenz** zwischen Senatoren nur vermitteln (*authority to issue directives*)

Richtpreis (*m*): im Inland gibt es einen **Richtpreis**, der praktisch ein Höchstpreis ist (*recommended price*)

Riege (*f*): er nennt das Kabinett von Ministerpräsident Rau eine abgestumpfte **Führungsriege**; die Honecker-**Riege** (*'crew'*)

ringen: insgesamt **ringen** 620 Kandidaten **um** die 120 Landtagsmandate (*compete for*)

Risikostreuung (*f*): die **Risikostreuung**, die man durch das Verteilen seiner Geldanlage auf verschiedene Unternehmen erreicht; je breiter die Kundschaft gefächert ist, desto größer ist die unternehmerische **Risikostreuung** (*risk-spreading*)

Rotation (*f*): das Prinzip des Auswechselns von Bundestagsabgeordneten bei den Grünen hieß »**Rotation**« (*rotation*)

Rotstift (*m*): Bonn will bei Steuer-Subventionen **den Rotstift ansetzen** (*make cuts, do some pruning*)

Routine (*f*): der eigene Nachwuchs wurde **im Routineverfahren** überprüft und überwacht (*routinely*)

Ruck (*m*): SPD: **Ruck** nach rechts? (*swing, shift*)

Rückerstattungsantrag (*m*): bisher sind erst 3,3 Prozent der **Rückerstattungsanträge** entschieden (*application for restitution (of property in the former GDR)*)

Rückfrage (*f*): Sie können dann das persönliche Konto ohne weitere **Rückfrage** überziehen (*checking, enquiring*)

Rückgabe (*f*): der Grundsatz »**Rückgabe** vor Entschädigung«; die **Rückgabe** des Eigentums sei selbstverständlich (*restitution*)

Rückgang (*m*): ein leichter **Rückgang** der Produktion, der mit minus ein Prozent veranschlagt wird (*fall, drop*); der **Rückgang** an die Realschule (*return, transfer back, keep in touch with*)

Rückhalt (*m*): ein Sparbuch mit gesetzlicher Kündigungsfrist, auf dem man einen finanziellen **Rückhalt** von 5 Monatsgehältern spart und stehenläßt (*reserve*)

rückkoppeln: der Erfurter Propst stellte die Frage, ob sich die Kirchenleitungen genügend **rückgekoppelt** hätten bis hin zur Basis, zu den Gemeinden (*keep two-way communication going (with), communicate back, keep in touch with*)

Rückkoppelung (*f*): dieser negative **Rückkoppelungseffekt** steht im Gegensatz zu der Auffassung von Wissenschaftlern (*feedback*)

Rücklage (*f*): der andere Teil der Gewinne wird in Form von **Rücklagen** zum weiteren Ausbau der Gesellschaft benutzt; die Aktienanlage empfiehlt sich, wenn Sie ausreichende **Rücklagen** gebildet haben (*reserve*)

rückläufig (*adj*): aufgrund eines leicht **rückläufigen** Wachstums in der Bundesrepublik (*declining*)

Rücknahmepreis (*m*): die Zertifikate können jederzeit verkauft, d.h. an die Investmentgesellschaft zum Tageswert [**Rücknahmepreis**] zurückgegeben werden (*redemption price*)

Rückschluß (*m*): die THA überprüfte alle Arbeitsplatzzusagen der Investoren durch **Rückschlüsse** aus der Lohnsumme der Unternehmen (*deduction (on the basis of)*)

Rückschritt (*m*): den Plan zur Wiedereinführung von Karenztagen nennt der Abgeordnete einen »beachtlichen sozialen **Rückschritt**« (*retrograde step*)

Rücksichtnahme (*f*): Vermieter und Mieter versprechen, gegenseitige **Rücksichtnahme** zu üben (*consideration*)

Rücksprache (*f*): er nahm ohne **Rücksprache** und hinter dem Rücken des Ministerpräsidenten mit der SPD Gespräche auf ((*further*) *consultation*)

Rückstand (*m*): dies gilt nur, wenn jemand sich mit seinen Zahlungsverpflichtungen nicht **im Rückstand** befindet (*behind, in arrears*); in den neuen Bundesländern müssen **Entwicklungsrückstände abgebaut werden** (*close the gap/make up leeway in development*)

Rückstellung (*f*): trotz umfangreicher **Rückstellungen** konnte die Bank den Konzerngewinn um 26 Prozent steigern ((*setting aside of*) *reserves*)

Rücktritt (*m*): nach dem **Rücktritt** von Bundesinnenminister Seiters (*resignation*); Nichtbezahlung berechtigt den Vermieter zum **Rücktritt** vom Vertrag (*withdrawal, revocation*); sein **Rücktrittsgesuch** wurde abgelehnt (*offer of resignation*)

Rücktrittsrecht (*n*): den Kunden muß ein **Rücktrittsrecht** nicht erst bei fünfprozentigen Preisanhebungen eingeräumt werden (*right of cancellation* (*without penalty*))

Rückverlagerung (*f*): damit soll die **Regelungskompetenz** der Gliedstaaten durch Rückverlagerung von Zuständigkeiten im Gesetzgebungsbereich erweitert werden (*return, transferring back*)

rückwirkend (*adv*): das 1986 geänderte Ministergesetz **rückwirkend** zu verändern (*retrospectively*); die Gehaltserhöhung **erfolgt rückwirkend ab** September (*be backdated to*)

Rückwirkung (*f*): die für die **Rückwirkung** des Gesetzes veranschlagten Beiträge (*retrospective application*)

Rückzahlung (*f*): nachdem sie BAföG-**Rückzahlungsverpflichtungen** nicht nachgekommen waren, waren die Petenten mit der Verzinsung ihres BAföG-Darlehens bestraft worden (*repayment*)

Rückzug (*m*): in Albanien haben nun die Kommunisten ebenfalls den **Rückzug** von der Macht antreten müssen (*retreat*); für einen ledigen Durchschnittsverdiener zeichnet sich ein **Rückzug** seines Realeinkommens ab (*reduction*)

Rüge (*f*): **Rügen** durch den Rechnungsprüfungsausschuß (*official reprimand*)

rügen: der Ausschuß **rügte** das Verhalten des Wirtschaftsministeriums (*censure*)

Ruhegeld (*n*): rigorose Abstriche bei **Ruhegeldern** (*retirement pension*)

Ruheständler (*m*): eine Gesellschaft, in der Arbeitende, Arbeitssuchende und **Ruheständler** ohne Existenzangst leben können (*retired person*)

Run (*m*): schon mit seiner Konservativen Union hat er den **Run** auf die verschmähten SED-Genossen eröffnet (*attack*)

runderneuert (*pp as adj*): nun haben die neuen Rechten in Gestalt der **runderneuerten** Republikaner im parlamentarischen System Wurzeln geschlagen (*new-look*)

Rundfunkanstalt (*f*): die privaten Rundfunkanbieter beschweren sich über die öffentlich-rechtlichen **Rundfunkanstalten** (*broadcasting corporation*)

Rundfunkhaus (*n*): in den öffentlichen **Rundfunkhäusern** geht die Angst um (*offices of the broadcasting companies*)

Rundfunkrat (*m*): der **Rundfunkrat** wacht über die Ausgewogenheit der Sendungen (*broadcasting council*)

Rundumschlag (*m*): Gerhard Schürer will nichts mehr von Schabowski wissen, seit der in einem medialen **Rundumschlag** den grünen Rechtsabbiegerpfeil als das einzig Erhaltenswerte der DDR bezeichnet hat (*comprehensive onslaught, demolition job*)

Rutsch (*m*): die Anstöße, die den **Renditenrutsch** um einen Prozentpunkt auslösten (*sharp drop in returns on capital*)

S

Sachbearbeiter (*m*): sind die Abgeordneten zu **Sachbearbeitern** ihrer Fraktion geworden? ((*mere*) *subject specialist, administrator*); die frühere Chefin von 25 Werktätigen ist heute zur **Sachbearbeiterin** im Wareneingang degradiert (*clerk*)

Sachberatung (*f*): nach ihrer Konstituierung ist die Gemeinsame Verfassungskommission in die **Sachberatungen** eingetreten (*real business, discussion of substantive issues*)

Sache (*f*): viele Kritiker bescheinigten dem Bundestag mangelnden Reformeifer **in eigener Sache** (*in their own case*); wie ineffizient die Koalition **in Sachen** Mietrecht arbeitet (*in the matter of*)

Sachentscheidung (*f*): bei einem Organstreit zwischen Regierung und Parlament kann das Bundesverfassungsgericht nicht an Stelle dieser Organe eine einstweilige **Sachentscheidung** auf Grund einer Folgenabwägung treffen, für die es rechtlicher Anhaltspunkte ermangelt (*decision on the facts of the matter*)

Sachfrage (*f*): was schon in der **Sachfrage** pikant ist, ist es in der Personalfrage erst recht (*objective facts of the matter*); Conradi, der als Architekt mit den **Sachfragen** der Planung vertraut ist (*technical aspect*)

sachgerecht (*adv*): der große Kraftaufwand, sich die richtigen Informationen zu beschaffen, um **sachgerecht** entscheiden zu können, hat viele deprimiert (*objectively, properly*)

Sachgut (*n*): Leben, Gesundheit und **Sachgüter** vor den Gefahren der Kernenergie zu schützen (*property, material good*)

Sachkenner (*m*): ein Parteitag der Regierungspartei hat die von allen **Sachkennern** dringend befürwortete Reform der Kommunalverfassung abgeschmettert (*expert*)

Sachkenntnis (*f*): der Politiker machte durch **Sachkenntnis** im Bereich der Raumordnung auf sich aufmerksam (*expertise, knowledge of the subject*)

Sachkunde (*f*): die Abgeordneten müssen im Plenum nolens volens zustimmen oder ihr abweichendes Votum im Einzelfall mit besonderer **Sachkunde** begründen; Ehrlichkeit, verbunden mit einer großen **Sach-** und Fach**kunde** (*expertise, knowledge of the subject*)

Sachlage (*f*): das Gericht hat diese **Sachlage** als nicht gegeben erachtet (*state of affairs, situation*)

Sachleistung (*f*): **Sachleistungen** kommen dann in Betracht, wenn mit Geldleistungen der angestrebte Erfolg nicht zu erreichen ist (*benefit in kind, material benefit*)

sachlich (*adj*): Fragen der Grundgesetzreform sind in ihrer **sachlichen** Vorbereitung und politischen Abstimmung jetzt vor allem Sache der Gemeinsamen Verfassungskommission (*actual, factual*)

Sachstand (*m*): das Bundesamt für Verfassungsschutz setzt zur Prüfung der Verfassungsfeindlichkeit der PDS keine nachrichtendienstlichen Mittel ein. Der **Sachstand** ist soweit unverändert (*state of affairs*)

Sachverhalt (*m*): sie bekam eine Vorladung »zwecks Klärung eines **Sachverhalts**« (*matter*)

Sachverstand (*m*): bei der Vorbereitung des Berufsbildungsberichts soll der **Sachverstand** der Länderbehörden einbezogen werden (*expertise*)

Sachverständige[r] [decl like adj] (*m/f*): eine Kommission unabhängiger **Sachverständiger** sollte die Entschädigung der Abgeordneten rechtsverbindlich festlegen (*expert*)

Sachzwang (*m*): die notwendige Erörterung grundsätzlicher Probleme sei durch operative **Sachzwänge** überlagert worden (*exigencies, practicalities, 'events'*)

Sagen (*n*): sie wollen in die Landesregierungen hineinregieren, in denen überwiegend die SPD das **Sagen** hat (*say*)

saisonbereinigt (*adv*): **saisonbereinigt** sei die Produktion in den Monaten April bis Juni um 0,6 Prozent gesunken gegenüber den 3 Vormonaten (*seasonally adjusted*)

Saldo [*pl* -en] (*n*): Veränderungen der **Salden** in den Handelsbilanzen können vielfältige Ursachen haben (*balance*); etwa zwei Prozentpunkte des Wachstums von Belgiens realem Bruttoinlandsprodukt beruhten auf dem veränderten **Handelssaldo** mit

Deutschland (*trade balance*); das Zinsniveau gab **per Saldo** um rd. 1 Prozent nach (*on balance*)

Sammlungsbewegung (*f*): er ist einer der heftigsten Gegner einer rechten **Sammlungsbewegung** innerhalb der CDU (*formation/development of a movement/group*)

sämtlich (*adj*): die Sozialpolitik muß in **sämtlichen** Mitgliedstaaten der EG angewandt werden (*all*)

Sanierung (*f*): die Mittel sollen der **Sanierung** der kommunalen Straßen und zur Modernisierung des öffentlichen Personennahverkehrs dienen (*renovation, repair*); die **Sanierung** verschuldeter Betriebe (*salvaging*)

sanierungsbedürftig (*adj*): das Schulwesen befindet sich in einem **sanierungsbedürftigen** Zustand ((*state of*) *poor repair, needing overhauling*)

sanierungsfähig (*adj*): wir sind **sanierungsfähig**; unsere Kompressoren sind nicht schlechter als die der Konkurrenz (*capable of being rescued/salvaged*)

Sanktion (*f*): bei der Doping-Bekämpfung muß auf der Seite der **Sanktionen** angesetzt werden (*sanction*)

Satz (*m*): bis einschließlich 1994 soll die Abgabe im Osten aufgehoben werden, von 1995 bis 1998 mit dem halben **Satz** der alten Länder und ab 1999 mit dem gleichen **Satz** wie im alten Bundesgebiet erhoben werden (*rate*)

Satzung (*f*): bei Gründung einer Aktiengesellschaft wird in der **Satzung** festgelegt, wie groß das Grundkapital der Firma sein soll (*articles of association*)

Säugling (*m*): die Bundesregierung soll ein Sofortprogramm zum Schutz der **Säuglinge** vor schlechtem Trinkwasser durchführen (*baby, infant*)

Säule (*f*): es wird mit der Pflegeversicherung eine fünfte **Säule** der sozialen Sicherung eingeführt (*pillar*); natürlich bleibt die gesetzliche Rentenversicherung auch in Zukunft die **tragende Säule** unserer Altersvorsorge (*central pillar, mainstay, cornerstone*)

Säumnis (*n*): zum besseren Schutz der Sozialdaten sollen die im Sozialgesetzbuch vorgesehenen **Säumniszuschläge** geändert werden (*default fine*); im Falle einer Überschreitung eines Steuertermins wird ein **Säumniszuschlag** erhoben (*surcharge, penalty*)

Schacher (*m*): die Entscheidung über den Sitz der künftigen Zentralbank ist Teil eines riesigen **Schachers** (*horse-trading*)

Schaden (*m*): die Geldanleger boten unsaubere Termingeschäfte an. **Schaden**: 27 Millionen Mark (*loss suffered*); die Rückgabe des Eigentums sei selbstverständlich, alle **Schäden** auszugleichen jedoch nicht machbar (*damage*)

Schadenersatz (*m*): es geht bei den Entschädigungen nicht um **Schadenersatz**, sondern um Wiedergutmachung (*compensation*); die Rechte der Betroffenen sollen durch einen verschuldensunabhängigen **Schadenersatzanspruch** verstärkt werden (*entitlement to compensation*)

Schadensbegrenzung (*f*): Kohl kämpft um **Schadensbegrenzung** (*damage limitation*)

Schadensdeckung (*f*): wenn die Einkaufsgebühren zur **Schadensdeckung** aufgebraucht sind (*damage cover*)

Schadstoff (*m*): der BDI befürwortete eine Meßlösung, damit für die tatsächlich eingeleiteten und nicht für die erlaubten **Schadstoffe** gezahlt werden könne (*pollutant, harmful substance*)

Scharnier (*n*): zwischen dem deutschen Neokonservatismus und dem verfassungsfeindlichen Rechtsextremismus hat sich − gleichsam als **Scharnier** − eine Bewegung etabliert, die als 'Neue Rechte' bezeichnet werden kann (*fulcrum*)

Schattenkabinett (*n*): die Kommission kann auch als Teil eines **Schattenkabinetts** gelten (*shadow cabinet*)

Schattenwirtschaft (*f*): wie groß der Anteil der sogenannten **Schattenwirtschaft** am Bruttosozialprodukt ist (*black economy*)

Schatz (*m*): **Finanzierungsschätze** bieten gute Zinsen (*Treasury bond*)

Schatzamt (*n*): das britische **Schatzamt** hat die Höhe der Subventionen bekanntgegeben (*Treasury*)

schätzen: die Kosten für die notwendigen Anlagen wurden **auf** 1,17 Milliarden Mark **geschätzt** (*estimate, put at*)

Schatzmeister (*m*): er arbeitete in der ehrenamtlichen Funktion des **Verbandsschatzmeisters** (*association treasurer*)

Schätzung (*f*): nach zurückhaltenden **Schätzungen** sind eine Milliarde Mark in den Taschen unehrlicher Anlagevermittler verschwunden (*estimate*)

schaufeln: nach wie vor fließt das meiste Geld, das der Westen in den Osten **schaufelt**, direkt in den Konsum (*pour*)

Scheckrückgabe (*f*): man sollte unnötige **Scheckrückgaben** und Wechselproteste auszuschließen versuchen (*returned cheque*)

scheitern: das Gesetz ist an einer Bundesratsmehrheit **gescheitert** (*founder*); B90/DIE GRÜNEN **scheiterten** mit ihrer Initiative (*fail*)

Schichtarbeit (*f*): langfristige Gesundheitsgefährdung durch Nacht- und **Schichtarbeit** (*shift-work*)

Schiene (*f*): das gilt nicht nur für die Ministerpräsidenten, sondern auch für die »parlamentarische **Schiene**«, die wir eben vertreten (*dimension, field, business*)

Schienennetz (*n*): der Bund soll einziger Eigentümer der Bahnen bleiben, Aufgabe der DEAG ist es, das **Schienennetz** zu bewirtschaften (*rail network*)

Schiffahrtsunternehmen (*n*): die gleichberechtigte Teilnahme der **Schiffahrtsunternehmen** beider Seiten am gegenseitigen Seeverkehr (*shipping company*)

schikanieren: von Kritikern und Bürokraten **schikaniert** (*harass*)

schikanös (*adj*): er nannte das Sport-Embargo lächerlich und unnötig **schikanös** (*bloody-minded*)

Schimpfe (*f*): viel Zeit verwendet man in der kollektiven **Schimpfe** auf die etablierten Parteien und Parlamente (*grumbling (about), criticism*)

Schindluder (*n*): selten wird mit einem Begriff so viel **Schindluder getrieben** wie mit dem Begriff Einwanderungsland (*abuse*)

Schlagabtausch (*m*): ein ritueller **Schlagabtausch** überlagert die Argumentation (*exchange of blows*)

schlank (*adj*): er plädierte für eine **schlanke** Staatsverfassung (*minimal, simple*); eine Viertelmillion überflüssiger Bundesbeamte stören ihn in seiner neuen **schlanken** Regierung (*'lean'*)

Schlankheitskur (*m*): die Sender werden sich einer **Schlankheitskur** unterziehen müssen: »lean production« in den Anstalten ((*slimming*) *diet, 'shedding fat'*)

schleichend (*adj*): eine **schleichende** Kompetenzaneignung durch die EG (*creeping*)

Schlichter (*m*): den Vorschlag des **Schlichters**, die Gehälter der Staatsbediensteten um 5,4 Prozent anzuheben, hielt Kohl für unakzeptabel (*arbitrator*)

Schlichterspruch (*m*): den **Schlichterspruch** hätte die Chefin der ÖTV akzeptiert, darunter lief nichts (*decision of the arbitrator*)

Schließfach (*n*): Notare, Wirtschaftsprüfer oder Steuerberater, die ein Konto, ein Depot oder ein **Schließfach** für einen Dritten eröffnen (*safe-deposit box*)

Schluß (*m*): der Minister wandte sich gegen voreilige **Schlüsse** (*conclusion*)

Schlüssel (*m*): von den Mitgliedstaaten wird nach einem bestimmten **Verteilungsschlüssel** Mehrwertsteuer angefordert (*apportionment formula*)

Schlußfolgerung (*f*): weil der Bericht sich auf allgemeine Aussagen beschränkt, können keine **Schlußfolgerungen** gezogen werden (*conclusion*)

Schlußrechnung (*f*): dem Fernmeldeamt mitzuteilen, an welche Anschrift es die **Schlußrechnung** senden soll (*final bill*)

Schlußstrich (*m*): nichts deutet darauf hin, daß der Norden einen **Schlußstrich** unter die Schulden des Südens **ziehen** will (*forget about, write off*)

Schmerzensgeld (*n*): die Geltendmachung eigener Schadenersatzansprüche wie zum Beispiel **Schmerzensgeld** (*damages for pain and suffering*)

Schmerzgrenze (*f*): die ÖTV-Dame sah bei 5,4 Prozent die »äußerste **Schmerzgrenze**« erreicht (*sticking-point*); die »**Schmerzgrenze**« bei Benzin soll bei 5 Mark je Liter beginnen (*point at which the price begins to hurt the pocket*)

schmieren: alle Unternehmen, die Zugang zu öffentlichen Aufträgen suchten, mußten **schmieren**: mit 5 bis 15 Prozent der Auftragssumme (*pay out backhanders/slush money*)

Schmiergeld (*n*): die **Schmiergelder**, welche Unternehmen für öffentliche Aufträge an die Vertreter der Parteihierarchie zahlten (*slush money, backhander*)

Schnellauftrag (*m*): als Beauftragter für die Finanzrevisioin hat er einen **Schnellauftrag** für die Prüfung von Fleischexporten erhalten (*priority/rush job*)

Schnitt (*m*): **im Schnitt** nimmt die Temperatur im Boden um dreißig Grad pro Kilometer zu (*on average*)

Schöhnheitsfehler (*m*): der Vorschlag hat einen **Schönheitsfehler** (*flaw*)

schonen: der Abgeordnete warnt davor, die Steuergerechtigkeit preiszugeben, um den Kapitalmarkt zu **schonen** (*protect*)

Schonfrist (*f*): die **Schonfrist** bei der Lohnsteuer beträgt 9 Tage (*period of grace*)

Schranke (*f*): er ist ein unerschrockener Draufgänger, der die Tschechen endlich **in die Schranken weist** (*put someone in his/her place, bring in line*)

Schreibarbeit (*f*): ganze 3,3 Milliarden Dollar fallen weg, wenn man die ganze **Schreibarbeit** in den Büros vereinfacht (*clerical work*)

Schreibkraft (*f*): die Analyse war von einer **Schreibkraft** zu Papier gebracht worden (*clerk*)

Schreibtischtäter (*m*): an solchen unqualifizerten Äußerungen erkennt man **Schreibtischtäter** (*armchair operator*)

Schriftführer (*m*): die **Schriftführer** im Parlament, die zusammen mit dem amtierenden Präsidenten im Plenum den Sitzungsvorstand bilden, haben unter anderem die Verhandlungen zu beurkunden sowie die Korrektur der Plenarprotokolle zu überwachen (*recorder*)

Schriftstück (*n*): im Gesetzentwurf über den Schutz der Sozialdaten wird festgelegt, daß keine Pflicht zur Vorlegung oder Auslieferung von **Schriftstücken** besteht (*document*)

schrumpfen: die Mehrzahl der Management-Buy-Outs sind wegen des **schrumpfenden** gewerblichen Sektors wichtig (*contract, shrink*)

Schublade (*f*): die NATO hat sicherlich schon Generalstabpläne für eine solche Aktion **in den Schubladen** (*on the stocks*)

schubweise (*adv*): Kündigungstermine zum Quartalsende belasten die Arbeitsgerichte **schubweise** (*in batches*)

Schuld (*f*): zu einer Besteuerung kommt es, wenn das sonstige Vermögen nach Abzug der **Schulden** die persönlichen Freibeträge übersteigt (*debt*)

Schuldendienst (*m*): möglicherweise müßte der Staat dann das Kapital mit höheren Zinsen im Land halten und so für eine Vermögensabgabe mit einem teureren **Schuldendienst** büßen (*debt burden/commitment*)

Schuldenerlaß (*m*): nach einem partiellen **Schuldenerlaß** würden alle Gläubiger vom Preisanstieg auf dem Sekundärmarkt profitieren (*waiving/writing off of debt*)

Schuldenübernahme (*f*): wollten die Deutschen den Schuldenberg per **Schuldenübernahme** abtragen, müßten sie sich gut neun Monate verdingen (*assumption of debt*)

Schuldner (*m*): die Einkommenssteuer ermäßigte sich damals um 30%, wenn der **Schuldner** nachweislich seinen Wohnsitz in West-Berlin hatte (*debtor, taxpayer*)

Schuldnerland (*n*): das Wachstum in den **Schuldnerländern** kann durch Kredite in Gang gebracht werden (*debtor country*)

Schuldschein (*m*): einige Gläubiger schreiben einen Teil ihrer **Schuldscheine** in den Wind (*'IOU', promissory note*)

Schuldspruch (*m*): mit einem **Schuldspruch** (*verdict of guilty, guilty verdict*)

Schuldtilgung (*f*): die Republikaner verweigern sich einer permanenten **Schuldtilgung** durch die Deutschen (*paying off/repaying debts*)

Schuldverschreibung (*f*): der Inhaber von **Schuldverschreibungen** kann diese während der Laufzeit der Anleihe nach einem festgelegten Verhältnis in Aktien umwandeln (*debenture bond*)

schulen: um Angaben über die DDR-Firmen zu bekommen hat man oft zunächst die Betriebsleiter und Finanzchefs **schulen** müssen (*train, give special training to*)

Schulung (*f*): die Regierung hat bei der Kontrolle von Kernwaffenherstellung über die personelle Unterstützung durch Ausbildung und **Schulungen** hinaus nennenswerte finanzielle Mittel bereitgestellt (*special courses*)

Schulwesen (*n*): das **Schulwesen** befindet sich in einem sanierungs-bedürftigen Zustand (*school system*)

Schutzhaus (*n*): einige **Schutz**wohnungen und -**häuser** für die Frauen sind nicht ausgelastet (*safe house, refuge*)

Schutzwirkung (*f*): die **Schutzwirkung** des Artikels 71 des Grundgesetzes (*protection (provided by)*)

Schutzwohnung (*f*): einige **Schutzwohnungen** und -häuser für die Frauen sind nicht ausgelastet (*safe house, refuge*)

Schwächere[r] [decl like adj] (*m/f*): sie griffen ihn insbesondere wegen bevorstehenden Kürzungen auch bei sozial **Schwächeren** an (*the poorer/worst-off, deprived people, those less able to fend for themselves*)

Schwachstelle (*f*): der Bericht listet 17 **Schwachstellen** auf, die den Behörden bei der Aktion unterlaufen sind (*weakness, problem area*)

schwanken: die Gewinne der Gesellschaften **schwanken** je nach der wirtschaftlichen Situation des Unternehmens (*fluctuate*)

Schwarzarbeit (*f*): **Schwarzarbeit** und Steuerhinterziehung werden hier bloß verbal bekämpft (*working on the side/without the knowledge of the taxman*)

Schwarzseher (*m*): dafür haben die **Schwarzseher** Konjunktur (*doom-merchant*)

Schwebe (*f*): während die kommunalpolitischen Entscheidungen **in der Schwebe** bleiben (*in the balance*)

Schwelle (*f*): Rußland an der **Schwelle** einer neuen Epoche (*threshold, dawn*)

Schwellenpreis (*m*): für die Einfuhr gilt ein sogenannter **Schwellenpreis** (*threshold price*)

Schwemme (*f*): während der **Maisschwemme** in Simbabwe (*glut*)

Schwerpunkt (*m*): der zweite **Schwerpunkt** in Maastricht, die politische Union; **Schwerpunkt** der Koalitionsgespräche ist die Finanzplanung (*main focus*); für Makler gibt es attraktive Zentren mit verschiedenen **Schwerpunkten**: Hamburg [Im- und Export], Frankfurt [Finanzbranche] usw. (*special characteristic/feature*); wenn **im Schwerpunkt** Gesetzgebungsbefugnisse der Länder betroffen sind, soll die Wahrnehmung der Rechte, die der Bundesrepublik als Mitgliedstaat der Europäischen Union zustehen, vom Bund auf einen vom Bundesrat ernannten Vertreter der Länder übertragen werden (*substantive*)

Schwerpunktbildung (*f*): das Bundesamt für Verfassungsschutz wird in den kommenden Jahren 400 Stellen abbauen. Die Arbeitsfähigkeit des Bundesamt wird jedoch durch **Schwerpunktbildung** und Schwerpunktverlagerung erhalten bleiben (*concentration of activities in certain areas, refocusing of activities*)

Seeverkehr (*m*): die gleichberechtigte Teilnahme der Schiffahrtsunternehmen beider Seiten am gegenseitigen **Seeverkehr** (*maritime traffic*)

Seilschaft (*f*): es existieren immer noch viele **Seilschaften** unter den Machthabenden aus der alten DDR (*old-boy network*)

Sektor (*m*): die EG-Parlamentarier vertreten die Ansicht, daß die Sicherheit im **Verkehrssektor** den höchsten Stellenwert einnehme (*sector*)

sektoral (*adj*): alle Informationen zu liefern, die für die Beobachtung der **sektoralen** Politiken der EG erforderlich sind (*concerning the various industrial sectors*)

Sekundärmarkt (*m*): nach einem partiellen Schuldenerlaß würden alle Gläubiger vom Preisanstieg auf dem **Sekundärmarkt** profitieren (*secondary market*)

Selbständige[r] [decl like adj] (*m/f*): diese Formalien können von der Steuerbehörde von einem **Selbständigen** verlangt werden (*self-employed person*)

Selbstauflösungsrecht (*n*): die CDU/CSU-Fraktion war gegen das **Selbstauflösungsrecht** des Parlaments (*self-dissolution*)

Selbstbeschränkung (*f*): freiwillige **Selbstbeschränkungen** der Japaner beispielsweise im Kraftfahrzeugsektor (*voluntary limitation*)

Selbstbestimmung (*f*): grundlegendes Bildungsziel sollte die Persönlichkeitsbildung zu **Selbstbestimmung** sein (*self-determination/ fulfilment*); die heutige Staatengemeinschaft kann denen, die vom **Selbstbestimmungsrecht** der Völker Gebrauch machen, nicht jeglichen Schutz und Beistand verwehren (*right to self-determination*)

Selbstbeteiligung (*f*): die einheitliche **Selbstbeteiligung** von 1,50 Mark je Medikament weiterhin beizubehalten (*proportion of charges met by the individual*)

selbstgenutzt (*adj*): die steuerliche Förderung von **selbstgenutzten** Wohnungen (*owner-occupier*)

Selbsthilfe (*f*): wir sind eine Genossenschaftsbank, mit dem Gründungsgedanken der gegenseitigen **Selbsthilfe** (*self-help*)

Selbsthilfeorganisation (*f*): Privatwirtschaft soll stärker gefördert werden: **Selbsthilfeorganisationen** helfen (*self-help organization*)

selektiv (*adj*): die Fraktion will die Tendenzen zu **selektiven** schulischen Strukturen begrenzen (*selective*)

Senat (*m*): der Zweite **Senat** in Karsruhe wies darauf hin (*'senate'* (*of the court*), *panel*)

Senator (*m*): **Senatoren** im Bremener Senat, wie Wirtschaftssenator Klaus Jäger [FDP] und Umweltsenator Ralf Fücks [GRÜNE] (*'senator'* (*deputy in Bremen city government*))

Senior (*m*): wir stellen uns auf spezielle Kundenwünsche ein, z.B. bei **Senioren** (*senior citizen*)

separat (*adv*): die Tilgungsstreckung wird **separat** verzinst (*separately*)

serienreif (*adj*): das Modell ist jetzt **serienreif** (*ready to go into production*)

Seriosität (*f*): Investmentfonds garantieren dem Sparer ein Höchstmaß an Solidität und **Seriosität** (*reliability*)

Service (*m*): mit dem persönlichen Konto erschließen Sie sich den gesamten **Service** der Deutschen Bank (*service*)

setzen: sie **setzen** im Aufholprozeß der ostdeutschen Wirtschaft weiter vorrangig **auf** westliche Investoren (*place one's hope in, back*); Anleger, die in erster Linie **auf** Kursgewinne »**setzen**« (*put one's money on, 'go for'*); im Kaufauftrag kann der Verkäufer ein »Limit« **setzen; gesetzte** Fristen wurden nicht eingehalten (*specify, set*)

Sexualaufklärung (*f*): **Sexualaufklärung** soll weiter verstärkt werden (*sex education*)

Sicherheit (*f*): die Gefahren für die innere **Sicherheit** in unserem Land (*security, safety*); bei der Autovermietung wird oft eine Kaution als **Sicherheit** verlangt (*security*)

Sicherheitspolitik (*f*): Verwirklichung der Außen- und **Sicherheitspolitik** im Rahmen der EG (*security policy*)

sichern: der Gemeinsame Markt will die Freiheit des Warenverkehrs **sichern** (*ensure*)

sicherstellen: die Briefmarken wurden in einem Postsack in einem Autowrack **sichergestellt** (*recover, seize*); mit diesem Fonds ist eine angemessene Finanzausstattung der neuen Länder **sichergestellt** (*guarantee*); **stellen** Sie nach Ihrem Umzug die ärztliche Versorgung **sicher** (*ensure, settle, fix*)

Sicherung (*f*): in anderen Zweigen der sozialen **Sicherung** müssen 11 Milliarden Mark eingespart werden (*security*); Verbesserung der steuerlichen Bedingungen zur **Sicherung** des Wirtschaftsstandorts Deutschland (*safeguard*)

Sichteinlage (*f*): M3 umfaßt den Bargeldumlauf, **Sichteinlagen** und Termingelder (*instant access deposit*)

signalisieren: der Forschungsminister hatte schon früh **signalisiert**, daß aus der Staatskasse kein Geld für die Fabrik zu erwarten sei (*indicate, signal*)

Single (*m*): Einkommensverluste bei **Singles** – für einen ledigen Durchschnittsverdiener zeichnet sich ein Rückzug seines Realeinkommens ab (*single person*)

Sinn (*m*): eine »zwischenstaatliche Einrichtung« **im Sinne des** Art. 24 Abs. 1 GG (*in the terms of*)

Sitzung (*f*): der Bundesrat hat in seiner **Sitzung** am 18. Juni dem Gesetzesbeschluß seine Zustimmung verweigert (*session, meeting*)

sitzungsfrei (*adj*): die **sitzungsfreie Zeit** des Bundestags bis zum 29.April wurde unterbrochen (*recess*)

Sitzungswoche (*f*): die Fragestunden können pro **Sitzungswoche** des Bundestages eine Gesamtdauer von drei Stunden erreichen (*week during which parliament is sitting*)

Skala (*f*): am anderen Ende der **Maßnahmenskala** steht eine militärische Intervention großen Stils (*spectrum, range*)

skandieren: etwa 40 Demonstranten, die »Ausländer raus« **skandierten**, wurden von der Polizei festgenommen (*chant*)

so (*adv*): die Bundesregierung habe Stasi-Mitgliedern keine Vergünstigungen aufgrund der Kronzeugenregelung gewährt, **so** die Antwort (*according to*)

Sockelarbeitslosigkeit (*f*): die Schaffung von Arbeitsplätzen in privaten Haushalten zur Bekämpfung der **Sockelarbeitslosigkeit** (*hard-core unemployment*)

Sockelbetrag (*m*): seit den 70er Jahren wurden bei den Tarifverhandlungen des öfteren neben der prozentualen Erhöhung **Sockelbeträge** ausgehandelt, die eine teilweise nivellierende Wirkung ausüben (*basic sum/amount*); die Fraktionszuschüsse bestehen derzeit aus einem **Sockelbetrag**, der für alle Fraktionen gleich ist (*basic allowance/amount*)

Sofortprogramm (*n*): die Bundesregierung soll ein **Sofortprogramm** zum Schutz der Säuglinge vor schlechtem Trinkwasser durchführen (*immediate measures, emergency programme*)

Sogwirkung (*f*): zunächst die **Sogwirkung** von Frankfurt wegnehmen, heißt das Rezept des Magistrats (*pulling power, pull, attraction*); die **Sogwirkung**, die eintritt, wenn der Hauptschuldner insolvent wird (*knock-on effect*)

Solidargemeinschaft (*f*): je kleiner die **Solidargemeinschaft**, desto höher für jeden einzelnen die Beiträge (*mutual company/society, collective of contributors*); das Prinzip, bei dem der einzelne zunächst Eigenvorsorge leisten muß, bevor die **Solidargemeinschaft** eintritt (*caring society (in the sense of collectivity of individuals making contributions to 'social security')*)

solidarisch (*adj*): für eine **solidarische** Pflegeversicherung; die Absicherung bei Pflegebedürftigkeit ist ein zentrales Anliegen jeder humanen und **solidarischen** Gesellschaft (*solidary, harmonious*)

solidarisieren [sich]: der Streik weitet sich aus, Universitätsmitarbeiter **solidarisieren sich** (*declare solidarity with one another*)

Solidarität (*f*): der neue SPD-Vorsitzende forderte größere Geschlossenheit und mehr **Solidarität** untereinander (*solidarity*);

notwendige soziale Leistungen sollten **in Solidarität** von Arbeitnehmern und Arbeitgebern aufgebracht werden (*collectively*)

Solidaritätszuschlag [abbr to **Solidarzuschlag**] (*m*): der **Solidar[itäts]-zuschlag** wird 6 Mrd. DM mehr in die Kasse bringen (*individual contribution/deduction from wages towards cost of reunification of Germany*)

Solidität (*f*): Investmentfonds garantieren dem Sparer ein Höchstmaß an **Solidität** und Seriosität (*dependability, reliability*)

Sommerloch (*n*): dieses Thema fiel ins **Sommerloch** (*summer recess of parliament*)

Sommerpause (*f*): das Thema wurde während der **Sommerpause** ins Gespräch gebracht (*summer recess*)

Sonderausgaben (*f/pl*): die Beiträge zu der Lebensversicherung können beim Lohnsteuer-Jahresausgleich als **Sonderausgaben** geltend gemacht werden (*other outgoings*)

Sondereinnahmen (*f/pl*): das Notprogramm sah **Sondereinnahmen** aus einer Steueramnestie und der Privatisierung von Staatseigentum vor (*extra revenue*)

Sondersitzung (*f*): die SPD hatte eine **Sondersitzung** des Deutschen Bundestages verlangt (*extraordinary meeting*)

Sondierungsgespräch (*n*): nach dem Scheitern der **Sondierungsgespräche** von CDU und Grünen (*exploratory talk*)

Sonntagsrede (*f*): die Interessen der Vertriebenen wurden in **Sonntagsreden** zugeschmalzt (*pretty/fancy speech*)

Sorgerecht (*n*): das gemeinsame **Sorgerecht** der Eltern (*custody, parental responsibility*)

Sortiment (*n*): das klassische **Sortiment** mit dem blauen Markenzeichen (*range (of goods)*)

Souverän (*m*): jene beiden tun sich zusammen, denen der **Souverän**, der Wähler, besonders viel Vertrauen entzogen hat (*sovereign power*)

Soz [pl: Sozis, dat pl: Sozen] (*m*): er ist schließlich nur ein **Soz**, wie Kohl die Sozialdemokraten gern abfällig nennt; Kohl läßt sich keine Gelegenheit nehmen, den »**Sozen**« am Zeug zu flicken; der Feind steht links – es sind die Liberalen und Linken, die **Sozis** und schlaffen Konservativen (*socialist*)

Sozialabbau (*m*): **Sozialabbau** ist kein Ausweg (*dismantling the welfare/social state*)

Sozialabgabe (*f*): von 19 819 DM Bruttojahreseinkommen gehen 1325 DM Einkommensteuer und 3776 DM **Sozialabgaben** ab ((*social*) *welfare contribution*)

Sozialcharta (*f*): **Sozialcharta** in allen EG-Staaten umsetzen (*social chapter*)

Sozialdaten (*n/pl*): die Vorschriften des Sozialgesetzbuches über den Schutz der **Sozialdaten** (*census data*)

Soziale[s] [decl like adj] (*n*): die Ministerin für Arbeit und **Soziales** (*social affairs*)

Sozialetat (*m*): der **Sozialetat** steigt erheblich stärker als der Gesamthaushalt (*social security budget*)

Sozialgeheimnis (*n*): die Verpflichtung, das **Sozialgeheimnis** zu wahren (*privacy of the individual*)

Sozialgericht (*n*): die **Sozialgerichte** entscheiden in Streitigkeiten aus dem Bereich der Sozialversicherung (*social court*)

Sozialhilfe (*f*): die Ausgaben für **Sozialhilfe** haben sich seit 1980 verdoppelt (*supplementary benefit*)

Sozialhilfeempfänger (*m*): die Zahl der **Sozialhilfeempfänger** hat sich seitdem verdoppelt (*recipient of supplementary benefit*)

Sozialkosten (*pl*): der Mittelstand wird mit hohen **Sozialkosten** belegt (*welfare contribution*)

Sozialleistung (*f*): Wachstum ermöglicht Vollbeschäftigung und hohe **Sozialleistungen** (*social security benefit*)

Sozialpartner (*m/pl*): die von den regierenden Konservativen immer wieder als »**Sozialpartner**« fehlgedeuteten Tarifvertragsparteien (*'social partners' (employers' organizations and unions)*)

Sozialpartnerschaft (*f*): die Gleichrangigkeit von Markt- und Sozialprinzip unterliegt dem Konzept der **Sozialpartnerschaft** in der Gesellschaft (*social partnership/contract*)

Sozialpolitiker (*m*): Bundesgesundheitsminister Seehofer hat sich als **Sozialpolitiker** profiliert (*social affairs expert*)

sozialpolitisch (*adj*): die wirtschafts-, finanz- und **sozialpolitischen** Vorstellungen der Reps sind konturlos (*concerning social policy*)

Sozialprinzip (*n*): für ihn waren Markt- und **Sozialprinzip** grundsätzlich gleichrangig (*principle of the social/welfare state*)

Sozialprodukt (*n*): die Steuerbelastung sei, bezogen auf das **Sozialprodukt**, um fünf Prozentpunkte gestiegen (*national product*)

Sozialschmarotzer (*m*): ich finde es unglaublich, wenn von »Asylmißbrauch« und »**Sozialschmarotzern**« geredet wird (*sponger*)

Sozialstaat (*m*): der **Sozialstaat** macht das Leben in unserem Lande doch erst lebenswert (*social/welfare state*)

Sozialstation (*f*): die Infrastruktur für die ambulante Pflege aufzubauen, die **Sozialstationen** flächendeckend zu gründen (*day-care centre*)

Sozialversicherung (*f*): die Einführung einer Pflegeversicherung im Rahmen der **Sozialversicherung** (*'National Insurance', social*

217

insurance/security); 55 Milliarden an Transferleistung stammen aus den **Sozialversicherungsbeiträgen** (*national insurance contribution*)

sozialverträglich (*adj*): eine **sozialverträgliche** Lösung des Karenztages (*socially equitable/acceptable*)

Sozialwohnung (*f*): bei **Sozialwohnungen** wird die Sicherheit zwei Jahre nach Beginn des Mietverhältnisses fällig (*council/public sector flat/house*)

Sozietät (*f*): ob ein Rechtsanwalt in der alten Bundesrepublik in einer privatrechtlichen **Sozietät** oder in der ehemaligen DDR in einem öffentlich-rechtlichen Kollegium der Anwälte arbeitet (*legal practice*)

Sozius [pl: Sozii] (*m*): zum Beispiel den Rechtsanwalt D.D. oder dessen **Sozius**; Herr Gauweiler versprach seinen **Sozii**, ihnen den einen oder anderen Mandanten zuzuführen (*business partner*)

Spagat (*m or n*): seit 1982 versuchte die SPD gegenüber der SED einen **Spagat** – einerseits die offiziellen Kontakte zu stärken, andererseits den Dissidenten Freiräume zu erschließen (*do the splits, have a foot in both camps*); trotz aller Kritik an der Verknüpfung von Kunst und Kommerz: ihn reizt gerade der **Spagat** zwischen Wirtschaft und Kunst (*the attempt to divide his attention between/straddle*)

Spanne (*f*): liegt zwischen beiden Vorgängen eine **Spanne** von sechs Monaten, so ist der Gewinn aus der Spekulation zu versteuern (*gap, span of time*)

Sparbrief (*m*): mit unseren **Sparbriefen** sichern Sie sich hohe Zinsen (*savings certificate*)

Sparbuch (*n*): jeder Neubürger hatte zum Beginn der Währungsunion im Durschnitt 7500 Mark auf dem **Sparbuch** (*savings book, savings account*)

Spargeld (*n*): viele Sparer verloren ihr Geld, 790 Millionen Mark an **Spargeldern** scheinen verloren (*savings*)

Sparleistung (*f*): 12% Prämie für Ihre **Sparleistung** (*amount saved*)

Sparmaßnahmen (*f/pl*): der IWF hat Simbabwe drastische **Sparmaßnahmen** verordnet (*savings*)

Sparplan (*m*): Sparer können sich über einen **Sparplan** mit Monatsraten ab fünfzig Mark an der Würzburger Aktiengesellschaft beteiligen (*savings plan*)

Sparte (*f*): die Aufteilung der Bahn in mehrere **Sparten** ist überfällig (*section, division*); die Aufgabe der Parlamentariergruppe sei es, Kontakte zu knüpfen, um in allen **Sparten**, wo es geht, zu helfen (*area*)

Sparvermögen (*n*): ein Land, in dem die meisten ein kleines **Sparvermögen** haben (*savings*)

Sparvertrag (*m*): er unterzeichnete einen **Sparvertrag** einer Paderborner Vermögensverwaltung (*savings agreement*)

speichern: die SCHUFA **speichert** die Daten, um Unternehmen Informationen zur Beurteilung der Kreditwürdigkeit von Kunden geben zu können (*store*)

speisen: den neuen Fonds sollen vor allem die Nuklearmächte **speisen** (*pay into*)

spendabel (*adj*): er zählte 1986 zu den **spendablen** Initiatoren des Schleswig-Holsteiner Musikfestivals (*generous*)

spenden: er will 90 000 Mark für soziale Zwecke **spenden** (*donate*)

Sperre (*f*): die **Sperren** im Haushalt sollten unverzüglich aufgehoben werden; das Gremium hob eine qualifizierte **Sperre** im Nachtragshaushalt 1993 über 10 Millionen Mark auf (*freeze*)

Spesen (*pl*): **Spesen** gelten nicht immer als Betriebsausgaben (*expenses*)

spesenfrei (*adj*): Zusatzgewinn durch **spesenfreie** Neuausgaben (*free of charge*)

Spiegel (*m*): der Vorsitzende der Kommission erinnert sich an die **Medaillenspiegel** in den Zeitungen der DDR (*table*)

Spielraum (*m*): wegen der massiven Lohnsteigerungen bleibt den Firmen nicht genügend finanzieller **Spielraum** für Investitionen (*scope*); Kursabweichungen ihrer Währungen durch einen **Spielraum** von 2,5 v.H. nach unten und oben zu begrenzen (*range*)

Spitzenreiter (*m*): dieser Fonds, der Wertentwicklungs-**Spitzenreiter** der Sparkassenfonds (*leader, best seller*)

Spitzensatz (*m*): Steuererhöhungen z.B. im Bereich des **Spitzensatzes** (*highest/top (tax) rate*)

Spitzenwert (*m*): die deutschen Exportüberschüsse sind vor 1990 auf immer neue **Spitzenwerte** gestiegen (*record value/level*)

Splitting (*n*): die Steuermindereinnahmen durch das **Ehegattensplitting** (*independent taxation (of man and wife)*); das 'Ticket-Splitting' ist bei den Bundeswahlen eine häufige anzutreffende Wählergewohnheit (*giving the first constituency vote to one party, the second/party list vote to another*)

Sponsor (*m*): mit jeweils einer Million Mark engagieren sich allein die drei größten **Sponsoren** (*sponsor*)

Sprecher (*m*): innenpolitischer **Sprecher** seiner Fraktion (*spokesman*)

Spritze (*f*): Thüringen: Millionen-**Spritze** für Kliniken ((*cash*) *injection*)

Staatenbund (*m*): Bundespräsident von Weizsäcker hat jüngst vor einer schleichenden Umwandlung des deutschen Bundesstaates in einen »**Staatenbund**« gewarnt ((*loose*) *federation of states*)

Staatengemeinschaft (*f*): die heutige **Staatengemeinschaft** kann denen, die vom Selbstbestimmungsrecht der Völker Gebrauch machen, nicht jeglichen Schutz und Beistand verwehren (*community of states*)

staatlich (*adj*): die Opfer **staatlicher** Repression sind anders zu stellen als jene, die Kompromisse mit dem SED-Regime vermieden (*state*)

Staatlichkeit (*f*): Subsidiarität soll Präferenz- und Partizipationsregeln im Gefüge einer mehrstufigen **Staatlichkeit** schaffen (*organization of the state, statehood*)

Staatsakt (*m*): mit einem **Staatsakt** hat die Bundesrepublik Abschied von ihrem ehemaligen Staatsoberhaupt genommen (*state occasion*)

Staatsangehörige[r] [decl like adj] (*m/f*): die Diskriminierung von **Staatsangehörigen** aus Drittstaaten (*national*)

Staatsanleihe (*f*): die **Staatsanleihen** vergrößern sich (*government bond*)

Staatsanwaltschaft (*f*): was ist das für ein Rechtsstaat, wenn die **Staatsanwaltschaft** persönlich Briefe an die Presse weitergibt? (*public prosecutor's office, state prosecution service*)

Staatsapparat (*m*): Clinton versprach, den **Staatsapparat** um 100 000 Beamten zu verkleinern (*state apparatus, machinery of state, bureaucracy*)

Staatsaufgabe (*f*): parallel zum Abbau von **Staatsaufgaben** (*responsibility of the state*)

Staatsausgaben (*f/pl*): die **Staatsausgaben** weg vom Konsum und hin zu Investitionen in die Infrastruktur umzuschichten (*public/state/government expenditure/spending*)

Staatsbeamte[r] [decl like adj] (*m/f*): er will die wöchentliche Arbeitszeit der **Staatsbeamten** auf 40 Stunden erhöhen (*public/civil servant*)

Staatsbedienstete[r] [decl like adj] (*m/f*): den Vorschlag des Schlichters, die Gehälter der **Staatsbediensteten** um 5,4 Prozent anzuheben, hielt Kohl für unakzeptabel (*servant of the state*)

Staatsbeteiligungen (*f/pl*): er versprach die Privatisierung von **Staatsbeteiligungen** - darunter das Aktienpaket Bayerns an der Deutschen Aerospace (*government shares/stake*)

Staatsbetrieb (*m*): eine verfehlte Entwicklungspolitik in Brasilien schuf ineffiziente **Staatsbetriebe** (*state-owned/nationalized company/enterprise*)

Staatsdefizit (*n*): das **Staatsdefizit** in Italien hat 103 Prozent des Sozialprodukts erreicht (*national deficit*)

Staatsdiener (*m*): sogar bei den **Staatsdienern** scheint der Episkopat größere Autorität als das Innenministerium zu besitzen (*servant of the state, civil servant*)

staatseigen (*adj*): in Thüringen sind beispielsweise noch immer 60 bis 65 Prozent der ehemals **staatseigenen** Unternehmen im Treuhand-Besitz (*state-owned*)

staatsfrei (*adj*): die Gemeinden sind kein **staatsfreier** Raum, sondern Teil des demokratischen Systems (*beyond the influence of the state*); erst später sei das Ziel der **staatsfreien** Privatisierung aufgekommen (*with no state/government involvement*)

Staatsgewalt (*f*): was an demokratischer Legitimation der **Staatsgewalt** bleibt, sind die Wahlen (*the authority of the state*)

Staatshandelsland (*n*): die nationalen Beschränkungen für Stahlerzeugnisse aus früheren **Staatshandelsländern** aufzuheben (*state trading country*)

Staatshaushalt (*m*): Mais hatte sich zu einer Belastung für den **Staatshaushalt** entwickelt (*government budget*)

Staatsinfarkt (*m*): der Politikwissenchaftler Manfred Hättich hat den Begriff des »**Staatsinfarktes**« geprägt. Wir haben noch keinen **Staatsinfarkt**. Aber bei siebzig Millionen Neuverschuldung kommen wir in die Nähe davon (*collapse of the system*)

Staatskanzlei (*f*): nach Angaben der **Staatskanzlei** (*minister-president's office*)

Staatskasse (*f*): wenn künftig ein ganzer Berufszweig direkt aus der **Staatskasse** alimentiert wird (*treasury, public/government purse/funds, state coffers, the Exchequer*)

Staatsminister (*m*): im Bereich des Bundeskanzleramtes und des Auswärtigen Amtes heißen die Parlamentarischen Staatssekretäre, die seit 1967 den Ministern zugeordnet sind, **Staatsminister** (*minister of state*)

Staatsoberhaupt (*n*): **Staatsoberhaupt** der Bundesrepublik ist der Bundespräsident (*head of state*)

Staatsquote (*f*): Scharping bestand darauf, daß die **Staatsquote** – der Anteil aller Staatsausgaben am Bruttosozialprodukt – auch unter einer SPD-geführten Regierung nicht ausgeweitet würde (*treasury/government share*)

Staatsregierung (*f*): die Bayerische **Staatsregierung** (Land *government*)

Staatssekretär (*m*): 35 000 Minister, **Staatssekretäre**, Beamte und Wissenschaftler aus aller Welt haben sich auf den Weg zum Umwelt-Gipfel gemacht (*permanent secretary*)

staatstragend (*adj*): die Union, **staatstragende** Partei der Bundesrepublik während der längsten Zeit ihrer Existenz (*party in power/forming the government*)

Staatsverdrossenheit (*f*): die zunehmende **Staatsverdrossenheit** der italienischen Wähler drückt sich immer mehr in der Wahl von Protestbewegungen aus (*alienation from the state/institutions of the state*)

Staatsverschuldung (*f*): eine unkontrollierte Ausweitung der **Staatsverschuldung** (*government/national debt*)

Staatsvolk (*n*): die Kommissionsmitglieder müssen auch entscheiden, ob das **Staatsvolk** über die geänderte Verfassung abstimmen soll (*citizens (of the state)*)

Staatswesen (*n*): die Abwehr der gegen unser **Staatswesen** gerichteten extremistischen Bestrebungen (*state (system/institutions)*)

Staatsziel (*n*): Forderungen nach der Aufnahme von weiteren **Staatszielbestimmungen** wie dem 'Recht auf Arbeit' in unser Grundgesetz (*state/national objective*)

städtebaulich (*adv*): wie stellt sich ein föderaler Staat **städtebaulich** dar? (*in terms of urban planning/design*)

Städtepartnerschaft (*f*): **Städtepartnerschaften** müßten auch zwischen kleineren Städten begründet werden (*twinning arrangement*)

Stadtkreis (*m*): die Landkreise sind den **Stadtkreisen** verwaltungsrechtlich gleichgestellt (*urban district*)

stadtpolitisch (*adj*): abgesehen von den komplizierten Grundstückfragen gibt es genug andere **stadtpolitische** und historisch-kulturelle Stolpersteine in Berlin (*on the level of local/municipal politics*)

Stadtstaat (*m*): wer Länder wie die **Stadtstaaten** Hamburg und Bremen abschaffen will (*city state*)

Stadtverordnete[r] [decl like adj] (*m/f*): das große Arbeitspensum lehrt, daß nicht jede auszugebende Mark von der **Stadtverordnetenversammlung** gebilligt werden muß (*town/city councillor*)

Staffel (*f*): der Bundesrat fordert eine Verlängerung der **Fristenstaffel** um jeweils einen Monat (*staggering of deadlines*)

staffeln: den Familien wird ein **gestaffeltes** monatliches Pflegegeld von 400 DM gewährt (*stagger*)

Staffelung (*f*): eine degressive **Staffelung** der Förderbeträge nach Betriebsgröße ist vorgesehen (*staggering*)

Stammaktie [abbr to **Stamm**] (*f*): »**Stammaktie**« nennt man die gewöhnliche Aktie im Unterschied zu Vorzugsaktien; die Dividende von 6 Prozent für **Stämme** (*ordinary share*)

Stammtisch (*m*): er bestärkt auch mehr **Stammtisch-Ressentiments** als andere (*bar-room resentment*)

stampfen: das Ministerium mußte von heute auf morgen **aus dem Boden gestampft** werden (*throw up*)

Stand (*m*): der amerikanische Leitzins erreichte den niedrigsten **Stand** seit 1978 (*level*); der Lehrgang hilft den Führungskräften, ihr Wissen **auf den neuesten Stand zu bringen** (*bring up to date, update*)

Standard (*m*): überzogene **Standards** bei öffentlichen Bauten wie Schulen und Heimen (*standard*)

Standort (*m*): der **Standort** der politischen Bildung in einer sich wandelnden Gesellschaft (*place*); die Europäische Umweltagentur kann nicht arbeiten, weil man sich nicht auf einen **Standort** einigen kann (*location*); Gesetz zur Verbesserung der steuerlichen Bedingungen zur Sicherung des **Wirtschaftsstandorts** Deutschland im Europäischen Binnenmarkt (*industrial/business base, industrial location, site of industrial activity*)

Standortpapier (*n*): das **Standortpapier** von Christdemokraten und Liberalen; SEE ALSO **Positionspapier**

Standpunkt (*m*): die Abgeordneten vertraten den **Standpunkt**, Leben sei prinzipiell nicht verfügbar (*view*)

starkmachen [sich]: der Vertreter des ADAC **machte sich** für die Beibehaltung der jetzt geltenden 0,8 Promillegrenze **stark** (*throw one's weight behind*)

starten: einen Feldversuch über die automatisierte Gebührenerfassung auf Bundesautobahnen **starten** (*start, launch*); Prämien-Sparen mit einer Einmalzahlung **starten** (*begin, start*)

stationär (*adj*): 12 Milliarden davon sollen für die häusliche, neun Milliarden Mark für die **stationäre** Behandlung verwendet werden (*out-patient* (*at a hospital*))

Statistik (*f*): in Thüringen sollen 33 Frauenhäuser existieren. Ich habe sechs aus dieser **Statistik** herausgegriffen (*figure*); das Bundesinstitut für Berufsbildung bereitet die Durchführung von **Statistiken** und Modellversuchen vor (*statistics*)

stattgeben: falls das Gericht der Klage **stattgibt** (*uphold*); rund 6500 Anträgen auf Pensionierung ist **stattgegeben** worden (*grant, accede to*)

statuarisch (*adj*): da die Linke Liste Differenzen zur PDS hatte, wollte sie **statuarische** Regelungen (*statutory*)

Status (*m*): der **Status** eines Grenzgängers soll allein von der regelmäßigen Rückkehr an den Wohnsitz abhängig gemacht werden (*status*); der **Statuswechsel** vom Soldaten ins Beamtenverhältnis (*change of status*)

Stau (*m*): der **Stau** unerledigter Fälle beläuft sich auf 200 000 (*backlog*); um den **Antragsstau** bei den Ämtern zur Regelung offener Vermögensfragen schneller abbauen zu können (*backlog of applications*)

stecken: keine der vor einem halben Jahr **gesteckten** Haushaltsvorgaben (*fix, set*)

steckenbleiben: der deutsch-französische Dialog ist in Beteuerungen privilegierter Beziehungen **steckengeblieben** (*get bogged down*)

stehen: der Ausschreibungstext für den Umbau des Reichstagsgebäudes in Berlin zum Sitz des Bundestags **steht** (*be ready*); er **steht zu** dem Kompromiß (*stand by*)

stehenlassen: ein Sparbuch mit gesetzlicher Kündigungsfrist, auf dem man einen finanziellen Rückhalt von 5 Monatsgehältern spart und **stehenläßt** (*leave lying*)

steigern: die deutsche Nachfrage wird **steigernd** auf das Sozialprodukt der Nachbarländer **wirken** (*have a positive effect*)

Stelle (*f*): eine rechtliche Vergünstigung ehemaliger Stasi-Angehöriger sei nicht durch die Bundesanwaltschaft oder durch andere **Stellen** geschehen (*department, agency*); das Angebot an offenen **Stellen** nahm zu (*job, vacancy*)

stellen: eine von der SPD **gestellte** Regierung (*form*); die Opfer staatlicher Repression sind anders zu **stellen** als jene, die Kompromisse mit dem SED-Regime vermieden (*treat*); [sich] Betriebe, die **sich** durch »Professionalisierung« dem Wettbewerb in der Gemeinschaft **stellen** wollen (*equip oneself for, take on*)

Stellenabbau (*m*): **Stellenabbau**: Fest steht, daß die Belegschaft stark abgebaut wird (*redundancies*)

Stellenwert (*m*): welchen **Stellenwert** das Baltikum engen Beziehungen zu Deutschland einräumt (*priority*)

Stellung (*f*): kritisch **nimmt** dazu der SPD-Bundestagsabgeordnete **Stellung** (*state one's position, make a statement*)

Stellungnahme (*f*): die **Stellungnahmen** der Konferenz der Innen-, Justiz- und Sozialminister; die Experten schlagen in einer vorab veröffentlichten **Stellungnahme** vor (*statement*)

stellvertretend (*adj*): der **stellvertretende** CDU/CSU-Fraktionsvorsitzende (*acting, deputy*)

stempeln: er mußte am Arbeitsamt **stempeln** gehen (*sign on*)

Sterben (*n*): wenn die Unternehmensstrategie nicht stimmt und die Produkte falsch sind, kann auch der Lohnverzicht nur das **Sterben** verlängern (*collapse, demise (of a company/firm)*)

Steuerabzugsverfahren (*n*): die von den Karlsruher Richtern geforderte Besteuerungsgleichheit auf dem Wege des **Steuerabzugsverfahrens** zu erreichen (*tax deduction system*)

Steueraufkommen (*n*): Unkenntnis über die Bedeutung der Ausländerbeschäftigung inklusive des Anteils am **Steueraufkommen** (*tax revenue*)

Steuerbelastung (*f*): die **Steuerbelastung** des Landes, bezogen auf das Sozialprodukt, sei gestiegen (*tax burden*)

Steuerberater (*m*): Notare, Wirtschaftsprüfer oder **Steuerberater**, die ein Konto für einen Dritten eröffnen (*tax consultant*)

Steuereinnahmen (*f/pl*): die **Steuereinnahmen** des Staates erreichten Rekordwerte (*tax revenue*)

Steuerentlastung (*f*): **Steuerentlastungen**, wie die Kilometerpauschale (*tax relief*)

Steuererklärung (*f*): einige Anteilhaber müssen einen Betrag in Höhe des Steuerguthabens vorstrecken, da sie diesen im Rahmen der **Steuererklärung** erst später vom Finanzamt erhalten (*tax return*)

Steuerfahndung (*f*): Staatsanwaltschaft und **Steuerfahndung** dürfen sich die Informationen nicht auf diesem Umweg beschaffen (*tax investigation/investigators*)

Steuerflucht (*f*): erst die zu hohe Steuerlast reizt zur **Steuerflucht** (*tax evasion* (*by transfer of funds abroad*))

Steuerfreiheit (*f*): **Steuerfreiheit** für ausländische Anleger wird eine Steueroase in der Bundesrepublik schaffen (*tax exemption*)

Steuerguthaben (*n*): das **Steuerguthaben**, also die »vorweggenommene« Steuer, die die AG auf die Dividende gezahlt hat, wird dem Aktionär gutgeschrieben (*tax credit*)

Steuerhinterziehung (*f*): mit der angestrebten Form der Zinsbesteuerung werde der **Steuerhinterziehung** Tür und Tor geöffnet, da es im Ermessen des einzelnen liege, ob er seine Zinsen nachversteuert (*tax evasion*)

Steuerlast (*f*): erst die zu hohe **Steuerlast** reizt zur Steuerflucht (*tax burden*)

steuerlich (*adj*): das Unternehmen kann darauf verzichten, die **steuerlichen** Erleichterungen zu beanspruchen (*tax*)

Steueroase (*f*): Steuerfreiheit für ausländische Anleger wird eine **Steueroase** in der Bundesrepublik schaffen (*tax haven*)

Steuerpaket (*n*): das an die Adresse der Bevölkerung gerichtete **Steuerpaket** (*tax package*)

steuerpflichtig (*adj*): die rund 30 Millionen **steuerpflichtigen** West-Bürger (*liable to* (*pay*) *tax*)

Steuerpflichtige[r] [decl like adj] (*m/f*): durch diese Maßnahme wurden rund 80 Prozent aller **Steuerpflichtigen** von der Besteuerung der Einkünfte als Kapitalvermögen freigestellt (*taxpayer*)

Steuerpolitik (*f*): Bundesratsdebatte zur **Steuerpolitik** (*taxation policy*)

steuerrechtlich (*adj*): die Sozialdemokraten bieten eine rein **steuerrechtliche** Lösung an, wonach in bestimmten Fällen die steuerliche Vergünstigung versagt würde (*in taxation law*)

Steuersatz (*m*): es bestehen erhebliche Unterschiede in den **Steuersätzen** der verschiedenen Staaten (*tax rate*)

Steuerschuld (*f*): die Länder verlangten den einkommensunabhängigen Abzug der Eigenheim-Baukosten von der **Steuerschuld** (*tax assessment/liability*)

Steuertermin (*m*): im Falle einer Überschreitung eines **Steuertermins** wird ein Säumniszuschlag erhoben (*tax payment date*)

Steuerverbund (*m*): Einkommenssteuer, Körperschaftssteuer, Umsatzsteuer und Mehrwertsteuer gehören zum sogenannten **Steuerverbund** und fließen in einen gemeinsamen Steuertopf (*tax composite*)

Stichprobe (*f*): die Arbeitsunfähigkeit sollte von den Krankenkassen von sich aus durch **Stichprobe** überprüft werden (*spot check*); die THA hat schließlich keine **Stichproben gezogen**, sondern für das Jahr eine 100-Prüfung durchgeführt (*take a sample*)

Stichwahl (*f*): er erzielte den größten **Stichwahl**-Erfolg der österreichischen Nachkriegsgeschichte; der Slogan für die zweite Werbewelle zur **Stichwahl** (*run-off election*)

still (*adj*): Skandale bahnen sich auch im Geschäft mit »**stillen Beteiligungen** an Beteiligungsgesellschaften« an (*silent partnership*)

Stillegung (*f*): der Agrarminister wagte es, den größeren Betrieben eine **Stillegung** von 15 Prozent ihrer Anbaufläche vorzuschreiben (*setting aside*)

stillschweigend (*adj*): **stillschweigende** Verlängerung des Mietverhältnisses [sofern nicht der Vermieter oder der Mieter seinen entgegenstehenden Willen erklärt] (*tacit, automatic*)

Stillstand (*m*): mit einer Vollbremsung will die Bonner Koalition die explodierenden Kosten im Gesundheitswesen **zum Stillstand bringen** (*stop, arrest*)

Stimme (*f*): 362 Delegierte sprachen sich für, 54 gegen ihn aus, sechs **Stimmen** waren ungültig; 40 enthielten sich der **Stimme** (*vote*)

Stimmenanteil (*m*): damit sank der **Stimmenanteil** der regierenden Koalition in Berlin auf nur noch 60 Prozent (*share of the vote*)

Stimmenfang (*m*): der Bund der Vertriebenen hat sich von den Unionsparteien gleichschalten lassen und war deren Werkzeug zum **Stimmenfang** bei den Vertriebenen (*vote-catching*)

Stimmengleichheit (*f*): wegen **Stimmengleichheit** [vier zu vier] des Bundesverfassungsgerichts bleibt der PDS auch die Mitgliedschaft im Gemeinsamen Ausschuß verwehrt (*tied vote*)

Stimmenmehrheit (*f*): ein weiterer Entschließungsantrag der Gruppe der PDS/Linke Liste fand ebenfalls keine **Stimmenmehrheit** (*majority*)

Stimmenthaltung (*f*): die CDU wurde von 40 auf 27 Prozent zurückgestutzt, nicht zuletzt durch **Stimmenthaltungen** (*abstention*)

Stimmenverschiebung (*f*): ob es nach 20 Jahren CDU-Alleinregierung zu einem Machtwechsel und damit zu einer **Stimmenverschiebung** im Bundesrat kommt (*change in the distribution of votes*)

stimmig (*adj*): das Angebot der Union zur Kompensation durch zwei Karenztage, die als Urlaubstage angerechnet werden können, ist auch von uns aus gesehen rechnerisch **stimmig** (*correct*)

Stimmrecht (*n*): 1989, als fast alle Wahlberechtigten von ihrem **Stimmrecht** Gebrauch machten (*right to vote*)

Stimmungslage (*f*): seine Bewerbungsrede richtete sich auf eine Besserung der **Stimmungslage** der Partei (*mood*)

Stimmverteilung (*f*): die Wähler zu neuen **Stimmverteilungen** veranlassen (*pattern of voting*)

Stimmvolk (*n*): das **Stimmvolk** läuft in Scharen zu diesen Bewegungen über (*voters*)

Stocken (*n*): der Aufschwung geriet **ins Stocken** (*slow down*)

Stolperstein (*m*): abgesehen von den komplizierten Grundstückfragen gibt es genug andere stadtpolitische **Stolpersteine** in Berlin (*stumbling block*)

stoppen: den Bundeswehreinsatz durch eine einstweilige Anordnung zu **stoppen**; die großen Geldflüße müßten **gestoppt** werden (*stop*)

Störfall (*m*): nukleare **Störfälle** in Sellafield (*accident*)

stornieren: viele Aufträge bei den Flugzeugherstellern wurden **storniert** (*cancel*)

Strafaktion (*f*): **Strafaktionen** gegen die Abweichler soll es nicht geben (*punitive measure, punishment*)

strafbewehrt (*adj*): das Eintreten für ein **strafbewehrtes** Nein zur Abtreibung wird leicht mit übersteigertem Moralbewußtsein gleichgesetzt (*punishable by law, with the backing of the law*)

straffen: Bayer **strafft** Chefetagen: zwei Ebenen gestrichen (*tighten (up on), rationalize*)

Straffreiheit (*f*): er befürwortete auch die von der CDU geforderte **Straffreiheit** verdeckter Ermittler (*immunity from prosecution*)

Straffreistellung (*f*): nicht erlaubt werden dagegen die umstrittenen Maßnahmen wie die **Straffreistellung** von sogenannten verdeckten Fahndern (*exemption from prosecution*)

Straffung (*f*): eine Entlastung der Rechtspflege durch **Straffung** der Verfahren (*shortening, tightening up*)

Strafkaution (*f*): die **Strafkaution** zur Verschonung von Strafverfolgung (*bail bond*)

Strafprozeß (*m*): die ehernen Regeln unseres **Strafprozesses** ((*system of*) *criminal proceedings*)

Strafprozeßordnung (*f*): wer »Waffengleichheit« zwischen dem Verbrechen und der Polizei verlangt, muß die **Strafprozeßordnung** und die Polizeigesetze nicht ändern (*code of criminal procedure*)

strafrechtlich (*adv*): er wurde **strafrechtlich** verfolgt (*according to criminal law*)

Straftat (*f*): die Verteidigung gegen den Vorwurf, fahrlässig eine **Straftat** begangen zu haben (*criminal offence*); das Erfordernis, daß ein **Straftatbestand** erfüllt sein müsse (*facts* (*of the case*) *constituting an offence*)

Strafverfahren (*n*): das **Strafverfahren** erregte großes Aufsehen (*criminal proceedings, trial*)

Strafverfolgung (*f*): von den derzeit über 2000 bearbeiteten nachrichtendienstlichen »Spuren« konnten bislang fast 700 an die **Strafverfolgungsbehörden** abgegeben werden (*department of the Director of Public Prosecutions*)

Strafverschärfung (*f*): allerlei **Strafverschärfungen** sind nicht auf die organisierte Kriminalität beschränkt (*increase of penalty*)

Strafvollzug (*m*): der **Strafvollzug** muß den neuen Gegebenheiten entsprechen (*penal system*)

Straßenverkehr (*m*): die Gruppe PDS/Linke Liste fordert, daß **im Straßenverkehr** eine Promille-Grenze von 0,0 gelten soll (*on the roads*)

Strecke (*f*): die Bahnreform droht **auf der Strecke zu bleiben** (*fall by the wayside*)

strecken: wegen ausfallender Bundesmittel werden Straßenprojekte **gestreckt** oder aufgeschoben (*extend*)

streichen: in den Schulen fast aller Bundesländer wird derzeit auf Kosten der Schüler und Lehrer und zum Nutzen der Finanzen gespart, **gestrichen** und rationalisiert (*cut*); der Senator hat den Termin mit den Journalisten **gestrichen** (*cancel*)

Streichung (*f*): wir sind auch für die **Streichung** von Feiertagen offen (*abolition*)

Streife (*f*): seit April gehen mehr als 100 Bereitschaftspolizisten zusätzlich **auf Streife** (*on patrol*)

streitbar (*adj*): das Bekenntnis zu einer **streitbaren** Demokratie – die Begriffe »abwehrbereit«, »militant», »wehrhaft« sind weitgehend Synonyme – ist für das Denken der Verfassungsväter konstitutiv gewesen (*militant*)

Streitgespräch (*n*): sie tauschten in einer Art **Streitgespräch** ihre Argumente aus (*debate, disputation*)

Streitigkeit (*f*): die Versicherung bietet Ihnen Rechtsschutz bei nachbarlichen **Streitigkeiten** (*dispute*)

Streitkultur (*f*): es fehlt in unserer Demokratie die notwendige **Streitkultur** (*commitment to open democratic debate and disagreement*)

Streitstoff (*m*): **Streitstoff** bringt der 92er Haushalt (*contentious points*)

Strippenziehen (*n*): es ist kein Handwerk – eher ein Kunst: das »**Strippenziehen**« in Bonn (*string-pulling*)

strittig (*adj*): **strittig** zwischen den Regierungsparteien und der Opposition war lediglich diese Frage (*contentious*)

Strukturhilfe (*f*): der Abbau der **Strukturhilfe** stürzt die armen »alten« Länder in unabsehbare Schwierigkeiten (*structural aid, area development aid*)

Strukturpolitik (*f*): sie forderte eine Verzahnung von **Struktur-** und Arbeitsmarkt**politik** (*structural policies*)

strukturschwach (*adj*): Fördermittel in **strukturschwache** Regionen zu lenken (*structurally weak*)

Strukturwandel (*m*): besonders in Mecklenburg-Vorpommern habe mit der politischen Wende ein starker **Strukturwandel** eingesetzt (*structural change*)

Stückelung (*f*): diese Obligationen gibt es mit Laufzeiten ab 4 Jahren und mit **Stückelungen** ab 1000 DM (*denomination*); der Automat fragt, in welchen Scheinen ausbezahlt werden soll. Sie bestimmen also die **Stückelung** des Betrages (*how (in what denominations) the sum is paid*)

Stücklohnkosten (*pl*): die **Stücklohnkosten** sind sehr stark gestiegen (*unit labour costs*)

Stückpreis (*m*): der **Stückpreis** für das neue Jagdflugzeug soll unter 100 Millionen Mark liegen (*unit price*)

Stückwerk (*n*): vieles an der Reform bleibt **Stückwerk** (*half-measures, sketchy/half-baked plans*)

Stückzahl (*f*): sie wollen nur geringe **Stückzahlen** von Speicherbausteinen herstellen (*quantity*)

Stückzins (*m*): ab Jahresbeginn 1994 unterliegen auch die **Stückzinsen** der Steuerpflicht. Dabei geht es um diejenigen Zinsanteile, die in den Kursen von Anleihen zwischen den Zinszahlungsterminen auflaufen (*running interest*)

Studentendarlehen (*n*): mit dem **Studentendarlehen** ist die Finanzierung des Lebensunterhalts möglich (*student loan*)

Studentenrat (*m*): da die Ministerpräsidentin einen Termin mit dem **Studentenrat** hatte (*student council*)

Studienanfänger (*m*): an den bayerischen Hochschulen stieg die Zahl der **Studienanfänger** um fast dreißig Prozent (*new student, (new) university entrant*)

Studiengang (*m*): Fälle, in denen aus politischen Gründen die Aufnahme des gewünschten **Studiengangs** verwehrt wurde (*course*)

studiert (*adj*): der **studierte** Jurist war im höheren Verwaltungsdienst des Bundes tätig (*qualified, having read a subject at university*)

Studium (*n*): die Aufnahme eines gewünschten **Studiums** (*course of study*); Kommissionen dürfen **Studien** vergeben (*study, investigation*)

Stufe (*f*): eine Verstärkung der Sozialpartnerschaft auf allen **Stufen** (*level*)

stufenweise (*adv*): der Abbau der Strukturhilfen soll **stufenweise** erfolgen (*phased, in a series of steps*)

Stunde [Aktuelle] (*f*): über eine bestimmte Frage von allgemeinem Interesse kann eine **Aktuelle Stunde** von einer Fraktion oder von einer Gruppe beantragt werden (*'emergency debate'*)

Stunde Null (*f*): diese Wahlen waren wirklich die parlamentarische **Stunde Null** nach dem Zweiten Weltkrieg (*zero hour*)

stürzen: die Aktienkurse **stürzten** um 25 Prozent (*plummet, tumble, plunge*)

Subsidiarität (*f*): **Subsidiarität**, das soll dann die Regel beinhalten, daß die jeweils höhere Ebene nur dann tätig wird, wenn die Aufgabe mit den Mitteln der niedrigeren nicht gelöst werden kann (*subsidiarity*)

substantiell (*adj*): es sei in der Kommission nicht zu »**substantiellen** Änderungen« der Verfassung gekommen (*substantive, substantial, significant*)

Substanz (*f*): das Image zeigt ihn als glatten Politikmanager, der alles verkörpert, was zum Ansehensverlust des Berufsstandes heute beiträgt: Karriere statt Stetigkeit, Public Relations statt **Substanz** ((*real*) *substance, depth*)

Substanzverlust (*m*): das Bemühen, den **Substanzverlust** der Länder aufzuhalten (*loss/weakening of autonomy*)

Substituierte[r] [decl like adj] (*m/f*): Junkies, Ex-User und **Substituierte**; die Zahl der sogenannten **Substituierten** stieg von 50 auf über 200 an (*drug-user who has been moved on to a drug substitute*)

Subvention (*f*): die in den neuen Ländern »Anpassungshilfen« genannten **Subventionen** müssen aufgrund von EG-Vorschriften abgebaut werden (*subsidy*)

Subventionsabbau (*m*): die Länder unterbreiteten auch Vorschläge zum **Subventionsabbau** (*withdrawal/reduction of subsidies*)

Summe (*f*): von der **Summe** der Einkünfte sind gewisse Sonderausgaben abzusetzen (*total*)

summieren [sich]: der Verlust des Unternehmens soll **sich** auf eine halbe Milliarde Mark **summieren** (*add up to*)

suspendieren: die strafrechtliche Neuregelung bleibt **suspendiert** (*suspend*)

Sympathisantenschaft (*f*): der Generalbundesanwalt konnte bezüglich der RAF lediglich eine **Sympathisantenschaft** von Grams feststellen (*being a sympathizer* (*with a given cause/group*))

Szenario [*pl* Szenarien] (*n*): der Bericht entwirft sozialpolitische **Szenarien**, mit denen die Verstädterung verlangsamt werden könnte (*scenario*)

Szene (*f*): für die 27 Millionen Wähler war die politische **Szene** außerordentlich unübersichtlich (*landscape*); die Bedrohung durch eine zunehmend in der **Szene** verbreitete Waffe ((*alternative*) *scene, subculture*); nachdem die Süchtigen vom Platz vertrieben worden waren, verlagerte sich die **Szene** in ein angrenzendes Wohnviertel (*members of the alternative scene*)

T

tabuisieren: das Thema Einwanderung dürfe nicht **tabuisiert** werden (*make taboo*)

tagen: die Hochschulrektorenkonferenz **tagte** in Rostock; die Ausschüsse und Fraktionen **tagen** in Brüssel (*meet, convene*)

Tagesordnung (*f*): der Bundespräsident hat die Defizite jetzt auf die **Tagesordnung** gesetzt; die Themen, die auf der **Tagesordnung** stehen (*agenda*); Veränderungen und Neuorientierung sind **an der Tagesordnung** (*'on the agenda'*)

Tageswert (*m*): die Zertifikate können jederzeit zum **Tageswert** zurückgegeben werden (*going market value*)

Talfahrt (*f*): die **Talfahrt** des Blattes; die ostdeutsche Wirtschaft befindet sich derzeit in einer wahren **Talfahrt** (*steep decline*)

Talsohle (*f*): die wirtschaftliche **Talsohle** sei erreicht und in einigen Bereichen schon durchschritten worden (*rock-bottom, point of bottoming out*)

tangieren: das wird politisch die Glaubwürdigkeit der Union **tangieren** (*affect*); Dahrendorf **tangiert** eine überkommene Korporatismusdebatte (*touch on*)

Tante Emma [= **Tante Emma Laden**] (*m*): die vielbeschworene Rückkehr von **Tante Emma** [vom **Tante Emma Laden**] ist abgesagt; vor allem erfolgreich sind die Regiebetriebe (*the corner shop*)

Tarif (*m*): der Beschluß des Bundeskabinetts, notleidenden Betrieben die Möglichkeit einzuräumen, bei Zustimmung des Betriebsrates Löhne unter **Tarif** zu zahlen (*the standard/negotiated rate*); der Betriebsvertrag legt fest, wie sich **Tarife**, Finanzen und Angebot des französischen Unternehmens entwickeln sollen (*charge, tariff*)

Tarifautonomie (*f*): die Versicherung ist kein Eingriff in den Kernbestand der **Tarifautonomie** (*autonomy* (= *freedom from government interference*) *of collective bargaining*)

Tariferhöhung (*f*): das Unternehmen verpflichtet sich, seine **Tariferhöhungen** drei Prozent unter der Inflationsrate zu halten (*wage increase*)

Tariflohn (*m*): zwar liegen die **Tariflöhne** mittlerweile je nach Branche bei sechzig Prozent und mehr, übertarifliche Zahlungen aber, wie sie im Westen gang und gäbe sind, gibt es im Osten nicht (*negotiated standard wage*)

Tarifpartei (*f*): eine konzertierte Aktion von Regierung und **Tarifparteien**, die im allgemeinen Konsens auf eine Lohnermäßigung hinwirken könnte (*the two parties (union and employer) involved in collective wage-bargaining*)

Tarifpartner (*m*): die **Tarifpartner** in der Druckindustrie einigten sich auf Einkommensverbesserungen von 5,8 Prozent (*the two sides (union and employer) in collective wage-bargaining*)

Tarifrunde (*f*): eine der schwierigsten **Tarifrunden** in der Geschichte der Bundesrepublik; die alljährlichen **Tarifrunden** (*round of pay negotiations, wage round*)

Tarifsenkung (*f*): die Nachteile aus den Abschreibungsverschlechterungen sind viel größer als die Vorteile aus der **Tarifsenkung** (*wage cut*)

Tarifvertrag (*m*): die Aufforderung an die **Tarifvertragsparteien** (*parties to the collective wage-bargaining agreement*)

tarifvertraglich (*adv*): eine Begrenzung der weitgehend **tarifvertraglich** kodifizierten Lohnfortzahlung (*according to the collective wage-bargaining agreement*)

Tatbestand (*m*): die Anwälte konnten in dem sorgfältig recherchierten Werk keinen einklagbaren **Tatbestand** entdecken (*matter*); man kann zahlreiche wirtschaftliche **Tatbestände** und Ereignisse auswerten (*fact*)

Tateinheit (*f*): ein Ermittlungsverfahren wegen des Verdachts der Beihilfe zum Herbeiführen einer Sprengstoffexplosion **in Tateinheit mit** Unterstützung einer terroristischen Vereinigung (*in coincidence with*)

Täterschaft (*f*): die Anstiftung oder gar **Täterschaft** seitens der Schreibtischtäter (*actual responsibility for committing the act/crime*)

tätigen: im Mobil- und Satellitenmarkt **tätigten** private Lizenznehmer Investitionen in Höhe von fast sechs Milliarden Mark (*place*); damit diese Aufgaben **getätigt** werden können, muß die finanzielle Vorausschau für das kommende Jahr verändert werden (*carry out*)

Tatort (*m*): das hochgerüstete BKA hat den **Tatort** abgesperrt (*scene of the crime*)

Tatverdacht (*m*): es bestand hinreichender **Tatverdacht** einer fahrlässigen Brandstiftung (*suspicion*)

Tatverdächtige[r] [decl like adj] (*m/f*): die **Tatverdächtige** wurde wegen rechtsextremistischer und rassistischer Übergriffe und Ausschreitungen festgenommen ((*female*) *suspect*)

Team (*n*): selbst die Einrichtung eines **Führungsteams** schafft nicht automatisch Abhilfe (*leadership team*)

Teilhaber (*m*): der Aktionär ist also **Teilhaber** am Vermögen einer Aktiengesellschaft (*partner*)

Teilzeitbeschäftigung (*f*): unpfändbar ist das Mutterschaftsgeld bis zur Höhe des Erziehungsgeldes, soweit es nicht aus einer **Teilzeitbeschäftigung** herrührt (*part-time job/employment*)

Telefon-Aktion (*f*): die von der Bundestagspräsidentin ins Leben gerufene **Telefon-Aktion** (*phone-in, action hot-line*)

Tendenz (*f*): der amerikanischen Währung wird eine weiter schwächere **Tendenz** vorausgesagt (*trend*)

tendenziell (*adv*): im parlamentarischen System **wird tendenziell** bloß im Horizont einer Legislaturperiode **gedacht** (*there is a tendency to think*)

tendieren: die Abgabe im kommunalen Bereich dürfte gegen Null **tendieren** (*be approaching*); das Zinsniveau **tendierte** deutlich **rückläufig** (*be on a downward trend*)

Termin (*m*): da die Ministerpräsidentin einen **Termin** mit dem Studentenrat hatte; rufen Sie uns an und vereinbaren Sie einen **Termin** (*appointment*)

Terminbündelung (*f*): welche Gründe waren für die Ablehnung einer **Terminbündelung** im kommenden Wahljahr 1994 maßgebend? (*synchronization of voting days*)

termingebunden (*adj*): wir führen Ihre **termingebundenen** Zahlungen mit banküblicher Sorgfalt (*fixed-date, scheduled*)

Termingeld (*n*): das Spargeld kann über **Termingelder** angelegt werden (*time-deposit investment*)

Termingeschäft (*n*): die Vereinigung Internationaler Geldanleger bot Gesellschaftsbeteiligungen für **Termingeschäfte** an (*time-deposit agreement*)

terminieren: der Haushaltsmarathon war auf vier Sitzungstage **terminiert** (*fix/schedule for* (*a*) *given date(s)*)

terminlich (*adj*): einiges spricht für eine **terminliche Zusammenlegung** der Wahltermine (*synchronization of dates*)

Territorialitätsprinzip (*n*): das in Deutschland geltende Abstammungsprinzip soll von einem modifizierten **Territorialitätsprinzip** abgelöst werden (*territorial/birth-place principle* (*in determining nationality*))

terroristisch (*adj*): gegen Tierschützer wurde wegen **terroristischer** Vereinigung ermittelt (*terrorist*)

Teuerungsrate (*f*): die **Teuerungsrate** in Westdeutschland wird auf 3,5 Prozent absinken (*rate of inflation, rise in prices*)

Thema (*n*): die Gefährdung der Abtreibungsfreiheit zu dem vital politischen **Thema** des Wahlkampfes zu machen (*issue*)

Thematik (*f*): die weltweite Bedeutung der **Thematik** Umwelt und Entwicklung (*subject(s), twin themes*)

thematisieren: bei unserer Auseinandersetzung sollten nicht mehr so sehr die Ausländer und wir **thematisiert** werden, sondern der Rechtsstaat und diejenigen, die ihn zerstören wollen; weitere Fragen müßten bei der Anhörung **thematisiert** werden (*make the focus* (*of a discussion etc.*), *focus on*)

Tief (*n*): die Renditen am deutschen Kapitalmarkt bewegen sich erneut auf ihrem zyklischen **Tief** (*low, lowest level*); der Dollar-Verfall mündete in ein **Nachkriegstief** (*depression*)

Tierhalter (*m*): künftig sollen strengere Maßstäbe an **Tierhalter** angelegt werden (*pet/livestock owner*)

Tierschützer (*m*): gegen **Tierschützer** wurde wegen terroristischer Vereinigung ermittelt (*animal rights campaigner*)

tilgen: bei diesem Tarif hat man bereits nach elf Jahren das Darlehen restlos **getilgt** (*pay off*)

Tilgung (*f*): was die armen Länder jährlich an Zins und **Tilgung** aufbringen (*capital/debt repayment*); **Tilgung** des Restbetrages über vierzehn Jahre (*repayment, paying-off*); niedrige **Tilgungen** ermöglichen eine tragbare Belastung (*level of* (*each*) *repayment*)

Tilgungsstreckung (*f*): wir können Ihnen das Damnum durch eine sogenannte **Tilgungsstreckung** ausgleichen (*extension of the repayment period*)

Time-sharing (*n*): auch Vermittler von **Time-sharing-Angeboten** tummeln sich am Markt (*time-share offer*)

tippen: die Meinung jener Prognostiker, die richtig **getippt** haben (*guess*)

Tochter (*f*): Volkswagen muß die Töchter sanieren; die eigenen **Tochterunternehmen** in einer neuen Gesellschaft bündeln (*subsidiary*)

Todesfall (*m*): bei dieser Lebensversicherung sind Sie **auf den Todesfall** versichert (*in the event of death*)

Topf (*m*): die FDP fürchtete, solch ein milliardenschwerer **Topf** könne Finanzminister in Nöten zu sehr reizen; Einkommenssteuer, Umsatzsteuer usw. fließen in einen gemeinsamen **Steuertopf** und werden nach bestimmten Prozentsätzen aufgeteilt (*pot*)

torpedieren: die Debatte wurde von einem Außenseiter **torpediert** (*scupper*)

Totschlag (*m*): Mord und **Totschlag** (*manslaughter*)

tragbar (*adj*): postalische Grundleistungen zu allgemein **tragbaren** Preisen (*acceptable*); eine **tragbare** Lösung (*viable*)

tragen: die PÜ soll die Differenz zwischen der Beamten-Besoldung und dem Tariflohn **tragen** (*fund*); die Union räumte ein, sie **trage** die Intention des Antrags, sei jedoch gegen ihn (*support*); [sich] die Tageszeitung konnte **sich** wirtschaftlich noch nicht allein **tragen** (*survive, be viable*)

Träger (*m*): Fraktionen als **Träger** der parlamentarischen Arbeit ((*key/primary*) *agent*); das Gesellschaftsinteresse als Verhaltensmaßstab der **Entscheidungsträger** wird abgelehnt (*policy-maker*)

Trägerschaft (*f*): nach Ansicht des Sozialministeriums müßten die Kommunen die freie **Trägerschaft** von Alteneinrichtungen unterstützen (*funding, management, ownership*)

tragfähig (*adj*): der Unionabgeordnete vertrat die Meinung, daß ein **tragfähiger** Kompromiß gefunden worden sei (*viable*)

Tranche (*f*): zwei **Anleihetranchen** wurden gleichzeitig begeben (*tranche*)

Transaktion (*f*): Schutz vor illegalen **Transaktionen** mit Kunstgegenständen (*transaction*)

Transfer (*m*): ein befristeter **Transfer** in die neuen Länder sei jedoch sinnvoll; daß jährlich mehr als 150 Milliarden Mark nach Osten geschaufelt werden, ohne daß wirkliche Ergebnisse dieser **Transferzahlungen** in Sicht wären (*transfer of funds/resources*)

Transfern (*n*): um dem illegalen **Transfern** von Waffen- und Hochleistungstechnologien entgegenzuwirken (*transfer(ring)*)

Transmissionsriemen (*m*): der Bund Deutscher Vertriebenen ist kein **Transmissionsriemen** der sich gesundschrumpfenden Unionsparteien mehr (*mere conduit/extension*)

transparent (*adj*): vorrangiges Ziel ist es, die Verwendung von Steuermitteln bei den Fraktionen **transparent** zu machen (*transparent*); Ziel des Seminars ist es, den Praktikern diese Regeln anhand von Fällen aus dem Alltag **transparent** zu machen (*clear*)

Transparenz (*f*): dazu gehört Bürgernähe und **Transparenz**; ein Urteil sorgt für **Transparenz**: Berliner Richter erzwingen Offenlegung von Beteiligungen (*transparency, openness, simplification of political and administrative matters*); wir haben in dem Gesetz in bestmöglicher **Transparenz** die grundsätzliche Rechtsstellung der Fraktionen geregelt (*simplicity, clarity*)

transportieren: als Öffentlichkeitsarbeiterin will sie in erster Linie Inhalte **transportieren** (*get across, put over*)

Trasse (*f*): es werden zwei Sparten − Personenverkehr und Güterverkehr − geschaffen, die der Deutschen Eisenbahn AG die Nutzung der **Trassen** bezahlen müssen (*line*)

Trauschein (*m*): Paar ohne **Trauschein** (*marriage certificate*)

Treffen (*n*): Koalition sagt **Treffen** mit der SPD ab (*meeting*)

Treibhauseffekt (*m*): die Auswirkungen des vom Menschen erzeugten **Treibhauseffekts** auf das Klima (*greenhouse effect*)

Treibstoff (*m*): abbaubare **Treibstoffe** sollten dort eingesetzt werden, wo die Umwelt gefährdet ist (*fuel*)

Trend (*m*): eine Fortsetzung des freundlichen **Trends** an den Aktienbörsen (*trend*)

Trendwende (*f*): im Schulterschluß mit nahezu allen Arbeitgeberverbänden klagt der CDU-Chef eine **Trendwende** in der Lohnpolitik ein (*change of direction, rethink*); die Jenaer Glaswerke werden nach Ansicht des Vorstandsvorsitzenden den ersten Schritt der **Trendwende** schaffen (*turn-around*)

Treu und Glauben (*phrase*): den Vertrag haben sie **auf Treu und Glauben** abgeschlossen (*in good faith*)

Treuhand (*f*): die **Treuhand** hat inzwischen Investitionszusagen in der Höhe von fast 150 Milliarden einsammeln können (= **Treuhandbehörde**/**Treuhandanstalt**: *body set up to oversee sale of state-owned firms of the old GDR, Trust Agency*)

Treuhänder (*m*): ein unabhängiger **Treuhänder** ermittelt jedes Jahr den Prozentsatz, um den der Beitrag erhöht wird (*trustee*)

Trittbrettfahrer (*m*): nach einem partiellen Schuldenerlaß würden alle Gläubiger vom Preisanstieg auf dem Sekundärmarkt profitieren. Solche **Trittbrettfahrer** kann die Politik nicht dulden (*freeloader*)

Trommelfeuer (*n*): das **Trommelfeuer** im Vorfeld der Lohnverhandlungen, mit dem die Gewerkschaften zum Maßhalten gezwungen werden sollten (*sabre-rattling*)

U

üben: Vermieter und Mieter sollen gegenseitig Rücksichtsnahme **üben** (*exercise*)

überaltern: die sozialdemokratische Partei droht zu **überaltern** (*have a disproportionate percentage of old(er) members, grow long in the tooth*)

überarbeiten: die Gruppe B 90/GR forderte die Bundesregierung auf, ihren Gesetzentwurf grundlegend zu **überarbeiten** (*revise, rework*)

überbetrieblich (*adj*): der Präsident der Bundesanstalt für Arbeit hält es für nötig, **überbetriebliche** Ausbildungsstellen zu finanzieren (*above plant-/company-level*)

Übereinkunft (*f*): die Japaner wollen mit den Europäern zu einer **Übereinkunft** kommen (*agreement*)

übereinstimmen: in diesem Punkt **stimme** ich mit Ihnen **überein** (*agree, concur*)

Übereinstimmung (*f*): wenn wir heute **Übereinstimmung** darüber erzielten; ursprünglich hatte in dieser Frage grundsätzlich **Übereinstimmung** in den Bundestagsfraktionen geherrscht (*agreement, consensus*)

überfordern: wir sind wohl **überfordert**, wenn wir all diesen Menschen ein dauerhaftes Bleiberecht in unserem Land gewähren wollen; unser schon **überfordertes** Sozialversicherungssystem (*overtax, overstretch*)

überfraktionell (*adv*): die Bereitschaft, **überfraktionell** zu diskutieren (*across parliamentary party groups*)

Überführung (*f*): die **Überführung** der Bahnen in eine private Rechtsform (*conversion*)

Übergangsregelung (*f*): er ist für eine tragfähige **Übergangsregelung** beim Abbau der Strukturhilfen (*transitional arrangement, organized transition*)

übergeben: 1984 **übergab** Carstens das Amt des Staatsoberhaupts an Weizsäcker (*hand over*); die Anträge auf Erlaß einer einstweiligen Anordnung sollten bis Dienstag abend in Karlsruhe **übergeben** werden (*present, hand in*)

übergehen: die Bundesregierung soll sagen, in welchem Umfang die Immobilien der alten DDR-Firma auf die neue **übergegangen** sind (*pass to, become the property of*)

übergeordnet (*pp as adj*): Regelungen, die von **übergeordneten** an nachgeordnete Behörden ergehen (*higher*)

Überhang (*m*): trotz der Reduzierung der Streitkräfte wird sich bei den Offizieren des Truppendienstes Ende 1994 noch ein **Überhang** von circa 3000 gegenüber der Zielstruktur ergeben (*excess*); meist verbleibt ein **Überhang** nicht anrechenbarer ausländischer Steuer (*surplus*)

Überhangsmandat (*n*): in Nordrhein-Westfalen habe man 201 vom Gesetz vergebene Mitglieder des Landtags, in Wirklichkeit seien aber 239 gewählt worden – es sei zu fürchten, daß die Zahl der **Überhangsmandate** bei künftigen Wahlen noch ansteige; da einem Direktkandidaten der Wahlkreis nicht mehr abgenommen werden kann, wurden der SPD drei **Überhangmandate** zugeteilt (*extra/excess seat/mandate* (= *number of seats in excess of those allocated on the basis of second PR vote*))

Überhitzung (*f*): inflationärer **Überhitzung** durch eine restriktive Geldpolitik begegnen zu müssen (*overheating*)

überlagern: die EG-Rechtsnormen können innerstaatliches Recht **überlagern** und verdrängen (*supersede, be superimposed on, take precedence over*)

überlassen: die SPD zeigte sich nicht bereit, die Sache der Selbstverantwortlichkeit den Medien zu **überlassen** (*leave to*); **es bleibt** der Entscheidung des betroffenen Unternehmens **überlassen**, ob es die steuerliche Erleichterung in Anspruch nimmt (*it is up to*); ich **überlasse** Ihnen hiermit das Schreiben (*entrust, pass on*)

überlasten: die Kommunen sind jetzt schon finanziell **überlastet** (*overburden, overstretch*)

Überläufer (*m*): bei der Münchner Firma sollen ehemalige Mitarbeiter der Stasi in leitender Funktion arbeiten. Die Frage nach solchen »**Überläufern**« (*defector, turncoat*)

Übermacht (*f*): die Verfassung muß Barrieren gegen die **Übermacht** und die Begehrlichkeiten der Parteien enthalten (*superiority*)

übermitteln: die Bank kann der SCHUFA-Gesellschaft Daten über die Aufnahme und Beendigung einer Kontoverbindung **übermitteln** (*communicate, convey, release*)

Übermittlung (*f*): die **Übermittlung** von Sozialdaten darf nur erfolgen, wenn sie der Erfüllung genau definierbarer sozialer Aufgaben dient (*release*)

Übernahme (*f*): der Kampf um die **Übernahme** der britischen Midland Bank (*take-over*); der Rechtsschutz hilft bei Pannen durch die **Übernahme** der Kosten für den Rücktransport des Fahrzeuges (*assumption*)

übernehmen: die Pflegekosten werden bis zu 2100 Mark im Monat **übernommen** (*bear, be responsible for paying, pay*); die Namen werden nicht auf elektronische Datenträger **übernommen** (*enter, record, store*)

überparteilich (*adv*): in der ehemaligen DDR gibt es die Bereitschaft, überfraktionell und **überparteilich** zu diskutieren (*on a cross-party basis*)

Überparteilichkeit (*f*): die Österreicher drückten den Wunsch nach **Überparteilichkeit** des Staatsoberhaupts aus (*neutrality*)

überprüfen: diese beiden Organisationen sollen verpflichtet werden, die Arbeitsfähigkeit zu **überprüfen** (*examine, check*)

überschreiten: Ärzte sollen nur dann zur Kassenpraxis zugelassen werden, wenn der für 1990 unterstellte »bedarfsgerechte Versorgungsgrad« um nicht mehr als zehn Prozent **überschritten** wird (*exceed, overshoot*)

Überschreitung (*f*): bei der **Überschreitung** eines Steuertermins wird ein Zuschlag erhoben (*missing*)

Überschuldung (*f*): die **Überschuldung** im Falle einer juristischen Person kann gleich mehrere Firmen im Umfeld mitreißen (*overindebtedness*)

Überschuß (*m*): während der Maisschwemme reichten in Simbabwe die Getreidelager nicht aus, um die zwei Millionen Tonnen **Überschüße** aufzunehmen (*surplus*)

übersiedeln: einige der RAF-Aussteiger sind 1980 in die ehemalige DDR **übergesiedelt** (*move*)

übersteigen: Finanztransaktionen, die 25 000 DM **übersteigen**; zu einer Besteuerung kommt es, wenn das sonstige Vermögen nach Abzug der Schulden die persönlichen Freibeträge **übersteigt** (*exceed*)

überstimmen: der Einspruch wurde vom Bundestag mit der notwendigen absoluten Mehrheit **überstimmt** (*defeat, overcome*)

überstülpen: ein Bild von »allen« Zigeunern wird vervielfältigt und dann jedem einzelnen **übergestülpt** (*apply to, superimpose on*)

übertariflich (*adj*): **übertarifliche** Zahlungen, wie sie im Westen gang und gäbe sind, gibt es im Osten nicht (*above the negotiated/going rate*)

übertragen: der Bund darf Hoheitsrechte der Länder nur dann auf zwischenstaatliche Institutionen **übertragen**, wenn die Länder zustimmen (*convey, confer, transfer*); damit dieser Hauptausschuß funktionsfähig bleibt, soll ihm ein Ständiger Ausschuß zur Seite gestellt werden, auf den ein Teil der Aufgaben **übertragen** werden soll (*transfer, devolve*)

Überversorgen: 60 Prozent aller Regionen gelten als mit Ärzten **überversorgt** (*overprovide*)

Überwachung (*f*): die Rechte des Bundesamtes bei der **Überwachung** von Verkehrsteilnehmern (*checking, surveillance*)

überwältigend (*adj*): mit einer **überwältigenden** Mehrheit (*overwhelming*)

überweisen: die Arbeitgeber müßten der Pflegeversicherung jährlich 10,9 Milliarden Mark **überweisen** (*pay (in)to, contribute*); der Bundestag hat den Gesetzentwurf der Bundesregierung über die Zustimmung zur Änderung des Direktwahlaktes zur federführenden Beratung an seinen Innenausschuß **überwiesen** (*refer*)

Überweisung (*f*): Erteilung von **Überweisungsaufträgen** an die Bank ((*money*) *transfer instruction*)

überwiegen: die größere Nachfrage hat den negativen Effekt des höheren Zinsniveaus bei weitem **überwogen** (*outweigh*)

überzeichnen: die Bundesbank nennt nicht nur die den Monatswert stark **überzeichnende** Jahresrate (*exaggerate, inflate*)

Überziehung (*f*): **Überziehung** eines Bankkontos (*overdrawing*)

überzogen (*pp as adj*): er kündigte den Abbau **überzogener** Anforderungen an beinahe jede Art von Investition an (*exaggerated, unrealistic*)

Ultimo-Sparen (*n*): beim **Ultimo-Sparen** wird jeden Monat der auf Ihrem Konto übrigbleibende Betrag auf Ihr Sparkonto übertragen (*monthly transfer (savings) account*)

Ultimokurs (*m*): die Aktienkurse bewegen sich über den **Ultimokursen** des Vorjahres (*end-of-the-month stock exchange price*)

Umbau (*m*): durch einen radikalen **Umbau** des Bildungssystems; die Pflegeversicherung ist ein »Beitrag zum **Umbau** des Sozialstaates« (*reorganization, restructuring*)

umbauen: ein Einfamilienhaus wurde **umgebaut** (*convert*)

Umbruch (*m*): die im **Umbruch** befindliche Landwirtschaft (*radical change*); Gorbatschow, Jelzin und der revolutionäre **Umbruch** in der SU (*upheaval*)

umbuchen: von Ihren ersten Einzahlungen **buchen** wir 1% der Zielsparsumme auf ein Sonderkonto **um** (*transfer*)

umdisponieren: die Verlagsgesellschaft **disponierte um**: die Magdeburger Allgemeine Zeitung verschwand (*reallocate resources, restructure*)

umfassen: die Wahrung des Sozialgeheimnisses **umfaßt** die Verpflichtung sicherzustellen, daß die Sozialdaten nur Befugten zugänglich sind (*include, involve*)

umfassend (*adv*): B 90/GR hatten die Bundesregierung aufgefordert, **umfassend** ihre Kenntnisse über den MfS darzulegen (*fully, in full*)

Umfeld (*n*): Zentrum der Hamburger Drogenszene ist das **Umfeld** des Hauptbahnhofes (*area surrounding*); die Schwäche der Bürgerbewegungen in der DDR hing mit dem **Umfeld** zusammen, in dem sie zu operieren hatten (*environment, context*); der eigene Nachwuchs und dessen familiäres **Umfeld** wurden auf politische Zuverlässigkeit überwacht (*other members*)

Umfrage (*f*): ob er links, rechts oder in der Mitte des politischen Spektrums steht, vermag nach einer **Umfrage** die Hälfte der Wähler nicht zu sagen (*opinion poll*)

umfunktionieren: der Konzertsaal ist eine **umfunktionierte** Scheune (*convert, adapt*)

umgehen: wie die Länder mit dem Integrationsproblem **umgehen** (*handle*); die Möglichkeiten, Steuern zu **umgehen** (*avoid*)

umgehend (*adv*): von der Bundesregierung wird erwartet, daß sie **umgehend** den angekündigten Gesetzentwurf vorlegt (*immediately*)

Umgehung (*f*): Maßnahmen zur **Umgehung** des Embargos (*get round*)

umgekehrt (*adv*): **umgekehrt** proportional zum zunehmenden Konsum von Alkohol steht es mit dem Durchsetzungsvermögen der Lehrer (*inversely*)

Umkehr (*f*): internationale Investoren setzten auf eine **Umkehr** der Dollar-/D-Mark-Tendenz (*reversal*)

Umkehrung (*f*): eine **Umkehrung** des Prinzips »Rückgabe vor Entschädigung« (*reversal*)

umkrempeln: das ganze System muß **umgekrempelt** werden (*turn upside-down/inside-out*)

Umlage (*f*): nur bei Bedarf wird von der Bank eine **Umlage** erhoben (*charge*)

Umlageverfahren (*n*): das Altersgeld wird nach dem **Umlageverfahren** finanziert; die Arbeitnehmer verzichten auf einen Teil ihres Einkommens, der als Rente an die Ruheständler fließt (*redistributive taxation* (*system*))

Umland (*n*): innerhalb von zehn Jahren hat er Greuembroich im CDU-beherrschten **Umland** zu einer SPD-Hochburg gemacht; es wird nicht gelingen, Drogenkonsumenten aus der Stadt zu vertreiben, weil es im **Umland** keine Kontaktläden gibt (*surrounding area*)

Umlauf (*m*): die im **Umlauf** befindlichen Titel (*in circulation*)

Umlaufrendite (*f*): die durchschnittlichen **Umlaufrenditen** öffentlicher Anleihen (*running yield*)

Umlaufvermögen (*n*): genaue Angaben über Anlage- und **Umlaufvermögen** früherer DDR-Betriebe (*assets in circulation*)

umlegen: gewisse Unkosten des Vermieters werden auf die Mieter **umgelegt** (*pass on, divide between*)

Umlenkung (*f*): eine abrupte **Umlenkung** der Strukturhilfemittel (*diversion, reallocation*)

ummelden: ziehen Sie innerhalb eines Stadt- oder Landkreises um, brauchen Sie Ihr Fahrzeug nur **umzumelden** (*inform the local authorities of the change of address of the vehicle-owner*)

Ummeldung (*f*): ziehen Sie innerhalb einer Ortschaft um, genügt die **Ummeldung** am Einwohnermeldeamt (*registration of change of address*)

umrechnen: wenn die Arbeitslosenzahlen im Osten Deutschlands auf westdeutsche Verhältnisse **umgerechnet** würden, ergäbe das ein Heer von 12 Millionen Beschäftigungslosen (*convert, translate into*); auf der Sotheby-Auktion wurden für mehr als 200 Positionen **umgerechnet** 5 Millionen DM erzielt (*the equivalent of*)

Umrechnung (*f*): erst bei der **Umrechnung** durch die eurocheque-Zentrale werden 1,75 Prozent des Scheckbetrages Ihrem Konto belastet (*conversion*)

umreißen: die neuen Zuständigkeiten sollen genau **umrissen** werden (*define, delineate*)

Umsatz (*m*): bei lebhaften **Umsätzen** sind auch Hoesch- und Krupp-Aktien überdurchschnittlich gestiegen (*turnover*); ein Kontoauszug über Ihre **Umsätze** ((*account*) *transaction*)

umschichten: man muß gelegentlich sein Depot **umschichten**, d.h. Aktien verkaufen und dafür andere kaufen (*restructure, switch*)

Umschichtung (*f*): Kernanaliegen des Gesetzes ist die **Umschichtung** von Finanzhilfen des Bundes in Höhe von je 1 Milliarde DM für die Jahre 1993 und 1994 von den alten in die neuen Länder (*switch, redirection*)

umschulden: ob Sie bauen, kaufen, renovieren oder **umschulden** wollen (*remortgage*)

Umschulung (*f*): die **Umschulung** der Betriebsleiter aus der alten DDR (*retraining*)

umsetzen: die föderale Verfassungsrevision, die seit 1969 ausstand, wäre damit **umgesetzt** worden; der Gesetzentwurf, mit dem das Schengener Abkommen **umgesetzt** werden soll (*implement, put/translate into practice*)

Umsetzung (*f*): bei der **Umsetzung** der EG-Fusionsrichtlinie in das nationale Umwandlungssteuerrecht bedarf es einer mitbestimmungsrechtlichen Flankierung (*implementation, translation*)

umstellen: das Bundesamt für Finanzen wird bei Mißbräuchen bei der Währungsumstellung der ehemaligen DDR-Mark auf D-Mark die rechtswidrig **umgestellten** Beträge zurückfordern (*convert*)

Umstrukturierung (*f*): die für eine **Umstrukturierung** notwendige Zeit ist den Betrieben zu gewähren (*restructuring, reorganization*)

Umverteilen (*n*): die Partei mit ihrer Politik des **Umverteilens** von unten nach oben (*redistribution*)

Umverteilung (*f*): nun bauen wir den Osten auf. Dabei macht es mich zornig, wie ungerecht diese Lasten verteilt werden, nach der **Umverteilung** seit 1982 von unten nach oben (*redistribution*)

umwandeln: der Inhaber von Schuldverschreibungen kann diese in Aktien **umwandeln** (*convert*)

Umwandlung (*f*): das geltende Mietrecht schützt den Mieter im Falle der **Eigentumsumwandlung** (*change of ownership*)

Umwandlungssteuerrecht (*n*): bei der Umsetzung der EG-Fusionsrichtlinie in das nationale **Umwandlungssteuerrecht** (*tax law applying to changes in legal status/ownership of companies*)

umweltfreundlich (*adj*): die sanierten Anlagen sind **umweltfreundlicher** geworden (*environmentally friendly*)

Umweltpolitik (*f*): die vorgesehenen Mittel für **Umwelt-** und Forschungs**politik** (*environmental policies*)

umweltschonend (*adv*): Erdwärme-Anlagen, mit denen **umweltschonend** geheizt werden kann (*in an environmentally friendly way*)

Umweltschutz (*m*): das Staatsziel **Umweltschutz** (*protection of the environment*)

umweltverträglich (*adj*): die Hoechst-AG macht das Rennen mit **umweltverträglichen** Produkten (*environmentally friendly*)

Unantastbarkeit (*f*): daß das oberste Prinzip des Grundgesetzes in der **Unantastbarkeit** des Menschen liegt (*inviolability*)

unbar (*adv*): Lohn und Gehalt werden meistens **unbar** bezahlt (*by bank transfer*)

Unbedenklichkeit (*f*): die Prüfung neuartiger Lebensmittel auf ihre **Unbedenklichkeit** (*conformity* (*with food regulations*))

unbefristet (*adj*): Kinder, von denen zumindest ein Elternteil eine **unbefristete** Aufenthaltsgenehmigung besitzt (*unlimited*)

unbefugt (*adv*): die Sozialdaten dürfen von den Leistungsträgern nicht **unbefugt** erhoben, verarbeitet oder genutzt werden (*without permission, unauthorized*)

unbegründet (*adj*): offensichtlich **unbegründete** Asylanträge (*unjustified, groundless*)

unbescholten (*adj*): der **unbescholtene** Rentner aus einer Pariser Vorstadt (*respectable, decent*)

Uneinigkeit (*f*): **Uneinigkeit** über die künftige Besteuerung von Zinsen; es herrschte große **Uneinigkeit** (*disagreement*)

unentgeltlich (*adv*): ein Arbeitnehmer kann von seinem Arbeitgeber **unentgeltlich** oder verbilligt Kapitalbeteiligungen erhalten (*free*)

ungeklärt (*adj*): nach wie vor **ungeklärt**: Wer erschoß den mutmaßlichen RAF-Terroristen? (*unclear*)

ungemindert (*adj/adv*): 23,1 Milliarden Mark Ausgaben bei **ungemindertem** Kindergeld (*unreduced*); man ist mit seiner gesamten Aktienanlage an den Erfolgen eines Unternehmens **ungemindert** beteiligt (*fully, for the full amount*)

ungeschmälert (*adj/adv*): die nach dem Gesetz den alten Ländern zustehenden Mittel sollen **ungeschmälert** zur Verfügung gestellt und die Haushaltssperren unverzüglich aufgehoben werden (*in full*)

Ungleichbehandlung (*f*): eine nur auf die Menge des eingeleiteten Abwassers bezogene Abgabe würde zu einer »krassen **Ungleichbehandlung**« der eingeleiteten Schadstoffgehalte führen (*unequal treatment, discrimination*)

ungültig (*adj*): 362 Delegierte sprachen sich für ihn, 54 gegen ihn aus, sechs Stimmen waren **ungültig** (*invalid, void*)

Union (*f*): die Koalitionsräson erfordert, daß alle sachliche Bedenken gegen das von der **Union** präferierte Umlagemodell über Bord geschmissen werden (*the CDU/CSU coalition*); die Beteiligung von **Unionspolitikern** an dem Kompromißversuch sei indiskutabel (*CDU/CSU politician*); damit setzt sich die Bundesrepublik das Ziel, darauf hinzuwirken, daß die in Art. 79 Abs. 3 GG geschützten Strukturprinzipien in der **Union** verwirklicht werden (*the European Union*)

Unionsbürger (*m*): die für die **Unionsbürger** vertraglich vorgesehenen Rechte und Pflichten umfassen das aktive und passive Wahlrecht bei Kommunalwahlen im Mitgliedstaat des Wohnsitzes (*citizen of the European Union*)

Unionsbürgerschaft (*f*): die Einführung einer **Unionsbürgerschaft** für die Staatsangehörigen der Mitgliedstaaten (*European citizenship*)

Universitätswesen (*n*): er metzelt damit die heiligen Kühe des deutschen **Universitätswesens** (*university system*)

Unkenruf (*m*): trotz aller **Unkenrufe** sind wir noch Weltspitze (*prophecy of the doom-and-gloom merchants*)

Unkosten (*pl*): gewisse **Unkosten** des Vermieters werden auf die Mieter umgelegt (*(extra) expense*)

unlauter (*adj*): der **unlautere** Wettbewerb ist nicht zulässig (*unfair*)

unmittelbar (*adj/adv*): die Verfassungswidrigkeit einer solchen Regelung folgt **unmittelbar** und zwingend aus der Anerkennung des sich im Mutterleib entwickelnden Lebens als ein selbständiges Rechtsgut (*directly*); den Arbeitgebern wird ein **unmittelbares** Recht auf Einschaltung der Krankenkassen eingeräumt (*immediate*)

Unmündigkeit (*f*): das Volk nach der friedlichen Revolution im Osten weiter in **Unmündigkeit** zu halten (*disenfranchisement, dependence*)

unpfändbar (*adj*): **unpfändbar** sind Ansprüche auf Erziehungsgeld (*not distrainable*)

Unrecht (*n*): eine Entschädigung für alle Bürgerinnen und Bürger der früheren DDR, die »gravierendes **Unrecht**« erfahren haben (*injustice*)

unrentabel (*adj*): der Vertreter diente dem Ehepaar zwei **unrentable** Bausparverträge an (*non profit-making*)

unseriös (*adj*): schleppende Zahlungsabwicklung wird als erste Indiz für **unseriöses** Wirtschaften interpretiert; **unseriöse** Preiskalkulation (*unrealistic, dubious*)

unsolidarisch (*adj*): das anstehende Gesetz über die Einführung einer gesetzlichen Pflegeversicherung ist in seiner Finanzierung **unsolidarisch** (*unsolidary, socially divisive*)

Untätigkeitsklage (*f*): bei Verletzungen der Gemeinschaftspflichten kann eine **Untätigkeitsklage** beim Europäischen Gerichtshof in Betracht kommen (*action to compel performance of an act*)

unterbezahlt (*pp as adj*): **unterbezahlte** Leistungen der dritten Welt (*acquired cheaply*)

unterbinden: Zollbehörden sollen illegale Importpraxis **unterbinden**; daß ordnungspolitische Maßnahmen allein nicht ausreichen werden, die Gewalt gegen Ausländer zu **unterbinden** (*put a stop to, prevent*)

unterbleiben: in gewissen Fällen **unterbleibt eine Beitragsänderung** (*there is no change in the level of contribution*)

unterbreiten: die Länder **unterbreiten** auch Vorschläge zum Subventionsabbau (*put forward, table*)

Unterbringung (*f*): seit seiner Versetzung war er mit der Legalisierung der RAF-Aussteiger und deren **Unterbringung** und Betreuung befaßt gewesen (*accommodation*)

unterfallen: Fraktionen **unterfallen** nicht dem Privatrecht (*come under*)

Untergliederung (*f*): alle **Untergliederungen** der CDU/CSU werden angeschrieben (*branch*)

Untergrenze (*f*): diese Einsparungen bedeuten die »**Untergrenze**« des Erforderlichen (*'bottom line'*)

Unterhalt (*m*): zur Sicherung des aufgrund einer Pfändung gefährdeten **Unterhalts** des Leistungsempfängers (*means of support*)

unterhalten: die Kommune **unterhält** 500 Angestellte allein in städtischen Kindergärten (*employ*)

Unterhaltspflicht (*f*): das Gesetz regelt die Übermittlung von Sozialdaten bei Verletzung der **Unterhaltspflicht** und beim Versorgungsausgleich (*obligation to pay alimony*)

Unterhändler (*m*): deutsch-deutsche **Unterhändler** beim Austausch der Urkunden zum Grundlagenvertrag (*negotiator*)

Unterkunft (*f*): **Unterkunft** und Verpflegung müssen die Pflegebedürftigen selbst bezahlen (*accommodation*)

Unterlage (*f*): die Bundesbehörde für die personenbezogenen **Unterlagen** des ehemaligen Sicherheitsdienstes; es gibt keine brisanten **Unterlagen** über die Beziehungen zwischen der Bundesrepublik und der DDR (*record*)

Unterlassung (*f*): die Bank haftet bei der **Unterlassung** von Bankauskünften nur für grobes Verschulden (*failure to provide*)

unterlaufen: der Beschluß des Ausschusses wird respektiert und nicht **unterlaufen** (*get round, circumvent*); 17 Schwachstellen, die **den Behörden** bei der Aktion **unterlaufen** sind (*which the authorities made*)

unterliegen: diese Beteiligungsgesellschaften **unterliegen** nicht der Kontrolle des Bundesaufsichtsamts für Kreditwesen (*be subject to*); trotz der Einstweiligen Anordnung könnte die SPD im Hauptverfahren **unterliegen** (*lose, be defeated*)

untermauern: er forderte, das Asylrecht durch ein Einwanderungs- und Flüchtlingsgesetz zu **untermauern** (*underpin*)

Unternehmen (*n*): bei den ehemals staatseigenen **Unternehmen**, die in Treuhand-Besitz sind, handelt es sich überwiegend um kleinere und mittlere Unternehmen mit bis zu 100 Beschäftigen (*firm, enterprise*)

unternehmen: die Bank **unternimmt** zumutbare Maßnahmen, um Fehlleitungen zu vermeiden (*take, undertake*)

Unternehmensberatung (*f*): als die Düsseldorfer Kienbaum **Unternehmensberatung** GmbH das Schulsystem einer Analyse unterzog und es für bankrott erklärte (*management consultant*)

Unternehmensentlastung (*f*): Steuerpläne der Regierung zur **Unternehmensentlastung** (*easing of the burden on businesses*)

Unternehmensführung (*f*): sich zu Problemen der **Unternehmensführung** beraten lassen (*business management*)

Unternehmensschließung (*f*): es geht in weiten Teilen der Industrie eindeutig bergab, ablesbar nicht nur an den **Unternehmensschließungen**, sondern auch an den Arbeitslosenzahlen (*closure*)

unternehmenstechnisch (*adv*): wie man die Massen von Studenten **unternehmenstechnisch** reduzieren könnte (*by the application of the commercial principle*)

Unternehmer (*m*): die **Unternehmer** wettern gegen die Lohnfortzahlung, weil sie Blaumacherei fördere (*employer*); die **Unternehmer** wittern in Ostdeutschland eine Chance (*business man, entrepreneur*)

unternehmerisch (*adj*): nicht **unternehmerische**, sondern haushaltstechnische Maßstäbe gelten (*commercial*); die Entwicklung einer **unternehmerischen** Landwirtschaft (*enterprising*)

Unternehmerschaft (*f*): Italiens **Unternehmerschaft** (*business men, entrepreneurs*)

unterrichten: die ostdeutschen Länder seien nicht bereit, festgelegte Anteile öffentlicher Anträge für einheimische Anbieter zu reservieren, **unterrichtete** die THA die Abgeordneten (*inform*); [sich] der Kunde kann **sich** jederzeit hierüber **unterrichten** (*get information*)

Unterrichtung (*f*): zur Kenntnis genommen hat der Innenausschuß in diesem Zusammenhang eine von Europäischen Parlament vorgelegte **Unterrichtung** zum Inkrafttreten des Schengener Übereinkommens; die Empfehlungen einer interministeriellen 'Arbeitsgruppe Rechtssprache' wurden dem Bundestag in einer **Unterrichtung** vorgelegt (*communication, memorandum, short report*); dem Abgeordneten wurde **fehlende Unterrichtung** seiner Fraktion vorgeworfen (*failure to inform*)

untersagen: in zwei Fällen ist die Überprüfung der Firmen von der Regierung Modrow **untersagt** worden (*prohibit, prevent*)

Unterschlagung (*f*): Untersuchung wegen **Unterschlagung** und Korruption (*embezzlement*)

unterschreiten: es gelingt nur wenig Studenten, die Regelstudienzeiten zu **unterschreiten** (*complete in less time than, cut down, reduce*); die Firma hat alle Konkurrenten in der Preislage ihrer Produkte **unterschritten** (*undercut*)

untersetzen: den Art.16 des Grundgesetzes durch ein Einwanderungs- und Flüchtlingsgesetz zu **untersetzen** (*underpin*)

unterstellen: der für das kommende Jahr **unterstellte** Bedarf (*assume*); er schlug vor, Steroide und ähnliche Stoffe dem Betäubungsmittelrecht zu **unterstellen** (*make subject to, bring under*); die dem Ministerium für Staatssicherheit **unterstellte** Arbeitsgruppe (*responsible to, subordinated to*)

Unterstellung (*f*): eine böswillige **Unterstellung** (*insinuation*)

unterstreichen: die Aufarbeitung der Vergangenheit nach 1989 sei leichter als nach 1945, **unterstrich** Weizsäcker (*emphasize*)

Unterstützung (*f*): **Unterstützung** für ihren Vorschlag fand die Gruppe nur bei der FDP (*support*)

Untersuchungsausschuß (*m*): jene drei Affären, die nun ein parlamentarischer **Untersuchungsausschuß** beleuchten soll (*committee of inquiry*)

Untertarif-Lohn (*m*): den zweiten Angriff auf die Tarifautonomie unternahm das Bundeskabinett mit seinem Beschluß, notleidenden Betrieben in Ostdeutschland die Möglichkeit einzuräumen, bei Zustimmung des Betriebsrates **Untertarif-Löhne** zu zahlen (*wage below the agreed/negotiated rate*)

Untervermietung (*f*): **Untervermietung** der Mieträume ist untersagt (*subletting*)

unterversichern: damit hat der Versicherungsnehmer die Garantie, zu keinem Zeitpunkt **unterversichert** zu sein (*under-insure*)

unterwerfen: es bleibt dem Unternehmen überlassen, ob es die steuerliche Erleichterung in Anspruch nehmen und sich damit den Bestimmungen über die Beibehaltung der Mitbestimmung **unterwerfen** will oder nicht (*submit to*); die ausländischen Kapitaleinkünfte sind der deutschen Einkommensteuer **unterworfen** (*subject to*)

unterzeichnen: das Übereinkommen des Europarates wurde von der Bundesrepublik **unterzeichnet** (*sign*)

Untreue (*f*): ihm droht ein Verfahren wegen Bilanzmanipulation und **Untreue** (*malpractice, misappropriation (of funds)*)

unverbindlich (*adv*): Sie lassen sich von unserem Kundenberater **unverbindlich** informieren (*without obligation*)

Unvereinbarkeit (*f*): er forderte eine Neudefinition über die **Unvereinbarkeit** von Amt oder Beruf mit kommunalen Mandat (*incompatibility*)

unverhältnismäßig (*adj*): die flächendeckende Mitteilung und Kontrolle, wie sie die SPD forderte, nannte der Staatssekretär **unverhältnismäßig** (*disproportionate*)

Unverletzlichkeit (*f*): der Bundesgerichtshof hat immer wieder auf die **Unverletzlichkeit** der Wohnung hingewiesen (*inviolability*)

unvertretbar (*adv*): die Freiheit des Gesellschafters, sich zu einer Kündigung zu entschließen, wird dadurch **unvertretbar** eingeengt (*to an unacceptable degree*)

unverzichtbar (*adj*): daraus sollen vor allem **unverzichtbare** Maßnahmen zur technischen Verbesserung der alten Reaktoren finanziert werden (*essential*)

unverzüglich (*adv*): der Fonds sollte **unverzüglich** zur Verfügung gestellt werden (*immediately, without delay*)

unwirtschaftlich (*adj*): im Westen galt Erdwärme früher als **unwirtschaftlich** (*uneconomical*)

unzulässig (*adv*): die Rechte werden dadurch **unzulässig** eingeengt (*improperly*)

unzumutbar (*adv*): die Durchführung wissenschaftlich unverzichtbarer Tierversuche soll nicht **unzumutbar** erschwert werden (*unacceptably*)

Urabstimmung (*f*): nach den Osterfeiertagen beginnt bei den Metallern die **Urabstimmung** ((*strike*) *ballot*)

ureigen (*adj*): den Ländern muß ein Kern **ureigenster** Gestaltung bleiben (*entirely peculiar to/within the control of*)

Urkunde (*f*): die Aktie ist eine **Urkunde**, die ihrem Inhaber einen bestimmten Anteil am Gesamtvermögen einer Aktiengesellschaft verbrieft (*certificate*)

Urnengang (*m*): mit mehr als einem Dutzend **Urnengängen** zur Europa-, Bundestags-, Landtags- und Kommunalwahlen stellt 1994 ein »Superwahljahr« dar ((*times of*) *going to the polls*)

Urnenwahl (*f*): die Wahlumschläge bei der **Urnenwahl** werden abgeschafft (*ballot-box election*)

Urteil (*n*): gleichzeitig wird das vorinstanzliche **Urteil** gegen Lotze teilweise aufgehoben (*judgement*)

Urteilsbegründung (*f*): nach dem Vorliegen der **Urteilsbegründung** müssen wir uns über Änderungen am Gesetz Gedanken machen (*reasons given by the judge for the judgement*)

Urteilsschelte (*f*): in der öfter heftigen **Urteilsschelte** gegenüber Entscheidungen des Bundesverfassungsgerichts (*attack on the court's ruling*)

Urwahl (*f*): in Hessen haben sich die Bürger in einer freien Volksabstimmung für die **Urwahl** ausgesprochen (*direct voting/election*); **Urwahl** des Bürgermeisters [unmittelbar durch die Bürger] (*direct election*)

urwählen: man muß nicht gleich so weit gehen zu verlangen, daß sämtliche Mitglieder einer Partei ihren Kanzlerkandidaten **urwählen** (*elect directly*)

V

Valuta (*f*): Millionenbeträge in **Valuta** wurden an die DDR transferiert (*foreign currency*)

Variable (*f*): die unabhängige **Variable** in der Pflegeversicherung ist der Beitragssatz (*variable*)

Ventilfunktion (*f*): die notwendige **Ventilfunktion** des Petitionsrechts (*function as a safety valve*)

verabreden: Vorschriften, die **verabredete** Bereiche in der Politik der Häfen betreffen, sind nicht umgesetzt worden (*agree*)

verabreichen: Minderjährigen werden leistungssteigernde Mittel **verabreicht** (*prescribe*)

verabschieden: der Haushalt 1991 ist **verabschiedet** (*adopt*); drei neue Gesetze sind gestern **verabschiedet** worden (*pass (into law)*)

verankern: die rechtliche Stellung der Fraktionen des deutsche Bundestags soll in einem eigenen Gesetz **verankert** werden (*establish, enshrine*)

veranlagen: für Aktionäre, die zur Einkommensteuer **veranlagt** werden, ist der Gesamtertrag einkommensteuerpflichtig (*give a tax coding, assess for taxation purpose*); bei **zusammenveranlagten** Ehepaaren 48 000,- DM (*jointly assessed*)

Veranlagung (*f*): im Rahmen der **Veranlagung** zur Einkommensteuer (*liability, assessment*)

veranlassen: der Bundesrat ist demgegenüber der Auffassung, eine solche Umschichtung sei nicht **veranlaßt** (*unnecessary, without grounds*); privat **veranlaßte** Übernachtungen im Staat, in dem sich der Arbeitsplatz befindet (*voluntary*)

veranschlagen: ein leichter Rückgang der Produktion, der für 1992 mit minus ein Prozent **veranschlagt** wird (*estimate/put at*)

veranstalten: das Hearing **veranstaltete** der Sportausschuß (*arrange, organize*)

Veranstaltung (*f*): 38 Entwicklungs- und Umweltorganisationen waren auf der **Veranstaltung** vertreten (*event, function*)

verantworten: eine Förderung nach dem »Gießkannenprinzip« ist **nicht zu verantworten** (*irresponsible, indefensible*)

Verantwortlichkeit (*f*): bei der Prüfung der Firmen waren keinerlei Anweisungen für die **Verantwortlichkeiten** vorhanden (*area of responsibility*)

verarbeiten: die Nettoproduktion für das **Verarbeitende** Gewerbe (*processing*)

Verarbeitung: bei der **Verarbeitung** und Nutzung von Sozialdaten soll verstärkt auf die Zweckbindung geachtet werden (*processing*)

veräußern: kürzlich **veräußerte** die Dienststelle der Bezirksbehörde große Teile ihres Wagenparks (*sell off, dispose of*)

Verband (*m*): die Gesetzentwürfe wurden den **Verbänden** zur Stellungnahme zugeleitet (*interest group, professional association*)

Verbändewirtschaft (*f*): Vertrauensnetze sollen an die Stelle von **Verbändewirtschaft** und Bürokratismus treten (*management/manipulation by pressure groups*)

verbiegen: er hat **sich** als Politiker nie »**verbiegen**« **lassen** (*bend, knuckle under*)

verbilligt (*pp as adv*): ein Arbeitnehmer kann von seinem Arbeitgeber unentgeltlich oder **verbilligt** Kapitalbeteiligungen erhalten (*at a reduced price*)

Verbindlichkeit (*f*): um bei der Prüfung früherer DDR-Betriebe genaue Angaben über Forderungen und **Verbindlichkeiten** zu ermöglichen (*liability, debt*)

Verbindung (*f*): die Bank kann der SCHUFA-Gesellschaft Daten über die Aufnahme und Beendigung einer **Kontoverbindung** übermitteln (*account (arrangement)*)

Verbleib (*m*): der **Verbleib** von Kursgewinnen kräftigt den Anteilpreis und damit die Substanz dieser Fonds (*retention and reinvestment*)

verbleiben: Sie bestimmen, daß auf dem Konto ein Mindestbetrag **verbleiben** soll (*remain*)

Verbot (*n*): trotz des von der Internationalen Walfang-Kommission verhängten **Verbots** (*ban*)

verbrauchen: Unternehmen, die wenig Energie **verbrauchen** (*consume*)

verbraucherfreundlich (*adv*): Studiengänge sollen **verbraucherfreundlich** umstrukturiert werden (*in a user-friendly way*)

Verbraucherzentrale (*f*): Referent für Finanzdienstleistungen bei der **Verbraucherzentrale** Berlin (*consumer protection centre*)

verbriefen: eine Aktie **verbrieft** die Teilhabe des Aktionärs am Gesamtvermögen einer Aktiengesellschaft (*certify, attest*); die grundgesetzlich **verbriefte** Koalitionsfreiheit (*guarantee*)

verbuchen: der Aktienfonds konnte einen merklich höheren Mittelzufluß als im Vorjahr **verbuchen** (*record, register*); Ende April **verbuchte** der Monopolist den ersten Großauftrag (*notch up, land*)

verbunden (*pp as adj*): welcher Kostenaufwand ist mit welcher Sanierung **verbunden**? (*involved*)

verbündet (*adj*): die ehemals mit den Kommunisten **verbündete** Bauernpartei (*allied*)

verbürgen: normalerweise **verbürgt** eine Aktie eine Stimme; der Aktionär hat das gesetzlich **verbürgte** Recht (*guarantee*)

Verdacht (*m*): gegen den Vorstand läuft ein Ermittlungsverfahren wegen des **Verdachts** auf Betrug (*suspicion*)

verdeckt (*adj*): sollten sich die Anzeichen für verfassungsfeindliche Bestrebungen mehren, müßte auch über die bundesweit **verdeckte** Beobachtung nachgedacht werden; **verdeckte** Mitarbeiter der Stasi innerhalb der Sportteams (*undercover*); der Verband hielt die Abgabe für eine **verdeckte** Steuer (*hidden*)

verdeutlichen: die Verkehrspolitiker **verdeutlichten** dies im Gesetzestext (*make clear, spell out*)

Verdienst (*m*): weltweit schuften sich 1,4 Milliarden Menschen durch den Tag, der ihnen weniger als einen Dollar **Verdienst** bringen wird (*earnings, wage(s)*)

Verdienstadel (*m*): die führenden Politiker beider Parteien seit 1945 kommen nicht aus dem Adel oder dem Großbürgertum, sondern aus einer Meritocracy, einem **Verdienstadel** (*meritocracy*)

Verdienstausfall (*m*): die Geltendmachung eigener Schadenersatzansprüche wie zum Beispiel Schmerzensgeld, **Verdienstausfall** (*loss of income*)

Verdienstbescheinigung (*f*): wir benötigen Angaben zu Ihrer Person und Einkommensnachweise [wie z.B. **Verdienstbescheinigungen**] (*wage slip*)

verdingen [sich]: wollten die Deutschen den Schuldenberg per Schuldenübernahme abtragen, müßten sie **sich** gute neun Monate ohne Lohn **verdingen** (*'enter bondage', work for nothing*)

verdrängen: die EG-Rechtsnormen können innerstaatliches Recht überlagern und **verdrängen** (*take precedence over, replace, supersede*)

Verdruß (*m*): der **Verdruß** über die etablierten Parteien (*dissatisfaction*)

vereidigen: Minister Manfred Kanther **vereidigt** (*swear in*); der Jahresabschluß wird von einem **vereidigten** Wirtschaftsprüfer

Verein

auf seine Ordnungsmäßigkeit geprüft (*sworn, properly qualified*)

Verein (*m*): der Ärger mit den **Vereinen** ((*registered*) *organization, society*)

vereinbaren: rufen Sie uns an und **vereinbaren** Sie einen Termin (*fix, arrange*)

Vereinbarkeit (*f*): der Haushaltsausschuß muß die **Vereinbarkeit** der Vorlage mit der Kassenlage des Bundes erklären (*compatibility, congruence*)

Vereinbarung (*f*): auf dem Wege zwischenstaatlicher **Vereinbarungen** (*agreement*)

vereinen: die Rolle der Agrarwirtschaft für die gesamtwirtschaftliche Entwicklung im **vereinten** Deutschland (*unite*); die Aktienfonds **vereinen** Aktien von vielen Unternehmen (*combine*)

vereinheitlichen: das Gemeinschaftsrecht wird durch die Rechtsprechung des Europäischen Gerichtshofes **vereinheitlicht** (*standardize*)

Vereinigung (*f*): die Kassenärztliche **Vereinigung** in Baden-Württemberg; gegen Tierschützer wurde wegen terroristischer **Vereinigung** ermittelt (*organization*)

Vereinigungsfreiheit (*f*): bei der Bildung von Fraktionen handelt es sich nicht um die Ausübung der **Vereinigungsfreiheit** einer natürlichen Person, die zufällig zum Kreis der Abgeordneten gehört (*right of assembly*)

vereinnahmen: diese Auschüttungen enthalten die **vereinnahmten** Zinsen und Dividenden aus Wertpapieren des Sondervermögens (*collect*)

Vereinsbeitrag (*m*): **Vereinsbeiträge** erledigt die Bank für den Kunden durch Dauerauftrag (*membership contribution/fee* (*to clubs, professional associations etc.*))

Vereinsleben (*n*): die Parteien durchziehen die ganze Struktur unserer Gesellschaft, bis tief hinein in das seiner Idee nach doch ganz unpolitische **Vereinsleben** (*activities of societies and associations*)

Vereinsmeierei (*f*): die häufig ironisierte **Vereinsmeierei** der Deutschen (*clubability, penchant for joining societies*)

Verfahren (*n*): das weitere **Verfahren** über die Nachfolge Vogels liegt vor allem in der Hand der Bundestagsfraktion (*procedure*); zwei unterschiedliche Konzepte zum Schutz des ungeborenen Lebens, die zu weren die acht Richter in Karlsruhe jedenfalls im **Verfahren** auf einstweilige Anordnung sich ausdrücklich weigern (*hearing*); im Vollzug der deutschen Vereinigung kommen auf die deutsche Justiz einige hunterttausend zusätzliche **Verfahren** zu (*case*)

verfahrensrechtlich (*adv*): das verfassungsändernde Quorum zu Grundgesetzänderungen ist **verfahrensrechtlich** eine Zweidrittelmehrheit im Bundestag (*according to statutory rules of procedure*)

252

verfahrenstechnisch (*adj*): Planungsentscheidungen sollen nicht durch **verfahrenstechnische** Anfechtungen zu Fall gebracht werden (*procedural*)

Verfassungsänderung (*f*): doch plädierte auch er für eine **Verfassungsänderung** (*constitutional amendment*)

Verfassungsauftrag (*m*): eigene Interessen unter dem Deckmantel des »**Verfassungsauftrags**« geltend zu machen (*constitutional duty*)

Verfassungsausschuß (*m*): der für die Vorbereitung der Verfassungsänderungen eingesetzte 64köpfige **Verfassungsausschuß** ist je zur Hälfte vom Bundestag und vom Bundesrat gewählt (*committee on the constitution*)

Verfassungsbeschwerde (*f*): glaubt der Bürger seine Grundrechte nicht beachtet, kann er **Verfassungsbeschwerde** beim Bundesverfassungsgericht erheben (*action for constitutional review*)

Verfassungsbruch (*m*): ein Eingriff in die Lohnfortzahlung wäre ein glatter **Verfassungsbruch** (*breach of the constitution*)

verfassungsfeindlich (*adj*): die Gruppe steht unter dem Verdacht **verfassungsfeindlicher** Tätigkeit (*anti-constitutional*)

Verfassungsgeber (*m*): der **Verfassungsgeber** des Jahres 1948/49 konnte nicht die heutige Situation voraussehen; heute ist der **Verfassungsgeber** gefordert, die neue Realität mit zu berücksichtigen, ohne die geschichtliche Erfahrung preiszugeben (*authors of the constitution, constituent assembly*)

Verfassungsjurist (*m*): der Austausch von Wirtschafts- und **Verfassungsjuristen** (*constitutional lawyer*)

Verfassungskommission (*f*): um den Auftrag des Einigungsvertrages zu erfüllen, trat die **Gemeinsame Verfassungskommission** in Bonn zusammen (*joint constituent assembly*)

verfassungskonform (*adj*): er hielt den Gesetzentwurf für **verfassungskonform** (*in conformity with the constitution*)

verfassungsmäßig (*adj*): die Debatte sei notwendig, um endlich **verfassungsmäßige** Zustände in Bayern zu erreichen (*constitutional*)

Verfassungsorgan (*n*): die zu den verfassungsmäßig verankerten obersten Bundesorganen (»**Verfassungsorganen**«) gehören (*constitutional organ/body*)

verfassungsorganschaftlich (*adj*): die Rechte und Pflichten der Fraktionen ergeben sich aus den Besonderheiten der **verfassungsorganschaftlichen** Rechtsstellung (*of the constitutional bodies*)

Verfassungspatriotismus (*m*): der Geist des **Verfassungspatriotismus** (*patriotism based on loyalty to the constitution*)

verfassungspolitisch (*adj*): bei der Ablösung von Bundesverteidigungsminister Stoltenberg und der Berufung von Volker Rühe zu seinem

Nachfolger ist ein **verfassungspolitischer** Aspekt als Ursache und Auslöser unübersehbar (*constitutional, constitutional political*)

Verfassungsrechtler (*m*): entgegen den Vorhaltungen von **Verfassungsrechtlern** hielt er den Gesetzentwurf für verfassungskonform (*constitutional lawyer, legal expert on the constitution*)

verfassungsrechtlich (*adj/adv*): ich habe schließlich erhebliche **verfassungsrechtliche** Bedenken (*constitutional*); das Ministerium hält die Maßnahme für **verfassungsrechtlich** vertretbar (*constitutionally*)

Verfassungsstaatlichkeit (*f*): eines der Grundelemente moderner **Verfassungsstaatlichkeit**, der gleiche staatsbürgerliche Status (*constitutional statehood*)

verfassungswidrig (*adj*): daß das Gesetz durch die neue Entwicklung wirklich **verfassungswidrig** geworden sei (*unconstitutional*)

Verfassungswirklichkeit (*f*): der Widerspruch zwischen **Verfassungswirklichkeit** und Parteiendemokratie (*constitutional reality, interpretation of the constitution in practice*)

Verfilzung (*f*): in Bayern erhebe die SPD den Vorwurf von besonders schweren Fällen der **Verfilzung** (*interpenetration of state and society, party connections with the administration, the business world and the unions*)

Verflechtung (*f*): angesichts der **Aufgabenverflechtung** zwischen Bund, Ländern und Gemeinden verzahnt sich die Kommunalpolitik immer mehr mit der überregionalen Ebene (*enmeshing/overlap of responsibilities*)

verfolgen: bislang wurde Doping-Mißbrauch strafrechtlich nur sehr dürftig **verfolgt** (*prosecute*)

Verfolgte[r] [decl like adj] (*m/f*): die Aus- und Weiterbildung politisch **Verfolgter** (*victim of persecution*)

verfügbar (*adj*): die Abgeordneten vertraten den Standpunkt, Leben sei prinzipiell nicht **verfügbar** (*at our disposal*); er wies darauf hin, daß Steroide in verschiedenen Ländern frei **verfügbar** seien (*available*)

verfügen: Bush **verfügte** umgehend die Blockierung jugoslawischer Vermögenswerte in den USA in Höhe von 214 Millionen Dollar (*order*); 105 000 DM, **über** die die Bundesregierung bisher nicht **verfügen** durfte (*dispose of, spend, commit*)

Verfügung (*f*): 800 000 DM stünden dafür im Jahr **zur Verfügung** (*at one's disposal*); die **Verfügungsgewalt** über die Aktenbestände (*power of disposal, dispositive power*); eine **Verfügung** der Oberfinanzdirektion Münster, die die Finanzämter zu einer restriktiven Haltung bewegen soll (*ordinance*)

Vergabe (*f*): die Forderung nach bevorzugter **Vergabe** von öffentlichen Aufträgen an Mittelständler (*award(ing)*); **Vergaberichtlinien** für die Gewährung von Subventionen (*allocation guideline*)

vergeben: in Nordrhein-Westfalen werden drei Viertel aller Mandate in Direktwahlkreisen **vergeben** (*allocate*)

Vergehen (*n*): eine Amnestie für bestimmte politisch motivierte **Vergehen** aus DDR-Zeiten (*crime, offence*)

Vergleich (*m*): die Zahl der Konkurse und **Vergleiche** nahm kräftig zu ((*out-of-court*) *settlement with creditors before bankruptcy proceedings proper*)

Vergünstigung (*f*): Anreize für gute Lehre, etwa durch die Wiedereinführung von Hörergeld oder andere **Vergünstigungen** (*perk*); die Bundesregierung habe Angehörigen des ehemaligen Ministeriums für Staatssicherheit, die mit der RAF in Verbindung gestanden haben, keine **Vergünstigungen** gewährt (*special privilege*)

Vergütung (*f*): eine Steuer in Höhe von bis zu 4,5 Prozent der **Bruttovergütung** von Pendlern darf abgezogen werden (*remuneration*); das Gesetz läßt für das Aufgeben einer Milchwirtschaft eine **Vergütung** zu (*compensation*)

verhalten (*adv*): die monetäre Expansion der amerikanischen Notenbanken verläuft **verhalten** (*cautiously, in a low key*)

Verhaltensmuster (*n*): solche **Verhaltensmuster** setzen nicht erst mit 18 Jahren ein (*behaviour pattern*)

Verhältnis (*n*): die englischen **Verhältnisse** wollen wir vermeiden (*state of affairs*); **um klare Verhältnisse zu schaffen** (*to clarify the situation*)

Verhältniswahl (*f*): in der Bundesrepublik wird die modifizierte **Verhältniswahl** praktiziert (*proportional representation*)

verhandeln: vorrangig muß über den Abbau von Investitionshemmnissen **verhandelt** werden (*negotiate*)

verhängen: der UN-Sicherheitsrat **verhängte** Sanktionen gegen Jugoslawien (*impose*); den Ausnahmezustand **verhängen** (*impose, declare*); ein Todesurteil **verhängen** (*pass*)

Verheiratete[r] [decl like adj] (*m/f*): der begehrliche Griff der Politiker richtet sich vor allem auf die sogenannten Besserverdienenden mit einem Jahreseinkommen von 60 000/120 000 für Ledige/**Verheiratete** (*married person*)

verjähren: das Delikt der politischen Verdächtigung **verjährt** spätestens 1994; eine gesetzlich angeordnete Ahndung bereits **verjährter** Verbrechen dürfte gegen das Rückwirkungsverbot verstoßen (*come under the statute of limitations*)

Verkäufer (*m*): der **Verkäufermarkt** der vergangenen Jahre ist zum Käufermarkt geworden (*seller's market*); zum Verkaufsleiter beförderten **Verkäufern** wird die Führung und Schulung der Mitarbeiter vermittelt (*salesman*)

Verkaufsleiter (*m*): zum **Verkaufsleiter** beförderten Verkäufern wird die Führung und Schulung der Mitarbeiter vermittelt (*sales director*)

Verkehr (*m*): Verzögerungen im **Überweisungsvekehr** (*credit transfer transactions*); eine neue Form der Zusammenarbeit, um zu ausgeglichenen Handelsströmen im Waren-, aber auch im **Dienstleistungsverkehr** zu kommen (*movement of goods, movement of services*)

Verkehrsaufkommen (*n*): eine umweltgerechte Mobilität bleibe wegen des hohen **Verkehrsaufkommens** in Deutschland unerläßlich (*density/volume of traffic*)

Verkehrsberuhigung (*f*): die **Verkehrsberuhigung** verursacht immer noch viel Ärger in der Stadt (*traffic calming*)

Verkehrsordnungswidrigkeit (*f*): die Höchstgrenze für Geldbußen bei **Verkehrsordnungswidrigkeiten** zu erhöhen (*traffic offence*)

Verkehrsteilnehmer (*m*): das neue Bundesamt für Güterverkehr hat erweiterte Rechte bei der Überwachung von **Verkehrsteilnehmern** (*road-user*)

Verkehrsträger (*m*): Investitionen, die **Verkehrsträger** bevorzugen, die wenig Energie verbrauchen (*haulier*)

Verkehrswert (*m*): der Einheitswert für Immobilien, der meist nur einen Bruchteil des tatsächlichen **Verkehrswerts** ausmacht; wer sein Immobilien-Eigentum im Osten zurückerhält, muß dreißig Prozent des pauschal ermittelten **Verkehrswertes** bezahlen (*current market value*)

verklagen: die Firma hat ihn auf Zahlung einer Abgangsentschädigung **verklagt** (*sue, take to court*)

verklausuliert (*pp as adj*): **verklausulierte** Forderungen nach einem Sozialabbau (*veiled*); ein **verklausulierter** Gesetzestext (*convoluted*)

Verknappung (*f*): die Gestaltungsfreiheit der kommunalen Gebietskörperschaften wird durch die **Verknappung** frei verfügbarer Finanzmittel immer stärker eingeengt (*reduction, scarcity, shortage*)

verkraften: diese zusätzliche Menge an Öl kann der Markt nur **verkraften**, wenn die Nachfrage sprunghaft steigt (*cope with*); weil der alte Plenarsaal die EG-Erweiterung nicht **verkraftet**, müßte ein neuer gebaut werden (*take, hold*)

verkünden: das ausgefertigte Gesetz wird im Bundesgesetzblatt **verkündet** (*promulgate, publish*); das Gesetz tritt in Kraft, sobald der Bundespräsident es unterzeichnet und **verkündet** (*promulgate*); die Arbeitslosenzahlen liegen nicht, wie gern **verkündet** wird, bei 1,2 Millionen, sondern bei 3 Millionen (*proclaim, announce*)

verkürzen: die Gesetzesinitiative **verkürzt** die Fristen für die Kommunen im Planfeststellungsverfahren (*shorten, reduce, cut*)

Verlagerung (*f*): die **Verlagerung** von Zuständigkeiten eines Gesellschaftsorgans auf ein anderes (*transfer*)

256

verlangen: die Europaabgeordneten **verlangten** Auskunft über den Stand der Wirtschafts- und Währungsunion (*demand, request*)

verlängern: die Ausbildungsdauer für technische Assistenten in der Medizin soll von zwei auf drei Jahre **verlängert** werden (*extend*)

Verlangsamung (*f*): man erwartet eine **Verlangsamung** des Wirtschaftswachstums von 3,5 Prozent (*slow-down*)

Verlauf (*m*): es ist vorgesehen, bei der Neueinteilung der Wahlkreise sie nach dem **Verlauf** der Bezirksgrenzen zu ordnen; im **Verlauf** der parlamentarischen Beratungen (*course*)

verlaufen: die monetäre Expansion der amerikanischen Notenbank **verläuft** verhalten (*proceed*)

verlauten: wie in Wien **verlautete**, habe Sofia eine sofortige Stillegung der Installationen abgelehnt (*according to reports*); die Tagsordnung für das Präsidium werde nicht in Düsseldorf gemacht, **ließ** der Parteisprecher dazu **verlauten** (*announce, let it be known*)

verlegen: der Sparbrief ist für alle Anleger interessant, die ihre Zinserträge in spätere Jahre **verlegen** wollen (*defer*)

Verlegung (*f*): der Verlust zentralen Stadtraumes, den die **Verlegung** von Ministerien in das Herz der Stadt bedeuten würde (*transfer, moving, relocation*); parallel zur **Verlegung** von Zuständigkeiten und Verwaltungsvereinfachung (*transfer*)

Verleiher (*m*): die **Verleiher** des Marketing-Preises (*person/firm/body awarding*)

verletzen: das wichtige Prinzip der Besteuerung nach der wirtschaftlichen Leistungsfähigkeit wird **verletzt** (*infringe*); Lauschangriffe, wie sie in dem Gesetz inzwischen erlaubt sind, **verletzen** das Grundrecht auf Unverletzlichkeit der Wohnung (*violate*)

Verletzung (*f*): das Gesetz regelt die Übermittlung von Sozialdaten bei **Verletzung** der Unterhaltspflicht und beim Versorgungsausgleich (*infringement, violation*); er hat die **Verletzung** der Menschenrechte angeprangert (*violation*); nach einem Verkehrsunfall mit schweren **Verletzungen** (*injury, casualty*)

Verlust (*m*): das Unternehmen **schreibt** derzeit **Verluste**; 1992 hatten die Unternehmen **Verluste gemacht** (*make a loss*)

Vermächtnis (*n*): die Aussetzung eines **Vermächtnisses** unterliegt der Erbschaftssteuer (*legacy*)

vermarkten: die Besonderheiten der Ernährungswirtschaft besser zu **vermarkten** (*market*)

Vermerk (*m*): dann dürfte kein Film ausgestrahlt werden, der den **Vermerk** »Nur über 18 Jahre zugelassen« hat (*classification, label, warning*)

vermerken: Sie können anhand unserer Checkliste **vermerken**, was an Ihrem Hause verbessert werden muß (*make a note*)

Vermieter (*m*): der **Vermieter** kann unter gewissen Bedingungen das Mietverhältnis ohne Einhaltung einer Kündigungsfrist kündigen (*landlord, lessor*)

vermitteln: nach ihrer Flucht aus Wandlitz **vermittelte** das Wohnungsamt des Ministerrates sie in die Plattensiedlung (*find/get a place for*); ein Regierungschef kann mangels Richtlinienkompetenz zwischen Senatoren nur **vermitteln** (*mediate*); auch die nichteheliche Abstammung von einem deutschen Vater soll die deutsche Staatsangehörigkeit **vermitteln** (*convey, confer*); den Verkaufsleitern wird die Schulung ihrer Mitarbeiter **vermittelt** (*teach*)

Vermittler (*m*): auch **Vermittler** von Time-sharing-Angeboten tummeln sich am Kapitalmarkt (*agent*)

Vermittlung (*f*): weil das Gesetz nicht die Zustimmung der Ländervertretung fand, rief der Bundesrat die **Vermittlung** zwischen Bund und Ländern an (*services of the mediators*)

Vermögen (*n*): eine Abgabe von 50 Prozent auf alle **Vermögen** (*assets, savings*); das **Vermögen** der taz werde nicht genügend offengelegt (*assets*)

Vermögende[r] [decl like adj] (*m/f*): die **Vermögenden** konnten die Abgabe meist spielend aus der Rendite bezahlen (*well-off person*)

Vermögensabgabe (*f*): Entschädigungen für ehemalige DDR-Eigentümer sollen über eine **Vermögensabgabe** finanziert werden: Wer sein Eigentum im Osten zurückerhalten will, muß 30 Prozent des pauschal ermittelten Verkehrswertes bezahlen (*asset levy*)

Vermögensberater (*m*): die sogenannten **Vermögensberater** scheren sich nicht darum, daß die von Arbeitslosigkeit bedrohten Ostdeutschen eine finanzielle Reserve brauchen (*financial/investment consultant/adviser*)

Vermögensbesitzer (*m*): damals brachten die **Vermögenbesitzer** mit ihrer Abgabe jährlich zwei Prozent des Bruttosozialprodukts auf (*person with assets/savings*)

Vermögensbildung (*f*): **Vermögensbildung** wird durch die Arbeitnehmer-Sparzulage angeregt (*formation/creation of wealth, personal saving*)

Vermögensertrag (*m*): man leistet aus den **Vermögenserträgen** einen Beitrag für Investitionen (*yield/return on investment*)

Vermögensstrafe (*f*): Einführung einer **Vermögensstrafe**, damit die enormen Gewinne, die etwa beim Drogenhandel erzielt werden, eingezogen werden können (*confiscation of* (*some of the*) *assets/proceeds, administrative fine*)

Vermögensstreuung (*f*): Sie sichern sich bequem ein Immobilienvermögen und haben das Plus einer breiten **Vermögensstreuung** (*spread of assets/investments*)

Vermögensverwaltung (*f*): ein Sparvertrag der Paderborner **Vermögensverwaltung** (*investment broker/consultant, financial adviser*)

Vermögenswert (*m*): die **Vermögenswerte** Serbiens im Ausland werden eingefroren (*asset*)

vermögenswirksam (*adj/adv*): mit den Sparbriefen spart man **vermögenswirksam** (*profitably*); eine **vermögenswirksame** Lebensversicherung (*with-profits*)

vermuten: mehrere Millionen Mark Umsatz mit dem Handel von Doping-Mittlen werden **vermutet** (*suspect*)

Vernehmen (*n*): beim Abgeordneten Seifert besteht **dem Vernehmen nach** der Verdacht (*according to rumour/sources*)

vernehmen: die Bundes-Pressekonferenz bietet die Möglichkeit, die Meinung zu bestimmten Themen im offiziellen Sprachjargon zu **vernehmen** (*learn*); der Rechtsanwalt sollte als Zeuge **vernommen** werden (*question*)

Vernehmung (*f*): er hat bei seiner **Vernehmung** durch das Bundeskriminalamt angegeben, daß er mit der Betreuung von RAF-Aussteigern befaßt gewesen sei (*questioning, interrogation*)

vernetzen: dringend gebraucht ist **vernetztes** Handeln von Schule und Jugendhilfe (*network*)

Vernetzung (*f*): das Zauberwort der Bürgerbewegungen hieß »**Vernetzung**«. Geschützt von der Kirche, versammelten sich Menschen, denen es um den Erhalt der Umwelt ging, um Frieden und Meinungsfreiheit (*networking*)

Verordnung (*f*): über den Beitrag entscheidet künftig der Gesetzgeber. Über Anpassungen der Leistungshöhe wird im Wege der **Verordnung** entschieden (*directive*); den Ärzten werden für die **Verordnung** von Medikamenten und Heilmitteln feste Budgets vorgegeben (*prescription, prescribing*); die Zuzahlung gilt also auch für Festbetragsmedikamente, die bislang von der **Verordnungsgebühr** von drei Mark freigestellt waren (*prescription charge*)

Verortung (*f*): die **Verortung** des neuen Artikels als Art. 23 im GG (*introduction, place, position*)

Verpachtung (*f*): der Stand der langfristigen **Verpachtung** landwirtschaftlicher Flächen in den neuen Ländern (*leasing*)

Verpflegung (*f*): Unterkunft und **Verpflegung** müssen die Pflegebedürftigen selbst bezahlen (*board*)

verpflichten: der frisch **verpflichtete** Müller-PR-Berater (*engage, hire*); [sich] das Unternehmen **verpflichtet sich**, die Produktion zu erhöhen (*undertake*); diese beiden Organisationen sollen **verpflichtet** werden, die Arbeitsfähigkeit zu überprüfen (*oblige*)

Verpflichtung (*f*): die **Verpflichtung**, das Sozialgeheimnis zu wahren (*obligation, duty*)

Verpflichtungsermächtigung (*f*): **Verpflichtungsermächtigungen** sind Vorgriffe auf künftige Haushalte, durch die jetzt schon entschieden wird, daß auch künftig Zahlungen erfolgen (*authorization for forward commitment (of resources)*)

Verquickung (*f*): eine Folge des politischen Systems der Gewaltenteilung und der **Interessenverquickung** (*improper pursuit of mutually beneficial ends*)

verrechnen: es sollte ermöglicht werden, die Abwasserabgabe auch mit Investitionen in das Kabelnetz **verrechnen** zu können (*pay (in the form of)*); der von der Steuer absetzbare Pauschbetrag beim Wohnungsbau kann nicht mit anderen Einkünften **verrechnet** werden (*settle together with, make part of the same tax declaration*)

Verrechnung (*f*): der BGW empfahl, die Instandsetzung des Kanalnetzes in die **Verrechnungsmöglichkeit** aufzunehmen (*possibility of taking (a given sum) into account/including in an account*)

Verrechnungsscheck (*m*): fügen Sie zur Begleichung der Gebühr einen **Verrechnungsscheck** bei (*crossed cheque*)

Verrechtlichung (*f*): die Parteien sollten nur wenig Gebrauch davon machen, beim Bundesverfassungsgericht gegen politische Entscheidungen zu klagen, da andernfalls eine problematische **Verrechtlichung** der Politik Einzug hält (*juridification, intrusion of the law into the political process*)

verringern: die Anleihen wurden zum [variablen] Marktzins verzinst, ihr Nennwert aber gegenüber der alten Forderung um 35 Prozent **verringert** (*reduce*)

Verringerung (*f*): jede **Verringerung** der ABM-Hilfe würde zu einem Anstieg der Arbeitslosenzahlen führen (*reduction*)

verrotten: inzwischen **verrottet** vielerorts die Infrastruktur (*decay*)

Versachlichung (*f*): ein Beitrag zur **Versachlichung** der ins Irrationale abgeglittenen Diskussion (*introduction of greater objectivity, concentration on the facts*)

versagen: den betreffenden mitbestimmungsschädlichen Vorgängen wird die steuerliche Vergünstigung **versagt** (*deny, withhold*)

Versammlung (*f*): die Parlamentarier strichen am letzten Tag ihrer **Versammlung** einen Paragraphen aus ihrer Abschlußerklärung (*assembly, session*)

Versammlungsfreiheit (*f*): jeder Bürger hat das Recht, durch Ausübung der **Versammlungsfreiheit** aktiv am politischen Willensbildungsprozess teilzunehmen (*freedom of assembly*)

versanden: das Verfahren **versandet** meist in zweiter oder dritter Instanz (*peter out*)

Versandhandel (*m*): Einzelhandels-, **Versandhandels**- und sonstige **Unternehmen** (*mail-order company*)

Versäumnis (*n*): die Opposition machte ihn als langjähriges Kabinettsmitglied für Fehler und **Versäumnisse** früherer Regierungen mitverantwortlich (*omission*); er kann für jedes **Versäumnis** eines Beamten persönlich einstehen (*omission, example of negligence*)

verschaffen: die Handhabung der Kompetenzen bedarf einer Rechtfertigung, die nur durch Kapital und Arbeit zusammen **verschafft** werden kann (*provide*); [sich] die Politikerin hat **sich** Anerkennung auch bei jenen **verschafft**, die nicht ihrer politischen Ansicht waren (*earn*)

verschärfen: dies hat die Spannungen nur **verschärft** (*exacerbate, increase*); die Mehrheit der Bundesländer will die Mietgrenzen weiter **verschärfen**; die vorhandenen Gesetze sollen **verschärft** werden (*tighten*)

Verschärfung (*f*): die geplante **Verschärfung** der Meldepflicht mit Attestzwang vom ersten Tag an (*tightening up*)

verschieben: diese Partei hat mit ihrer Politik durch Umverteilen von unten nach oben das soziale Koordinatensystem **verschoben**; [sich] das politische Koordinatensystem hat **sich** nach rechts **verschoben** (*shift, move*); das Programm ist **verschoben** worden (*defer, postpone*)

Verschlagwortung (*f*): 80% der Beweisunterlagen seien zur **Verschlagwortung** ausgewertet worden (*subject indexing, preparation of a subject index*)

verschlanken: erst ein Bruchteil des Konzerns ist **verschlankt** worden – das Potential für Einsparungen ist noch längst nicht erschöpft (*slim down, trim*)

Verschleiß (*m*): die Grünen hegen, trotz Filz und **Verschleiß**, immer noch die Hoffnung, daß man mit der SPD was machen kann (*burn-out, fatigue, exhaustion, attrition*)

verschleudern: Ende der 70er Jahre **verschleuderten** die Banken ihre Kredite an Länder der Dritten Welt (*squander*)

Verschnaufpause (*f*): nach einer **Verschnaufpause** dürften 1993 auch die Investitionen wieder anziehen (*breathing space, breather*)

Verschonung (*f*): die Versicherung stellt die Strafkaution im Ausland zur **Verschonung** von Strafverfolgungsmaßnahmen [Haft] (*exemption*)

verschreiben [sich]: das Gericht hat **sich** dieser Lehre nicht **verschrieben** (*recognize, subscribe to*)

Verschreibungspflicht (*f*): Verstöße gegen die **Verschreibungspflicht** sollten nicht als »Kavaliersdelikt« geahndet werden (*regulations governing prescription-only drugs*)

verschreibungspflichtig (*adj*): es handelt sich bei den leistungssteigernden Mitteln um **verschreibungspflichtige** Substanzen (*available on prescription only*)

Verschulden (*n*): die Mieter müssen auch ohne **Verschulden** für zerbrochene Fensterscheiben aufkommen (*being to blame/at fault*); die Bank haftet nur für **grobes Verschulden** (*gross negligence*)

verschulden: die Ausländer sind zu Sündenböcken für Probleme gemacht worden, die sie nicht **verschuldet** haben (*cause, be to blame for*); [sich] täglich **verschuldet sich** das Land mit 648 Millionen Mark (*incur/run up debts*)

Verschuldung (*f*): Ökonomen sind sich einig, daß die Gläubiger Mitschuld an der **Verschuldung** des Unternehmens tragen (*getting into debt*); 1991 betrug die laufende **Verschuldung** der Bundesbahn 39,1 Milliarden DM (*debt burden*)

Verschwendung (*f*): wenn mit Mißmanagement und **Verschwendung** in der Regierung aufgeräumt würde (*extravagance, waste*)

versenden: Zeitungen, die der Verlag als Postvertriebsstücke **versendet**, können nicht nachgesandt werden (*send*)

Versetzung (*f*): seit seiner **Versetzung** zur Hauptabteilung der Stasi; eine angeordnete **Versetzung** von Soldaten stößt auf verfassungsrechtliche Bedenken (*transfer*)

Versicherer (*m*): **Versicherer** sind namhafte Unternehmen (*insurer, insuring agent*)

versichern: bei unserer Kasse haben Sie Ihren Hausrat bereits gegen Schäden durch Feuer **versichert** (*insure, cover*)

Versicherte[r] [decl like adj] (*m/f*): im Krankenhaus haben die **Versicherten** künftig für jeden Behandlungstag eine Zuzahlung zu leisten (*the insured, person covered by insurance, member of the scheme, insurant*)

Versicherungsnehmer (*m*): versichert ist der **Versicherungsnehmer**, sein Ehegatte, sowie die minderjährigen z.T. auch volljährigen Kinder (*person taking out the insurance*)

Versicherungsschutz (*m*): der **Versicherungsschutz** umfaßt Gnaden- und Zahlungserleichterungsverfahren (*insurance protection/cover*)

Versicherungssumme (*f*): der Versicherungsnehmer kassiert später die volle **Versicherungssumme** (*sum insured*)

Versicherungsträger (*m*): **Versicherungsträger** bei der Arbeitslosenversicherung ist die Bundesanstalt für Arbeit (*body administering the scheme*)

versorgen: eine Stadt mit Strom **versorgen** (*supply*); 300 Ärzte **versorgen** 100 000 Menschen (*care for, look after*); wir sind zunächst mit Falschmeldungen **versorgt** worden (*feed, supply*)

Versorgung (*f*): von einer sicheren **Versorgung** mit Siliziumplättchen hängen mittlerweile viele Industriezweige ab (*supply*); bei der ärztlichen **Versorgung** lassen sich ebenfalls Unterschiede zwischen Ost- und Westdeutschland feststellen (*care, provision*)

Versorgungsausgleich (*m*): das Gesetz regelt die Übermittlung von Sozialdaten bei Verletzung der Unterhaltspflicht und des **Versorgungsausgleichs** (*pension rights adjustment*)

Versorgungsbetrieb (*m*): benachrichtigen Sie die von Ihnen in Anspruch genommenen **Versorgungsbetriebe** vom Wohnungswechsel (*utility* (*company*))

Versorgungsbezug (*m*): Diskussion um die erhöhten **Versorgungsbezüge** des saarländischen Regierungschefs (*pension receipt/payment*)

Versorgungslage (*f*): er machte die Dürre für die katastrophale **Versorgungslage** verantwortlich; die kritische **Versorgungslage** der schwarzen Bevölkerung (*supply situation*)

Versorgungspaket (*n*): **Versorgungspaket** der Politiker (*care package*)

verstaatlichen: angesichts der **verstaatlichten** Wirtschaft in der DDR waren beinahe alle Berufstätigen Beschäftigte der öffentlichen Hand (*state-run/owned, nationalized*)

Verstädterung (*f*): die **Verstädterung** muß verlangsamt werden (*urbanization*)

verständigen: bei Beförderungshindernissen wird der Absender **verständigt** (*inform*); [sich] die Bonner Koalition hat **sich** am 30. Juni auf die Einführung einer Pflegeversicherung im Rahmen der Sozialversicherung **verständigt** (*agree on*)

Verständigung (*f*): trotz intensiver Bemühungen ist es nicht zu einer **Verständigung** gekommen (*agreement*)

verstärken [sich]: im Vergleich zum Vorjahr **verstärkte sich** nochmals die Nachfrage nach diesem Fonds (*increase*)

verstärkt (*adv*): bei der Verarbeitung von Sozialdaten soll **verstärkt** auf die Zweckbindung geachtet werden (*to a greater extent*)

Verstärkung (*f*): eine **Verstärkung** des Konflikts sei zu befürchten (*intensification*); er forderte eine **Verstärkung** der Sozialpartnerschaft auf allen Stufen (*strengthening*)

versteuern: Einkünfte müssen grundsätzlich **versteuert** werden (*tax, declare for tax assessment*)

Verstoß (*m*): **Verstöße** gegen die Verschreibungspflicht (*infringement*)

verstreichen: die Frist ist **verstrichen**; die Brüsseler haben die Frist **verstreichen** lassen können (*expire, pass*)

Verstrickung (*f*): die **Verstrickung** der Intelligenz in das alte Machtgefüge (*complicity*)

versüßen: nicht ohne ihm den Abschied mit 700 Millionen Dollar zu **versüßen** (*give a sweetener*)

vertagen: die Verhandlungen über den Entwurf wurden bis nach der Sommerpause **vertagt** (*adjourn*)

Verteidigungsetat (*m*): mit 98,8 Milliarden Mark ist der Sozialetat fast doppelt so groß wie der **Verteidigungsetat** (*defence budget*)

Verteidigungsfall (*m*): der Bundestag stellt bei äußerem Notstand fest, daß der **Verteidigungsfall** eingetreten ist (*state of war*)

Verteilungskampf (*m*): der **Verteilungskampf** im Gesundheitswesen, in dem Ärzte, die medizinische Geräteindustrie und die Medikamentenhersteller um ihren Anteil an den knappen Finanzmitteln streiten (*fight over distribution/allocation/disbursement (of funds)*)

verteilungspolitisch (*adv*): das Standortrichtungsgesetz sei nach Auffassung der GRÜNEN **verteilungspolitisch** falsch und sozial ungerecht (*from the point of view of allocation policy*)

vertraglich (*adv*): die Lieferung ist während des Golfkrieges **vertraglich** vereinbart worden (*contractually*)

verträglich (*adj/adv*): die Selbstbeteiligung bei der Lohnfortzahlung sollte sozial **verträglich** gestaltet werden (*equitably, causing least division*); die sozial **verträglichste** Lösung (*equitable, least divisive*)

Vertragsdauer (*f*): den Bonus erhalten Sie am Ende der **Vertragsdauer** (*term of the agreement*)

Vertragsforschung (*f*): die Großforschungsvereinigungen, die den Unternehmen mit qualifizierten Instituten für die **Vertragsforschung** zur Verfügung stehen (*contract research*)

vertragsmäßig (*adj*): aufgrund nicht **vertragsmäßigen** Verhaltens (*in accordance with the terms of the contract*)

Vertragspartner (*m*): nutzen Sie diese bequeme Zahlungsart, die viele **Vertragspartner** von sich aus anbieten ((*insurance company, bank etc. as*) *partner to a contract*)

Vertragsstaat (*m*): das Schengener Übereinkommen vom 19. Juni 1990 über die schrittweise Aufhebung aller Kontrollen an den Grenzen der **Vertragsstaaten** (*contracting state, signatory to the treaty*)

Vertragsstrafe (*f*): die THA hat in Fällen, in denen die Arbeitsplatzzusagen nicht eingehalten wurden, **Vertragsstrafen** eingefordert (*penalty for breach of contract*)

Vertragswerk (*n*): das deutsch-deutsche **Vertragswerk** (*treaty*)

Vertrauensmann (*m*): **Vertrauensmann** im Betrieb (*shop steward*)

Vertrauensvorschuß (*m*): der **Vertrauensvorschuß**, den der Regierungschef genießt [»Amtsbonus«] (*electoral support enjoyed by virtue of already being in office*)

vertreiben: Satellitenfunkanlagen sollen frei **vertrieben** und benutzt werden können (*distribute*); die Süchtigen wurden vom Platz **vertrieben** (*drive from, expel*)

Vertreiber (*m*): die Firma ist der größte **Vertreiber** von Finanzdienstleistungen (*distributor, provider*)

vertretbar (*adj*): das Ministerium hält die Einschränkung der Zulassung von Ärzten zur Kassenpraxis für verfassungsrechtlich **vertretbar** (*justifiable*)

vertreten: zwei Tatsachen müssen von allen Parteien akzeptiert und offensiv **vertreten** werden (*defend, represent*); seit 1987 **vertrat** er den Wahlkreis Bergstraße im Deutschen Bundestag (*represent*); die CDU hatte bisher **die Position vertreten**, daß das Grundgesetz eine 40jährige Legitimation besitze (*take the view*)

Vertreter (*m*): **Vertreter** der Vertriebenen; die Finanzfirmen werben **Vertreter** an (*representative*)

Vertretungskörperschaft (*f*): ebenso verhält es sich in den kommunalen **Vertretungskörperschaften** (*representative body*)

Vertrieb (*m*): die Möglichkeit, Anbau, **Vertrieb** und Besitz von Anabolika zu verbieten (*distribution*)

Vertriebsbeauftragte[r] [decl like adj] (*m/f*): er war **Vertriebsbeauftragter** im kaufmännischen Außendienst (*representative, agent*)

veruntreuen: Kenia **veruntreut** nach Zeitungsberichten öffentliche Mittel und Gelder der Entwicklungshilfe (*misappropriate, misuse*)

Verursacherprinzip (*n*): die ATV würde eine Meßlösung befürworten, weil sie dem **Verursacherprinzip** entspreche (*perpetrator principle, principle of making the polluter pay*)

verurteilen: er wurde zu 5 Jahren **verurteilt**; Rechtsextremisten, die im Mai **verurteilt** wurden (*sentence*); die Abgeordneten **verurteilten** den Beschluß (*condemn*)

Verwahranstalt (*f*): die Heime für Pflegebedürftige, Alte und Behinderte dürfen nicht die **Verwahranstalten** bleiben, die sie heute sind (*custodial/holding institution*)

verwahren: ein Kreditinstitut kann die Wertpapiere **verwahren** (*hold in safe custody*)

verwalten: ein Kreditinstitut **verwaltet** die Wertpapiere für einen Aktionär (*manage*)

Verwaltung (*f*): Beendigung der Ämterpatronage und des Filzes in den **Verwaltungen** (*branch of the administration*); der Aufbau einer neuen kostenträchtigen **Verwaltung** sollte vermieden werden (*administration, administrative apparatus*)

Verwaltungsbeamte[r] [decl like adj] (*m*): neben Angestellten des öffentlichen Dienstes haben in der CDU/CSU Fraktion höhere **Verwaltungsbeamte** und Lehrer an weiterführenden Schulen den höchsten Anteil (*administrative civil servant*)

Verwaltungsgerichtsprozeß (*m*): mehr als 50 Prozent aller **Verwaltungsgerichtsprozesse** sind Asylverfahren (*case in the administrative court*)

Verwaltungsherrschaft (*f*): das alte italienische System parteifeudaler **Verwaltungsherrschaft** (*rule by civil servants*)

Verwaltungsrecht (*n*): Rechtspersönlichkeiten des Parlamentsrechts, die Rechtsfiguren des **Verwaltungsrechts** oder des Privatrechts ähneln (*administrative law*)

Verwaltungsverordnung (*f*): **Verwaltungsverordnungen** sind Regelungen, z.B. Steuerrichtlinien, die innerhalb der Organisation der öffentlichen Verwaltung von übergeordneten an nachgeordnete Behörden ergehen (*administrative directive*)

Verwaltungsvorschrift (*f*): der Bundespostminister kündigte weiter an, daß dem Monopol Telekom durch eine **Verwaltungsvorschrift** Auflagen gemacht werden sollen (*administrative regulation*)

verwanzen: das Wohnzimmer war **verwanzt** (*bug*)

verwässern: Steroide dem Betäubungsmittelrecht zu unterstellen gilt nicht als der geeignete Weg, da hierdurch das Betäubungsmittelrecht **verwässert** werde (*dilute, weaken*)

verwehren: Fälle, in denen aus politischen Gründen die Aufnahme eines Studiums **verwehrt** wurde (*deny*)

verweigern: der Bundesrat hat einem Gesetzesbeschluß zur Änderung des Gemeindeverkehrsfinanzierungsgesetzes seine Zustimmung **verweigert** (*refuse, withhold*); [sich] sie selbst hat **sich** dieser Prozedur **verweigert** (*refuse to undertake/undergo*)

verweisen: er **verwies** ihn darauf (*refer*); seine Mitbewerber um das Amt wurden auf die Plätze zwei und drei **verwiesen** (*relegate*); aus der Enquete-Kommission wurde darauf **verwiesen**, daß man von der Politik Handlungsleitlinien erwarte (*point out*)

verwerfen: seitens der Gruppe PDS/Linke Liste **verwarf** die Abgeordnete alle Kürzungspläne bei der Bundesanstalt für Arbeit (*reject*); was geschieht, wenn die Einstweilige Anordnung **verworfen**, die Neuregelung aber später im endgültigen Hauptsachverfahren für grundgesetzwidrig erklärt würde (*reject, refuse*)

verwerflich (*adj*): als besonders **verwerflich** verurteilte er, daß Minderjährigen leistungssteigernde Mittel verabreicht wurden (*reprehensible*)

verwerten: damit die Belastungen für die Personalübersetzungsinstitution nicht zu groß werden, könnte diese einen Teil des Grundbesitzes der Bahnen **verwerten** (*use, utilize*)

Verwertung (*f*): die **Verwertung** und Privatisierung bisher volkseigener landwirtschaftlicher Betriebe (*utilization*)

verzahnen [sich]: angesichts der Aufgabenverflechtung zwischen Bund, Ländern und Gemeinden **verzahnt sich** die Kommunalpolitik immer mehr mit der überregionalen Ebene (*enmesh, become interlinked*)

Verzahnung (*f*): die Staatsregierung wisse bei aller notwendigen **Verzahnung** zwischen Parteiarbeit und Staatsaufgabe sehr wohl zu unterscheiden (*links, linking, linkage*)

verzeichnen: die öffentlichen Theater in der ehemaligen DDR konnten 8,9 Millionen Besucher **verzeichnen**; für 1991 ist ein weiterer Zuwachs der Rechtsextremisten auf 40 000 zu **verzeichnen** (*record, register, notch up*)

verzerren: PDS/LL: Westfirmen **verzerren** den Wettbewerb zu Lasten der Marktchancen ostdeutscher Betriebe (*distort*)

Verzicht (*m*): wir müssen **Verzicht** üben (*restraint*)

verzichten: die Sozialdemokraten wollen **auf** ihre bisherige Forderung nicht **verzichten** (*renounce, abandon*); die Regierungsmitglieder sollen selbst auf zahlreiche Privilegien **verzichten** (*forgo*); der neue Abgeordnete rückte nach, nachdem sein Kollege auf sein Abgeordnetenmandat **verzichtet** hat (*give up/resign* (*one's seat*))

verzinst werden: die Summe **wird verzinst** (*bear/yield interest*)

Verzinsung (*f*): bei **Verzinsung** zum Marktzins (*payment of/yielding interest*); die Petenten waren mit der **Verzinsung** ihres BAföG-Darlehens bestraft worden (*payment of/being charged interest on*)

verzögern: in dem von der Koalition geplanten **verzögerten** Inkrafttreten der Pflegeversicherung (*delay*)

Verzug (*m*): mit der Entrichtung des Mietzinses **in Verzug kommen** (*get behind, fall behind*)

Veteran [-en,-en] (*m*): die neuen Kräfte wollen nicht mehr mit den LPG-**Veteranen** in einem Boot sitzen (*veteran*)

Vielfachbürgerschaft (*f*): die CDU/CSU-Fraktion forderte die Regierung auf, im Ausschuß zu berichten, wie es mit **Vielfachbürgerschaften** in anderen Ländern aussehe (*multiple citizenship*)

Visier (*n*): auch die Tochter des Künstlers **geriet ins Visier**; wir **sind** weiterhin **im Visier** fremder Nachrichtendienste (*come/be under scrutiny*)

visumfrei (*adv*): Österreicher dürfen künftig **visumfrei** in die USA fahren (*without a visa*)

Vizechef (*m*): er forderte die Demission des **Vizechefs** des Bundeskriminalamts (*deputy director*)

Völkergemeinschaft (*f*): eine Ordnung, in der die **Völkergemeinschaft** Übeltäter bestraft; die Reaktion der **Völkergemeinschaft** auf die Greuel in Jugoslawien beschränkt sich auf hilflose Gesten (*international community*)

Völkerrechtler (*m*): Austausch von Verfassungsjuristen und **Völker-rechtlern** (*international lawyer, expert in international law*)

völkerrechtlich (*adv*): die Bundesrepublik hat sich **völkerrechtlich** verpflichtet, ihre Streitkräfte stark zu reduzieren (*under international law*)

Volksabstimmung (*f*): die in Art. 146 GG vorgesehene mögliche **Volksabstimmung** über das neue Grundgesetz (*referendum*); SEE ALSO **Volksbefragung**

Volksaktie (*f*): die Ausgabe von **Volksaktien** hat zusätzliche Sparer an die Aktie herangeführt ((*privatized*) *company share earmarked for purchase by large numbers of individual 'small' shareholders*)

Volksbefragung (*f*): **Volksbefragungen** sind im GG nicht vorgesehen: SEE **Volksabstimmung**

Volksbegehren (*n*): wir brauchen die Chance des Volkes, diesen Koalitions-Partei-Absprachen in den Arm zu fallen – durch **Volksbegehren** und Volksentscheid (*petition for a referendum*)

volkseigen (*adj*): die sogenannten **volkseigenen** Betriebe in der alten DDR; die Verwertung und Privatisierung bisher **volkseigener** landwirtschaftlicher Betriebe (*publicly/nationally owned*)

Volksentscheid (*m*): die angeblich negativen Erfahrungen mit **Volksentscheiden** in Weimar (*referendum, plebiscite*)

Volksgruppe (*f*): der Formulierungsvorschlag der Sozialdemokraten, wonach der Staat **Volksgruppen** und nationale Minderheiten deutscher Staatsangehörigkeit schützt und fördert (*ethnic group*)

Volkspartei (*f*): je mehr die beiden »**Volksparteien**« an Stimmen verlieren, desto stärker sind sie aufeinander angewiesen (*broadly representative/based party, catch-all party*)

Volksvertreter (*m*): keine zureichenden Arbeitsmöglichkeiten, beklagen sich die **Volksvertreter** (*representative of the people, member of parliament*)

Volkswille [*gen* -ens, no *pl*] (*m*): der in Wahlen und Mehrheitsentscheidungen zum Ausdruck gekommene **Volkswille** (*will of the people*)

volkswirtschaftlich (*adj*): den Preis der Arbeit im Sinne des gesamten **volkswirtschaftlichen** Vorteils behandeln (*economic*)

Volkszählung (*f*): **Volkszählungen** werden entsprechend den Empfehlungen der Vereinten Nationen durchgeführt (*population/national census*)

Vollbeschäftigung (*f*): **Vollbeschäftigung** kann kein echtes Staatsziel sein (*full employment*)

Vollbremsung (*f*): mit einer **Vollbremsung** will die Bonner Regierungskoalition die explodierenden Kosten im Gesundheitswesen zum Stillstand bringen (*putting the brakes full on, radical measure*)

Vollendung (*f*): Maßnahmen für die **Vollendung** des Binnenmarktes (*completion, finalizing*); die minderjährigen Kinder, in Schul- oder Berufsausbildung bis zur **Vollendung** des 25. Lebensjahres (*completion*)

Vollerwerbsbetrieb (*m*): die Gewinne der landwirtschaftlichen **Vollerwerbsbetriebe** im alten Bundesgebiet (*farm/business run as main/full-time job of person concerned*)

volljährig (*adj*): versichert ist der Versicherungsnehmer, sein Ehegatte, sowie die minderjährigen z.t. auch **volljährigen** Kinder (*having reached the age of majority*)

Volljährigkeitsalter (*n*): ob die Berechtigung zur Teilnahme an Kommunal-, Landes-, Bundes- und Europawahlen weiterhin an das **Volljährigkeitsalter** gebunden bleiben soll (*age of majority*)

Vollkaskoversicherung (*f*): die **Vollkaskoversicherung** bietet besonderen Schutz (*fully comprehensive insurance*)

Vollmacht (*f*): die Fraktionsführung muß von mindestens einem Drittel Abgeordneten eine **Vollmacht** erhalten, daß sie das Normenkontrollverfahren einleiten soll (*authority, mandate*); die **Vollmachten** des EP bei der Gesetzgebung zu stärken war ein besonderes Anliegen der Bundesregierung (*power, authority*)

Vollstrecker (*m*): die wartet auf einen **Vollstrecker** vom Gericht, der ihren Mann vor die Tür setzt (*bailiff*)

vollziehen: harte Todesurteile wurden gefällt und **vollzogen** (*carry out*); [sich] es sei schwierig, Vorhersagen bis ins Jahr 2100 zu geben, da es nicht sicher sei, wie **sich** die wirtschaftliche Entwicklung **vollziehen** werde (*proceed, develop*)

vollziehend (*adj*): der Schutz der natürlichen Lebensgrundlagen durch die **vollziehende** Gewalt und Rechtsprechung (*executive*)

Vollzug (*m*): im **Vollzug** der deutschen Vereinigung (*course, completion*); die falsche Annahme, den westdeutschen Parlamentariern werde der **Vollzug** freien Willens besonders leicht fallen, weil sie dafür seit 1949 eine Garantie im Grundgesetz stehen haben (*exercise*); eine Lösung, die einen einfacheren **Gesetzesvollzug** gewährleistet (*law enforcement*)

Volumen (*n*): das **Volumen** von Entschädigungen für Vermögensverluste in den neuen Ländern ist sehr groß (*volume*)

Vorabend (*m*): am **Vorabend** des Parteitags hatten sie die Sache geklärt (*eve*)

vorantreiben: die Regierung wird aufgefordert, die Reform der EG-Agrarpolitik **voranzutreiben** (*push ahead with, expedite, progress*)

Vorarbeit (*f*): die **Vorarbeiten** zum Inkrafttreten des Vertrags über die Europäische Union konzentrierten sich auf das Subsidiaritätsprinzip (*preparation(s), preliminary work*)

Vorauskasse (*f*): Lieferung der Zeitung nur gegen **Vorauskasse** oder per Nachnahme (*payment in advance*)

Voraussetzung (*f*): eine wichtige **Voraussetzung** (*prerequisite*); mit dem Gesetz werden die **Zulässigkeitsvoraussetzungen** für automatisierte Abrufverfahren für Sozialdaten festgelegt (*conditions under which something is permitted*)

Vorauszahlung (*f*): ein Treuhandkonto für **Vorauszahlungen** der Kunden (*payment in advance*)

Vorbehalt (*m*): die Union hält einen **Gesetzesvorbehalt** in Bezug auf das Staatsziel Umweltschutz für erforderlich (*caveat*)

vorbehaltlos (*adv*): ich würdige **vorbehaltlos** die klare Verurteilung der Gewalt gegen Ausländer (*unreservedly*)

vorbeikommen: Finanzminister Waigel wird **an** weiteren Steuererhöhungen nicht **vorbeikommen** (*avoid*)

vorbereiten: das Bundesinstitut für Berufsbildung **bereitet** Ausbildungsordnungen **vor** (*prepare*)

vorbeugen: um Krankheiten **vorzubeugen**; um den Arbeitgeber zu entlasten und Mißbrauch **vorzubeugen** (*prevent*)

Vorbild (*n*): er forderte Zählappelle für Asylbewerber **nach dem Vorbild** Schleswig-Holsteins (*along the lines of*)

vorbringen: eines der Argumente, das nicht wenige Bürger gegen das demokratische System **vorbringen** (*advance, put forward*)

Vordruck (*m*): die **Erhebungsvordrucke** können den Zählern ausgehändigt werden (*printed (survey) questionnaire*)

vorenthalten: wenn der Minister kranken Menschen Löhne und Gehälter in Milliardenhöhe **vorenthalten** will (*deprive, withhold from*)

Vorfall (*m*): die Sondersitzung zu den **Vorfällen** in der Stadt (*incident*); die Zahl der **Geschäftsvorfälle** ist erheblich gesunken (*business transaction, deal*)

Vorfeld (*n*): im **Vorfeld** der Rio-Konferenz (*run-up to*); der Vorschlag, den die Ministerpräsidentin **im Vorfeld** zur Finanzierung der Pflegeversicherung gemacht hatte (*in the (early phases in the) discussion, preparation*)

Vorgabe (*f*): die politischen **Vorgaben** der Partei (*stated intention, plan, target*)

Vorgang (*m*): in solchen Fällen muß der betreffende Sachbearbeiter den gesamten **Vorgang** umfassend seiner Oberfinanzdirektion darlegen (*case, matter*)

vorgeben (*m*): in die Grundlohnbindung werden nur die Honorare für die vom Gesetzgeber **vorgegebenen** Leistungen der Prävention nicht einbezogen (*lay down, stipulate*); den Ärzten werden für

270

die Verordnung von Medikamenten und Heilmitteln feste Budgets **vorgegeben** (*allocate*)

vorgehen: die Furcht, daß der Westen früher oder später gegen das politische System der DDR **vorgehen** würde (*take action/make a move against*)

Vorgesetzte[r] [decl like adj] (*m/f*): Regelungen, die innerhalb der öffentlichen Verwaltung von **Vorgesetzten** an Bedienstete ergehen (*superior*)

Vorhaben (*n*): die Landtagswahlkreise sollten neu eingeteilt werden. Der SPD-Abgeordnete unterstützte dieses **Vorhaben** (*plan, objective, project*)

vorhalten: Schmid **hielt** der CSU Ellenbogenmentalität **vor** (*accuse of*)

Vorhaltung (*f*): entgegen den **Vorhaltungen** von Verfassungsrechtlern hielt er den Gesetzentwurf für verfassungskonform (*objection*)

Vorhersage (*f*): es sei schwierig, **Vorhersagen** bis ins Jahr 2100 zu geben, da es nicht sicher sei, wie sich die wirtschaftliche Entwicklung vollziehen werde (*prediction*)

Vorhut (*f*): »No turning-back« heißt jene kleine Organisation, die sich als intellektuelle **Vorhut** des Thatcherismus versteht (*vanguard*)

vorinstanzlich (*adj*): gleichzeitig wird das **vorinstanzliche** Urteil gegen ihn teilweise aufgehoben (*preliminary*)

Vorjahr (*n*): die Gewinne stiegen in diesem Wirtschaftsjahr gegenüber dem **Vorjahr** um fünf Prozent (*previous year*)

Vorkämpfer (*m*): unsere Gesellschaft hat eine große Persönlichkeit verloren, einen **Vorkämpfer** für die Demokratie (*champion*)

Vorkaufsrecht (*n*): hier sind nach Paragraph 6 Baugesetzbuch die Bodenpreise eingefroren, und der Bund besitzt **Vorkaufsrecht** (*right of first refusal*)

Vorladung (*f*): sie erhielt von der Volkspolizei eine **Vorladung** (*summons*)

Vorlage (*f*): die historische **Vorlage** für den Aufruhr liefert der Streik 1976 (*precedent, model*); der Bundesminister hat die Gesetzentwürfe den beteiligten Ministerien zur Stellungnahme zugeleitet. Die **Vorlagen** halten sich an die in der Koalition vereinbarten »Eckwerte« (*draft*); Seehofer hat sich für die **Vorlage** von zwei Gesetzentwürfen entschieden (*bringing forward, presentation*); Sie erhalten die Zeitung **bei Vorlage** dieses Gutscheins (*on presentation*)

Vorlauf (*m*): von den Sicherheitsbehörden wurde keinerlei Auskunft über den **Vorlauf** der Operation gegeben (*events leading up/run-up to, preparations*); das Parlament kann von der Exekutive, die immer einen **Vorlauf** hat, nicht ausgesperrt bleiben (*lead, advantage*)

Vorläufer (*m*): ab Januar 1994 soll das Europäische Währungsinstitut arbeiten, der **Vorläufer** einer gemeinsamen Zentralbank; der

Vorläufer der Vertragswerke, der Internationale Fernmeldevertrag (*precursor*)

vorlegen: der Minister soll einen Gesetzentwurf bis zum 1. Oktober 1992 **vorlegen**; die Treuhandanstalt soll nach einem von der Bundesregierung **vorgelegten** Gesetzentwurf ermächtigt werden (*present, introduce*)

vorliegen: über das rechtsextremistische Potential **liegen** nur wenige Erkenntnisse **vor** (*be available*); nach bisher **vorliegenden** Ergebnissen zeichnet sich keine klare Mehrheit ab (*available*)

vormerken: wer **sich** nicht schon Jahre im voraus **vormerken läßt**, bekommt in einem Pflegeheim keinen Platz (*put one's name down*)

vornehmen: rund 20 000 Überprüfungen wurden seit Beginn des Jahres **vorgenommen** (*carry out*); er **nahm** an der Initiative noch einige Änderungen **vor** (*make*)

Vorprobe (*f*): als **Vorprobe** ist der »Blas-Test« seit Jahren bewährt (*preliminary test/check*)

vorrangig (*adv*): **vorrangig** muß über den Abbau von Investitionshemmnissen verhandelt werden (*as a matter of priority*)

vorrechnen: die finanzpolitische Sprecherin der SPD-Fraktion **rechnete** dem Finanzminister etwas **vor** (*enumerate someone's mistakes* (*to their face*))

Vorruheständler (*m*): es gibt Probleme bei Dienststellen, die potentielle **Vorruheständler** aufnehmen sollten (*person taking early retirement*)

Vorschlag (*m*): die Landesregierung wird entsprechende **Vorschläge** vorlegen; folgende **Vorschläge** wurden auf der Konferenz unterbreitet (*proposal*)

vorschreiben: wenn im Erfurter Stadtparlament bei der Abstimmung die Voten gezählt werden, wie es die Novellierung der Thüringer Kommunalverfassung neuerdings **vorschreibt** (*lay down, prescribe, stipulate*); die historische Kontinuität der PDS mit der totalitärem SED ist ein Verdachtsmoment, das eine Prüfung durch den Verfassungsschutz **vorschreibt** (*demand, dictate*)

Vorschrift (*f*): die Gemeinsame Verfassungskommission hat bei ihren Beratungen jetzt eine Zwischenbilanz gezogen: Die Mitwirkungsrechte des Bundesrates und damit der Bundesländer in europäischen Angelegenheiten ziehen sich wie ein basso continuo durch die gesamte **Vorschrift** (*draft/interim report*)

Vorschuß (*m*): diese Versicherung zahlt **Vorschüsse** und Kosten für den eigenen Anwalt (*advance*)

vorsehen: ein SPD-Antrag, der Sofortmaßnahmen zur Sicherung und Erhaltung von Arbeit vor allem in den neuen Ländern **vorsieht** (*envisage, propose*); Volksabstimmungen auf Bundesebene sind nicht **vorgesehen** (*provide for*); faire Gerichtsverhandlungen sind für diese Menschen nicht **vorgesehen** (*plan, intend*); 350 000 Aussiedler haben sie im Bundeshaushalt 1992 **vorgesehen** (*provide for, assume*)

Vorsitz (*m*): der neu SPD-Vorsitzende hat unter seinem **Vorsitz** eine Kommission »Regierungsprogramm 1994« gebildet; Sachsen hat im Bundesratsausschuß den **Vorsitz** (*chairmanship*)

vorsitzen: er **sitzt** sieben Professoren **vor**, die sich über der Krankenversorgung den Kopf zerbrechen (*chair (a group of)*)

Vorsitzende[r] [decl like adj] (*m/f*): er wurde zum **Vorsitzenden** der CDU/CSU-Fraktion gewählt; der **Vorsitzende** des Betriebsrats der Dasa (*chairman, chairperson*)

Vorsorge (*f*): die FDP sei der Meinung, daß »jeder für sein individuelles Risiko selbst **Vorsorge**« **betreiben** könnte (*make provision for*); an die Stelle von Entmündigung tritt bei privater **Vorsorge** leicht die Verarmung (*provision*)

Vorstand (*m*): vor dem **Vorstand** der SPD-Fraktion erläuterte er (*executive*); nach dem Zeitplan des **Vorstandsvorsitzenden** der Bahnen (*chairman of the board*); eine CSU-**Vorstandssitzung** in München (*meeting of the executive*)

vorstehen: er **steht** dem Geschäft als Leiter **vor** (*run, manage, head*); nach der Sommerpause wird die Gemeinsame Verfassungskommission ihre Beratungen zu den **vorstehenden** Beratungsgegenständen fortsetzen (*above(-mentioned)*)

Vorstellung (*f*): die programmatischen **Vorstellungen** der Reps sind speziell auf den Verfassungsschutz zugeschnitten worden (*idea, intention*)

Vorstoß (*m*): auf geringe Resonanz ist der **Vorstoß** des brandenburgischen CDU-Chefs gestoßen, eine konzertierte Aktion ostdeutscher Parteien und Verbände ins Leben zu rufen (*initiative*)

vorstrecken: einige Anteilinhaber müssen einen Betrag in Höhe des Steuerguthabens **vorstrecken**, da sie diesen im Rahmen der Steuererklärung erst später vom Finanzamt erhalten (*advance*)

Vorteil (*m*): im Sinne des gesamten volkswirtschaftlichen **Vorteils** (*advantage, benefit*)

vortragen: wir haben unsere Vorschläge immer wieder **vorgetragen**; den Ländern wurde die Gelegenheit gegeben, ihre Stellungnahmen **vorzutragen** (*put, explain*)

Vorwand (*m*): ich halte das für einen **Vorwand** (*pretext*)

vorwerfen: Amnesty **wirft** London Verletzung von Menschenrechten **vor** (*accuse of*)

Vorwurf (*m*): der Versicherungsschutz umfaßt die Verteidigung im Verfahren wegen des **Vorwurfs** einer Ordnungswidrigkeit (*accusation*)

vorzeichnen: die föderative Struktur Europas war durch das Spezifikum der Bundesrepublik Deutschland, das bundesstaatliche Element, **vorgezeichnet** (*prefigure*)

Vorzeige- (*in compounds*): sein Triumphweg vom Vorstadtlümmel zum **Vorzeigeunternehmer** (*model/exemplary businessman*)

vorzeitig (*adj/adv*): die Wahlperiode kann **vorzeitig** beendigt werden (*prematurely*); 8700 Soldaten hatten die **vorzeitige** Pensionierung beantragt (*early, premature*)

vorziehen: eine Formulierung sollte in Art. 39 GG eingefügt werden, die **vorgezogene** Neuwahlen zum Bundestag auch ohne das Instrument eines Mißtrauensvotums gegen den Bundeskanzler ermöglichen würden (*bring forward* (*the date of*))

Vorzugsaktie [abbr to **Vorzug**] (*f*): im Unterschied zu den Stammaktien gewähren die **Vorzugsaktien** ihrem Besitzer verschiedene Vorteile, wie etwa Mindestdividenden und Nachzahlungspflicht; eine Dividende von 8 Prozent für **Vorzüge** (*preference share*)

votieren: in namentlicher Abstimmung **votierten** 336 Abgeordneten mit Ja (*vote*)

Votum [pl **Voten**] (*n*): das **Votum** für den Jäger 90 hätte eindeutiger ausfallen müssen; dem **Votum** der Parteimitglieder folgte einstimmig der Parteivorstand; wenn im Erfurter Stadtparlament bei der Abstimmung die **Voten** gezählt werden (*vote*)

W

Wachstum (*n*): aufgrund eines leicht rückläufigen **Wachstums** (*growth*)

Wachstumseinbuße (*f*): potentielle Gefahren der Mehrwertsteuererhöhung für **Wachstumseinbußen** infolge des hohen Zinsniveaus (*drop in growth rate*)

Wachstumsmarkt (*m*): Chancen, auf den **Wachstumsmärkten** in Mittel- und Osteuropa Anteile zu gewinnen (*growth market*)

Wagenpark (*m*): Wagen aus dem **Wagenpark** stehen nur einigen Abgeordneten zur Verfügung (*vehicle pool*)

Wahlabstinenz (*f*): diese Bedenken sind aufgrund der zunehmenden **Wahlabstinenz** und der steigenden Staatsverdrossenheit ernst zu nehmen (*abstinence/abstention from voting, low turn-out at the polls*)

Wahlausgang (*m*): der **Wahlausgang** für die CDU gilt als offen (*election result(s)*)

Wahlbeamte[r] [decl like adj] (*m/f*): kommunaler **Wahlbeamter** (*election official*)

Wahlberechtigte[r] [decl like adj] (*m/f*): nicht einmal jeder zweite **Wahlberechtigte** gab seine Stimme ab (*person entitled to vote*)

Wahlbeteiligung (*f*): in der geringen **Wahlbeteiligung** drückt sich die Unzufriedenheit der Berliner aus (*turn-out*)

Wahlbevölkerung (*f*): die Berufsstruktur des Bundestags: Ein Spiegelbild der **Wahlbevölkerung**? (*electorate*)

Wahlbürger (*m*): um den Einfluß der »**Wahlbürger**« zu erhöhen, wird die Einführung »begrenzt-offener« Listen vorgeschlagen (*citizen exercising right to vote*); Brandenburgs **Wahlbürgerschaft** hat sich im vierten Jahr seit der Einheit neu orientiert (*voters*)

wählen: Bürger der EG dürfen in Städten und Gemeinden der Bundesrepublik **wählen** (*vote*)

Wählerauftrag (*m*): es dient der Durchsetzung des **Wählerauftrages** in einer modernen Demokratie (*mandate*)

Wählergunst (*f*): die PDS landete in Brandenburg auf Platz zwei der **Wählergunst** (*preference of the voters*)

Wählerpartei (*f*): als ausgesprochene »**Wählerpartei**« besaß die CDU beispielsweise 1954 nur etwa 200 000 Mitglieder (*party appealing to a specific group among the electorate*)

Wählerstimme (*f*): vor allem geht es um die Chancengleichheit der einzelnen **Wählerstimme** beim Wahlrecht (*individual vote*)

Wählervereinigung (*f*): er ist unumstrittener Wortführer der **Wählervereinigung**; die Hamburger SPD muß sich mit der **Wählervereinigung** STATT Partei vor der Stimmabgabe einigen (*voters' association* (*looser structure than a political party*))

Wählerwillen (*m*): die Größe der Fraktion, also die Gesamtzahl ihrer Mitglieder, ist grundsätzlich vom **Wählerwillen** abhängig (*wishes/will of the voter(s)/electorate*)

Wahlgruppierung (*f*): die **Wahlgruppierung** von AL, Grünen und Bündnis 90 (*party group* (*formed for electoral purposes*))

Wahlhilfe (*f*): trotz massiver **Wahlhilfe** der katholischen Bischöfe (*electoral support*)

Wahlkampfhelfer (*m*): ein Perot-**Wahlkampfhelfer** aus Vermont (*election worker/helper*)

Wahlkampfkostenerstattung (*f*): die Listenvereinigungen erhalten auch Abschlagszahlungen für die **Wahlkampfkostenerstattung** (*reimbursement of election campaign expenses*)

Wahlkreis (*m*): nach den vorliegenden Ergebnissen [Auszählung von 64%] der **Wahlkreise**] (*electoral ward/district, constituency* (*at national level*)); die Neueinteilung von **Wahlkreisen** war nötig geworden, nachdem durch die Bevölkerungsentwicklung Wahlkreise eine unterschiedliche Bevölkerungsdichte aufwiesen oder bei der Einteilung Ländergrenzen nicht beachtet worden waren (*constituency*)

Wahlleiter (*m*): der **Wahlleiter** ermittelt, wieviele Abgeordnete jede Partei ins Parlament entsenden darf (*returning officer, chief election official*)

Wahlpartei (*f*): die Gründung der **Wahlpartei** Linke Liste/PDS (*electoral association/'alliance' (of two or more parties, for the purpose of standing at an election)*)

Wahlperiode (*f*): die vorzeitige Beendigung der **Wahlperiode** des Bundestags durch ein konstruktives Mißtrauensvotum gegen den Kanzler (*lifetime of parliament, legislative term*)

Wahlrecht (*n*): vor allem geht es um die Chancengleichheit der einzelnen Wählerstimme beim **Wahlrecht** (*electoral system*)

Wahlschlappe (*f*): die Christdemokraten erlitten eine schwere **Wahlschlappe** (*electoral defeat/set-back*)

Wahltermin (*m*): einiges spricht für eine Zusammenlegung der **Wahltermine** (*date of the election*)

Wahlumfrage (*f*): über den Einfluß von **Wahlumfragen** auf das Wählerverhalten (*political opinion poll (during the election campaign)*)

Wahlumschlag (*m*): unter anderem können künftig die Zahlen der Gemeinderäte und der Kreistagsabgeordneten freiwillig verkleinert werden; die **Wahlumschläge** bei der Urnenwahl werden abgeschafft (*ballot envelope*)

Wahlurne (*f*): junge Wähler gehen oft gar nicht erst zur **Wahlurne** (*ballot box*)

wahren: um die berechtigten Interessen der neuen Bundesländer zu **wahren**; das Interesse, das deutsche Branntweinmonopol zu erhalten, wollen die Abgeordneten ebenfalls **gewahrt** sehen (*protect, safeguard, defend*); das Bankgeheimnis gilt es vor allem zu **wahren** (*preserve*)

wahrnehmen: er wird seine Aufgaben als Bundestagsabgeordneter auch in Zukunft in vollem Umfang **wahrnehmen**; die Tarifparteien haben in der Vergangenheit ihre Rolle mit Vernunft und Augenmaß **wahrgenommen** (*fulfil, perform*); die Bedingungen, unter denen die Arbeitnehmer ihr Grundrecht auf Berufsfreiheit **wahrnehmen** (*exercise*)

Wahrnehmung (*f*): der Versicherungsschutz umfaßt die **Wahrnehmung** rechtlicher Interessen vor Verwaltungsgerichten in der Bundesrepublik (*representation*)

Wahrung (*f*): die **Wahrung** des Sozialgeheimnisses umfasst die Verpflichtung sicherzustellen, daß die Sozialdaten nur Befugten zugänglich sind oder nur an diese weitergegeben werden (*preservation*); die Aufgabe, die **Wahrung** des Rechts zu sichern (*observation*)

Währung (*f*): der amerikanischen **Währung** wird eine schwächere Tendenz vorausgesagt (*currency*)

währungspolitisch (*adj*): Japan versprach, mit fiskal- und **währungspolitischen** Maßnahmen die Binnennachfrage zu stärken (*of monetary policy*)

Währungsunion (*f*): jeder Bürger hatte zum Beginn der **Währungsunion** im Durschnitt 7500 DM auf dem Sparbuch (*currency union*)

Wanze (*f*): auch **Wanzen** - bemannt und unbemannt − sollen zum neuen Rüstzeug gehören; eine **Wanze** bedeutet den heimlichen Einbruch in eine Wohnung, um sie mit einem Mikrophon zu bestücken (*bugging device*)

Warenverkehr (*m*): die Bundesregierung hat auf verstärkte Zollkontrollen des Personen- und **Warenverkehrs** gedrungen (*movement of goods*)

Wasserwerk (*n*): nicht weniger als 1530 offiziell registrierte Verbände und Organisationen agieren wirkungsvoll im politischen Dunstkreis des Bonner »**Wasserwerkes**« (*the Bonn government building, parliament*)

Wechselkurs (*m*): die Bundesbank agiert gegen Ausschläge der **Wechselkurse** (*exchange rate*)

Wechselprotest (*m*): man sollte unnötige **Wechselproteste**, Mahnbescheide, Scheckrückgaben auszuschließen versuchen (*protest of a bill*)

Weg (*m*): daß die Probleme erkannt und Lösungen **auf den Weg gebracht** worden sind (*get under way*); Vorbereitungen für die Entscheidung über seine Nachfolge alsbald **in die Wege zu leiten** (*initiate*); sie wollten der neuen Rechtsprechung dadurch **den Weg ebnen** (*prepare the way for*); die Beseitigung der Grenzkontrollen **auf dem Wege** zwischenstaatlicher Vereinbarungen (*by way of*)

Wegbereiter (*m*): Carstens wurde als **Wegbereiter** der deutschen Einheit gewürdigt; **Wegbereiter** für die Demokratie (*trail-blazer*)

Wegfall (*m*): der **Wegfall** der Lohnfortzahlung oder eines Urlaubstages muss auf höchstens drei Tage im Jahr begrenzt werden (*abolition, disappearance*)

wegfallen: wenn im Inland Marktanteile **wegfallen** (*be lost*)

Weggefährtin (*f*): ich trauere um eine langjährige **Weggefährtin**, eine politische Freundin (*fellow traveller*)

Wegwerfkultur (*f*): die europäische Zivilisation betreibt derzeit eine unverantwortliche **Wegwerfkultur** mit menschlichen Ressourcen (*throw-away culture*)

Wehr (*f*): das Prinzip der wehrhaften Demokratie, das besagt, daß **sich** der demokratische Staat aktiv gegenüber seinen Feinden von links und rechts **zur Wehr zu setzen** hat (*defend oneself*)

wehrhaft (*adj*): das Prinzip der **wehrhaften** Demokratie, das besagt, daß sich der demokratische Staat aktiv gegenüber seinen Feinden von links und rechts zur Wehr zu setzen hat (*militant*)

Weißbuch (*n*): das EP spricht sich in seiner Entschließung zum **Weißbuch** über die Verkehrspolitik dafür aus (*white paper*)

Weichenstellung (*f*): es geht um politische **Weichenstellungen**, die bisher ungenügend getroffen worden sind (*momentous decision (affecting the future), watershed*)

Weisung (*f*): die Abgeordneten des Bundestages sind an Aufträge und **Weisungen** nicht gebunden und nur ihrem Gewissen unterworfen (*directive*)

weisungsgebunden (*adj*): der Vermittlungsausschuß besteht aus je elf Mitgliedern des Bundestages und des Bundesrates, die nicht **weisungsgebunden** sind (*bound by directives*)

Weiterbildungsinstitut (*n*): er entdeckte ein **Weiterbildungsinstitut**, das arbeitslosen Bürogehilfinnen den Umgang mit dem Computer beibringen will (*further education institute*)

weiterführend (*adj*): Lehrer an **weiterführenden**, sowie Lehrer an Grund-, Haupt- und Realschulen (*secondary*)

weitergeben: die ordentlichen Erträge werden an die Anteilinhaber **weitergegeben** (*pass on*)

weiterleiten: die Deutsche Eisenbahn AG **leitet** ihre Erlöse an den Staat **weiter** (*pass on, hand over*)

Weiterverwendung (*f*): 8700 Soldaten hatten die vorzeitige Pensionierung beantragt. Von ihnen hatten nur wenige Interesse an einer **Weiterverwendung** im öffentlichen Dienst (*continued employment*)

weitestgehend (*adv*): die Forderung des Bundesrats nach einer Beschränkung des Bundes auf den Bereich Güterfernverkehr ist **weitestgehend** aufgenommen worden (*to a very large extent, as far as possible*)

Wendehals (*m*): die anderen Abgeordneten schalten den ostdeutschen Volksvertreter einen **Wendehals** (*turncoat*)

wenden [sich]: Bärbel Höhn [GRÜNE] **wandte sich dagegen**, daß der Bürger »seinen Meister« wählen solle (*express opposition to*)

Wenn und Aber (*n*): wir appellieren an Sie, daß Sie diese Vereinbarung **ohne Wenn und Aber** umsetzen (*with no ifs and buts*)

Werbeberater (*m*): er braucht keine **Werbeberater**, er ist Alleinunterhalter (*PR (public relations) consultant*)

Werbekampagne (*f*): die massiven **Werbekampagnen** des Großmolkerei-besitzers (*advertising campaign*)

werbewirksam (*adv*): der Führer der Bewegung für eine demokratische Slowakei weiß, wie man **werbewirksam** auf Stimmenfang geht (*effectively*)

Werbungskosten (*pl*): Abschreibungen, Schuldzinsen und andere **Werbungskosten** (*advertising costs*)

Werdegang (*m*): wir bieten jungen Leuten einiges an Vorteilen, und zwar unabhängig vom späteren **beruflichen Werdegang** (*career*)

Werk (*n/as a second component in compounds*): die Wirtschaft steht dem neuen **Regelwerk** skeptisch gegenüber (*set* (*of rules*))

Werkswohnung (*f*): die **Werkswohnungen** des ehemaligen Stahlkombinats Maxhütte wurden (*company house/flat*)

Werktag (*m*): an allen **Werktagen** können Sie bei einem Postamt Ihrer Wahl Geld abheben (*weekday, working day*)

Werktätige[r] [decl like adj] (*m/f*): der soziale Anspruch der DDR schloß bestenfalls Kinder und »**Werktätige**« in seine Fürsorge ein (*worker*)

Werkvertragsarbeiter (*m*): gegen den SPD-Antrag zum Mißbrauch ausländischer **Werkvertrags**- und Saison**arbeitnehmer** hat sich der Bundestag am 20. Januar ausgesprochen (*short-term contract worker*)

Wert (*m*): die von den Kommissionen veranschlagten **Werte** wurden mit zum Teil leichten Erhöhungen wieder eingesetzt (*standard, figure*); heute kassiert der deutsche Bauernstand mehr an Zuschüssen, als er insgesamt **an Werten** produziert (*in terms of value*); die Verwirklichung bestimmter **Werte** könne nicht eine Verfassung, sondern nur die Gesellschaft leisten (*value*)

wert-konservativ (*adj*): Kanther zählt zum **wert-konservativen** Flügel der CDU (*promulgating a return to conservative (*'Victorian'*) values*)

werten: er **wertete** die Regierungserklärung als Zeichen eines neuen Aufbruchs (*interpret*); zwei unterschiedliche Konzepte, die zu **werten** sich die Richter weigern (*judge*)

Wertermittlung (*f*): für die **Wertermittlung** landwirtschaftlicher Grundstücke muß der Verkehrswert maßgebend sein (*valuation*)

wertgebunden (*adj*): das Grundgesetz ist eine **wertgebundene** Ordnung (*based on a value system, ethical*)

Wertminderung (*f*): der Schadenersatz-Rechtsschutz zahlt ggf. **Wertminderung** (*depreciation*)

Wertpapier (*n*): die Anleihe gehört zu den festverzinslichen **Wertpapieren** (*security*)

Wertschöpfung (*f*): in Sachsen steuert die klassische Industrie der **Wertschöpfung** weniger als 15 Prozent zu (*creation of value*)

Wertsteigerung (*f*): eine Planrechnung verspricht **Wertsteigerungen** von acht Prozent im ersten Jahr (*appreciation*)

Wertverzehr (*m*): bei Kunstwerken bekannter Künstler ist keine Abschreibung möglich, weil kein **Wertverzehr** stattfindet (*depreciation*)

Wertzuwachs (*m*): durch eine spekulative Anlagepolitik will man in kurzer Zeit einen möglichst hohen **Wertzuwachs** erwirtschaften (*increase in/enhancement of value*)

Wettbewerb (*m*): dort kämpft die Wirtschaft im europäischen **Wettbewerb** mit (*competition*)

Wettbewerbsfähigkeit (*f*): obwohl die meisten Betriebe in der Ex-DDR massiv Personal abgebaut haben, ist ihre **Wettbewerbsfähigkeit** eher noch weiter gesunken (*competitiveness*)

Wettbewerbsverfälschung (*f*): **Wettbewerbsverfälschungen** müssen mittels einer Monopolaufsicht verhindert werden (*distortion of competition, restrictive practice*)

Wettbewerbsverzerrung (*f*): **Wettbewerbsverzerrungen** gegenüber anderen EG-Ländern sollen verhindert werden (*restrictive practice*)

Wettrüsten (*n*): trotz des absurden **Wettrüstens** der Automobil-produzenten (*arms race*)

Wettstreit (*m*): im technologischen **Wettstreit** mit den Japanern (*competition, contest*)

widerlegen: die Behauptungen seien durch Zeugenaussagen vor Gericht **widerlegt** (*refute, disprove*)

widerrufen: die Erklärung muß der FAZ gegenüber schriftlich **widerrufen** werden (*retract*)

widersprechen: der Bundesfinanzhof **widersprach** mit seinem Urteil dem Finanzamt (*reverse/overturn the decision of*); der Kontoinhaber kann jeder Abbuchung innerhalb von 6 Wochen **widersprechen** (*challenge, object to*)

Widerspruch (*m*): von diesen Pflichten sind auch diejenigen nicht entbunden, die **Widerspruch einlegen** (*lodge an appeal, protest*)

Wiederanlage (*f*): kostenfreie **Wiederanlage** aller Erträge (*reinvestment*)

wiederanlegen: bei gewissen Fonds wird auch das Körperschaftssteuer-guthaben **wiederangelegt** (*reinvest*)

Wiederaufbereitung (*f*): abgebrannt Brennstoffe sollen zur **Wiederauf-bereitung** nicht nach Sellafield II gebracht werden (*reprocessing*)

wiederbeleben: das Programm ist verschoben worden und wird in ein bis zwei Jahren von der Bundesregierung **wiederbelebt** (*revive*)

Wiederberufung (*f*): eine **Wiederberufung** der Staatssekretäre ist möglich (*reappointment*)

Wiederbeschaffungspreis (*m*): Versicherungswert ist der **Wiederbeschaffungspreis** [Neuwert] (*cost of replacement*)

Wiedereinführung (*f*): die **Wiedereinführung** von Hörgeld und anderen Vergünstigungen (*reintroduction*)

wiedereröffnen: Estland und Rußland wurden aufgefordert, einen konstruktiven Dialog über Beziehungen **wiederzueröffnen** (*reopen*)

Wiedergutmachung (*f*): es geht bei den Entschädigungen nicht um Schadenersatz, sondern um **Wiedergutmachung** (*reparation*); im Rahmen der Rehabilitierung von Opfern politischer Verfolgung im Beruf in der ehemaligen DDR soll die Bundesregierung die Frage einer angemessenen **Wiedergutmachung** berücksichtigen (*reparation, compensation*)

Willensbildung (*f*): die Bürger können durch den Gebrauch der Versammlungsfreiheit am Prozess der politischen **Willensbildung** teilnehmen (*moulding political opinion/the political will of the people*); daß die Union elementare Regeln parlamentarischer **Willensbildung** nicht mehr gelten lassen will (*rules for arriving at a democratic decision*); die fünf neuen Länder sollen in die **Willensbildung** des Bundesinstituts für Berufsbildung einbezogen werden (*decision-making*)

willkürlich (*adj*): nach den Grundprinzipien dürfe es keinen **willkürlichen** Ausschluß eines Landes aus der EG geben (*arbitrary*)

wirksam (*adj*): die Kündigung kann an jedem Werktag **wirksam werden** (*take effect*)

Wirkung (*f*): Haftentlassung **mit sofortiger Wirkung** (*with immediate effect*)

Wirtschaft (*f*): der Filz zwischen Parteien und **Wirtschaft** (*business*); es kann mit der **Wirtschaft** wieder bergauf gehen (*economy*); die vorgesehene Veränderung würde zu konjunkturpolitisch nicht akzeptablen Belastungen der investierenden **Wirtschaft** führen (*industry*)

Wirtschaften (*n*): ein Indiz für unseriöses **Wirtschaften** ((*financial*) *management*)

wirtschaftlich (*adj*): unberührt vom **wirtschaftlichen** Umfeld schaukelt sich der Deutsche Aktienindex über der Marke von 1700 nach oben (*economic*); die Beratung erfolgt unter Berücksichtigung Ihrer persönlichen **wirtschaftlichen** Verhältnisse (*financial*)

Wirtschaftsförderung (*f*): staatliche **Wirtschaftsförderung** soll »zielgenauer« eingestellt werden (*economic aid*)

Wirtschaftsforscher (*m*): für dieses Jahr rechnen **Wirtschaftsforscher** mit einer Inflationsrate im Osten von zwölf Prozent (*economic expert, economist*)

Wirtschaftsführung (*f*): die Bemerkungen des Bundesrechnnungshofes zur **Wirtschaftsführung** des Bundes (*management of the economy*)

Wirtschaftsjurist (*m*): der Austausch von **Wirtschafts-** und Verfassungs-**juristen** (*lawyer specializing in commercial business*)

Wirtschaftskraft (*f*): das Zentrum der italienischen **Wirtschaftskraft** (*economic strength*)

Wirtschaftsleistung (*f*): die Zahl der Ausländer und deren Anteil an der **Wirtschaftsleistung** (*economic performance/output*)

Wirtschaftsordnung (*f*): der Aufbau einer neuen Gesellschafts- und **Wirtschaftsordnung** in Albanien (*economic order/system*)

Wirtschaftspolitik (*f*): bei der Angleichung der Wirtschafts-, Finanz- und **Währungspolitiken** der EG-Mitgliedsstaaten (*economic policy*)

Wirtschaftsprüfer (*m*): zu dem Personenkreis derer, die Bargeldein-zahlungen den Ermittlungsbehörden nicht zu melden brauchen, gehören Anwälte, Notare, **Wirtschaftsprüfer** und Steuerberater (*accountant*); Arbeitsplatzzusagen wurden mit Hilfe von **Wirtschaftsprüfern** überprüft (*auditor*)

Wirtschaftsstandort (*m*): das Gesetz zur Verbesserung der steuerlichen Bedingungen zur Sicherung des **Wirtschaftsstandorts** Deutschland im Europäischen Binnenmarkt [Standortsicherungsgesetz] (*site of industrial activity, industrial/commercial location*)

Wirtschaftsteil (*m*): die Kurszettel werden normalerweise in den **Wirtschaftsteilen** großer Tageszeitungen veröffentlicht (*business section*)

Wirtschaftszweig (*m*): die großen Aktienfonds vereinen in ihrem »Topf« Aktien aus sämtlichen **Wirtschaftszweigen** (*branch of industry*)

Wissenschaftler (*m*): in den drei klassischen Bundestagsparteien ist der Anteil von Professoren und anderen **Wissenschaftlern** angestiegen (*academic*); der Anteil von **Wissenschaftlern** an Universitäten und Hochschulen ist gestiegen (*scientist*)

wissenschaftlich (*adj*): **wissenschaftliche** Erforschung parteipolitischer Ämterpatronage (*expert, conducted according to strict scientific principles*)

wissenschaftsorientiert (*adj*): die Trennung von Grund- und Hauptstudium in eine eher berufsbezogene Ausbildung und ein **wissenschafts-orientiertes** Studium (*academic*)

Wissenstand (*m*): man kann durch den Lehrgang seinen **Wissensstand** aktualisieren ((*level of*) *knowledge*)

Wohlhabende[r] [decl like adj] (*m/f*): den **Wohlhabenden** rettet die Pflegeversicherng die Vermögen, die bisher herangezogen werden, wenn die Rente nicht reicht ((*the*) *well-off, affluent* (*person*))

Wohlstand (*m*): die sich mühsam durchschlagende Industrie bildet stets das Rückgrat von Beschäftigung und **Wohlstand**; **Wohlstand** und Wachstum (*prosperity*)

Wohngemeinschaft (*f*): **Wohngemeinschaften** sind immer noch in (*commune, flat/house-sharing*)

Wohnort (*m*): eigene vier Wände halten aber viele davon ab, Arbeitsplatz und **Wohnort** zu wechseln (*place of residence*)

Wohnraum (*m*): was für den Arbeitsplatzabbau galt, setzte sich bei der Privatisierung des **Wohnraums** fort; die Mieter können den teuren **Wohnraum** nicht bezahlen (*accommodation, housing*)

Wohnsitz (*m*): wer an bis zu 60 Arbeitstagen im Jahr nicht an seinen **Wohnsitz** zurückkehrt (*permanent/habitual residence*)

Wohnung (*f*): Zuschüsse zu den Fahrtkosten zwischen **Wohnung** und Arbeitsstätte (*home*); umstrittene Maßnahmen wie »Lauschangriffe« in Wohnungen (*a person's private house*); wir haben nicht genügend **Wohnungen** (*houses and flats, accommodation*)

Wohnungsbau (*m*): eine Vermögensabgabe könnte zum Beispiel für den **sozialen Wohnungsbau** in Ostdeutschland verwendet werden (*public-sector house-building*); eine unsoziale **Wohnungsbaupolitik** (*housing construction policy*)

Wohnungsmarkt (*m*): Eingreifen der Politik auf dem **Wohnungsmarkt** (*housing market*)

Wohnungsnot (*f*): sie sind schuld an allen Übeln wie **Wohnungsnot** (*housing shortage*)

wohnwirtschaftlich (*adj*): das Baugeld von der Bundessparkasse kann für **wohnwirtschaftliche** Zwecke eingesetzt werden – etwa für den Kauf einer Eigentumswohnung (*concerning* (*the purchase of*) *a flat/house, accommodation*)

Wohungsbestand (*m*): die Bedeutung der Anhebung der Einkommensgrenzen für den **Wohungsbestand** (*housing stock*)

Wort (*n*): **das Wort hat** Karlsruhe (*must now pronounce*); weder Kohl noch Schäuble hatten in der Debatte **das Wort ergriffen** (*speak*); die Bundesregierung will Polen auf seinem Weg nach Europa helfen; Bonn **steht** hier **im Wort** (*to be bound by one's word*)

Wortführer (*m*): er ist unumstrittener **Wortführer** der Wählervereinigung (*spokesperson*)

Wortlaut (*m*): der endgültige **Wortlaut** des Ehrenkodex ist bisher nicht veröffentlicht worden (*text*); Artikel 146 des Grundgesetzes in seinem neuen **Wortlaut** (*version, formulation*)

Wortmeldung (*f*): in dem Medienumfeld, in das die **Wortmeldung** des Bundespräsidenten wider Willen geraten ist (*remarks, comments*); **es liegen fünf weitere Wortmeldungen vor** (*there are five more people wishing to speak*)

Wucherung (*f*): Kritik an den **Wucherungen** des Parteienstaates ((*excessive*) *growth, expansion, spreading*)

würdigen: er **würdigte** Stoltenberg als einen wichtigen Politiker (*respect, praise*); ich **würdige** vorbehaltlos die klare Verurteilung der Gewalt gegen Ausländer (*acknowledge, welcome*); **würdigen** Sie nicht auch, daß diese Frist sich auf Eilverfahren bezieht? (*appreciate*); er **würdigte** das engagierte Wirken des Jubilars (*praise*)

Würdigung (*f*): vor diesem Hintergrund müssen Darstellung und erste **Würdigung** des Vorschlages der Gemeinsamen Verfassungskommission erfolgen (*assessment*)

Wust (*m*): der **Wust** von Paragraphen im neuen Vermögensgesetz (*welter*)

Z

Zahl (*f*): beim Statistischen Bundesdamt wurden die **Zahlen** als Indiz dafür gewertet, daß die wirtschaftliche Talsohle in den neuen Ländern erreicht sei (*figures*); die 60 000 verkauften Exemplare pro Tag reichten nicht aus, um **schwarze Zahlen zu schreiben** (*be in the black*); Siemens **schreibt** im Halbleitergeschäft **tiefrote Zahlen** (*be in the red*)

Zähler (*m*): die Börse hat 4,3 Prozent zugelegt, von 1728,29 Dax-Punkten am ersten Handelstag auf 1803,22 **Zähler** am letzten (*percentage point*); die Erhebungsvordrucke können den **Zählern** ausgehändigt werden (*enumerator*)

Zahlung (*f*): die Firma will ihn auf **Zahlung** einer Entschädigung verklagen (*payment*)

Zahlungsabwicklung (*f*): wegen schleppender **Zahlungsabwicklung** ((*making/carrying out, settlement of*) *payments*)

Zahlungsbilanz (*f*): die **Zahlungsbilanz** sieht etwas besser aus (*balance of payments*)

Zahlungsunfähigkeit (*f*): Folgekonkurse, bei denen die **Zahlungsunfähigkeit** eines Gemeinschuldners gesunde Firmen mitreißt (*insolvency*)

Zeche (*f*): die kranken Menschen haben allein die **Zeche** in Mark und Pfennig zu bezahlen, die CDU/CSU und FDP ihnen heute servieren (*bill*)

Zeichen (*n*): es wären **Zeichen zu setzen**, um die begrenzten ostdeutschen Möglichkeiten und die westdeutschen Kapazitäten einander anzunähern (*give a clear pointer*)

zeichnen: die Mitglieder der Genossenschaft haben Anteile von über 3,8 Millionen Mark **gezeichnet** (*subscribe for*)

Zeichnung (*f*): eine neue Anleihe der deutschen Post wurde zur **Zeichnung** angeboten (*subscription*)

Zeichnungsbetrag (*m*): die Gebühren betragen sechs Prozent des **Zeichnungsbetrages** [durchschnittliche Zeichnungssumme: 13 000 Mark] (*amount paid for shares*)

zeigen [sich]: die SPD **zeigte sich** nicht **bereit**, die Sache der Selbstverantwortlichkeit der Medien zu überlassen (*be prepared*)

Zeit (*f*): das nun in Stuttgart von CDU und SPD beschlossene Bündnis **auf Zeit** (*temporary*)

Zeitablauf (*m*): vom Politischen her war der schnelle **Zeitablauf** Mauerfall − Wirtschaftsunion − Einigung notwendig (*sequence of events*)

zeitanteilig (*adv*): die Emissionsrendite des Papiers ist **zeitanteilig** zu versteuern − also die Rendite, die bei Ausgabe der Anleihe für die gesamte Laufzeit versprochen wurde (*proportionately*)

Zeitplan (*m*): der **Zeitplan** sei nicht zu verwirklichen, und der Umzug von Bonn nach Berlin werde sich verzögern; nach dem **Zeitplan** des Vorstandsvorsitzenden der Bahnen (*timetable, schedule*)

Zeitrahmen (*m*): dem Monopol Telekom sollen Auflagen gemacht werden, in welchem **Zeitrahmen** ein Telefonanschluß nach dem Auftragseingang zu installieren ist (*time-frame*)

Zeitraum (*m*): die Ermittlung der für die Rente anzurechnenden **Zeiträume** (*period*)

Zeitwert (*m*): der sich aus Alter, Abnutzung und Gebrauch ergebende **Zeitwert** einer Sache (*actual market value*)

Zertifikat (*n*): der Wert eines **Investmentzertifikats** wird täglich auf Grund der Börsenkurse errechnet (*share/investment certificate*)

Zeugenaussage (*f*): wer erschoß Grams? Drei Versionen, jeweils durch unterschiedliche **Zeugenaussagen** gestützt, standen im Raum (*statement/testimony of witness*)

Zeugnispflicht (*f*): soweit eine Übermittlung von Sozialdaten nicht zulässig ist, besteht keine **Zeugnispflicht** (*obligation to testify*)

Ziehung (*f*): die Mehrheit von 51%, die Krupp bei Hoesch hält, hätte durch die **Ziehung** von Optionen ausgehebelt werden können (*drawing*)

zielgenau (*adj*): staatliche Wirtschaftsförderung soll »**zielgenauer**« **eingestellt** werden (*target*)

Zielgruppe (*f*): die **Zielgruppen** der Reps sind vor allem Bauern, Handwerker und kleine Mittelständler (*target group*)

Zielsetzung (*f*): es war keine leichte Aufgabe, die verschiedenen **Zielsetzungen** gleichzeitig in einem Gesetz zu erfüllen; eine der **Zielsetzungen** der SED-Politik (*aim*)

Zielvorstellung (*f*): die bei dem Kanzlergespräch beschlossenen **Zielvorstellungen** möglichst schnell umzusetzen (*aim*)

zimperlich (*adv*): die gehen nicht gerade **zimperlich** mit den wenigen Ressourcen um (*in a gingerly/penny-pinching manner*)

Zins (*m*): **Zins** und Zinseszins verlängern alljährlich den Weg aus dem südlichen Tal der Armut (*interest*)

Zinserhöhung (*f*): die britische Regierung könnte bei einer deutschen **Zinserhöhung** gezwungen sein, ebenfalls die Zinsen heraufzusetzen (*interest-rate increase*)

Zinseszins (*m*): Zins und **Zinseszins** steigern die Armut der Entwicklungsländer (*compound interest*)

zinsgünstig (*adj*): Anspruch auf das **zinsgünstige** Bauspardarlehen (*with attractive interest rates*)

Zinslosigkeit (*f*): der Darlehensnehmer kann vermeiden, daß die **Zinslosigkeit** des Darlehensbetrages aufgehoben wird (*interest-free status*)

Zinsnachteil (*m*): die Bank haftet bei Verögerungen bei der Ausführung von Zahlungen nur für den daraus entstehenden **Zinsnachteil** (*loss of interest*)

Zinsoptionsschein (*m*): eine weitere Finanzierungsvariante hat die Bank mit der Ausgabe von **Zinsoptionsscheinen** in Anspruch genommen (*interest warrant*)

Zinssatz (*m*): die **Zinssätze** blieben auf demselben Niveau (*interest rate*)

Zinsstundung (*f*): wir sprechen mit Gläubigern und suchen um **Zinsstundungen** nach (*delay of interest repayment date*)

Zitierrecht (*n*): der Bundesrat hat **Zitierrecht** gegenüber Mitgliedern der Bundesregierung (*right to summon someone to attend*)

Zivilprozess (*m*): in **Zivilprozessen** vor einem mehr als 100 km entfernten Gericht zahlt die Versicherung für den Korrespondenzanwalt am Wohnsitz des Mitglieds (*civil action*)

Zuarbeiter (*m*): die Ministerialbürokratie soll vornehmlich als **Zuarbeiter** für Regierung und Parlament fungieren (*assistant*)

zufallen: wem die großen, früher Preußen gehörenden Liegenschaften nach der Einigung **zugefallen** sind (*pass to, go to*)

Zufallsprinzip (*n*): Autofahrer nach dem **Zufallsprinzip** zu kontrollieren (*principle of random checking*)

zufließen: 170 Milliarden **fließen** der Schattenwirtschaft durch Kriminalität jeder Art **zu** (*go into, find their way into*);

Zuweisungen, die Lafontaine aufgrund seiner Tätigkeit als Oberbürgermeister **zugeflossen** seien (*go to, be paid to/received by*)

Zufluß (*m*): mit einem **Mittelzufluß** von DM 215,5 Millionen sorgte dieser Fonds für die stärkste Absatzbelebung (*influx (of money)*)

zufolge (*prep*): seiner Aussage **zufolge** sei er 1989 aus dem Ministerium für Staatssicherheit ausgeschieden (*according to*)

Zugang (*m*): durch das vorgeschlagene Einwanderungsgesetz wird ein neuer, jedoch durch Quotierung zu begrenzender **Zugang** geöffnet ((*means of) access*); vor eineinhalb Jahren kamen noch zwei Drittel aller **Zugänge** aus Nichtverfolgerstaaten (*admission, entry*)

zugänglich (*adj*): die Sozialdaten sollen Personen, die Personalentscheidungen treffen, weder **zugänglich** sein noch von Zugriffsberechtigten weitergegeben werden (*accessible*)

zugestehen: eigentlich hätte Levy die Leitung der Delegation **zugestanden** (*be someone's right/entitlement*)

Zugewinn (*m*): Lafontaine will 90 000 Mark **Zugewinn** aus Pensionszahlungen für soziale Zwecke spenden (*gains, additional receipts*)

zügig (*adv*): die Bundesländer sollten sich **zügig** zusammensetzen und darüber beraten (*quickly*)

Zugriff (*m*): die Kommission hat auf die deutschen Banken keinen **Zugriff** (*access, sway over*)

Zugriffsberechtigte[r] [decl like adj] (*m/f*): die Sozialdaten sollen Personen, die Personalentscheidungen treffen, weder zugänglich sein noch von **Zugriffsberechtigten** weitergegeben werden (*person with authorized/right of access*)

zugunsten (*prep*): die Leistungen **zugunsten** von Vertriebenen (*in favour of*)

zugutekommen: diese EG-Regelung **kam** der Landwirtschaft der Bundesrepublik **zugute** (*benefit*)

Zukauf (*m*): die Hamburger Edeka-Gruppe behauptet sich durch **Zukäufe** im Wettbewerb (*acquisition*)

zukunftsbezogen (*adj*): die Geldleistungen des Bundes müssen den Charakter einer freiwilligen Zahlung haben. Sie müssen zweckgebunden und **zukunftsbezogen** sein (*related to future development(s)*)

zukunftsträchtig (*adj*): die Schaffung langfristig sicherer und **zukunftsträchtiger** Arbeitsplätze (*with a promising future*)

Zulage (*f*): Sie erhalten eine Arbeitnehmer-**Sparzulage** (*supplement*); es kann sich bei Sparbeträgen um **zulagebegünstigte** Leistungen handeln (*attracting supplementary contribution/bonus payment* (*from the state*))

zulassen: sollte die Klage **zugelassen** werden, rechnet einer der Kläger nicht vor 1994 mit einem Karlsruher Urteil (*accept, permit*); weniger Ärzte sollen zur Kassenpraxis **zugelassen** werden (*admit*); die Verabschiedung eines Gesetzes, das die Doppelstaatsangehörigkeit **zulassen** soll (*permit*); ziehen Sie von einem Stadtkreis in einen anderen, müssen Sie Ihr Auto neu **zulassen** (*register*)

Zulassung (*f*): von 1993 an soll die **Zulassung** von Ärzten zur Kassenpraxis stark eingeschränkt werden (*admission, registration*); das Urlaubsland fordert die internationale **Zulassung** (*registration of vehicles*)

zulegen: die SPD mit ihrem Spitzenkandidaten Spöri dürfte bei den Landtagswahlen **zulegen** (*increase/up one's share of the vote*); Hamburgs SPD **legt** kräftig **zu** (*get stuck in*); die Börse hat 4,3 Prozent, gemessen am Dax-Index, **zugelegt** (*increase by*); zur Finanzierung des Projektes müßte vom Bund kräftig **zugelegt** werden (*chip in*)

zuleiten: der Bundesgesundheitsminister hat das Gesetzgebungsverfahren eingeleitet und die entsprechenden Gesetzentwürfe den beteiligten Ministerien, den Ländern und Verbänden zur Stellungnahme **zugeleitet** (*refer*)

Zulieferer (*m*): die **Zulieferer** konnten die vereinbarte Stückzahl nicht einhalten (*supplier*)

zumessen: er **mißt** intensiven Alkoholkontrollen mehr Effekt als der Reduzierung der Promillegrenze **zu** (*attribute*)

zumutbar (*adj*): die Bank unternimmt **zumutbare** Maßnahmen (*reasonable*)

Zumutbarkeit (*f*): die jüngste Sitzung fesselte die Freizeitpolitiker 12 Stunden lang — da stellt sich dann doch wohl die Frage nach der **Zumutbarkeit** (*reasonableness*)

zumuten: dem Vermieter kann unter gewissen Bedingungen die Fortsetzung des Mietverhältnisses nicht **zugemutet** werden ((*reasonably*) *expect of someone*)

zuordnen: Schriftstücke aus einem RAF-Depot konnten ihr **zugeordnet** werden (*link with*)

zurechenbar (*adj*): das Unternehmen meldete einen **zurechenbaren** Verlust von 121 Mio. Pfund (*chargeable*)

zurechnen: die Mehrzahl der MBO's sind der Industrie **zuzurechnen** (*put down to, attribute to*)

zurückfallen: der Dax-Index **fiel** auf 1750 Punkte **zurück** (*fall back*)

zurückführen: auf ihre Initiative war es **zurückzuführen**, daß der Haushaltsausschuß einen weiteren Bericht anforderte (*put down to*);

die Bundesdrepublik muß bis Ende 1994 den Personalbestand ihrer Streitkräfte auf 370 000 Soldaten **zurückgeführt** haben (*reduce, cut back*); man kann jederzeit zusätzliche Beiträge **zurückführen** (*reduce/cancel certain (extra) loan commitments*)

zurückgehen: wenn dieses vordergründige Herangehen an die Beamtenschaft nicht **zurückgeht** (*stop, be reduced*)

zurückgreifen: eine Pilotstudie ist notwendig, weil nicht **auf** Lösungen aus dem Ausland **zurückgegriffen** werden kann (*fall back on*)

zurückhaltend (*adj*): nach **zurückhaltenden** Schätzungen (*cautious, conservative*)

Zurückhaltung (*f*): die Formulierung war bei den Koalitionsparteien auf große **Zurückhaltung** gestoßen (*reservation*); die **Informations- zurückhaltung** ist nicht akzeptabel (*withholding of information*)

zurücküberweisen: die Beschlußempfehlung des Innenausschußes war vom Bundestag an ihn **zurücküberwiesen** worden (*refer back*)

zurückverweisen: das Verfahren zur Festsetzung einer neuen Strafe wird nach München **zurückverwiesen** (*refer/send back*)

zurückweisen: wenn der vom Bundesrat gegen ein vom Parlament beschlossenes Gesetz eingelegte Einspruch mit der Merhheit der Stimmen im Bundesrat beschlossen wird, kann der Einspruch durch einen mehrheitlichen Beschluß im Bundestag **zurückgewiesen** werden (*reject, dismiss*); ein Entschließungsantrag der SPD-Fraktion wurde **zurückgewiesen** (*defeat*)

zurückziehen: die PDS/LL **zog** im federführenden Ausschuß Treuhand ihren Antrag **zurück**; [sich] Bedenken, daß **sich** der Bundestag aus seiner Verantwortung als Gesetzgeber **zurückziehe** (*withdraw*)

Zuruf (*m*): **Zurufe** von der CDU ((*cry of*) '*hear hear*', *approving comment*)

Zusage (*f*): Arbeitsplatz- und **Investitionszusagen** (*promises to provide investment*); eindrucksvoll sei die Negativseite der Bilanz, die die nicht eingehaltenen **Zusagen** ausweise (*pledge*)

Zusammenballung (*f*): ein föderaler Staat hat jeden Anlaß, **Zusammenballungen** politischer Einrichtungen zu vermeiden (*concentration, conglomeration*)

Zusammenbruch (*m*): der **Zusammenbruch** des Investmenthauses (*collapse*)

Zusammenfassung (*f*): eine **Zusammenfassung** der drei Gründungs- verträge in einen einheitlichen Vertrag (*combination, amalgamation*)

Zusammenhang (*m*): jene, die aus ihrem sozialen **Zusammenhang** gerissen wurden und das nicht verkraften (*context, environment, milieu*)

Zusammenlegung (*f*): einiges spricht für eine **Zusammenlegung** der Wahltermine (*combination, synchronization*)

zusammenschließen: die Autobahnen zwischen Polen und der Bundesrepublik sollen **zusammengeschlossen** werden und eine Abfertigungsanlage für den Grenzübergang geschaffen werden (*join (up/together)*); [sich] kleine und mittlere Unternehmen haben **sich** im Rahmen der Arbeitsgemeinschaft Industrieller Forschung **zusammengeschlossen** (*combine, group together, form an association*)

zusammenschmelzen: die derzeit sechs Führungsebenen werden auf vier **zusammengeschmolzen** (*merge*)

zusammensetzen: bei größeren Unternehmen ist der Aufsichtsrat paritätisch **zusammengesetzt** (*constitute*); [sich] die Bundesländer sollten **sich** zügig **zusammensetzen** und darüber beraten (*get together*)

Zusammensetzung (*f*): 2,1 Millionen Bürger können über die **Zusammensetzung** des 13. schleswig-holsteinischen Landtags entscheiden (*composition*)

zusammenstellen: um ein rundes Aktien-Depot **zusammenzustellen** (*compile, put together*)

Zusammenstellung (*f*): die **Zusammenstellung** und Veränderung des Fondsvermögens erfolgen durch erfahrene Fachleute (*putting together*)

zusammenstreichen: die staatliche Förderung unserer Jugendarbeit wurde jedes Jahr weiter **zusammengestrichen** (*reduce, cut*)

zusammentreten: das Recht des Parlaments, auch in der Sommerpause **zusammenzutreten** (*assemble*)

zuschießen: der Staat wird kräftig **zuschießen** müssen (*contribute funds, subsidize*)

zuschieben: wieder einmal **schiebt** eine Partei einem verdienten Mitglied einen schönen Posten **zu** (*put something in someone's way*)

Zuschlag (*m*): der **Zuschlag** auf die Einkommenssteuer soll zu Einnahmen bei Bund und Gemeinden führen (*surcharge, extra charge/levy*)

zuschlagen: die laufenden Erträge aus diesen Sparplänen werden den Sparleistungen **zugeschlagen** (*add on/credit to*); auf der Auktion wurde ein Paar George-III-Glaskabinetten bei umgerechnet 220 000 DM **zugeschlagen** (*knock down*)

zuschneiden: die Wahlkreise sollten so **zugeschnitten** werden, daß auch die kleineren Parteien die Chancen haben, einen Wahlkreis direkt zu gewinnen (*structure, arrange*); die persönliche Beratung ist ganz und gar **auf Sie zugeschnitten** (*gear/suit to someone's needs*)

Zuschnitt (*m*): Teilnahme an einer Europawährung **nach** Maastrichter **Zuschnitt** (*along the lines of, according to the pattern*)

Zuschuß (*m*): Brüssel hat die Agrarüberschüsse zu Garantiepreisen aufgekauft und muß zusätzlich horrende **Zuschüsse** zahlen, um auch nur einen Teil davon wieder loszuwerden (*subsidy*); der **Zuschuß** beschränkt sich auf die Regelleistung, die eine funktionsgerechte Versorgung gewährleisten soll (*allowance, grant*)

zusichern: der Minister wollte eine schnelle Aufklärung der Polizeiaktion **zusichern** (*give an assurance of*)

zustande kommen: in den 60er Jahren **kam** eine Reihe zwischenstaatlicher Abkommen **zustande** (*come into being, come about*)

zuständig (*adj*): dafür bin ich nicht **zuständig** (*responsible*)

Zuständigkeit (*f*): wenn der Bund in Berlin Sonderrechte beansprucht, die die **Zuständigkeit** der städtischen Verwaltung und des Landes Berlin einschränken (*competence, authority*); das starre bürokratische Festhalten an **Zuständigkeiten**, das wir im Bereich des Bundesministeriums des Innern gesehen haben (*areas of competence/responsibility*); **Zuständigkeitsabgrenzung** zwischen Polizei und Staatsanwaltschaft (*demarcation of areas of responsibility*)

zustehen: die nach dem Gesetz **den alten Ländern zustehenden Anteile** der Mittel (*the shares to which the old* Länder *are entitled*)

Zusteller (*m*): der Hausbriefkasten muß mit Ihrem Namen versehen werden, damit der **Zusteller** Sie auch erreichen kann (*postman, delivery agent*)

zusteuern: in Sachsen **steuert** die klassische Industrie der Wertschöpfung weniger als 15 Prozent **zu** (*contribute*)

zustimmen: der Bundesrat hat dem Gesetz am Freitag **zugestimmt** (*approve*); das Konzept der Bundesregierung **nahm** die Mehrheit aus CDU/CSU und FDP im Ausschuß Treuhand **zustimmend zur Kenntnis** (*note with approval, accept*)

Zustimmung (*f*): die **Zustimmung für** folgende fünf Vorschläge (*approval of, agreement to, acceptance of*); Bürger, in deren Gesichtern offene **Zustimmung** zu lesen war (*approval*); in dem Änderungsgesetz zum Sozialgesetzbuch sind nur die Bestimmungen aufgenommen worden, die nicht der **Zustimmung** des Bundesrates bedürfen (*approval, agreement*)

zustimmungsbedürftig (*adj*): **zustimmungsbedürftige Gesetze** (*consent law (requiring* Bundesrat *approval*)); SEE ALSO **Zustimmungsgesetz**

zustimmungsfrei (*adj*): die **zustimmungsfreie** Übertragung von Hoheitsrechten des Bundes (*not needing consent (of the* Bundesrat*)*)

Zustimmungsgesetz (*n*): Bundestag und Bundesrat werden – qua **Zustimmungsgesetz** – auf dem europäischen Feld verfassungsrechtlich nunmehr gleichberechtigt (*consent law (requiring* Bundesrat *approval*))

Zuteilung (*f*): bei der **Zuteilung** des Bauspardarlehens erhalten Sie die restlichen 60 Prozent der Bausparsumme (*allocation*)

Zutritt (*m*): damit hatte sich Siemens **Zutritt** zu einem turbulenten Markt verschafft (*entry, access*)

Zuverlässigkeit (*f*): der eigene Nachwuchs und dessen familiäres Umfeld wurden auf politische **Zuverlässigkeit** überwacht (*loyalty*)

zuversichtlich (*adv*): Jahn und Vogel äußerten sich **zuversichtlich**, daß ein Konsens herbeigeführt werden könne (*confident*)

zuvorkommen: mit seinem Rücktritt sei Stoltenberg seiner Entlassung **zuvorgekommen** (*pre-empt, anticipate*)

Zuwachs (*m*): das Herbstgutachten prognostiziert einen **Zuwachs** der gesamtwirtschaftlichen Produktion von 12 Prozent im nächsten Jahr (*growth, increase*); ein **Zuwachs** der Rechtsextremisten auf 40 000 (*increase in number*); **Zuwachsförderung** durch Zuschüsse für Neueinstellungen im Betrieb (*business expansion support*)

Zuwanderung (*f*): ein gemeinsames europäisches Konzept für Flüchtlinge und **Zuwanderung** (*immigration*)

zuweilen (*adv*): wofür er **zuweilen** kräftige Prügel bezog (*occasionally*)

Zuweisung (*f*): die drei großen Finanzierungsquellen sind die **Zuweisungen** der Länder, die Einnahmen aus Gebühren und Beiträgen und die Kreisumlage (*contribution, allocation*); die **Zuweisung** von Ämtern und Pfründen (*allocation, distribution*); die **Zuweisungen**, die Lafontaine zugeflossen sind (*payment*); der Firmenchef hält vielleicht zuwenig von **Arbeitszuweisungen** (*delegation of tasks*)

Zuwendung (*f*): eine einmalige **Zuwendung** an die in den neuen Ländern lebenden Vertriebenen (*payment, grant, sum*); wenn der Erwerber etwas erhält, worauf er auch ohne **letztwillige Zuwendung** Anspruch hätte (*bequest, assignation*)

Zuzahlung (*f*): der Bundesrat will die erhöhte **Zuzahlung** zu Medikamenten ohne Festbetrag um drei Jahre verschieben (*personal contribution*); das Angebot, zehn Hoesch-Aktien in dreizehn Aktien der Fried. Krupp AG bei einer **Zuzahlung** von sechs Mark zu tauschen (*additional payment, supplement*)

zuzüglich (*prep*): das zu versteuernde Einkommen darf 24 000 DM **zuzüglich** 1800 DM für jedes zu berücksichtigende Kind nicht überschreiten (*plus*)

Zwangsabgabe (*f*): Monopolversorger, die für ihre Sponsorentätigkeit **Zwangsabgaben** erheben (*compulsory charge (to the customer)*)

Zwangsvollstreckungsmaßnahme (*f*): die Bank übermittelt der SCHUFA auch Daten aufgrund nicht vertragsmäßigen Verhaltens [z.B. **Zwangsvollstreckungsmaßnahmen**] (*law enforcement (esp. foreclosure) measures*)

Zweckbindung (*f*): bei der Verarbeitung und Nutzung von Sozialdaten soll verstärkt auf die **Zweckbindung** geachtet werden (*need for there to be a precise, stated purpose*)

zweckgebunden (*adj*): die Verwendung der Fraktionszuschüsse ist **zweckgebunden** ((*to be used*) *only for a specific purpose/in certain circumstances, earmarked*)

Zwei-Drittel-Mehrheit (*f*): für Verfassungsänderungen sind laut Art. 79 Abs. 2 GG **Zwei-Drittel-Mehrheiten** in den gesetzgebenden Körperschaften von Bundestag und Bundesrat erforderlich (*two-thirds majority*)

Zweifamilienhaus (*n*): die steuerlich unterschiedliche Behandlung von selbstgenutzten Ein- und **Zweifamilienhäusern** (*two-family house*)

Zweigniederlassung (*f*): informieren Sie sich bei allen Zweigstellen und **Zweigniederlassungen** unserer Bank ((*independent*) *branch-office*)

Zweigstelle (*f*): informieren Sie sich bei allen **Zweigstellen** und Zweigniederlassungen unserer Bank ((*sub-*) *branch*)

zweistellig (*adj*): trotz niedriger Inflationsrate im **zweistelligen** Bereich (*in double figures, double-digit*)

Zweitstimme (*f*): jeder Bürger verfügt über eine **Zweitstimme** (*second vote*); das **Zweitstimmenrecht** des Aufsichtsratsvorsitzenden (*casting vote*)

zwingend (*adj/adv*): trotz des lautstarken politischen Plädoyers für eine Volksabstimmung darf nicht übersehen werden, daß sie juristisch nicht **zwingend** ist (*binding*); die Verfassungswidrigkeit einer solchen Regelung folgt unmittelbar und **zwingend** aus der Anerkennung des sich im Mutterleib entwickelnden Lebens als ein selbständiges Rechtsgut (*necessarily*)

Zwischenbilanz (*f*): erstmals hatte ein Regierungschef das Parlament als Bühne für eine **Zwischenbilanz** genutzt; nach zwei Semestern Lehrtätigkeit an der Universität Leipzig soll eine erste **Zwischenbilanz** gezogen werden (*interim review* (*of the situation*))

Zwischenruf (*m*): eine hitzige, von **Zwischen-** und Ordnungsrufen gekennzeichnete Plenardebatte (*heckling*)

zwischenstaatlich (*adj*): Ergänzung des Artikels 24, wonach der Bund Hoheitsrechte der Länder nur dann auf **zwischenstaatliche** Institutionen übertragen darf, wenn die Länder zustimmen (*international*)

zwischenzeitlich (*adv*): das Selbstverständnis der Gemeinsamen Verfassungskommission wurde **zwischenzeitlich** praktiziert und konkretisiert (*meanwhile, in the interim*)

Zwölf (*f*): weil sich die **Zwölf** nicht auf einen Standort einigen können (*twelve EC partners*)

zyklisch (*adj*): die Renditen am deutschen Kapitalmarkt bewegen sich erneut auf ihrem **zyklischen** Tief (*cyclical*)

ACRONYMS AND ABBREVIATIONS

a. a. O.	am angegebenen Ort
ABC	[= ABC-Waffen]: Atomare, Biologische, Chemische Waffen
ABD	Auto- und Bürgerpartei Deutschlands
Abg.	Abgeordnete[r]
ABl.	Amtsblatt
ABM	Arbeitsbeschaffungsmaßnahmen
Abo.	Abonnement
Abs.	Absatz
a. D.	außer Dienst
ADAC	Allgemeiner Deutscher Automobil-Club
AEG	Allgemeine Elektrizitäts-Gesellschaft
AfA	Arbeitsgemeinschaft für Arbeitnehmerfragen
AFP	Autofahrerpartei
AG	Arbeitsgemeinschaft; Aktiengesellschaft
AgV	Arbeitsgemeinschaft der Verbraucherverbände
AIF	Arbeitsgemeinschaft Industrieller Forschungsvereinigungen
AK	Aktienkapital
AKW	Atomkraftwerk
Änd.	Änderung[en]
AOK	Allgemeine Ortskrankenkasse
APO	Außerparlamentarische Opposition
ARD	Arbeitsgemeinschaft der öffentlichen Rundfunkanstalten Deutschlands
Art.	Artikel
ASTA	Allgemeiner Studentenausschuß
AtomG.	Atomgesetz
AWO	Arbeiterwohlfahrt
Azubi	Auszubildende[r]
BAFÖG	[= Bafög]: Bundesausbildungsförderungsgesetz
BAG	Bundesarbeitsgemeinschaft der Groß- und Mittelbetriebe im Einzelhandel
BASF	Badische Anilin- und Sodafabrik
BAT	Bundesangestelltentarif
BBG	Bundesbeamtengesetz
BBU	Bund für Bürgerinitiativen und Umweltschutz
BBV	Bundesverband der Bürgerinitiativen Umweltschutz

Bd.	Band
BDA	Bundesvereinigung der Deutschen Arbeitgeberverbände
BDI	Bundesverband der Deutschen Industrie
BdV	Bund der Vertriebenen
BDZV	Bundesverband Deutscher Zeitungsverleger
Beschl.	Beschluß
betr.	betreffs
BfV	Bundesamt für Verfassungsschutz
BGA	Bundesgesundheitsamt
BGB	Bürgerliches Gesetzbuch
BGB1.	Bundesgesetzblatt
BGes.	Bundesgesetz
BGH	Bundesgerichtshof
BGS	Bundesgrenzschutz
BGW	Bundesverband der deutschen Gas- und Wasserwirtschaft
BHE	Bund der Heimatvertriebenen und Entrechteten
BIP	Bruttoinlandsprodukt
BKA	Bundeskriminalamt
BLZ	Bankleitzahl
BML	Bundesminister für Ernährung, Landwirtschaft und Forsten
BND	Bundesnachrichtendienst
BNP	Bruttonationalprodukt
BP	Bayernpartei
BRD	Bundesrepublik Deutschland
BSP	Bruttosozialprodukt; Bayerische Staatspartei
BT	Bundestag
BTX	Bildschirmtext
BVerfG.	Bundesverfassungsgericht
BWG	Bundeswahlgesetz
BWK	Bund westdeutscher Kommunisten
ca.	circa
CDA	Christlich-Demokratische Arbeitnehmerschaft
CDU	Christlich-Demokratische Union
CGB	Christlicher Gewerkschaftsbund Deutschlands
CSU	Christlich-Soziale Union
DA	Demokratischer Aufbruch
DAAD	Deutscher Akademischer Austauschdienst
DaF	Deutsch als Fremdsprache
DAG	Deutsche Angestellten-Gewerkschaft
DAK	Deutsche Angestellten-Krankenkasse
DASA	Deutsche Aerospace
DAX	Deutscher Aktienindex

Acronyms and abbreviations

DB	Deutsche Bundesbahn
DBA	Doppelbesteuerungsabkommen
DBB	Deutscher Beamtenbund
DBV	Deutscher Bauernverband
DDP	Deutsche Demokratische Partei
DDR	Deutsche Demokratische Republik
DEAG	Deutsche Eisenbahn AG
DFB	Deutscher Fußballbund
DFG	Deutsche Forschungsgemeinschaft
DGB	Deutscher Gewerkschaftsbund
dgl.	dergleichen; desgleichen
d. h.	das heißt
DIHT	Deutscher Industrie- und Handelstag
DIN	Deutsche Industrienorm
DKP	Deutsche Kommunistische Partei
DLF	Deutschlandfunk
DM	Deutsche Mark
dpa	Deutsche Presseagentur
DPG	Deutsche Postgewerkschaft
DSU	Deutsche Soziale Union
DVO	Durchführungsverordnung
DVU	Deutsche Volksunion
DW	Deutsche Welle
EAG	Europäische Atomgemeinschaft
EDV	Elektronische Datenverarbeitung
EEA	Einheitliche Europäische Akte
EFTA	Europäische Freihandelsvereinigung
EG	Europäische Gemeinschaft[en]
EGHMR	Europäischer Gerichtshof für Menschenrechte
EIB	Europäische Investitionsbank
EKD	Evangelische Kirche in Deutschland
EKGS	Europäische Gemeinschaft für Kohle und Stahl
EM	Europameisterschaft
EMI	Europäisches Monetäres Institut
EP	Europäisches Parlament
Est.	Einkommensteuer
EU	Europäische Union
EuGH	Europäischer Gerichtshof
EURATOM	Europäische Gemeinschaft für Atomenergie
EVG	Europäische Verteidigungsgemeinschaft
EWG	Europäische Wirtschaftsgemeinschaft
EWGW	Vertrag über die Europäische Wirtschaftsgemeinschaft
EWR	Europäischer Wirtschaftsraum
EWS	Europäisches Währungssystem
EZB	Europäische Zentralbank

EZU	Europäische Zahlungsunion
FAZ	Frankfurter Allgemeine Zeitung
FDJ	Frei Deutsche Jugend
FDP	Freie Demokratische Partei
GA	Gemeinschaftsaufgabe
GAL	Grüne Alternative Liste
GAU	Größter Anzunehmender Unfall
GDSF	Gesellschaft für Deutsch-Sowjetische Freundschaft
gem.	gemäß
Ges.	Gesetz
GEW	Gewerkschaft Erziehung und Wissenschaft
GEZ	Gebühreneinzugszentrale
GfK	Gesellschaft für Konsumforschung
GG	Grundgesetz
GmbH	Gemeinschaft mit beschränkter Haftung
GOA	Gebührenordnung für Ärzte
GUS	Gemeinschaft unabhängiger Staaten
GVK	Gemeinsame Verfassungskommission von Bundestag und Bundesrat
HDE	Hauptverband des deutschen Einzelhandels
HGB	Handelsgesetzbuch
HR	Hessischer Rundfunk
HRG	Hochschulrahmengesetz
IC	Intercity-Zug
i. d. F.	in der Fassung
IEA	Internationale Energieagentur
IG	Industriegewerkschaft; Interessengruppe
IHK	Industrie- und Handelskammer
IM	Inoffizieller [Stasi-] Mitarbeiter
insbes.	insbesondere
IOC	Internationales Olympisches Komitee
i. S.	im Sinne
IWF	Internationaler Währungsfonds
JUSOs	Jungsozialisten
Kfz.	Kraftfahrzeug
KG	Kommanditgesellschaft
KKW	Kernkraftwerk
KMK	Ständige Konferenz der Kultusminister
KoKo	Kommerzielle Koordinierung
KPD	Kommunistische Partei Deutschlands
Kripo	Kriminalpolizei
KSZE	Konferenz über Sicherheit und Zusammenarbeit in Europa
KW	Kurzwelle
LKW	Lastkraftwagen

Acronyms and abbreviations

LL	Linke Liste
LPG	Landwirtschaftliche Produktionsgenossenschaft
LVA	Landesversicherungsanstalt
MAD	Militärischer Abschirmdienst
MBO	Management Buyout
MdB	Mitglied des Bundestags
MdEP	Mitglied des Europäischen Parlaments
MdL	Mitglied des Landtags
MG	Metallgesellschaft
Mio.	Million
MOG	Marktordnungsgesetz
Mrd.	Milliarde
MRK	Menschenrechtskonvention
MW	Mittelwelle
MWSt	Mehrwertsteuer
NATO	Nordatlantikpakt
ND	Neues Deutschland
NDR	Norddeutscher Rundfunk
NF	Neues Forum
NOK	Nationales Olympisches Komitee
NPD	Nationaldemokratische Partei Deutschlands
Nr.	Nummer
NRW	Nordrhein-Westfalen
NVA	Nationale Volksarmee
OB	Oberbürgermeister
OEZ	Osteuropäische Zeit
OLG	Oberlandsgericht
OStR	Oberstudienrat
ÖTV	Gewerkschaft Öffentliche Dienste, Transport und Verkehr
PDS	Partei des demokratischen Sozialismus
PH	Pädagogische Hochschule
PKW	[= Pkw]: Personenkraftwagen
PLZ	Postleitzahl
PSK	Postsparkasse
PÜ	Personalüberleitungs-Institution
RAF	Rote-Armee-Fraktion
RB	Radio Bremen
rd.	rund
RGW	Rat für gegenseitige Wirtschaftshilfe
RH	Rechnungshof
RIAS	Rundfunk im amerikanischen Sektor
RMD	Rhein-Main-Donau-Kanal
RZB	Raiffeisenzentralbank
s.	siehe

S.	Seite; Satz
s. a.	siehe auch
Schufa	Schutzgemeinschaft für allgemeine Kreditsicherung
SDR	Süddeutscher Rundfunk
SED	Sozialistische Einheitspartei Deutschlands
SH	Sozialistischer Hochschulbund
sog.	sogenannt
SMW	Schülermitverwaltung
SPD	Sozialdemokratische Partei Deutschlands
SR	Saarländischer Rundfunk
SSW	Südschleswigscher Wählerverband
Stasi	Staatsicherheitsdienst [der DDR]
StGB	Strafgesetzbuch
StPO	Strafprozeßordnung
StVO	Straßenverkehrsordnung
s. u.	siehe unten
SV	Sportverein
SWF	Südwestfunk
SZ	Süddeutsche Zeitung
t.	Tonne
TH	Technische Hochschule
THA	Treuhandanstalt
THW	Technisches Hilfswerk
TU	Technische Universität
TÜV	Technischer Überwachungsverein
TV	Television; Turnverein
u.	und
u. a.	unter anderem
UBA	Umweltbundesamt
UdSSR	Union der Sozialistischen Sowjetrepubliken
Ufa	Universum-Film-AG
UNO	Vereinte Nationen
usw.	und so weiter
UZ	Unsere Zeit
UdK	Verband der Kriegsbeschädigten, Kriegshinterbliebenen und Sozialrentner
VDS	Vereinigte Deutsche Studentenschaften
vgl.	vergleiche
v. H.	vom Hundert
VHS	Volkshochschule
VK	Volkskammer
VKSE	Verhandlungen über konventionelle Streitkräfte in Europa
VN	Vereinte Nationen
VO	Verordnung

Acronyms and abbreviations

VP	[= Vopo] Volkspolizei
VPI	Verbraucherpreisindex
VR	Volksrepublik
VW	Volkswagen
VZ	Volkszählung
WDR	Westdeutscher Rundfunk
WEU	Westeuropäische Union
WEZ	Westeuropäische Zeit
WG	Wohngemeinschaft
WGB	Weltgewerkschaftsbund
WM	Weltmeisterschaft
WWU	Wirtschafts- und Währungsunion
WU	Wirtschaftsuniversität
z. B.	zum Beispiel
ZDF	Zweites Deutsches Fernsehen
ZdK	Zentralkomitee der deutschen Katholiken
ZPO	Zivilprozeßordnung
ZVS	Zentralstelle für die Vergabe von Studienplätzen
z. Z.	zur Zeit